# 한국사의 재조명

# 한국사의 재조명

고려대학교 한국사연구실

KOREA
UNIVERSITY
PRESS
고려대학교
출판문화원

# 책머리에

한반도를 둘러싼 주변 환경이 어려운 것은 비단 어제 오늘의 일만이 아니다. 한국인들은 대륙과 해양을 잇는 지정학적 위치 때문에 고대 이래 쉽지 않은 역사를 영위해 왔다. 그러나 이러한 난관을 끊임없이 극복해가면서 오늘에 이르렀고 오늘의 문제를 풀어가면서 보다 나은 미래를 향해 달려갈 것이다. 특히 미래를 짊어질 젊은 대학생들이 지난날의 역사를 올바로 학습하고 이해하는 것은 오늘을 제대로 인식하고 앞으로 나아갈 방향을 설정하는 데 밑거름이 된다. 『한국사의 재조명』은 이 점을 염두에 두고 고등학교에서의 한국사 교육을 통해 일정한 소양을 쌓은 대학생들이 한국사 인식의 수준을 한 단계 높여 다양한 사실과 관점을 습득하는 데 참고가 되기를 기대하면서 집필되었다.

고려대학교 사학과에서는 1975년에 『世界史에 비춘 韓國의 歷史』를 출간한 바 있다. 이 책은 세계사적인 안목에서, 그리고 세계사의 일환으로서 우리 역사를 서술한 개설서로서 고려대학교뿐 아니라 여러 대학교에서 강의 교재로 사용되기도 했다. 그러나 어느덧 4반세기 이상의 세월이 흘렀고 그 사이에 새로운 세대의 연구자가 늘어나 연구의 질과 양 모두 급속한 발전을 보였다. 이러한 연구 성과를 반영한 새로운 교재가 필요하다는 공감대가 이미 십 여 년 전부터 자연스럽게 이루어졌다. 저간의 사정으로 미루어오다가 마침내 세기가 바뀐 2001년 초에 집필을 하기로 의견이 모아졌고, 그로부터 1년 만에 『한국사의 재조명』을 내놓게 된 것이다.

이 책은 대학생들이 알아두어야 할 역사적 사실과 학계에서 보편적으로 수용된 내용을 바탕으로 기술하면서 집필자들의 입장도 일정하게 드러내려고 했다. 또 역사학에서 다룰 수 있는 범위를 가능한 한 넓혀, 세계사의 변화와 한국사가 밀접한 관계를 갖는 개항 이후 시기를 비롯해서 요즈음 대학생들이 관심은 많으면서도 정확한 지식이 부족한 현대사 부분을 많이 포함시켰다.

다만 고려대학교에 재직 중인 열 분의 한국사 전공 교수들이 시대별로 나누어 집필했기 때문에 사관의 일관성이라는 면에서 아쉬움이 있을 수 있다. 반면에 이러한 다양성은 독자들에게 오히려 여러 관점을 보여주는 장점이 될 수도 있다고 생각한다. 또 적은 지면에 기나 긴 역사의 줄거리를 찾아 설명하다 보니 일목요연한 전달이 어려운 부분도 있었고 불가피하게 빠진 부분도 없지 않다. 대나무의 첫마디는 땅에서 움터 나오는 고통 때문에 짧다는 변명과 함께 이런 문제는 차후 개정판을 통해 고쳐 나갈 것으로 기대한다.

모두 8개의 장으로 이루어진 이 책의 집필자는 다음과 같다.

제1장 : 金貞培
제2장 : 崔光植(2절, 5절), 鄭雲龍(1절, 3절), 朴賢淑(4절, 6절)
제3장 : 朴龍雲(1절, 4절, 5절, 6절), 李鎭漢(2절, 3절)
제4장 : 閔賢九
제5장 : 趙 珖
제6장 : 崔德壽
제7장, 제8장 : 鄭泰憲

2002년 2월
집필자 함께 씀

# 목 차

# 제 1 장
# 한국사란 무엇인가

## 1. 한국사 연구의 방향

한국의 근대 역사학이 일어난 시기는 대개 일제(日帝)의 한반도 강점과 그 시기를 같이하고 있다. 근대 역사학이 전통사학(傳統史學)과 다른 점은 우선 역사의 서술체제나 내용이 판이하다는 데 있다. 전통사학의 사서는 대부분 치자계급 위주의 역사서술이었기 때문에 그 시대의 전체 역사를 구성하고 이해하는 데 한쪽에 치우친 인식에 머무르기 쉬웠다. 전통사학의 기본사료가 되는 역사책들이 민중의 생활보다는 국가와 그 권력을 행사하던 계급들의 치적과 제도 등을 충실하게 서술해 놓은 반면, 일반 백성들의 역할은 특별히 기술해 놓은 바가 없었다. 물론 전통의 사서들이 민중에 대하여 일체 언급을 하지 않은 것은 아니지만 한국사 전체의 비중으로 본다면 민중에 대한 인식에는 많은 제약이 깔려 있음을 볼 수 있다. 따라서 치자(治者) 중심의 역사관(歷史觀)과 중국(中國)과 관계된 대외관(對外觀)이 사서들의 바탕에 도사리고 있음을 알게 되는 것이다.

### 1) 실학자들의 한국사 연구

조선후기 실학자(實學者)들의 사서에서는 비로소 치자 중심의 역사관과 중국의 문화권에서 탈피하여 우리나라의 역사를 독립된 단위의 역사로 파악하려는 시도가 이루어지기 시작하였다. 역사가 유학(儒學)의 일부가 아니라는 사실에서 출발하게 되었고 또한 독자적인 한국사의 모습을 그리려고 노력하였던 것이다. 실학자들의 사학 경향은 조선전기의 사학에 대한 반성과 비판에서 시작되었다. 따라서 이들의 사학방법이나 사관은 조선전기의 사학자들과는 대조적인 입장에 선다고 하겠다. 조선초기의 사학이 대체로 조선의 건국이념과 유교정치를 확립시키기 위한 것이었던 데 반하여, 조선후기의 실학자들은 사학을 하나의 학문으로 수립하려는 시도를 하였다. 성호(星湖) 이익(李瀷)은 역사를 움직이는 어떤 법칙을 '시세(時勢)'라는 말로 표현하였고, 이 사상은 안정복(安鼎福)에게 계승되어 왕건(王建)과 이성계(李成桂)에 대한 천명사상(天命思想)을 부정함으로써 역사가 유학의 윤리와 본디 구분됨을 증명하였던 것이다.

조선후기에 중국을 통한 서양문명의 수입은 중국 중심의 사고방식에 변화를 가져왔다. 역사학에 있어서도 중국이 세계의 중심이라는 중화의식에서 탈피되었고, 각국의 독자성과 특수성에 대한 이해가 높아졌다. 중국의 왕실이 본기(本紀)가 되고 자국의 역사를 세가(世家) 중의 하나로 취급하던 종래의 중국 중심적인 기전체(紀傳體) 편찬방식에서 벗어나 자국을 중심으로 서술하려는 의식이 고조되었다. '정통론(正統論)'은 실상 중국에서만 사용되어 오던 역사인식이었으나, 조선후기의 홍여하(洪汝河)와 안정복을 비롯한 실학자들이 '정통론'을 한국사 연구에 적극 도입하면서 독자적인 우리나라 역사의 체계가 수립되었던 것이다. 이러한 자각현상은 민족의식을 고취하는 결과를 가져와 한치윤(韓致奫)을 거쳐 다산(茶山) 정약용(丁若鏞)에 이르러 중화주의의 절대성이 무너지고 현실성에 입각한 역사의 이해를 수립하였던 것이다.

한편 실학자들은 역사의 구조적 이해를 위하여 시간적·공간적 문제를 인식하게 되었다. 그리하여 정상기(鄭尙驥)를 비롯한 안정복 · 한치윤 · 윤동규(尹東奎) 등에 의해서 지리서가 씌어졌고 지방지 편찬의 필요도 느끼게 되었다. 또한 청대 고증학의 영향으로 역사연구방법의 문제인 사료의 수집과 선택에 있어서 철저한 고증과 사가의 비판정신을 요구하게 되었다. 이에 역사가가 개인적인 호오(好惡)에 관계없이 객관적이고 공정하게 역사를 서술해야 한다는 실증적인 입장을 취하였다.

실학자들의 역사학은 비록 사서 저술의 목적을 교훈을 위한 것에 두는 입장에서 크게 벗어나지 못하였고, 그들의 공정성에 관한 논의도 유학적 윤리에 의한 포폄(褒貶)을 가하는 한계를 지니기도 하였다. 그러나 유학과는 구분되는 독립된 역사학의 학문 영역을 이루려 하였고, 중화주의적(中華主義的) 사고에서 탈피하여 독자적인 민족사의 체계를 수립하려 하였고, 역사의 구조적 이해를 위한 역사지리학적 노력 등은 그들의 실증적인 역사연구방법과 아울러 조선전기의 사학과는 다른 새로운 학문경향이라 지적하지 않을 수 없다. 이러한 실학자들의 역사연구 방향은 근대사학으로의 지향을 나타내는 것으로 생각될 수 있다. 그러므로 실학자들의 역사학은 근대 역사학과 전통사학의 교량이었다고 평가할 만하며, 이후 특히 근대 민족사학에 많은 영향을 주었다.

### 2) 민족주의사학

민족주의사학은 일제하에서 한국의 역사가 왜곡되는 상황에서 여기에 대항하여 항일운동의 일환으로 민족정신을 일깨운 역사의식이었다. 민족주의사학을 이끌고 나간 박은식(朴殷植)·신채호(申采浩)·정인보(鄭寅普) 등은 일찍부터 청말(淸末)의 자강론과 진화론에 크게 영향받고 있었다. 민족주의 사학자들과 당시 지식인의 대부분이 양계초(梁啓超)의 『음영실문집(飮氷室文集)』을 통독하였던 일은 널리 알려진 사실이다. 청일전쟁에서 패배한 청나라의 지식인들은 진화론이 사회진화론으로 적용되어 가는 사실에서 자강의 논리를 깨닫게 되었다. 우리의 민족주의 사학자들도 이러한 상황을 뼈저리게 실감하면서 민족주의 입장에서 역사를 서술하기 시작하였다. 이들 학자들의 대부분이 실학자들 이래의 저서를 접하면서 독자적인 사론을 전개하여 나갔다.

먼저 박은식은 '혼(魂)'을 주장하면서 나라를 일제로부터 다시 찾는 길은 '혼'을 지키는 일이라고 강조하였다. 박은식의 '혼백(魂魄)'은 『한국통사(韓國痛史)』의 마지막 구절에서 그 윤곽이 선명하게 드러난다.

> 국교(國敎)·국학(國學)·국어(國語)·국문(國文)·국사(國史)는 혼(魂)에 속하는 것이요, 전곡(錢穀)·졸승(卒乘)·성지(城池)·함선(艦船)·기계(器械)는 백(魄)에 속하는 것이다. 혼이 있는 자는 백에 따라서 죽고 살지 않으므로, 나라에서 국사를 가르치게 되면 그 나라는 망하지 않게 된다. 오호라! 지금의 한국은 이미 백은 죽었다고 할 수 있으나 이른바 혼이란 것은 남아 있는가 아니면 이미 없어져 버렸는가?

박은식은 '백'은 죽었으나 '혼'이 살아 있으면 나라는 다시 일어난다고 믿었다. 나라를 빼앗긴 처지에서 박은식이 외친 혼은 일단 넓은 의미에서 정신이라고 볼 수 있다. 정신까지 잃어버리고 일제와 투쟁하는 기백까지 무너지는 날에는 우리의 역사는 물론 국권회복도 허사가 된다. 박은식은 '혼'을 역사를 움직이는 원동력으로 파악하였던 것이다. 박은식의 '혼' 개념은 소박하기는 하지만 뒤에 오는 학자들에게 많은 영향을 미치고 있다.

민족주의 사학의 대표자라고 할 수 있는 단재 신채호의 경우는 민족사에 대해 박은식보다 한층 깊이 있는 이해를 보여주고 있다. 그의 사론은 『조선상고사(朝鮮上古史)』 총론(總論)의 첫 구절에서 그 면모가 확연히 드러난다.

> 역사란 무엇이뇨? 인류사회의 '아(我)'와 '비아(非我)'의 투쟁이 시간부터 발전하며 공간부터 확대하는 심적활동(心的活動)의 상태의 기록이니, 세계사라면 세계인류의 그리되어온 상태의 기록이며, 조선사라면 조선민족의 그리되어온 상태의 기록이니라.

위에서 신채호가 역사를 보는 관점이 분명하게 드러나고 있다. 그는 역사를 아와 비아의 투쟁으로 파악하고 있다. 여기에서 아는 우리나라, 비아는 우리나라를 침략하는 제국주의를 의미하고 있다. 그러나 안으로 우리나라 역사에 적용될 경우, 아와 비아는 국사 자체내에도 존재한다. 신채호의 역사는 이 점에서 투쟁의 역사이다. 그의 역사는 양계초의 영향을 많이 받고 있어 역사를 구성하는 방법론에서 유사점이 많이 눈에 띄고

▲신채호가 북경에서 발행한 잡지『천고』

있다.

신채호는 민족정신을 구체적인 역사적 사실에서 찾고자 한다. 그는「조선역사상(朝鮮歷史上) 일천년래(一千年來) 제일대사건(第一大事件)」이란 글에서 화랑도(花郎徒)의 낭가사상(郎家思想)이 한국의 주된 민족사상이라 파악하였다. 낭가사상을 중심으로 한 한국사의 자주성이 면면히 내려오다가 묘청이 김부식에게 패한 그때부터 한국사의 자주성이 상실되고 사대주의로 기울기 시작하였다는 것이다. 화랑도의 낭가사상은 신채호에게 한국사를 꿰뚫어 보는 사관이었던 것이다. 신채호의 낭가사상도 역시 정신을 강조하고 주장하였다는 점에서 관념론에 기울고 있다는 생각이

든다. 그러나 박은식의 혼보다 한층 역사적 성격이 선명하다.

민족주의 사학에서 정신의 강조는 정인보의 『조선사연구(朝鮮史研究)』의 서론인 '오천년간(五千年間) 조선(朝鮮)의 얼'에서 더욱 선명해진다.

> 그런즉 '얼'을 제쳐놓고서 사적(史蹟)의 구명(究明)에만 전념하였다 할진대, 구명도 구명답지 못할 것은 물론이거니와 설사 구명으로써 상당함이 있다 할지라도 이는 이른바 '무위(無爲)의 구명'이라.

'얼'을 올바로 인식하지 못한 사실의 구명이 무가치함을 내세운 것이다. 정인보는 오천년 조선역사를 생동케 한 힘이 바로 '얼'이고 이 얼을 유지·고수하는 것이 국사의 연구라고 보았다. 정신을 강조하였다는 것이 민족주의 사학의 특징이라면 여기에 문일평(文一平)도 언급할 수 있을지 모른다. 그는 '조선심'을 주장하였고 그것을 구체적으로 세종대왕의 훈민정음에 귀착시켰다.

일반적으로 민족주의 사학자들은 민족주의라는 탄탄한 사상적 기반 위에서 제국주의, 더 구체적으로는 일제와 투쟁하였다. 그러나 일단은 역사학의 본질적 입론이 되어야 하는 랑케류의 실증보다는 민족주의라는 사론적 처지에서 한국사를 서술하였다. 따라서 민족주의 사학자들은 실학 이래의 공통점이 되는 정치 중심, 강역의 역사지리에 더 큰 비중을 두었고 아울러 영웅을 전면에 내세우는 영웅사관에 기울기도 하였다. 신채호는 이탈리아 건국 삼걸전을 소개한 바 있으며, 또한 을지문덕(乙支文德)·최영(崔瑩)·이순신(李舜臣)과 같은 무인(武人)의 전기를 저술하였다. 이것은 일제와의 투쟁시기였음을 감안하면 이해되는 점이 있다. 그러나 문일평은 이와 반대로 특히 원효(元曉)·퇴계(退溪)·세종대왕(世宗大王)을 각기 사상계의 삼위인(三偉人)으로 열거하였다. 이 사실은 신채호의 경우와 매우 다른 양상이다. 같은 민족주의 사학자라도 두 사람이 역사를 보는 눈이 각기 차이가 나고 있음을 보여주고 있다.

민족주의 사학자들의 일관된 사상은 '민족정신의 함양'이라는 데 있다. 그러다 보니 역사의 서술이 영웅 중심적이었고 민족문화의 우수성을 과시하는 경우가 많았다. 이것은 순수한 학문의 주된 대상이 아니며, 영웅의 전기가 대부분을 차지하는 역사서술은 자칫 잘못하면 영웅주의사관에 빠져 들어갈 가능성이 많은 것이다. 이것은 항상 민족주의 사학이 경계해야 할 기본성격의 문제라고 해야 할 것이다.

### 3) 사회경제사학

일제의 식민사관에 맞서 나온 또 하나의 역사인식으로 유물사관에 입각한 사회경제사학이 있다. 사회경제의 연구에 치중되어 있는 이 연구경향은 지난날의 치자와 정치사 위주의 역사와는 역사를 보는 입장이 근본적으로 판이하다. 유물론에 입각하였다는 사실에서 관념적인 민족정신을 주창한 동시대의 민족주의 사학과 대조를 이루고 있다. 한반도를 강점한 후 일제의 경제학자들은 1930년대에 들어 한국의 경제사에 관하여 그들의 식민정책에 맞는 부당한 논리를 전개시켰다. 후꾸다(福田德三)는 「한국의 경제조직과 경제단위」라는 논문에서 한국사의 후진성과 정체성을 지적하였다. 일본인들은 한국사가 지니는 특수성을 이러한 경제적 측면만이 아니라 여러 방면에 적용하여 한국사의 자주성을 무시하고 예속적인 처지를 부각시켰다. 여기에 사회경제 사학자들은 한국사의 특수성을 강조하는 일본인들의 학설을 정면으로 부인하고 나섰다.

1930년대에 소개된 '아시아적 생산양식론'으로 우리 역사의 후진성이 문제되자 사회경제 사학자들은 한국사도 특수성 이론의 적용이 아니라 세계사가 걸어온 바와 같은 동일한 법칙 하에서 움직여 나왔음을 주장하였다. 따라서 그들은 유물론에 따른 역사인식(唯物史觀)을 보편사의 원리로 보고 그 이론을 한국사에 적용하였던 것이다. 유물사관에 입각한 사회경제사학은 일제의 식민사관을 부정하고 세계사와의 연결선상에서 한국사의 발전과정을 보편사적 측면에서 논지를 전개시켰다는 점에서 사학사적 위치가 분명하다. 당시 대표적인 사회경제 사학자인 백남운(白南雲)은 그의 저서 『조선사회경제사(朝鮮社會經濟史)』에서 다음과 같이 설명하고 있다.

> 조선민족의 발전사는 그 과정이 아무리 아시아적일지라도 사회구성의 내면적 발전법칙 그 자체는 완전히 세계사적인 것이다. 삼국시대의 노예제사회, 통일신라기 이래의 동양적 봉건사회, 이식자본주의 사회는 오늘에 이르기까지 조선역사의 기록적 총발전과정을 표시하는 보편사적 특징이고, 그 각각은 그 특유의 법칙을 가진다. 여기서 조선사 연구의 법칙성이 가능해지며, 세계사적 방법론 아래에서만 과거의 민족생활 발전사를 내면적으로 이해함과 동시에 현실의 위압적 특수성에 대해 절망을 모르는 적극적인 해결책을 발견할 것이다.

이처럼 사회경제 사학자들은 식민사학에 대항하기 위한 이론적 무기로 유물사관의 일원론적 사회구성체론을 한국사에 그대로 적용시켰다. 그러나 주지하는 바와 같이 세계 각국의 역사가 유물사관의 처지에서 일원론적 발전과정을 거쳐 오늘에 이른 것은 아니다. 사회경제 사학자들이 입각한 유물사관의 일원론적 발전법칙은 역사를 도식화하는 경향이 강하다. 일원론적 역사해석은 유물사관만이 아니고 이미 민족정신을 주장한 민족주의 사학자들도 행한 바 있었다. 한국사가 어떤 관점에서 해석되고 이론이 나온다 하여도 그것은 어디까지나 구체적인 사실에 바탕을 둔 뒤에 이끌어낸 결과이자 결론이어야 한다. 기왕의 공식이 한국사에 그대로 적중한다는 것은 무리한 논증이 되기가 쉬우며 이 점이 유물사관에 입각한 사회경제 사학의 약점이 될 수가 있다.

일원론적 역사해석을 시도하는 것 자체는 무의미한 일이 아니지만 우리의 역사가 세계사의 발전 법칙이라는 이름 때문에 보편사(普遍史)에 속한다는 것은 성급한 결론이다. 세계사라는 넓은 테두리 안에서 한국사를 본다는 시도는 옳은 일이지만 우리의 역사에는 보편성 못지 않게 고유성 내지 특수성도 수없이 많다. 더 나아가 보편성이라 하여도 유물사관만이 갖는 보편성이 아니라, 세계사와 보다 밀접히 연관되어질 수 있는 또 다른 각도의 유사성에서 유래하는 보편성도 존재할 수 있으므로, 보편성이 유물사관만의 전유물은 아닌 것이다.

## 4) 실증사학

역사학풍의 처지에서 역사를 크게 나누면 실증(實證) 중심의 역사와 사론(史論) 중심의 역사가 있다. 앞서 설명한 민족주의 사학이나 사회경제사학은 넓은 범주에서 모두 사론 중심의 역사에 포함된다. 다른 한편으로 한국의 근대사학사에서 소위 '실증사학(實證史學)'의 조류를 주목하지 않을 수 없다. 실증사학은 근대사학으로 발전을 본 문헌중심의 역사주의 입장을 고수하는 학풍을 말한다. 이것은 모든 역사연구의 기본이 되는 방법이며, 현재까지 우리 학계에서 제일 큰 비중을 차지하고 있다. 어떤 이론이나 특정법칙을 유념하지 않으며, 문제중심으로 착실한 고증과 사실 추구에서 얻은 자체의 결론을 중시하는 것이다. 따라서 이러한 종류의 역사연구는 과거의 사실을 있는 그대로 일목요연하게 서술하는 것이 그 임무로 되어 있다. 철저한 문헌비판이 물론 전제조건으로 등장하지만 독특한 개개적 사실을 재구성하는 데 원칙적으로 이론을 배제하는 것이 보통이다. 특별히 문제중심의 연구에서 체계적으로 완성된 것 중에는 문헌연구에서 축적된 요지부동의 결론이 나오는 훌륭한 장점도 있다. 그러나 자칫 잘못하면 중구난방의 핵심력이 없는 결과가 나오게 되는 경우가 있다. 우리나라의 경우 실증사학의 최초의 단체를 든다면 우선 진단학회(震檀學會)를 들어야 할 것이다. 이병도(李丙燾)·김상기(金庠基)·손진태(孫晉泰)·송석하(宋錫夏)·고유섭(高裕燮)·이상백(李相佰) 등이 주요 회원이었으며, 학회지로 『진단학보(震檀學報)』를 발간하였다.

대체로 일본의 역사학풍과 거의 같은 우리의 실증사학은 일본인의 한국사연구와 대등한 위치에서 조국의 역사를 연구하였다는 점에서 높이 주목할 만한 활동이었다. 바로 그와 같은 각도에서 볼 때 일본인의 학술단체인 청구학회가 『청구학총(青丘學叢)』을 간행한 것과 같이 우리의 진단학회가 『진단학보』를 발간하였으며, 진단학회의 사학사적 위치와 평가는 여기가 정점이라고 보아야 하는 것이다. 실증사학의 정착은 여기서부터 시작된 것이며, 근대사학 성립에 공헌한 업적은 실로 커다란 의의를 갖는 것이다.

연구분야가 세분되고 각자의 영역에서 괄목할 만한 업적이 쏟아져 나온 것도 대체로 이 실증사학 방면이다. 이능화(李能和)의 종교사상사와 안확(安廓)의 문화사, 이병도의 고대사와 사상사, 김상기의 대외관계사, 이상백의 사회제도사, 손진태·송석하의 민속학, 고유섭의 미술사 등은 가장 대표적인 예라 할 것이다. 그렇지만 실증사학이 지양하는 목적과 방법이 일제 관학자와 대조적이었지만 부분적으로 식민사학의 영향을 받고 있는 것이 눈에 띄고 있음을 지적하지 않을 수 없다. 한편 실증사학자 중에도 일본인이 다루지 않은 분야를 개척함으로써 손진태나 고유섭과 같이 선명한 논조의 업적을 남긴 것도 주목해야만 할 것이다.

한국의 근대사학사라는 흐름의 관점에서는 '실증사학'의 취급이 가능하지만, 사관의 각도에서 이 문제에 접하게 되면 사정은 완전히 달라지게 된다. 우리나라의 실증사학은 일반적으로 랑케류의 착실한 개별사실을 추구하는 성격의 학문으로 특히 일본을 통하여 전수받았다는 특수한 사정이 있다. 설사 일본을 거치지 않고 직접 랑케류의 역사연구방법을 도입·채용하였다고 하여도 그것 자체로는 사관이 될 수 없는 성격을 지닌다. 혹자는 우리나라의 실증사학을 사관의 입장에서 일괄 처리하려고 할지 모르나 이것은 잘못이다. 랑케 자신은 사관이 없었던 것은 아니다. 이른바 범신론적 기독교 사관이라는 그의 사관이 있다. 일반적으로 언급되는 역사연구의 방법상에서 나타나는 사실 추구(實證)는 사관이라고 말할 수 없다. 일본을 통했던, 어느 지역을 거쳐왔건 간에 랑케류의 '실증사학'은 역사연구 방법상의 문제이지 적어도 '사관'은 아닌 것이다.

더구나 우리나라의 실증사학이 일본 제국주의 하에서 수용·발전되어 왔다는 그간의 사정을 상기하면 거기에는 일제의 식민사학의 영향이 없는가를 심각하게 반성해 볼 필요가 있다. 실증사학에 관한 앞으로의 연구 결과에 따라 사관(史觀) 문제는 더 깊이 논의되어야 하겠지만, 손진태의 '신민족주의(新民族主義)' 사관을 제외하면 대부분의 소위 실증사학자들은 개별사실의 착실한 고증에 힘을 쏟았다는 인상이 짙다. 오늘의 우리

한국사학계는 실증사풍(實證史風)이 다져준 토대 위에서 활동하고 있거니와, 새로운 세계사학계의 동향을 주시하지 않을 때는 이 방법이 갖고 있는 한계점에서 항상 맴돌게 된다는 사실을 깊이 인식해야 할 것이다.

### 5) 신민족주의사학

민족주의적 성향을 띤 사학자로는 또한 안재홍(安在鴻)과 손진태를 아울러 거론할 수 있다. 그런데 두 사람은 앞서 서술한 민족주의 사학자들과는 약간 차이가 나는 '신민족주의'를 표방하고 있다. 그러나 이것은 근본적으로 민족주의이며 그들의 신민족주의는 위에서 언급한 유물사관을 들고 나온 사회경제 사학자들과 대결·극복하는 과정에서 나온 것이다. 안재홍이 주창한 '신민족주의'에 영향받은 손진태는 그것에 입각하여 한국사를 저술하였는데, 『조선민족사개론(朝鮮民族史概論)』이 바로 그것이다. 손진태에 이르면 민족주의 사학은 단순히 서구 민족주의의 유형이 아니라 한국사의 내재적 측면에서 균등한 사회를 지향하는 독특한 면모를 보여주고 있다. 손진태는 『조선민족사개론』의 자서(自序)에서 '신민족주의'에 대해 다음과 같이 주장하고 있다.

> 진정한 민족주의는 민족 전체의 균등한 행복을 위하는 것이 아니면 안 될 것이다. 민족 전체가 정치적으로 경제적으로 사회적으로 문화적으로 균등한 의무와 권리와 지위와 생활의 행복을 가질 수 있을 때에 비로소 완전한 민족국가의 이상이 실현될 것이요, 민족의 친화와 단결이 비로소 완성될 것이다. 가장적(假裝的)인 민족주의 하에서 민족의 친화 단결이 불가능한 것은 과거의 역사 및 금일의 현실이 명백하게 이것을 증명하고 있다. 민족의 단결이 없이 민족의 완전한 자주독립은 있을 수 없고, 따라서 민족문화의 세계적 발전 기여도 있을 수 없는 일이다. 그리고 민족의 단합은 오직 진정한 '신민족주의'에서만 얻을 수 있을 것이다.

손진태의 신민족주의 역사는 왕실이나 귀족 중심의 역사가 아니라 대중 중심의 역사를 뜻하고 있다. 민속학에서 우리나라 역사의 맥락을 찾고자 한 것이 이를 두고 말함이고, 그가 주장하는 민족문화는 지배계급의 문화가 아닌 대중의 문화를 지칭하고 있었다. 종래 우리의 역사가 철저하게 왕실 등 지배계급 위주의 역사 구성으로 일관돼 왔음을 지적하면서 이와 같은 구각(舊殼)을 탈피한 최초의 사람으로 사회경제 사학자인 백남운을 들었다. 그러나 그의 공을 인정하면서도 그의 유물사관에는 결코 동조하지 않았다. 손진태는 백남운의 유물사관이 생산과 관련하여 특정 피지배계급에만 관심을 둔 점을 비판하면서 자기는 '우리 자신의 전체', 즉 '민족의 발견'에 뜻을 두고 있음을 천명하고 있다.

좌우익의 사상적 대립에서 유물사관 논자들의 공격을 받게 되자 손진태는 민족주의 사학의 입장에서 한국사에 내재하는 '민족의 발견'을 내세우며 신민족주의로 대항한 것이다. 손진태는 민족주의 사학의 마지막 인물로서 새로운 사조와 역사관을 접하면서도 대중의 역사와 균등의 역사라는 입장을 확고하게 견지하며 그의 사론을 전개하였다. 그는 세계사를 통해서만 비로소 민족사를 올바로 이해할 수 있다고 보고 그러한 입장에서 한국사 서술에서 '서기(西紀)'를 쓸 것을 주장하였고 실제로 사용하였다. 그는 세계사라는 넓은 시야를 갖고 거시적 입장에서 한국사를 서술하였기 때문에 그 당시 학자들의 저서와는 차원이 다른 내용을 담고 있다. 민속학의 연구를 볼 때 특히 그러한 입장이 강하게 풍기고 있다. 또한 민속학이 바탕이 되어 전개된 역사가 그의 한국사이기 때문에 여타의 학자들과는 완전히 다른 역사관을 갖게 되었다.

## 2. 한국사의 시대구분

한국사의 시대구분에 대한 가장 오래된 실례는 『삼국사기(三國史記)』나 『삼국유사(三國遺事)』에서 찾아볼 수 있다. 『삼국사기』는 신라사(新羅史)의 시대구분을 시조(始祖) 혁거세로부터 진덕왕까지를 상대(上代), 무열왕으로부터 혜공왕까지를 중대(中代), 그후 선덕왕으로부터 경순왕까지를 하대(下代)로 보았다. 이에 대해 『삼국유사』는 시조로부터 지증왕까지를 상고(上古), 법흥왕으로부터 진덕왕까지를 중고(中古), 무열왕으로부터 경순왕까지를 하고(下古)로 보았다. 이 시대구분은 다분히 정치사적인 기준에 입각해서 이루어진 것이지만, 신라사 발전의 전체적 과정을 살펴볼 때 이 구분은 이것대로 충분한 이유와 타당한 근거를 가진 것이다.

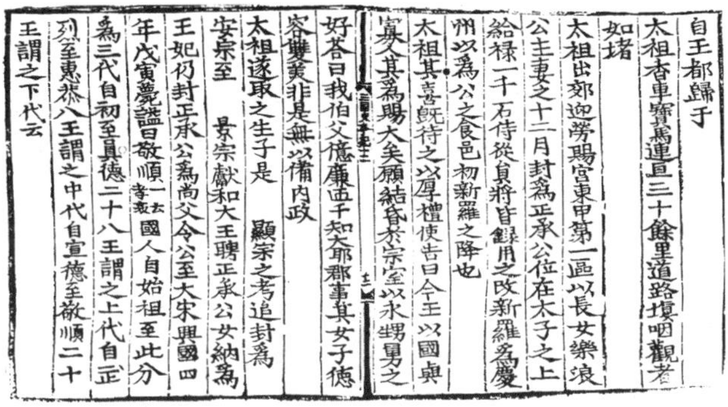
自王都歸于
太祖香車寶馬連亘三十餘里道路塡咽觀者
如堵
太祖出郊迎勞賜宮東甲第一區以長女樂浪
公主妻之十二月封爲正承公位在太子之上
給祿一千石侍從員將皆錄用之改新羅爲慶
州以爲公之食邑初新羅之降也
太祖甚喜旣待之以厚禮使告曰今王以國與
寡人其爲賜大矣願結婚於宗室以永甥舅之
好荅曰我伯父億廉匝干知大耶郡事其女子德
容雙美非是無以備內政
太祖遂取之生子是 顯宗之考追封爲
安宗至 景宗獻和大王聘正承公女納爲
王妃仍封正承公爲尙父令公至大宋興國四
年戊寅薨謚曰敬順(一云孝哀)國人自始祖至此分
爲三代自初至眞德二十八王謂之上代自武
烈至惠恭八王謂之中代自宣德至敬順二十
王謂之下代云

▲신라사를 상대 · 중대 · 하대로 구분하고 있는 『삼국사기』의 경순왕조

## 1) 시대구분의 필요성

시대를 구분한다는 것은 역사의 발전과정을 체계적으로 파악·이해하기 위한 가장 중요한 작업이다. 그렇기 때문에 트렐취(E.Troeltch)는 '역사 연구의 모든 노력은 시대구분에 귀착한다'고 하였으며, 또 크로체(B.Croce)는 '역사를 사유하는 것은 시대구분을 하는 것이다'라고 말했다. 시대구분은 실로 역사를 연구하는 역사가들의 가장 중요한 과제의 하나이며, 시대구분을 외면하고서는 역사의 체계적 인식은 불가능하게 된다.

과거에 역사가들은 시대구분을 역사서술에 필요한 단순한 하나의 기술적인 문제라고 생각해 왔다. 길고 오랜 역사적 과거를 그냥 하나의 시간적 연속으로 취급하는 것은 불편하기 때문에 일정한 기준을 설정하여 시대별로 구분하려는 노력은 먼 옛날부터 있었는데, 그 기준은 주로 외면적인 정치적 현상 위에 놓여져 있었다. 시대구분이 역사서술의 편의를 돕기 위한 기술적 문제라는 사고를 극복하고 역사의 '법칙적 인식'과 관련하여 연구하게 된 것은 비교적 근래의 일이다.

한국사를 시대구분 한다는 것은 결국 전체 한국사를 체계 있게 그리고 간단명료하게 한국사의 역사적 의미를 파악하자는 데 목적이 있다. 한국사의 체계적인 연구가 충분히 이루어지지 않은 상태에서 시대구분을 한다고 할 때 많은 이견이 속출하는 것은 어쩌면 당연한 일이다. 오히려 각인각설(各人各說)의 타당성 있는 시대구분의 제시가 바람직한 일인지도 모른다. 그러나 시대구분을 하고자 할 때는 시대를 구분해야 하는 뚜렷한 이론과 이를 뒷받침하는 역사적인 여러 사실들의 뒷받침이 있어야 한다. 만약 그렇지 못할 경우 시대를 구분한다는 것은 의미가 없다. 그러므로 시대적인 계기성에서 나타나는 수많은 사실들이 종합 검토된 결과 한 시대와 한 시대를 구분하는 방법을 취해야 할 것이며, 기왕의 공식과 같은 서구형의 모형만이 유일한 시대구분의 기준이 아님도 깊이 인식해야 한다.

### 2) 왕조사적 시대구분

한국사에서 시대구분 문제가 본격적으로 논의되기 시작한 것은 근대사학사의 처지에서 본다면 일제의 한반도 강점이 시작되면서부터라고 보아야 할 듯하다. 랑케류의 역사연구 방법을 도입한 일본학계의 관학자들이 우리나라 역사에 손대기 시작하면서 시대구분 문제가 다루어졌다. 일제 관학자들이 사용한 역사서술의 체제는 서구에서 이미 활용되었던 3시대구분법, 즉 '고대(古代)・중세(中世)・근세(近世)'의 시대구분이었기 때문에 자연 한국사에도 이와 같은 시대구분법을 그대로 적용하게 되었다.

한국사의 시대구분에 서구의 3시대구분법이 적용된 것은 일제 관학자인 하야시(林泰輔)에 의해 작업의 문이 열렸지만, 여기에는 한가지 커다란 문제점이 도사리고 있음을 간과해서는 안 된다. 전체적으로 서구의 3시대구분법을 따른 듯하지만, 실상은 정치사의 변천과정에 초점이 모여져 결국 왕조사별로 시대가 구분되어 있다는 사실이다. 왕조별 구분과 서구의 3시대구분법이 혼용되었기 때문에 서구 역사에서 고대·중세·근세라는 개념이 내포하고 있는 역사적 의미와는 사실상 상당한 거리감이 발생한다. 단순히 시간의 원근에 따라 이러한 3시대구분을 시도한 것이라면 그러한 구분은 역사적 의미를 상실한다고 볼 수 있다.

종래 한국사의 시대구분은 주로 왕조중심의 사관에 의하여 이루어졌다. 고조선 · 삼국시대 · 통일신라시대 · 고려시대 · 조선시대 등으로 시대를 나누는 것이 바로 이것인데, 여기에 서구의 3시대구분법을 참작하여 대개 고려시대를 중세로 보고, 그 이전을 고대, 그 이후를 근세로 파악하였다. 근년에는 '통일신라시대'라는 용어 대신 발해사(渤海史)를 한국사에 포함하는 입장에서 '남북국시대(南北國時代)'라는 용어를 즐겨 사용하기도 한다. 한국사의 시대구분에 고대·중세·근세라는 서양의 시대구분법을 적용할 때 다만 시간적인 원근에 따라서 시대를 구분한다는 것은 원칙적으로 올바른 태도라고 볼 수 없다. 이러한 입장은 원래 세계사와의 관련을 고려해서 한국사를 이해하여 본다는 정당한 이유는 되지만 결과적으로 별다른 성과가 없을 경우 혼란만을 자초하는 결과를 낳게 된다. 만약 시대개념에 합당한 내용이 없다면 고대·중세·근세의 시대구분은 문제점이 있다고 보는 것이 올바르다.

인류역사의 발전과정을 고대·중세·근세의 세 시기로 구분하는 이른바 3시대구분법은 17세기에 네덜란드 사람인 셀라리우스(Cellarius)가 처음으로 사용하기 시작했다. 이 3분법은 오늘날에도 그대로 사용되고 있지만, 사실은 여러 가지 문제점들을 지니고 있다. 우선 그것은 유럽의 역사를 기준으로 했으므로 그것을 비유럽지역의 역사 발전에 적용시키기에는 무리한 점이 있다. 무엇보다도 중요한 문제는 3분법이 생긴 것은 이미 17세기였는데도 불구하고 아직까지도 그러한 구분법을 사용한다는 것은 시기적으로나 개념적으로나 부적당하다는 점이다.

그러나 서양의 3시대구분법은 단순히 '시간적' 개념에 입각하여 설정된 것이 아니라 유럽의 오랜 역사의 전통을 거시적으로 살핀 결과 시대의 큰 경향, 문화적 특질, 사회구조의 이질성과 같은 것에 근거를 두어 각 시대에 저마다 고유한 역사상을 부각시킨 것이다. 예컨대 고대라면 고전문화와 노예제적 사회구성을, 중세라면 기독교의 교회문화와 봉건제적 사회구성을, 그리고 근대라면 시민문화와 자본제적 사회구성을 각기 시대 개념의 중요한 기본요소로서 이해할 수 있다. 그러나 한국사에 적용된 3시대구분은 그 시대 고유의 개념이 매우 애매하게 되어 있다. 이러한 재래의 한국사 시대구분은 고유의 시대개념을 추구하는 노력이 결여된 채 주로 왕조사관의 입장을 벗어나지 못한 초보적이고 미숙한 것이었다.

### 3) 사회발전 단계설

한국사를 세계사의 일환으로 이해하고 세계사를 내다보는 안목으로 시대구분을 하려는 움직임이 일어났다. 이러한 움직임의 중심이 된 것은 주로 사회경제 사학을 전공하는 학자들이었다. 이들이 한국사 연구에서 취한 기본적 자세는 유럽 사회를 대상으로 하는 이른바 '사회발전단계설(社會發展段階說)'에 대하여 긍정적 입장을 표명하고, 유럽사회의 발전단계를 원칙적으로 한국사에도 적용할 수 있다는 견해였다. 사회발전단계설에 의하면 인류의 역사는 원칙적으로 '원시공동체사회→고대노예제사회→중세봉건제사회→근대자본제사회'라는 순서에 따라 계기적인 발전의 단계를 밟아온 것이라 한다.

사회발전단계설은 서구식의 3시대구분법을 적용하면서도 내용에서 주로 사회경제사적인 측면에서 시대를 구분한 것인데, 유럽 사회에 관한 한 별로 무리 없이 긍정될 수 있으나, 그 세계사적인 보편타당성에 대해서는 종래 많은 학자들이 부정적 내지는 회의적인 태도를 취하였다. 여기서 가장 큰 문제가 되는 것은 한국·중국·인도와 같은 아시아 국가에 과연 노예제사회 혹은 봉건제사회라는 개념을 그 구체적인 역사발전의 과정 안에서 설정할 수 있느냐는 것이었다.

한국사의 시대구분에 유럽의 '사회발전단계설'을 긍정적으로 받아들인다는 것은 결국 한국사를 합법칙적(合法則的)으로 인식하려는 문제와 관련이 된다. '사회발전단계설'은 설령 그 세계사적인 보편성이 의심되는 결함이 있다는 것은 인정하더라도 한국사를 세계사적인 넓은 시야에서 인식하려고 하였다는 점은 평가할 만하다. 특히 '아시아적 정체성이론'이라는 서양적 사고의 도식을 극복하려고 노력하였다는 점에 있어서는 마땅히 그 학문적 가치가 인정되어도 좋다. 과거에 많은 서양의 동양학자들은 한국을 포함한 아시아 전체의 사회를 정체적인 사회라고 규정하고, 일체의 발전적 요소가 결여되어 사회가 질적으로 전진한 흔적은 보이지 않으며 전후에 수많은 왕조가 교체하였음에도 불구하고 본질적으로 아시아의 역사는 발전적 방향을 지향하지 못한 역사적 모순의 반복과 악순환에 불과한 것이라고 생각하여 왔다. '사회발전단계설'을 취하는 시대구분은 이 학문적 도그마를 타파하여 한국사의 진행과정 안에서도 역사의 발전적 계기를 모색하고 다시 이것을 구체화하여 사회구성의 발전적 단계를 설정하려고 하였다는 점에 큰 의의가 있다.

사회발전단계설에 의한 시대구분을 한국사에서 긍정적으로 받아들인다고 해도 그것은 유럽식 노예제나 봉건제가 그대로 우리나라에 실재하였음을 인정하는 것은 물론 아니다. 유럽식 노예제나 봉건제가 우리나라에서 그대로 실재한 일은 없다. 그러나 한국의 고대사회를 살펴 볼 때, 당시 생산의 기본구조에 있어 인간의 육체적 노동력이 절대적으로 중요시되고 수취관계에 있어서는 인간노동력 그 자체에 대한 인신적 수탈이 지배적인 큰 비중을 가졌다는 것은 한국고대사회의 기본 패턴이 유럽 고대사회의 그것과 다분히 동질적인 것이었다고 생각할 수 있는 큰 가능성을 시사한다. 한국 중세사회의 생산구조가 지주제적인 토지경영에 입각하고 있으며, 지주와 경작자 사이에 성립하는 지대가 수취관계의 가장 중요한 내용을 형성하고 있었다는 것도 본질적으로는 유럽 중세 봉건사회의 경우와 비슷하다. 이러한 관점에서 볼 때 유럽의 '사회발전단계설'을 한국사의 시대구분에 적용하는 것을 일방적으로 부정해 버릴 수는 없다. 다만 한국사의 시대구분에 있어 노예제나 봉건제 등의 용어를 무분별하게 쓰는 것은 매우 부적당하며, 이에 대한 반성과 동시에 한국사 전체의 사회경제구조에 대한 기본적·실증적 연구가 더욱 진행되어야만 할 것이다.

'사회발전단계설'의 입장을 취하는 시대구분도 그 내용을 살펴보면 각양각색이다. 백남운은 삼국과 통일신라시대까지를 노예사회로 보고, 고려시대부터 조선시대까지를 집권적 봉건국가로 보았다. 그는 노예사회 앞에다 씨족공동사회와 부족국가의 단계를 설정해 놓았다. 그러나 이청원(李清源)은 삼국 이전을 원시사회, 삼국 및 통일신라와 고려시대까지를 노예사회로, 그리고 조선시대부터 봉건사회로 보는 견해를 밝혔다. 그런가 하면 전석담(全錫淡)은 고조선 이전을 원시사회, 그 이후를 봉건시대로 구분하고 그 안에 몇 가지 단계로 구분하였다. 근대의 시발점과 중세의 하한을 개항(1876년)과 갑오농민전쟁(1894년)의 전후에 두려는 것에는 대개 의견이 일치되어 있는 듯하나, 고대(노예제)의 하한과 중세(봉건제)의 상한에 관해서는 크게 의견을 달리하고 있는 것이다. 논자에 따라 고대와 중세의 전환기를 삼국 초기, 또는 신라의 삼국통일 전후 내지 고려의 건국 전후, 아니면 더 내려와 고려의 무신정권 전후 내지는 조선의 건국 전후에까지 두기도 한다. 이러한 견해의 차이는 시대를 구분하는 기준이 각각 다르기 때문이며, 입각하는 기준의 차이에 따라서 시대구분의 결론이 달라지는 것은 피할 수 없는 일이다.

### 4) 시대구분의 과제

한국사의 시대구분을 다른 방향에서 거론한 업적이 있음을 마지막으로 살펴볼 필요가 있다. 한국사에 내재하는 역사의 특성이나 혹은 지배자의 권력구조 등에 초점을 맞추고, 또한 민족의 입장에서 균등하게 한국사의 발전과정을 고찰한 관점이 바로 그것이다. 이러한 시대구분은 위에서 언급한 시대구분법이 있음을 충분히 알면서도 의식적으로 한국사가 지니고 있는 고유의 특성을 역사의 전면에 내세워 각 시대의 개념을 표출하려는 시도였다. 일찍이 손진태는 『조선민족사개론(朝鮮民族史概論)』에서 '씨족공동사회 → 부족국가 → 귀족국가(삼국~조선)'라는 시대구분을 제창하였다. 또한 이인영(李仁榮)은 『국사요론(國史要論)』에서 민족을 단위로 하여 '민족태동기(원시~삼국시대) → 민족성장기(신라통일기~조선 세종 무렵) →민족침체기(사화당쟁기~조선말) → 민족각성기(항일독립운동기)'로 시대를 구분하였다. 이러한 시대구분들은 그 기준을 민족적·정치적 발전 과정에 나타난 고유의 패턴에서 구하고, 그러한 패턴에 입각하여 역사의 흐름을 거시적으로 내다보았다는 의미에서 왕조사적 시대구분에 비하면 훨씬 전진한 것이다. 그러나 이것은 한국사의 테두리 안에서 시도된 시대구분이며, 한국사를 세계사적인 넓은 시야에서 인식하려는 안목이 부족하였다고 하지 않을 수 없다.

이후에 나타난 한국사의 시대구분에서는 한국사의 고유한 면모에 주안점을 두면서도 세계사적인 3시대구분법을 혼용하는 경향의 연구들이 주로 등장하게 된다. 하지만 여전히 서양의 3시대구분법을 적용함에 있어서 '고대'와 '중세'의 전환점을 어디에 설정할 것인가의 문제점은 최근까지도 논쟁되고 있는 실정이다. 즉 신라의 통일을 전후한 시점에서 설정할 것인지 아니면 고려의 건국을 전후한 무렵에서 찾을 것인지가 아직까지도 학계의 논란거리인 셈이다.

역사를 보는 관점에 따라 전체 한국사를 보는 눈이 다르기 때문에 시대구분에 대한 이견(異見)이 나온다 하여도 그것은 일단 긍정적인 면이 있다. 그러나 기왕에 시대구분을 하고자 할 때는 한국사 고유의 여러 사실들이 종합되어지고 거기에서 도출된 특성들이 세계사와 연결이 되거나 대비될 때 한국사의 체계적인 전체 의미가 부각되어질 것이다. 보편성이라 하여 무조건 세계사와의 연결을 시도하고자 공식적인 사관을 맞추는 것도 재고되어야 하며, 한국사 고유의 것만을 내세우는 것도 세계 속의 한국이라는 거시적 안목에서는 바람직한 방법이 아니라고 볼 것이다. 많은 사람에게 공감이 가는 시대구분이 되기까지에는 여러 각도의 시대구분이 제시되고 아울러서 많은 사실들이 객관적으로 구명되어야 할 것이다.

【김 정 배】

# 제 2 장
# 고대사회의 형성과 발전

## 1. 선사시대의 문화

### 1) 구석기문화

170~180만 년 전에 시작된 신생대(新生代) 제4기(Quaternary)의 빙하시대에 들어 인류는 자연 환경에의 적응과 함께, 도구의 제작과 생업 활동을 통해 문화를 창조하기 시작하였다. 신생대 제4기의 홍적세(洪績世)는 빙하의 영향으로 해수면이 낮아, 중국 동부와 한반도의 서해안 및 일본 열도가 육지로 연결되어 있었다. 이와 같은 상황은 충적세(沖積世)가 시작되는 1~2만 년 전까지 지속되었던 것으로 생각된다. 우리나라의 경우 함경북도 온성군 강안리(동관진)유적이나 화대군 장덕리유적에서 확인된 털코끼리 화석 및 꽃가루 등을 통해 볼 때, 전반적으로 지금보다 추운 기후 환경이었음을 알 수 있다.

물론 이와 같은 자연 환경은 빙하기와 간빙기가 되풀이되면서 생태계에 많은 변화를 초래하였다. 간빙기는 오늘날 보다 연 평균 약 섭씨 5도 전후의 높은 기후 조건을 갖고 있었다. 따라서 따듯한 기후를 좋아하는 동물들이 현재보다 상당히 북쪽 지방에 서식할 수 있었다. 평양시 상원군 검은모루유적이나 함경남도 금야군 온정리 동굴유적 등에서 찾아진 원숭이나 쌍코뿔이 화석이 당시의 그러한 자연 환경을 잘 보여준다.

최근 아프리카지역에서 300만 년 전의 유물이라 보이는 타제석기(打製石器)가 발견되어, 구석기문화의 시작에 대한 새로운 논의가 제기되고 있다. 그러나 일반적으로 구석기문화의 전개는 전기(200만 년 전~15 · 14만 년 전) · 중기(15 · 14만 년 전~5 · 4만 년 전) · 후기(5 · 4만 년 전~1만 년 전)로 구분하고 있다. 약 200만 년 전 손을 사용할 수 있게 된 인류(Homo habilis)가 출현한 이래, 점진적인 진화의 과정에서 약 150만 년 전에 두개골의 부피가 커진 직립원인(直立原人)이 출현하였다. 전기 · 중기 · 후기 구석기시대에 존재했던 인류를 우리는 각각 원인(原人 : Homo erectus) · 고인(古人 : Homo sapiens) · 신인(新人 : Homo sapiens sapiens)이라 한다. 다만 이 경우 시간적 개념을 무시한 문화적 계승성의 지나친 강조는 구석기문화 담당 주민에 대한 그릇된 이해를 초래할 우려가 있다.

우리나라의 경우는 1935년에 후기 구석기시대의 강안리유적이 최초로 조사되었으나, 그 구체적인 성격은 1950년대에 이르러서야 확인됨으로써 구석기문화 실상의 편린을 알게 되었다. 이후 함북 선봉군 굴포리 서포항유적과 충남 공주시 석장리유적을 비롯하여, 북한지역에서 검은모루 · 해상 · 청청암 등지의 동굴유적이 확인되었다. 이러한 유적의 확인은 구석기문화에 대한 본격적인 연구의 시작과 함께, 특히 구석기유적의 존재 가능성이 높은 석회암 동굴지대에 대한 주목을 이끌게 되었다. 아울러 덕천군 승리산유적이나 평양시 대현동유적과 만달리유적에서 고인과 신인의 화석이 찾아지고, 연천군 전곡리유적의 다양한 석기와 제천군 점말용굴에서 여러 종류의 동물 화석이 발견되었다. 이러한 자료의 증가는 구석기문화의 전개 과정은 물론, 담당 주민과 자연 환경에 대한 이해를 증진시킬 수 있게 해주었다.

1980년대에 들어 평양시 용곡동굴유적을 비롯한 수 많은 동굴유적이 북한지역에서 확인되고, 남한에서는 충주댐 · 주암댐 · 합천댐 · 평화의 댐 등 대규모 수자원개발 과정에서 많은 구석기유적이 조사되었다. 특히 충주댐 수몰지구에 대한 조사 과정에서는 단양군 도담리 금굴유적, 상시리 바위그늘유적, 애곡리 수양개유적 등 동굴 · 바위그늘 · 야외주거를 망라

한 다양한 유적이 발굴되었으며, 주암댐·합천댐 일원에서 확인된 유적과 홍천군 하화계리유적 등은 향후 우리나라 중석기문화의 존재를 입증할 수 있는 중요 유적으로 주목되고 있다.

근래에는 기왕에 구석기유적이 확인된 지역들의 공간적 범위를 넘어서서, 서해안 도서지역을 비롯하여 광주·곡성·보성·화순·순천 등 전남 일원에서 중기·후기 구석기유적이 다수 확인되어 우리 나라 구석기문화 연구의 지평을 넓혀주었다. 특히 1998년 충북 청원군 소로리유적 토탄층에서 확인된 볍씨는 14,000~13,000년 전의 고대벼임이 입증되었다. 이는 현재까지 확인된 세계 최고(最古)의 볍씨일 뿐 아니라, 유사(類似)벼와 고대(古代)벼의 공생(共生)을 알려줌으로써 벼의 기원과 진화 및 재배와 관련된 좋은 자료를 제공하였다.

진화의 과정에서 원인은 약 100만 년 이전부터 불을 사용하였으나, 50~40만 년 전부터 불의 사용이 본격화되었다. 불의 사용은 난방용 에너지의 확보로 추운 지역에까지 인간의 거주 지역을 확대시켰으며, 야생 동물로부터 자신을 보호할 수 있게 해 주었다. 우리나라의 경우는 약 90만 년 전의 유적이라 주장되는 평양시 승호구역 만달리 절골동굴유적을 비롯하여, 상원 검은모루유적·단양 금굴유적·청원 두루봉유적 등이 전기 구석기유적으로 꼽히고 있다. 일부 야외주거를 포함하여, 주로 동굴에서 생활하였던 것으로 이해되는 이들은 협동을 통하여 동물을 사냥하고, 어로(漁撈)나 야생 식물을 채집함으로써 식량을 조달하는 양식채집단계의 생활을 영위하였다. 당시 이들은 주먹도끼·짜르개·찍개·긁개·찌르개 등 나름대로 다양한 타제석기를 제작·사용하였다.

중기 구석기유적은 인구의 증가로 인해 상대적으로 전기 구석기유적보다 많은 수가 확인되었다. 석기 제작 기술은 진보하였으나 기본적인 도구는 전기 구석기시대의 그것과 마찬가지이며, 일부 뼈연모를 제작·사용하기도 하였다. 일부의 연구자들은 석제(石製)·골제(骨製)의 조각품을 예로 들어, 이들의 예술 생활과 의식을 구명하려 노력하고 있다. 이 시기의 주거지 입지 유형은 전기 구석기시대의 그것과 동일하다.

한편 크로마뇽인(Cro-Magnon man)으로 대표되는 후기 구석기시대는 현대인의 직접적인 조상이 문화를 형성·유지하던 시기이다. 이들은 추운 기후에도 불구하고 생활 여건을 개선해가면서 인류의 발자취를 지구 전 지역으로 확산시켰다. 이 시기에 인류는 언어를 사용하기 시작했으며, 유럽지역에서는 동굴 벽화가 제작되었다.

우리나라의 후기 구석기인들은 간접떼기·눌러떼기 등 이전 시기에 비해 상당히 발달된 석기 제작기술을 보유하고, 돌과 뼈를 이용하여 밀개·새기개 등 수 십 종의 다양한 도구를 제작하였다. 아울러 조각품 등 예술 활동의 흔적과 장신구 등을 남겨 놓음으로써 자신들의 사회 생활 모습과 의식 및 문화 수준을 오늘에까지 보여주고 있다. 주거지의 경우, 동굴·바위그늘·야외주거 등 주변 환경에 적응하면서 자신들의 집자리를 마련하였다.

### 2) 신석기문화

지금부터 약 1만 5천 년 전 마지막 빙기인 뷔름(Wurm)빙기가 끝나자 날씨가 따뜻해져 빙하가 녹으면서 해수면이 상승하였다. 이즈음 황해와 대한해협이 형성되어 중국 대륙과 일본 열도가 한반도로부터 분리되었다. 아울러 대륙붕이 형성되어 해안 지역에 플랑크톤이 서식함으로써 연안 지역의 수산 자원이 풍부해지고, 멸종되는 대형 동물이 늘어났다. 인류는 온화한 기후로 인해 주거 대상 지역을 확대할 수 있게 되었으며, 농경과 함께 수산 자원을 적극적으로 이용하게 되었다.

우리나라의 경우는 이 시기에 강과 산맥이 형성되고, 삼면이 바다에 둘러싸이게 되었다. 이에 따라 신석기문화라는 공통의 기반 위에서, 지역적 특성을 보이는 문화가 전개되었다. 세계 신석기문화가 농경의 시작과 가축의 사육을 특징으로 하여 신석기혁명이라 불린다면, 우리나라 신석기 문화는 유문토기(有文土器)와 마제석기(磨製石器)를 그 표지(標識) 유물로 하고 있다. 이는 우리 신석기문화에서의 농경의 시작이 신석기 중·후기에 와서야 적극적으로 확인되고 있기 때문이다. 아울러 이러한 유물을 출토하고 있는 대표적 유적으로는 주거지 · 패총 · 무덤 등을 들 수 있다.

신석기시대 유문토기의 대표적인 기종(器種)으로는 융기문토기와 빗살무늬토기가 있다. 양식생산의 정착 생활 단계에서 발생하는 토기는 그 제작 과정 및 기종 · 기형(器形)의 결정 등에 제작 집단의 생활상과 문화적 전통이 강하게 반영되어 있다. 융기문토기가 한반도 남부지방에 집중적으로 분포하고 있는 반면에, 반란형(半卵形)으로 대표되는 빗살무늬토기는 신석기시대 전 기간에 걸쳐 한반도 전역에 분포하면서 기형과 문양의 종류나 시문(施文) 부위 등에 차이를 보이고 있다. 이로 인하여 빗살무늬토기는 지역적 문화상의 파악이나 편년에 중요한 자료로 이용된다.

토기에 대한 상대연대 설정이나 방사성 동위원소를 이용한 절대연대 측정 등을 통하여 우리나라 신석기문화의 전개 과정은 대체로 전기(8,000년 전~5,500년 전) · 중기(5,500년 전~4,000년 전) · 후기(4,000년 전~3,000년 전)로 구분하고 있다. 전기의 대표적인 유적으로는 제주 고산리유적과 양양 오산리유적을 들 수 있으며, 신석기문화의 하한 연대는 청동기문화의 개시 연대와 맞물려 다소의 이견이 있다. 이러한 신석기 토기문화는 멀리 북유럽의 캄케라믹(Kammkeramik) 토기문화가 시베리아 일원으로 전파되고, 한반도 지역에까지 확산된 것으로 보인다. 그 문화의 담당 주민을 현재 우리 학계에서는 고(古)아시아족(族)(Paleo-Asiatics)이라 파악하고 있다. 고아시아족은 곰 토템 사상을 갖고 있었으며, 우리는 그와 같은 문화 현상의 잔존을 단군신화에 등장하는 웅녀(熊女)의 존재에서 확인할 수 있다.

한편 마제석기는 수렵용 · 어로용 · 농경용 · 일상 생활용 등으로 구분된다. 수렵용은 화살촉과 창끝 등이 있으며, 어로용으로는 그물추와 낚시바늘 · 작살 등이 있다. 농경용은 낫 · 보습 · 괭이 · 도끼 · 갈돌 등을 들 수 있는데, 현재까지 이러한 유물들은 신석기 중기 이후의 유적에서 출토된다. 이를 통하여 우리나라에서 농경은 신석기 중기 이후에 시작되었다고 이해하고 있다. 이 이외에 일상 생활용 석기로는 도끼 · 끌 · 대패 · 자귀·칼·송곳·숫돌·방추차(紡錘車)·발화석(發火石) 등이 있다. 이와 같은 도구의 일부는 뼈를 이용하여 제작하기도 하였다. 특히 뼈를 이용하여 만든 유물로는 목걸이·팔찌 등 각종의 장신구와 개·새·뱀·돼지·인면(人面) 등을 조각한 예술품 등을 들 수 있다.

신석기시대 사람들은 위와 같은 도구를 이용하여 사슴·노루·멧돼지·산양·곰 등을 사냥하고, 강이나 바다에서 어로 생활을 하였다. 이와 함께 농경의 대상으로는 조·피·좁쌀·보리·밀 등이 경작되었으나, 농법은 화전농경에 기반한 미숙한 단계였을 것으로 추정된다. 농기구 또는 탄화된 곡물이 출토된 농경과 관련한 대표적인 유적으로는 북한지역의 서포항·지탑리·궁산리·금탄리유적과, 남한지역의 암사동·동삼동·수가리·상노대도유적 등을 들 수 있다. 한편 방추차의 존재는 식물성 섬유를 제작·직조했음을 알려준다. 이를 통해 제작된 직물은 뼈 바늘을 사용하여 옷을 만드는 데 이용되었다. 특히 궁산리유적에서는 뼈 바늘에 베실이 꿴 상태로 출토되어, 당시의 의생활 모습을 유추할 수 있게 해준다.

신석기시대의 대표적인 유적인 주거지의 경우, 의주 미송리·춘천 교동 등 일부의 경우를 제외하고는 대부분 수혈식(竪穴式)의 움집 형태이다. 움집의 평면은 원형·타원형·방형·장방형 등이며, 중앙에 화덕을 설치하여 난방과 취사에 이용하였다. 집자리 안팍으로 원추형이 되게 기둥을 세우고 띠풀 등을 이용하여 벽체 겸 지붕을 엮었다. 움의 깊이는 30~40㎝ 정도가 일반적이나, 북부지역의 경우는 1m 이상의 깊이를 갖는 주거지도 있다. 움의 한 편에 계단식의 출입구를 설치하였다. 이러한 집자리는 적게는 수 기, 많게는 수 십 기가 밀집 분포함으로써, 신석기시대 취락의 형성과 사회상을 알 수 있게 해 준다. 평양 남경유적의 경우와 같이, 일부 주거지에서는 수 백, 수 천의 그물추가 집중적으로 출토되어, 당시 사회의 분업화 정도를 가늠할 수 있게 해주고 있다.

한편 패총은 신석기시대 이래 철기시대에 이르기까지 지속적으로 형성되어 왔다. 패총은 단순한 조개무지가 아니라, 그들이 식용했던 어패류와 함께 각종 토기·석기·골각기 등이 버려져 있기 때문에 패총을 남긴 집단의 문화를 이해할 수 있게 해주는 유용한 유적이다. 패총은 주로 서해안과 남해안 및 그 도서지방에 분포하고 있는데, 그 입지를 분석함으로써 당시의 자연 지형을 복원할 수 있게 해준다.

무덤의 경우는 1988년 통영 연대도 패총유적에서 2구의 인골이 매장된 장방형 적석총 형태의 무덤이 확인된 바 있다. 이 이전에도 울진 후포리 유적에서 세골장(洗骨葬) 형태로 매장된 인골이 확인되어 신석기시대의 무덤으로 추정되어 왔다. 이와 함께 1998년에 진주 상촌리유적에서 화장 후 옹관에 인골을 수습한 신석기 중기의 무덤이 보고됨으로써, 옹관묘(甕棺墓)의 사용 시기를 소급할 수 있는 자료도 확보되었다. 그러나 아직까지는 신석기시대의 무덤을 확인한 사례가 희소하여, 당시의 매장 풍습이나 방법에 대한 상세한 정보를 갖고 있지 못한 실정이다.

### 3) 청동기문화

청동은 구리와 주석을 주요 재료로 하여, 아연·납 등을 첨가해 만든 합금이다. 합금의 어려움은 있으나, 철광보다 상대적으로 낮은 온도에서 가공이 가능하기 때문에 이른 시기부터 사용되었다.

우리나라 청동기문화는 대체로 기원전 13~12세기 경에 시작되어, 기원전 4~3세기 경까지 지속되었던 것으로 이해되고 있다. 몇몇 문화 요소에서 시베리아 바이칼호 연안의 카라스크(Karasuk) 문화와 연관을 갖고 있는 한국 청동기문화의 발상지는 요하(遼河)를 중심으로 한 현재 중국의 요녕성 지역이다. 문화권의 입장에서 본다면 한반도와 중국 동북 3성의 대부분 지역이 그 공간적 분포권에 해당되며, 시간적으로는 고조선과 부여 등이 이른 시기의 청동기문화를 담당한 주체가 된다.

이러한 청동기문화의 담당 주민을 중국 문헌에서는 예(濊)·맥(貊)·한(韓) 등으로 기록하고 있다. 이들은 공시적(共時的) 존재로서 지역적 분포의 차이로 인해 그 명칭이 달리 기록된 것이며, 일반적으로 예맥족이라 불린다. 이들이 바로 신석기문화의 담당 주민들을 흡수·동화시키면서 우리 민족 형성의 근간(根幹)을 이룬 집단이다. 이처럼 우리 나라 청동기 문화가 시작되는 시기에 한국사에서는 문헌 상 예맥조선(濊貊朝鮮)이 등장하고 있으며, 시베리아 지역에서는 카라스크문화가 시작되고, 중국에서는 은(殷) 나라와 주(周) 나라가 교체되는 등 동북아시아 일원이 일대 격변기를 맞는 시기였다.

청동기시대의 대표적인 토기는 무문토기(無文土器)이다. 이러한 토기는 철기시대에까지 지속적으로 제작·사용되었다. 무문토기와 함께 사용되었던 토기로는 단도마연토기(丹塗磨研土器)와 흑도마연토기(黑陶磨研土器) 등이 있다. 무문토기의 대표적인 예로는 공열토기(孔列土器)·구순각목토기(口脣刻目土器)·팽이형토기·점토대토기(粘土帶土器) 등을 들 수 있다. 공열토기는 청동기시대 이른 시기에 발생하여 대동강 유역을 제외한 한반도 전 지역으로 확산되는 청동기문화 전기·중기의 대표적 토기이다. 이 토기는 동북지방에서 동해안과 한강을 따라 중부·남부지방으로 확산된다는 점에서 구순각목토기의 전파로와 동일한 양상을 보인다. 이는 대동강 유역의 신흥동식 토기라고도 불리는 팽이형토기가 평안남도와 황해도를 중심으로 분포하고 있는 점과 대조를 이룬다.

청동기시대의 토기는 이러한 형태상의 구분과 함께, 지역적 특성을 강조하여 압록강 유역 의주 미송리식 토기, 청천강 유역 묵방리식 토기, 금강 유역 부여 송국리식 토기 등으로 구분하기도 한다. 특히 송국리식 토기는 금강·영산강 유역에 광범위하게 분포하면서 원형의 주거지 등 독특한 문화 현상을 보이고 있다.

한편 우리나라의 대표적 청동 유물로는 무기류(武器類)의 비파형동검과 세형동검을 들 수 있다. 이 동검들은 검신(檢身)과 검파(劍把) 부분을 함께 주조한 중국식 동검이나 오르도스(Ordos)식 동검과는 달리, 별도로 제작하여 결합시켰다는 제작 기법 상의 특징과 검신 한 가운데 등대가 있다는 형태상의 특징을 갖고 있다. 비파형동검과 관련된 이른 시기의 유적으로는 요서(遼西) 지방의 조양(朝陽) 십이대영자(十二臺營子) 무덤이 대표적이다. 세형동검은 청동기문화의 전국적 확산을 보여주는 유물로서,

철기를 공반(共伴)하는 유적에서 출토되는 경우도 있다.

아울러 요동(遼東) 지방 여대시(旅大市) 강상(崗上) 무덤과 심양시(沈陽市) 정가와자(鄭家窪子) 무덤 등에서는 각종의 청동제 마구류(馬具類)가 출토되었다. 이 이외의 청동제 유물로는 금강 유역의 대전 괴정동·예산 동서리·아산 남성리 유적에서 출토된 나팔형(喇叭形)·방패형(防牌形)·검파형(劍把形)·원개형(圓蓋形) 등 이형(異形)의 청동기와, 영산강 유역의 화순 대곡리·함평 초포리 유적에서 출토된 팔주령(八珠鈴)·이두령(二頭鈴)·간두령(竿頭鈴) 등의 청동제 방울을 들 수 있다. 이들 유물은 샤먼이 사용했던 무구(巫具)라 판단되어 의기류(儀器類)로 구분이 가능하다.

그러나 청동기시대에도 도구의 제작에 주로 이용되던 소재는 돌이었다. 즉 신석기시대와 마찬가지로 돌을 연마하여 마제석기를 만들어 사용하였던 것이다. 다만 신석기시대에 비해 제작 기법이 더욱 정교해지고, 다양한 종류의 석기가 사용되었다는 차이가 있다. 이러한 청동기문화 단계의 마제석기로는 신석기문화 단계에 제작되었던 종류에 덧붙여, 마제석검(磨製石劍)·반월형석도(半月形石刀) 및 환상석부(環狀石斧)·성형석부(星形石斧)·유구석부(有溝石斧) 등 여러 종류의 석기를 지목할 수 있다.

청동기문화 단계의 대표적인 무덤은 지석묘(支石墓)와 석관묘(石棺墓)이다. 지석묘는 청동기시대의 보편적 매장 양식이나, 무덤 자체의 규모나 부장품 등으로 보아 사회·경제·정치적 지위에서 차별성을 보이는 것들도 있다. 이를 통해 청동기문화 단계에서 사회 분화와 권력의 등장 모습을 볼 수 있다. 지석묘는 세계적으로 보아 한반도가 가장 밀집 분포를 보이고 있으며, 특히 전북 고창군이나 영산강 유역의 지석묘군(支石墓群)이 주목을 받고 있다. 이와 같은 지석묘는 그 축조 시기나 형태로 보아 탁자식(卓子式)·기반식(碁盤式)·개석식(蓋石式) 등으로 구분한다. 철기시대에 이르기까지 사용되었던 석관묘의 경우는 최고 정치 권력자의 상징인 검(劍)·경(鏡)·옥(玉)을 공반하는 유구(遺構)를 주목해야 할 것이다.

청동기시대에는 앞 시기에 비해 촌락의 규모와 주거지의 숫자가 급격히 늘어나는 현상을 보인다. 이는 인구의 급격한 증가와 함께 농경의 확

▲고조선 청동기문화의 대표적 무덤양식인 지석묘
(소재지 : 중국 요녕성 해성시)

산으로 인구를 부양할 여력이 생겼음을 의미한다. 주거지는 신석기시대와 마찬가지로 움집의 형태를 하고 있으나, 장방형 평면을 위주로 집의 규모가 커지고 효율적인 기둥 사용으로 내부 공간의 확대를 꾀하고 있는 등 건축 기술상의 진전된 모습을 보이고 있다. 아울러 청동기시대 후기에 들어 화덕이 벽 가장자리로 이동하여 아궁이가 등장하며, 일부 지역에서는 온돌을 사용했던 흔적이 확인된다. 이러한 청동기시대의 주거지는 신석기시대 주거지가 강변 또는 해변에 주로 위치하는 것과는 달리, 대부분 얕으마한 구릉의 사면(斜面)에 입지하고 있다. 또 울주 검단리유적의 예에서 볼 수 있듯이, 환호(環壕)를 갖춘 대규모 집락(集落)이 형성되기도 하였다.

이와 같은 청동기문화의 특징은 생업경제의 측면에서 역시 농경의 발전이라는 점을 주목해야 한다. 농경 도구로는 각종의 굴지구(掘地俱)·경작구(耕作俱)·수확구(收穫俱)·가공구(加工俱) 등이 발견되었으며, 탄화미를 비롯하여 조·콩·팥·수수·기장 등의 곡물 유체가 확인되었다. 특히 쌀의 경우는 한반도 도작(稻作) 농경의 기원을 보는 다양한 시각이 존재하고 있으나, 최근에는 신석기시대 이래 농경의 선진 지역이었던 중국 화남지방에서부터 전래되었을 가능성이 높은 것으로 보고 있다.

【정 운 용】

## 2. 고대국가의 형성

청동기시대에 들어와 금속기의 사용으로 정복전쟁이 가속화되어 정복자와 피정복자의 관계가 생기고, 이것은 결국 지배자와 피지배자의 관계로 발전하였다. 철기의 사용은 이러한 변화를 더욱 촉진시켰다. 철제농기구를 사용함으로써 생산력의 획기적 발전을 가져왔으며, 철제무기를 사용함으로써 정복전쟁이 더욱 가속화되었다. 결국 공동체는 붕괴되고 지배계급은 그들의 영속적인 지배를 위하여 정치조직을 만들었으며, 결국 국가가 발생하게 되었다.

이와 같이 원시공동체사회가 해체되고 국가가 형성되는 과정은 많은 시간과 여러 단계를 거치며 진행되었기 때문에 그 과정을 구체적으로 밝히는 것은 쉽지가 않다. 문헌자료가 많지 않기 때문에 고고학적 발굴 자료를 통하여 알려진 내용을 참고하거나 인류학적 이론과 방법론을 원용하여야 한다.

한국사의 여명을 살필 수 있는 자료는 매우 적으며 남쪽사회와 북쪽사회는 시간적으로 발전단계가 차이가 난다. 또한 중국측 자료인 『삼국지』 위지 동이전과 우리측 자료인 『삼국사기』는 내용상 차이점이 많아 사료를 이용하는데 어려움이 많다. 따라서 원시공동체가 해체되고 고대국가가 형성되는 과정에 대한 이해는 연구자들마다 천차만별이다.

그러므로 국가의 개념을 알아보기 위해 먼저 고대국가 형성의 이론에 대해 검토를 하고, 고대국가의 발전단계를 살펴보고, 새로운 경향인 왕권과 제의의 입장에서 살펴보고자 한다.

### 1) 고대국가에 대한 이론

1970년대 이후 한국 고대국가 형성에 대한 새로운 견해들이 제시되었다. 이것은 1970년대 이후 국가주의가 팽배하여 국가에 대한 관심이 고조되면서 사회과학적 관심의 중요한 대상이 되었고, 그에 따라 국가의 원초형태라고 할 수 있는 고대국가에 대한 관심이 높아졌기 때문이다. 그러나 한국 고대국가 형성에 대한 관심의 고조는 이러한 사회적 분위기 보다는 고고학적 자료의 새로운 발굴과 『삼국사기』 초기기록에 대한 신빙성, 미국 인류학의 고대국가 형성이론의 적극적 수용이라는 맥락에서 이루어졌다. 그런데 미국 인류학의 고대국가 형성이론을 한국사에 적용하는 학자들마다 그 개념이 다르며 동일한 학자의 이론을 적용하는 데에도 그 내용이 다르게 나타났다. 이러한 문제는 인류학적 입장에서 고대국가 이론을 한국고대사에 적용하는데 그 이론적 배경과 사회적 배경을 간과하고 전체적인 맥락 속에서 고대국가 이론을 이해하지 못하였기 때문이다.

많은 이론이 국가의 기원에 관심을 집중시킨 반면 초기의 국가발달에 관하여 소홀하였는데, 지금까지 논의된 이론은 두 범주로 나눌 수 있다. 그중 하나는 사회불평등에 근거한 국가이며, 또 하나는 사회계약에 근거한 국가이다. 따라서 국가형성에 대한 이론은 갈등론과 통합론으로 나누어 볼 수 있는데, 갈등론은 개인 갈등, 사회적 갈등, 사회간 갈등으로 나누고, 통합론은 영역한계 이론과 조직의 이점으로 나눌 수 있다.

갈등론의 대표적인 것으로 프리드의 견해를 들 수 있다. 그는 모든 인간사회 구성원들 사이에 구별이 생기고 '선택된 속성'에 따라 그 구성원들에게 지위와 명예를 부여하는데 그것들이 보존되고 전달되는 방법이 그 사회의 특징적 기준이 된다고 보았다. 즉 국가는 강자가 자원에의 접근을 제한하고 그들의 통제를 유지하려는 행동에서 출현한 것으로 보고 있다. 그리고 그는 국가출현 과정을 평등사회→서열사회→계층사회→국가사회 4단계로 구분하였는데, 국가를 초기국가와 2차국가로 나누어 보고 있다. 초기국가는 순수하게 고유한 지역적인 조건에서 발생한 국가를 의미하며, 2차국가는 이미 국가의 단계에 도달한 외부의 힘에 의해서 고도의 조직화가 이루어진 경우를 의미한다.

한편 통합론을 주장한 대표적 인류학자인 서비스는 진화론적 입장에서 국가로의 발전단계를 군사회(band)→부족사회(tribe)→수장사회(chiefdom)→국가(state)로 나누었다. 그는 인간의 집단행동에 따라 역사의 상황이 전개된 것으로 보고 있다. 서비스의 모델에서 가장 단순한 수준의 조직이 군사회로서 소규모의 수렵·채취군으로 구성된 30~100명 정도이다. 이 집단은 혈족집단으로서 족외혼을 행하고 친척들과 같이 거주한다. 성별과 연령이 지위를 결정하는 주요 요소이며, 정치조직과 경제적 전문화는 보통 존재하지 않는다. 부족사회는 국부적 집단을 보다 큰 사회로 통합시키는 메커니즘이 존재한다. 보통 1백명에서 수백명으로 구성되었으며 농업경제를 가졌으나, 꽤 발달한 전문적 직인집단이나 조직화된 교역은 아직 나타나지 않았다.

수장사회는 위계적 사회제도로 조직화된 여러 집단을 포함하며, 프리드의 서열사회의 잘 발달한 형태에 속한다. 그 구성원 중 일부는 권력과 특권을 수반하는 사회적 지위를 가지며, 생계자원의 전문화뿐만 아니라 기술의 전문화가 이루어졌다. 수장이 재분배 과정에서 중요한 역할을 하는데 사회계층을 구성하는 전략적 자원에 대한 접근과 통제를 마음대로 하는 것은 아니다. 인구는 수백명에서 수천명에 이르는 것까지 매우 다양하며 일반적으로 군사회나 부족사회보다 인구밀도가 높다. 수장사회도 국가와 마찬가지로 위계질서적으로 조직되는데 양자의 주요한 차이점은 국가가 수장사회보다 더욱 크고 복잡하다는 점이며, 합법화된 세력의 발전이라고 할 수 있다. 구체적으로 예를 든다면 복잡한 사회·정치조직의 발전·중앙집권화된 정부·사회적 불평 등의 심화·권력의 균형·충분한 합법화·적절한 국가지원 등을 들 수 있다. 한편 이 차이를 질적인 것이라기보다는 양적인 것으로 평가하기도 한다.

프리드는 부족한 자원을 통제하는 권력을 유지하기 위해 국가형성이 필요하다고 하였다. 즉 국가는 강자가 자원에의 접근을 제한하고 그들의 통제를 유지하려는 행동에서 출현한 것으로 보고 있다. 사람들은 자신에게 이익이 없으면 불공평한 특권과 강요된 복종을 받아들이지 않는다. 서비스의 이론을 사용하면 우선 비통치집단은 이용당하는 계급이 아니다. 프리드는 국가를 정복과 강요된 종속체제로 보는데 비해 서비스는 사회성장과 변화의 좀더 평화적인 과정을 통해 국가가 형성되는 경우를 제시하였다. 그런데 이 두 견해는 지나치게 단순한 것 같다. 국가의 전단계에서 국가단계로 발전한 정치체제의 모든 구성원에게 희생과 이익이 모두 뒤따랐을 것을 인정해야 할 것이다. 또한 두 견해 모두 가설에 불과한 것으로 보편적 이론이 아니라는 것을 염두에 두어야 한다.

최근에는 유적조사를 통하여 국가기원을 조직적 과정으로 보려는 종합적인 견해가 나타나고 있다. 이러한 관점에서 국가형성은 많은 요인의 결과이거나 산물인 것이다. 처음의 추진력은 인구압력이나 인구제한, 원거리교역, 복지와 군사조직, 정복, 방어, 내적 투쟁, 높은 계급집단에 의한 특권보호, 중앙집권화된 권위의 종속으로부터 나온 은전이 될 것이다. 그러나 어느 것 하나 중앙집권화를 만들어 내기에 충분하지 않으며 국가형성에 계속적으로 선행하는 것은 아니다.

한 사회가 중앙집권적·영구적 권위구조를 발전시키기 시작했을 때 정치적 영역은 사회 변화의 결정요소가 된다. 중앙집권적 통제의 경향이 야기된 후 계서적 구조는 모든 사회·문화적 모습에 귀환하는 선택적 결정요소가 된다. 그래서 국가는 군주의 제의와 뛰어난 민족의 표현으로서 출현한다는 점에 유의할 필요가 있다.

### 2) 고대국가의 발전단계

한국 고대국가에 대한 연구는 1970년대 이후 활발히 전개되었다. 한국의 고대국가 발전단계에 대한 논의는 부족국가설·군장사회설·성읍국가설 등 세 방향에서 진행되었다.

부족국가설은 삼국에 선행한 소국을 고전적인 국가기원론에 입각하여 원시부족국가로 규정하였다. 씨족사회에서 부족사회로 발전하고, 여러 부족으로 구성된 부족국가가 연맹을 맺어 고대국가로 발전한다는 견해이다. 고대국가의 성립 시기는 고구려의 태조왕, 백제의 고이왕, 신라의 내물왕대로 보고 있다. 여기서 부족국가와 부족연맹 다음에 고대국가를 설정함으로써 부족국가와 부족연맹은 사실상 국가가 아니라는 인상을 주고 있다. 그리고 용어상 부족국가는 부족사회 전체가 부족국가인지, 부족사회가 여럿 모여서 부족국가가 된 것인지 애매하다. 더구나 부족연맹은 용어대로 한다면 부족사회의 연맹이지 부족국가의 연맹으로 볼 수 없는 것이다. 또한 연맹의 단계는 고대국가의 발전과정에서 복속된 소국에 대한 통제방법일 수 있기 때문에 독립된 단계로 설정할 수 있을 것인가 하는 의문이 있다.

군장사회설은 '부족국가설'이 과거의 소박한 이론으로서 이미 비판되었으므로, 현재 구미 인류학계에서 통용되는 Chiefdom을 한국고대사회 발전단계에 적용한 것이다. 군사회는 양식채집 단계로서 20~50인이 무리지어 살던 구석기 시대에 해당하며, 취프덤 단계가 되면 계층분화가 일어난다고 하였다. 따라서 위만조선도 부족연맹의 단계가 아니고, 삼한도 부족국가의 단계가 아니라는 것이다. 삼한사회는 부족단계에서 더 발전된 최소한 취프덤 이상의 사회이거나 한걸음 나아간 늦어도 소위 준국가 성립의 단계라고 보았다. 그리고 종래 법제의 정리와 중국측과의 외교관계를 중요시한 것과 달리 군대의 존재와 정복을 중요시하여 고대국가의 출발을 고조선에서 찾고 있다. 군장사회설은 족장·추장·추방사회와 같은 다양한 번역 용어와 아울러 적용시기 등의 문제점이 지적되었지만 이를 수장사회로 번역하면 이를 모두 포괄할 수 있다.

성읍국가설은 '도시국가설'을 한국 고대국가에 적용한 것이다. 소국은 소규모의 취락, 대국은 대취락, 부족연합은 이미 혈연을 넘어서 지연을 바탕으로 형성되는데, 그것이 곧 국가형성의 전단계로서 성읍국가라는 것이다. 사로국과 구야국은 성채에서 발전한 일종의 도시국가인 '성읍국가'단계에서 그 역사 기록이 시작되며, 사로국은 그 뒤 '영역국가'로 발전하였으나, 구야국은 영역국가로서 발전하지 못하였다고 보았다. 삼한의 국가 형성과정을 성읍국가에서 영역국가로의 발전단계로 보고, 영역확대를 국가형성의 중요한 징표의 하나로 보았다. 성읍국가설은 성읍국가→연맹왕국→중앙집권적 귀족국가의 발전단계론으로 재정리되어 적용되고 있다. 성읍국가설은 외형상의 기준으로서 그 내부구조에 대한 언급이 전혀 없는 것이 취약점이며, 성읍국가를 고대국가로 보는 것인지 아닌지가 분명하지 않다.

### 3) 고대국가의 왕권과 제의

최근의 새로운 경향으로 왕권과 제의라는 입장에서 국가가 형성되어 단계적으로 발전해가는 모습을 살펴볼 수 있다.

정치 발전단계가 부족사회에서 수장사회로, 그리고 국가의 단계로 발전하였다는 것을 유의하면 각 단계에 해당하는 무(巫)와 제사장인 천군(天君), 그리고 왕호(王號)의 출현 등은 매우 흥미로운 대비라고 하겠다. 이것은 서비스가 무와 부족사회, 제사장과 수장사회를 비교한 것과 같은 현상이다. 따라서 별읍(別邑)인 소도(蘇塗)에서 귀신에게 제사를 지내는 부족사회의 모습이 잔재로서 남아있는 동시에 국읍에서 천군이 천신에게 제사를 지내는 것을 취프덤단계의 사회라고 볼 수 있다. 다만 대국인 백제국이나 사로국에서는 제천의례 뿐만 아니라 시조묘에서 제사를 지냈으므로 수장사회 단계를 넘어서 초기국가 단계에 들어섰다고 볼 수 있다.

제천의례는 계급사회로의 이행이었다는 것을 의미하며, 그러한 계급사회에서 지배자의 권위를 나타내는 것이 제천의례이다. 곧 지배자의 정당성을 하늘에서 얻고 그러한 과정을 통해 권위를 확보해 나가는 것이다. 그러나 아직 부족사회의 유제인 귀신에 대한 제장인 소도를 청산하지 못하고 있는 한계점을 보여 국가단계로 볼 수 없고 과도적 단계인 수장사회 단계로 볼 수 있는 것이다.

대국인 백제국이나 사로국의 경우는 하늘의 대리자인 시조에 대한 제사를 지냄으로써 일원적이며 배타적인 제사권을 확립했다고 할 수 있다. 즉 하늘(天)에 대한 막연한 의례에서 천손강림의 천손에 대한 제사권을 독점적으로 장악하는 국가체제의 모습을 보여주는 것이다.

고구려는 이미 제천의례 단계에서 시조인 동명에 대한 제의와 지신인 수혈에 대한 제사가 함께 이루어졌다. 백제의 경우는 시조묘제사와 함께 지신에 대한 제사가 함께 행해졌다. 즉 시조묘제사와 천지신 제사가 함께 이루어졌던 것이다. 이는 고구려와 백제의 국가적 성격이 정복국가적 성격을 갖고 있었기 때문이다.

▲대전시 괴정동 석관묘에서 출토된 동검·동경·옥(사진:국립중앙박물관 소장)

반면 사로국은 제천의례와 시조묘에 대한 제사는 일찍부터 이루어졌지만 지신에 대한 제사권을 완전 장악하는데 많은 기간이 걸리었다. 따라서 사로국은 초기국가 단계를 오랫동안 거쳤는데 이것은 사로사회가 토착성이 강했음을 보여주는 것이다. 그러다 결국 정복국가 단계로 발전하여 천지신을 제사하는 신궁을 설치하게 되었다. 즉 종래 천신과 시조에 대한 제사에서 토착신인 지신에 대한 제사권을 국왕이 완전하게 장악하게 된 것이다.

제의는 구체적 행동을 통해 나타나는 실천적 행위이며, 신화는 이론적 구조라고 할 수 있다. 따라서 건국신화의 유무는 국가형성의 여부를 가름하는 기준이 될 수 있다. 우리 고대의 건국신화는 기본구조가 천신족과 지신족의 결합에 의한 건국시조의 출생으로 구성되어 있다. 이러한 신화

구조는 바로 선진문화를 보유한 유이민이 후진문화의 토착민과 결합하여 새로운 정치적 사회를 성립한 상황을 반영하고 있는 것이다. 그런 면에서 단군신화의 의미는 역사적으로 평가되어야 하며 고조선을 우리 고대국가 형성의 시초로 볼 수 있는 것이다. 고구려의 주몽, 신라의 혁거세에 관한 신화와 더불어 백제의 비류와 온조에 관한 설화는 모두 이러한 범주에 해당한다. 다만 신라는 박혁거세신화 이외에 석탈해와 김알지의 시조신화가 남아 있어 다양을 보이고 있다. 이것은 북쪽으로부터 선진문화가 파상적으로 전파됨에 따라 나타난 단계적인 문화복합현상을 반영하고 있는 것이다.

【최 광 식】

## 3. 삼국시대의 사회

### 1) 삼국의 권력 구조

#### (1) 관등제의 성립

관등제(官等制)는 지배집단 내부의 위계 질서를 일원화할 필요성 때문에 등장하였다. 따라서 삼국은 각기 역사적 전통과 정치적 상황이 반영된 독자적인 관등제를 유지하고 있었다. 이러한 삼국의 관등제는 건국 초부터 점진적인 정비 과정을 거쳐 율령에 의해 최종적 모습으로 완비된 것이라 판단된다.

중국 역대 사서(史書)의 기록을 통해 볼 때, 고구려는 시기에 따라 12~14등급의 관등제를 사용하였다. 『한원(翰苑)』에 인용된 「고려기(高麗記)」에 의하면, 고구려는 대대로(大對盧) 이하 14등급의 관계(官階) 조직을 갖춘 것으로 되어 있다. 이것이 완비된 형태일 것이라 생각된다. 고구려 관등명의 특징은 '형(兄)'과 '사자(使者)'가 붙은 명칭이 많다는 것이다.

아마도 '형' 계통의 관등명은 고구려의 성장 과정에서 중앙 관계 조직에 편제되는 특정 집단의 우두머리에게 부여된 명칭일 것이다. 또 '사자' 계통의 관명(官名)은 조세와 공물(貢物) 수취 등을 담당하던 행정 관료로 여겨진다. 한편 천남생묘지명(泉男生墓誌銘)에 의하면 고구려의 지배층은 세 신분층으로 구성되어 있었던 것으로 추정된다. 이것은 신라의 골품제적 지배 질서와 유사하게, 지배층 내에서도 신분에 따라 정치적으로 성장할 수 있는 상한에 차이가 있었음을 의미하는 것이라 보인다.

백제의 경우는 『삼국사기(三國史記)』 고이왕 27년 기사에 6좌평(佐平) 이하 16관등이 정비된 것으로 기록되어 있다. 그러나 이것은 어느 한 시기에 완비된 것이라기 보다는, 한성시대(漢城時代) 이래 지속적인 정비 과정을 거쳐 사비시대(泗沘時代)에 정착된 형태의 종합이라 보아야 한다. 또 6인의 좌평, 30인의 달솔 등에서 볼 수 있듯이, 초기의 백제 관등은 고구려·신라의 경우와 마찬가지로 관등과 관직(官職)이 미분화된 모습을 보이고 있다. 아울러 관등 명칭이 '솔(率)' 계통과 '덕(德)' 계통 및 문독(文督) 이하 등으로 3대별 되고, 각각 복색에서도 차이를 보인다는 점에서 백제 지배층의 신분도 세 등급으로 구분되어 있었다고 생각된다.

신라의 경우는 최종적으로 법흥왕대에 와서 중앙은 이벌찬(伊伐飡) 이하 17등급의 경위(京位)로, 지방은 경위 7등인 일길찬(一吉飡)에 대응하는 악간(嶽干) 이하 11등급의 외위(外位)로 정비되었다. 신라 관등제는 귀족 세력이나 지방 세력의 독자성을 약화시키고 왕권을 중심으로 한 국가 체제를 정비하기 위한 과정에서 성립한 것이다. 이러한 신라 관등제의 가장 큰 특징은 전체 관등이 간(干) 집단과 비간(非干) 집단으로 나뉘어져 있다는 것과, 경위와 외위의 구분, 골품에 따른 관등 상한의 제한, 그로 인한 중위제(重位制)의 존재 등을 들 수 있다. 이들 관등은 그 등급에 따라 복색(服色)을 달리했으며, 복식(服飾)과 의대(衣帶) 등에도 구분이 있었다.

### (2) 중앙통치체제

몇몇 정치집단이 결합하여 형성된 고구려 국가의 왕권은 소노부(消奴

部)에서 계루부(桂婁部)로 이전되었다. 이러한 시기의 고구려 국가 권력은 이 두 개의 부(部) 함께 절노부(絶奴部)·순노부(順奴部)·관노부(貫奴部) 등에 의해 장악되었다. 그러나 국가 체제의 정비와 함께 이 5부는 왕도(王都)의 행정 단위로 전화(轉化)되었다. 아울러 국가의 중요 정책은 유력한 귀족들의 모임인 제가회의(諸加會議)에 통해 결정되었다. 제가회의의 의장은 초기에 국상(國相)이 종신직으로 맡았었으나, 후에 대대로로 바뀌었으며 임기도 3년으로 제한하였다. 이 제가회의의 의장은 정치 상황에 따라 귀족의 권한을 대변하기도 하고, 또는 국왕을 보좌하는 최고위 관직의 역할을 하는 등 그 기능과 성격에 많은 변화가 있었다.

이러한 과정에서 미천왕 때에 이르러 불교의 공인과 태학(太學)의 설립 및 율령(律令)의 반포가 이루어졌다. 이를 통하여 고구려는 정신세계의 국가적 통일을 기하고, 인재 양성을 통한 관료층의 확보를 꾀하는 한편, 일원적 성문법(成文法) 체계에 의한 국가 통치가 가능해졌다. 이 이후 대가(大加) 예하의 사자(使者)·조의(皁衣)·선인(仙人) 등 관원이 폐지되고, 국왕 직속의 관제(官制)가 확대·개편되어 관제의 일원화가 이루어졌다. 이러한 국내적 기반과 활발한 대외 활동을 바탕으로 광개토왕과 장수왕

▲ 고구려 세력권의 확장 사실을 명확히 보여주고 있는 광개토왕릉비(소재지: 중국 길림성 집안현)

대에는 천손(天孫) 의식에 기초한 왕권의 신성화(神聖化)와 전제화(專制化)가 이루어졌다. 특히 장수왕대의 평양(平壤) 천도(遷都)는 귀족 세력에 대한 대규모의 숙청을 동반한 것이었다.

고구려 관부(官府)의 경우는 기록이 전혀 남아 있지 않아 그 실상을 알 수 없으며, 일부 관직 명칭만이 알려져 있다. 즉 빈객(賓客)의 접대를 담당하는 고추가(古鄒加), 태학에서의 교육과 관련 있을 것으로 생각되는 국자박사(國子博士)·대학사(大學士), 사인(使人)·통사(通使)·전객(典客) 등의 관직 명칭과 함께, 무관직(武官職)인 대모달(大模達)·당주(幢主)·말객(末客) 등이 있었음을 알 수 있는 정도이다.

백제는 초기에 좌보(左輔)와 우보(右輔)를 두어 군국정사(軍國政事)를 관장하게 하였으나, 이를 통합하여 좌평(佐平)을 설치한 이후에는 좌평회의가 귀족회의의 기능을 수행하였다. 이 때 상좌평(上佐平)이 고구려의 국상과 같은 역할을 하였다. 한편 위덕왕 때에는 중국의 6전(典) 조직과 마찬가지로 6좌평을 두어, 각기 왕명 출납(出納)·재정(財政)·의례(儀禮)·숙위(宿衛)·형옥(刑獄)·병마(兵馬) 등의 업무를 분장(分掌)토록 하였다. 6좌평 회의의 수석은 내신좌평(內臣佐平)이었으며, 정사암(政事巖) 고사(故事)에서 볼 수 있듯이, 국가의 중요 국사는 이들이 신성 지역에서 논의하여 결정하였다. 이러한 백제의 중앙 정치는 진(眞)씨·해(解)씨 등의 8대 귀성(貴姓)과 왕족인 부여(扶餘)씨에 의해 좌우되었다.

백제 중앙 관부에 대한 기록은 사비시대 이후의 것만이 문헌에 전한다. 중앙 관부는 국왕 및 왕실 관련 궁중 사무를 관장하는 내관(內官) 12부와, 일반 서정(庶政)을 담당하는 외관(外官) 10부 등 22부로 이루어져 있다. 내관은 전내부(前內部)·곡부(穀部) 등 국왕에 대한 근시(近侍)나 재정 등을 관장하는 부서가 주류를 이루었고, 사군부(司軍部)를 비롯한 외관은 군사·교육·건축·사법·호적·외교·인사·조세·점성·교역 등을 분장하였다. 이들 관부 장(長)의 임기는 3년이었다.

신라 또한 초기에는 양부(梁部)·사량부(沙梁部)·본피부(本彼部)·한기부(漢祇部)·습비부(習比部)·점량부(漸梁部) 등 6부 출신의 지배층에 의해 정치가 좌우되었다. 이 중 정치적 실권은 양부와 사량부에 의해 장악되었으며, 이러한 출신 부는 왕도의 행정 구획 및 거주 지역에 따른 구분이기도 하였다. 자비왕 시기에 이 중앙 6부 아래에 방리(坊里)를 설정하였다.

이들 부는 신라 초기에 일정한 독자성을 보유하고는 있었으며, 간(干) 또는 대등(大等)으로 불리는 유력한 귀족들의 회의체인 화백회의(和白會議)를 통해 정치적 중요 사항을 논의·결정하였다. 이러한 귀족 회의체를 일부 연구자들은 제간회의(諸干會議)라고 부르기도 한다. 남당(南堂)을 중심으로 기능한 귀족회의의 의장은 초기에는 국왕 자신이었으며, 정치제도의 정비에 따라 상대등(上大等)이 회의를 주관하게 되고, 이들 제간(諸干)들은 점차 왕권 아래 예속되어 갔다.

한편 소지왕은 천지신(天地神)을 모시는 신궁(神宮)을 설치하여 왕권과 국가를 중심으로 사상적 통일을 꾀하였다. 또 왕실 차원에서 불교를 수용하고 율령의 반포와 함께 백관(百官)의 공복(公服)이 제정되는 법흥왕 때에는 병부(兵部)를 설치하여 군사권의 효율적 통제를 모색하였다. 공복의 제정은 지배층 내에서의 상하 신분 관계를 명확히 함으로써, 국왕에 의한 관료체제의 철저한 통제를 수반하는 것이었다.

신라의 중앙 관부는 크게 국왕의 근시(近侍) 기구와 일반 서정(庶政)을 담당하는 부서로 구분할 수 있다. 법흥왕 때 병부를 설치한 이래 진덕왕대에 이르기까지, 관리들을 규찰하는 사정부(司正府), 국가 재정을 관장하는 품주(稟主), 관리에 대한 인사를 담당하는 위화부(位和部), 공부(貢賦)을 담당하는 조부(調府), 국왕의 행차 업무를 맡은 승부(乘府), 의례와 교육을 관장하는 예부(禮部), 대외관계를 담당하는 영객부(領客府), 관리들에 대한 논공행상을 담당하는 상사서(賞賜署), 재정을 담당하는 창부(倉部) 등이 설치되었다.

각 부서를 담당하는 관원은 해당 부서의 중요도에 따라 관직의 고하 차이가 있었으며, 매 관부는 대체로 4단계의 관직 체계로 구성되어 있다. 즉 영(令)-경(卿)-대사(大舍)-사(史)의 구분이 그것이며, 관부의 장관인

영(令)은 2~3인의 복수(複數)로 임명하였다. 중앙 관부의 장관과 지방 행정단위의 최고 책임자는 진골 출신만으로 임명되었다.

### (3) 지방통치체제

고구려는 지방을 5부로 나누었는데, 『삼국사기』에 의하면 고구려에는 176성(城)에 69만여 호(戶)가 있었다. 즉 고구려는 지방을 성(城) 중심으로 편제한 것인데, 이러한 성은 군사적・행정적 중요도에 따라 네 등급으로 구분된다. 지방 5부의 각 중심지에 있는 성에는 욕살(褥薩)이 파견되어 예하의 성들을 지휘・통제하였다. 매 성에 파견된 지방관들은 행정적인 최고 책임자일 뿐 아니라, 지방군사조직의 최고 지휘관이기도 했다. 이 성을 구성하는 하부 단위는 촌(村)이었다. 촌에 거주하는 촌민(村民)들은 국가에 의해 상・중・하 3등호제(等戶制)로 구분되어 부세(賦稅)・역역(力役)・군역 등을 부담하였다.

백제 또한 건국 초기부터 전국을 방위(方位)에 따라 5부로 구분한 행정조직을 갖춘 것으로 보인다. 이 당시의 부(部)는 외적에 대비하기 위한 병력 동원의 단위임과 동시에 부역(賦役) 동원의 행정 단위로 기능하였다. 이즈음 백제는 일부 독자적 기반을 갖춘 지방세력에게 관직을 수여함으로써 그들을 국가 지배질서 체제 내로 재편・통합하였다. 그러나 사비(泗沘) 천도 이후 수도는 5부(部) - 5항(巷)의 편제로 조직되고, 지방은 5방 예하에 방(方)-군(郡)-성(城)을 골격으로 하는 행정 조직을 갖추었다. 이러한 5부제(部制)에서 5방제(方制)로의 변화 과정에서, 백제는 전국 주요 성(城) 22개 거점 지역에 자제(子弟)와 종족(宗族)을 담로(檐魯)로 파견하여 국가의 지방 통제력을 강화하였다.

특히 나성(羅城)까지 갖춘 사비시대의 왕도 5부는 상부(上部)・전부(前部)・중부(中部)・하부(下部)・후부(後部)라 불리었으며, 각 부는 다시 5항으로 편제되었다. 각 부에는 달솔의 통제 하에 500명의 군대가 주둔하고 있었다. 이러한 왕도의 편제는 근래 조사된 백제시대 부여 지역의 직선 도로 구획을 통해서도 입증된다.

지방 통치체제로서의 5방제는 22담로가 37군(郡)으로 확대되는 과정에서 군의 상부 행정 단위로 설정된 것이다. 방에는 700~1,200명의 군사를 지휘하는 달솔 관등의 방령(方領) 1인과 그를 보좌하는 방좌(方佐)가 배속되어 있었다. 각 군(郡)은 군장(郡將)이 관장하였으며, 그 예하 200개에 달하는 소성(小城)은 성주(城主)가 관할하였다. 이들 성이 백제 지방행정 단위의 기초이며, 촌으로 구성되어 있었다. 백성들은 촌에 거주하면서 생업에 종사하였다. 백제는 5방제의 정비를 통해 토지와 편호제(編戶制)에 입각한 호구(戶口)에 대한 철저한 통제를 할 수 있게 되었다.

신라는 소지왕 때 사방에 우역(郵驛)을 설치하고 관도(官道)를 수리하여 교통로를 정비하였으며, 지증왕 때 주군제(州郡制)를 실시하며 지방관을 파견함으로써 전국에 대한 일원적 지배체제를 완비하였다. 『양서(梁書)』의 기록에 의하면, 법흥왕 당시 신라의 지방은 52개의 읍륵(邑勒)으로 편제되어 있었는데, 이들 읍륵이 그 규모의 대소에 따라 주(州)·군(郡)·성(城) 등으로 불리었다 생각된다. 이 때의 성은 고구려나 백제와 마찬가지로 촌을 기본으로 한 것이다.

신라의 주(州)는 그 장관이 군주(軍主)라는 점에서도 알 수 있듯이, 행정 조직임과 동시에 군관구(軍管區)로서의 성격도 공유하고 있었다. 중앙정부는 연령과 성별에 따라 지방 민(民)을 파악하였으며, 지방 행정 단위의 말단인 촌에서는 촌주(村主)가 국가의 위임을 받아 조세·공부·요역 등을 징수하였다. 이 때 지방민은 지역 단위로 국가에 대한 의무를 이행하였다.

이러한 주군제와 별도로 신라는 지방의 중핵 지역에 소경(小京)을 설치·운영하였다. 지증왕 때 설치된 아시촌소경(阿尸村小京)을 효시로 하여, 궁극적으로 5소경을 갖추는 신라의 소경은 중앙 문화의 지방 확산을 위한 왕경인(王京人)의 사민(徙民), 복속민의 세력 기반을 토착 지역에서부터 유리(遊離)시키기 위한 사민 등 행정적·문화적·군사적 이유에 의해 유지되었다. 이 소경의 장관을 사신(仕臣) 또는 사대등(仕大等)이라 한다.

### 2) 삼국사회의 신분

#### (1) 신분 구성과 역할

원시사회에서는 신분의 차등이 존재하지 않았다. 그러나 생산력의 발전과 함께 잉여(剩餘)가 창출되어 부(富)의 축적이 이루어지자, 빈부에 따른 경제적 구분으로서의 계급의 발생과 함께 정치·사회적 개념으로서의 신분의 차이가 나타났다. 즉 경제적인 계급 관계가 법제적(法制的)으로 고착화된 것이 신분제이다. 아울러 삼국시대의 경우는 국가 형성·발전 과정에서 집단의 이주(移住)·정착·병합 등의 이유로 인해 신분적 차등이 발생하기도 하였다. 따라서 삼국시대의 신분제는 국가의 공식적 서열을 혈연적으로 계승하는 체계이며, 신분은 경제적인 요소 이외에 개인이 담당하는 사회 조직 내에서의 역할이나 혈연·출신지 등의 여러 요소에 의해 결정되었다. 상층 신분의 경우 혈연적 요소가 강하게 작용했다면, 상대적으로 하층 신분의 경우는 지연적 요소가 중시되기도 하였다.

이러한 삼국시대의 신분은 일단 지배계층과 피지배계층으로 구분할 수 있다. 지배계층은 다시 귀족과 관료(官僚)로 양분할 수 있다. 귀족은 정치적 특권을 보유한 집단으로, 국왕과 왕족도 이에 포함된다. 관료는 지배층에 포함되어 있으나 정치적 진출에 제약을 받던 부류로 설정할 수 있다. 국왕이 최고의 통치권을 갖고 국가 통치에 임한다면, 왕족은 왕권에 접근이 가능한 존재라 할 수 있다. 왕족을 포함하여, 귀족은 중요 관직에 진출하여 국가의 기밀(機密)에 관여할 수 있는 존재이다.

한편 피지배계층은 양인(良人)과 천인으로 구분된다. 이 중 자유민인 양인은 국가 구성원의 대다수를 이루고 있었던 민(民)과, 법제적으로는 자유민이지만 사회·경제적으로 열악한 처지에 놓여 있었던 하호(下戶)로 구분할 수 있다. 민은 넓은 의미로는 국가 구성원 모두를 의미하지만, 좁은 의미로는 피지배층으로서의 백성을 의미한다. 백성들은 조세·요역·군역 등 국가가 필요로 하는 각종의 의무를 부담하는 존재이다. 그렇기 때문에 고구려의 진대법(賑貸法)에서 볼 수 있듯이, 국가는 사유 재산에 대한 보호와 함께 구휼(救恤) 제도를 도입하여 수취 대상인 일반 백성을 유지・보호하고자 한 것이다. 아울러 이들 스스로는 경제적 요소에 의해 분화(分化)되어, 토지 소유의 다과(多寡)나 유무(有無)에 따라 지주・자영 소농민・용작인(傭作人)・농노(農奴) 등으로 구분된다. 군사 동원 등에서 민과는 차별적 존재인 하호는 경제적 착취의 대상이었으리라 보인다.

천인의 경우는 비자유민으로서의 노비(奴婢)와 향(鄕)・부곡(部曲) 등의 집단 예민(隷民)이 있다. 국가・왕실・관청・사원・개인 등에 예속되어 있었던 노비는 혈연적 세습 이외에, 전쟁・형벌 등의 이유로도 창출되었다. 집단 예민은 대부분 무력적 통합에 의해 발생했으며, 자신들의 공동체적 질서를 일부 유지한 상태에서 국가에 대한 공납(貢納)의 의무를 이행했으리라 보인다. 따라서 집단 예민은 공동체와 국가로부터 이중의 수탈에 허덕였을 것이다.

이와 같은 신분제에 입각한 사회 체제를 잘 보여주는 것이 신라의 골품제(骨品制)이다. 골품제는 성골(聖骨)・진골(眞骨) 등에 대한 골제(骨制)와, 6두품 이하 1두품까지의 신분에 대한 두품제(頭品制)로 이루어져 있다. 그러나 무열왕 이후 성골이 끊기고, 3・2・1두품은 평민화(平民化) 되었다. 3・2・1두품의 소멸은 통일 전쟁 과정에서 평민층의 지위가 향상되는 것과 밀접한 관계가 있다.

신라 사회는 개인의 혈통에 따라 정치・사회적 규제를 가하는 골품제에 의해, 관등의 상한(上限) 제한을 비롯하여 의복・가옥・수레 등 사회생활 전반에 걸쳐 특권의 향유 또는 제약이 가해지던 사회였다. 신라 국가의 성장에 발맞추어 정비되었을 골품제는 법흥왕 때 율령 반포와 함께 정형화된 모습으로 정비되었으리라 생각된다. 고구려・백제의 경우는 골품제와 같은 신분제의 존재는 확인되지 않으나, 동일한 성격의 유사한 제도가 있었을 것이다.

### (2) 삼국의 사회 성격

삼국사회의 신분 질서는 일찍이 사회구성체(社會構成體)에 입각한 역사발전단계을 구명(究明)하고, 일제 식민사가들의 한국사회 정체성론(停滯性論)을 타파하고자 한 유물사관(唯物史觀)의 사회경제사가들에 의해 주목되었다. 그들의 주 논의는 삼국 사회를 노예제사회로 파악할 것인가, 봉건제사회로 이해하여야 하는가에 집중되었다.

우리가 고대 그리스·로마 사회를 전형적 노예제사회라고 부르는 것은 사회 전체에서 차지하는 노예의 숫자 뿐만 아니라, 그들이 사회 생산의 대부분을 담당하고 있었기 때문이다. 그러나 이와 같은 현상은 삼국 사회에서는 보이지 않고 있기 때문에, 노비의 존재를 노예제사회의 징표로 이해할 수는 없다. 물론 고조선·부여 사회 이래 5~6세기까지 존속했던 순장(殉葬) 풍습을 노예제사회의 징표라고 주장하는 경우도 있다. 그러나 노동력 보유자를 순장한다는 것 자체가 노예제사회가 아니라는 반증이 될 수 있다. 대체로 보아 우리 고대사회의 노비는 생산노비(生産奴婢)라기 보다는, 개별적 소유주에게 예속된 가내노예적(家內奴隷的) 성격이 강한 것으로 이해된다.

봉건제사회설은 삼국시대의 노비·하호·소농민 모두를 자신의 경작지와 가족을 가진 농노적 농민으로 파악하고, 원시 공동체사회에서 봉건사회로 직접 이행을 주장하기도 한다. 그러나 이 경우 봉건사회라는 개념은 다분히 서양 중세사회를 염두에 둔 용어이다. 서양의 중세사회가 쌍무적(雙務的) 계약에 기초한 국왕과 제후(諸侯) 관계 및 장원경제(莊園經濟) 등을 특징으로 한다면, 우리 고대사회에서는 그러한 모습이 잘 찾아지지 않고 있다. 물론 백제 국왕 예하에 왕(王)·후(侯) 등의 작호(爵號)를 갖은 존재를 주목하기도 하지만, 이러한 작호는 중국과의 관계를 고려한 의례적인 것이었을 뿐, 현실적 통치 권역(圈域)과 권한을 갖고 있었다고 생각되지 않는다. 따라서 삼국 사회의 성격에 대한 논의는 아직 해결을 기다리는 과제로 남아 있다.

### 3) 삼국시대의 경제

#### (1) 토지에 대한 권리

근대 이전의 사회에서 경제의 기축을 이루는 것은 농업이었으며, 그 결과 토지가 생산 수단의 가장 중요한 기반이었다. 토지에 대한 권리는 소유권(所有權)·수조권(收租權)·경작권(耕作權) 등으로 구분할 수 있다.

토지 소유관계와 관련하여 일제시대 식민사가와 일부 사회경제사가들은 왕토사상(王土思想) 또는 공전제(公田制) 등의 피상적 관념에 의해 토지국유제설을 주장한 바 있다. 그러나 이러한 견해는 1960년대 이후 고대사회에서 토지의 사유(私有)에 관한 구체적 실례가 확인되면서 극복되고, 사적(私的) 토지 소유가 광범위하게 존재했음을 알 수 있게 되었다.

고구려의 경우 대가(大家)·호민(豪民)·부호(富豪) 등으로 불리던 좌식자(坐食者)가 상당수 존재하고 있었다. 이들은 대토지를 소유하고 있었던 존재라 보이며, 이들의 토지는 일부의 노비를 포함하여 대부분 하호에 의해 경작되었다. 이러한 대토지는 자신의 정치 권력을 이용하거나 식읍(食邑)을 통해 형성하였을 것으로 보인다. 토지의 소유자는 경작자에게 수조권을 행사하였는데, 그 수취의 양(量)은 5/10라 판단된다.

그러나 광범위하게 존재했던 것은 역시 일반 백성들이 보유하고 있었던 민전(民田)이었다. 민전은 백성들이 조상 대대로 물려 받아온 사유지였다. 일부의 백성은 대규모의 토지를 소유하고 있었겠지만, 대부분은 자영(自營) 소농민(小農民)의 형태로 존재했을 것이라 보인다. 즉 백성들은 자신의 토지를 직접 경작하는 경우가 일반적이며, 일부에서는 용작(傭作)이나 소작(小作)의 형태로 토지를 경영하였다.

#### (2) 농업

신석기시대 이래 지속적으로 발달해 온 농경은 철기시대 들어 철제(鐵製) 농기구가 제작·사용됨으로써 생산력의 급격한 증대를 보게 된다. 생산력의 증대는 사회·경제적 변화를 동반하면서, 삼국시대에 들어 여러 지역에서 정치집단 형성의 동인(動因)이 되기도 하였다.

철제 농기구는 농경에 소요되는 노동력을 절감시켜 줌은 물론, 경작지 개간을 용이하게 해줌으로써 가경지(可耕地)를 확대할 수 있게 해 주었다. 가경지의 확대는 동일한 품종과 농법으로도 생산량을 증가시킬 수 있는 방법이었다. 또 이것으로 인한 농업 생산성의 증대는 취락의 영속성을 보장해 줌과 동시에, 특정 지역에서 더 많은 인구를 부양(扶養)할 수 있게 해주었다.

현재 확인된 철제 농기구로는 낫·보습·괭이·따비·삽날·살포·가래·쇠스랑 등이 있다. 이들 유물은 주로 주거지와 분묘 유적에서 출토되었다. 이 중 수확은 물론, 잡목이나 잡초 제거에 사용되는 철제 낫은 3세기 이후에 보편화된 것으로 판단된다. 또 살포는 주로 충청도 이남 지역에서 발견되어, 청동기문화 단계에서 시작된 수전(水田) 농법과의 관련성을 보여주고 있다.

특히 주목되는 것은 자강도 토성리유적 등에서 확인된 철제의 보습이다. 이러한 보습의 존재는 고구려에서 늦어도 3세기 이후 쟁기를 이용한 우경(牛耕)이 실시되었음을 입증해 준다. 이 즈음에 시작된 우경은 신라 지증왕의 장려책에서도 볼 수 있듯이, 삼국시대에 상당한 정도로 유포되었다 생각된다. 우경은 심경(深耕)을 가능하게 해 줌으로써 제초 작업에 소요되는 노동력을 절감할 수 있을 뿐 아니라, 1인당 경작 가능 면적을 확대시켜 주었다.

이와 같은 농업 환경의 변화가 4세기 이후 황무지·저습지(低濕地) 개간을 통한 가경지의 확대를 초래한 것이다. 이 시기에 재배되었던 곡물로는 벼를 비롯하여, 보리·콩·조 등이 있다. 농경지의 확대는 많은 농업 용수(用水)를 필요로 하였고, 이에 부응하여 벽골제·의림지 등을 비롯한 제방(堤防)·보(洑) 등 수리관개(水利灌漑) 시설의 확충도 국가적 차원에서 중시되었다. 삼국시대 농경과 관련된 직접적인 유적은 경기도 하남시 미사리에서 확인된 백제시대 밭 유구(遺構)와 함께, 부여 궁남지(宮南池)

에서 확인된 농업용 수로(水路) 등을 들 수 있다.

### (3) 수공업·상업

문헌이나 금석문 자료에는 수공업과 관련한 직종에 종사하던 사람의 이름에 공인(工人)·장인(匠人)·장척(匠尺)·백공(百工) 등의 명칭이 붙어 있는 것을 볼 수 있다. 신라 사회에서의 장인이 대체로 4~5두품 정도의 신분이었을 것으로 파악되고 있기 때문에, 삼국사회에서 이들의 신분은 하급 지배층에 속하는 신분의 소유자였을 것으로 생각된다. 물론 삼국시대가 전개되면서 이들의 신분은 점차 하락되었을 것으로 보인다.

신라의 경우는『삼국사기』직관지(職官志)에 중앙 정부가 관장하는 관사(官司) 중 수공업과 관련된 것으로 판단되는 기관의 명칭이 30여 개 보이고 있다. 이러한 관사는 국가적 수요를 충당하기 위한 관영(官營) 수공업에 해당되는 것이지만, 아마도 개인 수공업자들도 상당히 존재했을 것으로 보인다. 수공업의 여러 분야 중 가장 일찍부터 기록에 나타나는 것으로는 제철과 관련한 야장(冶匠)을 들 수 있다. 또 토기나 와당(瓦當)의 제작, 농기구·무기 등의 제작, 각종 생활용품 제작과 직포(織布), 금은(金銀) 세공(細工) 등도 수공업의 중요 분야였다.

상업은 삼한 사회에서 변(弁)·진한(辰韓)의 철(鐵)이 마한(馬韓)·예(濊)·왜(倭)·낙랑(樂浪)·대방(帶方) 등으로 수출되었음을 알 수 있듯이, 일찍부터 활발한 대외 교역이 있었을 것으로 판단된다. 또 고구려 15대 미천왕(乙弗)이 즉위 이전에 소금 장수를 하여 생계를 유지했다는 것과, 민영 수공업에 의해 생산된 물품의 유통까지 고려한다면, 민간 차원의 상업 행위도 상당했을 것으로 짐작된다. 그렇기 때문에 신라는 소지왕 때 경사(京師)에 시사(市肆)를 열어 전국의 물자를 유통시킴으로써 왕도가 정치·행정은 물론, 경제의 중심지가 되도록 하였다. 이러한 상(商) 행위를 관장하기 위하여 신라에서는 시전(市典)을 두기도 하였다.

### 4) 삼국의 대외관계

#### (1) 대외관계의 성격

국가 성립 그 자체가 한족(漢族) 및 유목민족 세력과의 투쟁 과정이었던 고구려의 경우를 제외한다면, 삼국 모두 가장 중요한 교섭 대상국은 중국이었다. 우리나라 삼국시대에 해당하는 시기의 중국은 남북조시대(南北朝時代)의 분열기(分裂期)를 거쳐 수(隋)·당(唐) 제국의 통일로 진(秦)·한(漢) 제국 이후 또 한 번의 팽창기를 맞는 시기였다. 따라서 동아시아 일대는 정치·외교·군사·경제·문화 등 다방면에 걸친 상호간의 긴밀한 교류를 통해 국제 질서를 구축하는 데 부심하였다.

당시 중국은 그들의 독존적 천하관(天下觀)과 전통적인 화이관(華夷觀)에 입각하여 국제 질서를 파악하고자 하였으며, 그 하위 개념으로서의 조공(朝貢)이나 책봉(冊封) 관계를 강조하고자 하였다. 본래 천자(天子)에 의해 책봉된 제후(諸侯)는 술직(述職)을 할 때에 천자에게 조공을 바칠 의무가 있었다. 그러나 이 시기의 동아시아 국제 관계는 중국적 천자-제후 관계와는 무관한 것이었다. 이 시기 동아시아 여러 나라와 중국 사이의 조공과 책봉은 형식적인 것으로서, 국제 질서에의 편입과 함께 다분히 공무역(公貿易)의 형태를 수반한 것이었다. 그것이 중국 기록에는 단순히 조공 사절(使節)의 입조(入朝) 또는 중국 왕조에 의한 책봉이라 기록됨으로써, 실질적 의미의 조공이나 책봉과 그 성격 파악에 혼선을 초래하고 있는 것이다.

삼국은 남북조 모두와 외교 관계를 맺고 사절을 파견하였다. 즉 어느 특정 국가에 경도(傾倒)되지 않고 자국(自國)의 필요성에 따라 등거리 외교정책을 견지하고 있었던 것이다. 또 고구려의 경우는 타국과의 관계에서 다른 나라가 자신들에게 조공을 바치는 것이라 관념하기도 하였다. 따라서 삼국시대의 조공이란 동아시아 국제 관계에서 일반적 외교 기능을 수행하기 위한 하나의 수단일 뿐, 종속 관계의 정치적 의미는 배제되어 있는 것이었다.

한편 삼국 사이의 관계는 현재적 입장에서 볼 때 모두가 민족사의 일부이지만, 당시의 상황으로는 부여(扶餘)·가야(加耶)를 포함하여, 삼국 모두가 독자적 생존권(生存圈)을 확보하기 위한 국제 관계의 성격을 띠고 있다. 이는 시간적 선후는 있으나, 4~6세기 이후 삼국 모두가 고양된 자존(自尊) 의식을 바탕으로 대왕(大王) 개념을 도입하여 독존적 천하관을 갖고 있었음에서도 잘 알 수 있다.

따라서 삼국시대의 대외관계는 각국의 내재적(內在的) 발전과 병행하여, 우리 역사의 무대는 물론, 동아시아사에서 명멸(明滅)했던 여러 왕조와의 관계를 유기적으로 결합하여 이해하여야 한다. 또 대외관계 수행의 내용도 외교·군사적인 측면 이외에 불교·유교 문화를 비롯한 제반 현상에 대한 것으로 그 대상을 확대하여야 할 것이다.

### (2) 중국과의 관계

고구려 미천왕은 중국이 오호십육국(五胡十六國) 시대의 혼란기를 맞자, 적극적으로 요동(遼東) 진출을 도모하여 선비족(鮮卑族)과 대립하고, 313년에는 낙랑군(樂浪郡)과 대방군(帶方郡)을 멸망시켰다. 이와 같은 고구려의 공세는 고국원왕 때에 모용황(慕容皝)의 대대적 공격을 받아 일단의 좌절을 겪게 된다.

그러나 소수림왕 때의 국가 체제 정비를 바탕으로 광개토왕은 활발한 대외 정복 활동을 전개할 수 있었다. 광개토왕은 재위 기간 동안 거란(契丹)·숙신(肅愼)·후연(後燕) 등을 공략하여 고구려의 영토를 시라무렌(Sira Muren)과 요하 동쪽에까지 확대하였다. 이와 같은 고구려의 활발한 중국 방면 진출은 장수왕 때에 요서(遼西) 지역을 둘러싸고 북위(北魏)와 대립하도록 하였으며, 서북쪽으로는 지두우(地豆于) 지역까지 세력을 확장할 수 있게 해주었다. 고구려의 이러한 서진정책(西進政策)은 아마도 실크로드 방면으로의 진출을 도모한 것이었다 생각되며, 결과적으로는 광활한 영토와 국제 관계에서의 자신감으로 독자적 천하관을 형성할 수 있게 해주었다.

그러나 6세기 중엽 이후 서북방면에서 돌궐 세력이 팽창하고, 중국을 통일한 수(隋) 제국(帝國)의 등장은 고구려에 커다란 압박을 줌과 동시에 동아시아 정세에 큰 변화를 초래하였다. 고구려는 요서 지역에 대한 선제 공격으로 무력 시위를 벌이며 수 나라의 압력에 대처하고자 하였으며, 이로 인해 7세기 들어 4차에 걸친 수 나라의 공격을 받아야 했다.

598년에 30만 대군을 동원한 1차 침입에서 막대한 손실을 겪은 수 나라는, 612년에 양제(煬帝)가 113만의 병력으로 요하를 건너 고구려를 재침하였다. 그러나 주요 교통로에 산재(散在)해 있던 고구려의 산성들은 영성고수(嬰城固守) 작전을 구사하여 수 나라의 군사력을 분산·소모시키고, 궁극적으로는 영내 깊숙이 유인하여 살수(薩水) 전역(戰役)을 통해 몰살시켰다. 수 나라는 613년과 614년에도 거듭 고구려를 침공했으나, 고구려의 선방(善防)과 수 나라 자체의 분란으로 뜻을 이루지 못하였다. 이러한 거듭된 패전으로 수 나라는 경제가 파탄되고, 민심의 이반(離反)까지 겹쳐 멸망할 수밖에 없었다.

수 나라를 이어 등장한 당 나라의 태종은 요서·요해(遼海) 지방으로의 적극적인 진출을 꾀하였고, 그 과정에서 이해가 상충되는 고구려와 충돌하게 되었다. 당시 고구려는 당 나라에 대해 강경책을 구사하고 있었으며, 당 태종은 이를 구실로 645년에 고구려에 대한 1차 침공을 강행하였다. 이 공격에서 당 나라는 비사성(卑沙城)·요동성(遼東城)·백암성(白巖城) 등 요동 지역 주요 고구려 산성의 공략에 일부 성공하였으나, 안시성(安市城) 전투에서 패배함으로써 회군할 수밖에 없었다. 고구려가 안시성을 중심으로 당 나라의 공격을 막아낼 수 있었던 것은, 이 일대의 철 생산지를 비롯한 우수한 경제력에 힘입은 바 크다고 보인다.

이처럼 고구려는 주요 교통로 상에 포진해 있던 산성을 이용하여 수·당의 공격을 효과적으로 방어했으나, 그 과정에서 많은 경제적·인적(人的) 손실을 감수해야만 했다. 특히 대규모의 침공에서 효과를 보지 못한 당 나라가 이후로는 3만 명 이하의 병력을 수시로 편제하여 수륙 양면으로 소규모의 파상적인 침공을 감행하였다. 이러한 당 나라의 교체 침공 전술은 고구려로 하여금 장기간의 소모전을 감당토록 강요한 것이다. 이로써 고구려의 국력은 더욱 피폐해졌고, 결국 지배층의 내분까지 겹쳐 멸망하게 되었다.

고구려와 수·당 제국의 전쟁은 대륙정책을 통해 생존권(生存圈)을 확대하려는 고구려의 의도와, 동아시아 일원에서 명실상부한 중국 중심 국제 질서를 수립하려는 한족(漢族) 왕조와의 불가피한 충돌이었다. 이 과정은 결국 고구려의 붕괴로 막을 내렸으나, 고구려의 효과적인 전쟁 수행은 민족사와 민족 문화의 방파제 역할을 한 것으로 평가된다.

【정 운 용】

## 4. 통일신라와 발해

### 1) 남북국시대론의 의미

남북국시대론(南北國時代論)이란 현재 사용하고 있는 '통일신라시대'라는 용어 대신에 발해사(渤海史)를 한국사의 일부로 인정하고, 나아가 이를 한국사 체계에 적극적으로 편입하기 위하여 신라와 발해를 포괄하는 '남북국'이란 용어를 사용하자는 논의이다.

신라는 나·당연합을 통해 660년과 668년에 각각 백제와 고구려를 멸망시키고 당나라 세력을 몰아냄으로써 한반도 중남부를 통일하였으며, 고구려 유민들은 그들의 옛 땅에서 고구려를 계승한 발해를 건국하였다. 이와 같은 삼국 말기의 국내 정치의 변동과 국제 관계의 변화가 한국사에서 신라와 발해라는 남북국이 성립하는 배경이 되었다.

우리나라 역사의 전개과정에서 신라와 발해가 성립하고 있었던 남북국시대를 바라보는 시각은 신라의 삼국통일(三國統一)에 대한 평가와 맞물려 있다. 신라의 삼국통일을 보는 관점은 크게 긍정론과 부정론으로 나눌 수 있다. 긍정론은 신라 삼국통일의 의미를 적극적으로 평가하는 견해이고, 부정론은 발해의 존재에 주목하여 신라의 삼국통일이 내포한 근본적인 한계를 지적하는 입장이다.

신라의 삼국통일에 대한 평가는 조선전기까지 긍정론이 지배적이었다. 그것은 이른바 신라의 삼국통일 이후 조선시대에 이르기까지 왕조의 교체는 있었지만, 역사인식의 변화를 유발한 만한 사회구조나 사상의 근본적인 변화가 수반되지 않았기 때문이다. 이러한 긍정론은 조선후기를 거쳐 근대적인 역사서술을 표방하는 개화기와 일제시기로 이어지면서 하나의 줄기를 형성하였다. 일제시기 일본인들의 삼국통일에 대한 긍정론은 그들의 당면한 전략목표인 만주(滿洲), 즉 발해의 역사를 한국사의 범주로부터 분리시키려는 만선사관(滿鮮史觀)이 그 배경이었다.

그러나 긍정론이 지배적인 가운데 조선후기에 이르러서는 신라의 삼국통일에 대한 부정적인 인식이 대두하였다. 특히 유득공(柳得恭)은 『발해고(渤海考)』의 서문에서 고려시대 역사책에서 발해의 역사가 빠진 사실을 고려왕조의 취약성과 결부시켜 비판함으로써, 신라의 삼국통일에 대한 부정적인 인식을 보여 주었다. 이로써 한국사 서술에서 신라와 더불어 발해가 함께 언급될 수 있는 남북국시대론의 단서가 열렸다. 또한 김정호(金正浩)는 『대동지지(大東地志)』에서 남북국시대론에서 한 걸음 더 나아가 신라의 삼국통일에 대해서는 언급하지 않고, 고려 태조에 의한 남북국 통일론을 제기함으로써 고려를 우리나라 최초의 통일왕조로 파악하였다.

이러한 인식아래 신채호는 백제를 병합한 신라와 고구려를 계승한 발해로의 상황 변화만을 인정하는 양국시대론(兩國時代論)을 주장하기도 하였다. 일제시기 민족주의 사학자들은 개설서에서나마 '남북국' 또는 '남북조'를 표제어로 사용함으로써 신라의 삼국통일을 부정하고 남북국론을 전개하였다.

한편 북한학계에서는 고구려·발해 중심의 역사인식에 입각하여 신라보다 발해를 앞세우는 '발해 및 후기신라사'로 이 시기를 정리하기도 하였다. 이와 같이 남북국시대론의 의미는 신라의 삼국통일과 발해에 대한 역사적 평가와 맞물려 시대와 역사인식의 변화와 함께 다양하게 인식되고 있다.

## 2) 통일신라의 권력구조

신라는 통일과 더불어 왕 중심의 중앙집권적 통치체제를 수립·유지하는 데 필요한 지배기구를 재편성하였다. 우선 왕권을 안정시키기 위해 왕위의 직계계승 원칙을 확립하고, 중앙조직과 지방조직 및 군사조직을 정비하였다. 제도정비의 기본방향은 기존 제도의 바탕 위에 당(唐)의 제도를 수용하여 왕 중심의 중앙집권체제를 정비하는 것이었다.

통일신라의 중앙통치조직은 집사부(執事部)를 중심으로, 당의 6전조직(六典組織)과 5등관제(五等官制)에 준하는 주요 행정관부의 분업화, 단위 행정관부의 조직화로 특징지울 수 있다. 신라의 관제는 당의 영향을 받았지만, 기본적으로 신라 고유의 특질을 가지고 있었다. 6전조직을 중심으로 그 아래에 속사(屬司)를 포괄하는 형식을 취하지 않고 13개의 관부가 병렬적으로 나열되어 각기 독립되어 있었으며, 병부(兵部)의 비중이 높았고, 각 부 장관의 경우 복수제(複數制)가 많았다. 그리고 내성(內省)을 국가기구로부터 분리·설정함으로써 왕실사무와 국가사무의 업무분장을 명확히 하였다. 통일기 신라 중앙통치조직은 외형적으로는 국왕을 정점으로 하는 관료조직이 발달하고 있었지만, 골품제적인 테두리를 완전히 벗어나지는 못했다.

지방통치조직은 지방에 대한 중앙의 지배관계를 강화하는 방향으로 진전되었다. 통일 이후 신라 국가는 영토와 인구가 3배 이상 증가함에 따라 수취기반이 확대되었고, 백제나 고구려 등 복속민(服屬民) 처리가 문제되면서 새로운 지방통치조직을 편성하게 되었다. 통일기 신라의 지방통치조직도 외형적으로는 당제(唐制)를 적극 수용하였지만, 5소경제(小京制)의 실시나 향(鄕)·성제(城制)의 채택 등 신라적인 요소를 강하게 지니고 있었다.

왕경(王京)에는 6부 55리 360방의 부리방제(部里坊制)를 갖추었는데, 이는 당의 조방제(條坊制)를 가미한 것이었다. 지방의 경우 9주 5소경제를 실시하였다. 신라는 전국을 광역의 9주(州)로 나누고, 그 아래에 군(郡), 군 아래에 현(縣)을 두었으며, 특별한 행정구획으로 중원경(지금의 충주)·북원경(지금의 원주)·서원경(지금의 청주)·남원경(지금의 남원)·금관경(지금의 김해)의 5소경을 두었다. 또한 군·현과 달리 특수행정구역인 향(鄕)·부곡(部曲)을 편제하여 민(民)에 대한 지배를 관철시켰다. 군현을 비롯한 특수한 행정구획을 구성하는 기초 단위는 자연촌(自然村)이었다.

신라 중앙은 지방세력을 제도적으로 통제·감시할 목적으로 그들을 일정기간 왕경에 머물러 있게 하는 상수리제(上守吏制)를 실시하였다. 또한 지방민을 대상으로 하던 외위(外位)를 없애고 경위(京位) 체계 안으로 관등을 일원화하였다. 이를 통해 지방세력을 약화시키고 상대적으로 중앙권력을 지방 깊숙이 침투시킬 수 있게 되었다.

통치체제 유지를 위한 무력장치인 군사제도는 중앙과 지방에 각각 9서당(誓幢)과 10정(停)을 나누어 배치함으로써 국방과 아울러 국내의 치안을 맡게 하였다. 통일기 군사제도는 전통적 군단인 6정(停)을 대신하여 9서당(誓幢)이 핵심군단이 되었으며, 기병(騎兵)을 중심으로 편제되었다. 이와 같이 통일기 군사제도도 중앙의 통치조직이나 지방제도의 개편과 같이 국왕 중심의 집권화에 맞는 방향으로 정비되었다.

### 3) 통일신라의 경제

삼국을 통일한 신라는 왕조의 양적 변화 뿐 아니라, 사회구조의 질적 변동을 수반하였다. 원래 신라의 귀족들은 국가로부터 막대한 규모의 식읍(食邑)과 토지 및 목마장 등을 받았는데, 통일에 공이 큰 귀족들을 우대하는 과정에서 그 규모가 더욱 커졌다. 식읍은 일정한 지역에서 조세와 물품을 수취할 수 있는 권리를 당대에 한하여 주는 것이었다. 이 밖에 일반 관료들에게는 녹봉을 받는 대신 일정한 토지에 대한 수조권과 노동력을 징발할 수 있는 권리를 주었는데, 이를 녹읍(祿邑)이라고 한다.

신문왕(神文王)대에는 토지제도의 개혁이 있었다. 신문왕 7년(687년)의 관료전(官僚田) 지급과 녹읍의 폐지(689년)가 그것이다. 관료전은 토지로부터 조(租)의 수취만을 허용한 것으로, 귀족들의 인민에 대한 지배를 억제하기 위한 것이었다. 이어서 8세기 초 성덕왕(聖德王)때에는 일반 백성들에게 정전(丁田)을 지급하였다. 관료전과 정전제의 실시는 국가의 공권력을 매개로 귀족세력의 경제기반을 약화시키고, 민생을 안정시키려는 토지개혁이었다.

그러나 이러한 토지제도는 오래 시행되지 못하였다. 8세기 중엽 경덕왕(景德王) 때 다시 녹읍이 부활되고 757년에는 관료전이 폐지되었으며, 백성들에게 지급한 정전도 유명무실하게 되었다. 이것은 통일 후 귀족세력을 억제하려던 국가의 힘이 귀족들의 반발로 무산되었음을 보여 주는 것이다.

지방의 농민들은 촌(村)이라고 하는 말단행정구역에 편입되어 있었다. 촌은 대략 10호 가량의 혈연집단이 거주하는 '자연촌락'을 기준으로 편성되어 있었으며, 3~4개의 촌에 한 명의 촌주가 있어서 촌을 관리하였다. 일본 동대사(東大寺)의 정창원(正倉院)에서 발견된 '신라 촌락문서'는 서원경 부근의 4개 촌락을 대상으로 한 것으로, 촌의 크기 · 호수 · 인구수 · 전답(田畓)의 면적 · 과실 나무의 수 · 가축 수 등이 3년을 주기로 하여 기록되어 있다. 이에 따르면 호(戶)는 역역(力役) 징발의 대상인 인정(人丁)의 다과에 따라 9등급으로 나뉘었으며, 인구는 연령에 따라 6등급으로 나뉘어졌다.

한편, 일반평민의 거주지인 촌(村) 이외에 향(鄕) · 부곡(部曲) 등의 하급행정구역이 설정되어 있었다. 이들은 촌민보다는 다소 신분이 낮지만 노비와는 구별되는 일종의 신량역천(身良役賤) 계층이라고 할 수 있다. 지방의 평민이나 향 · 부곡의 하층집단 주민들은 조세와 공물 · 역역의 징

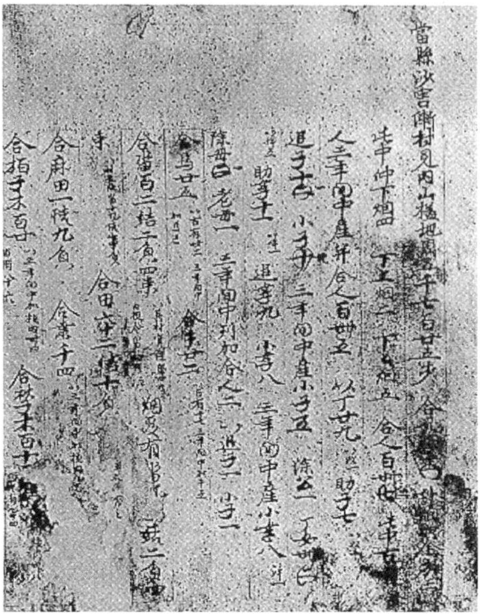

▲ 일본 동대사 정창원에서 발견된 신라 촌락문서

발대상이 되었다.

신라의 중대 왕권은 민(民)의 지위를 개선하여 생산의욕을 고취시킴으로써 농업노동력의 질을 향상시키려 했고, 전쟁상태의 종식은 계절성이 강한 농업노동력의 안정적인 수급을 보장하였다. 더욱이 무기 제조기술이 농기구 제조기술로 이전되면서 노동 도구의 개선을 가져 왔고, 이러한 여러 요인은 농업생산력을 높이는 전제조건이 되었다.

경제사적인 입장에서 통일신라를 바라보는 관점은 '고대사회의 연속'이라는 입장과 '중세사회로의 이행'이라는 입장으로 달리 파악되고 있다. 통일신라시대를 고대사회의 연속설에서 보는 입장은 녹읍을 귀족관료에게 사여한 토지로 보아, 단순한 토지의 지배 뿐 아니라 일정한 지역에 거주하는 인간에 대한 지배도 포함한 것으로 파악하였다.

한편 중세사회 이행설의 입장에서는 녹읍을 귀족관료에 대한 수조권(收租權) 분급으로 이해하였다. 따라서 대토지 또는 식읍의 쇠퇴와 녹읍의 등장은 인간노동력을 단위로 농민을 직접 지배하던 사회에서 토지를 매개로 농민을 지배·수취하는 사회로의 단계적인 전환을 의미하는 것으로 보았다. 이와 같이 통일기 토지지배의 양상에 따라 통일신라시대를 고대 또는 중세의 이행기로 달리 시대구분할 수 있다.

### 4) 발해사의 전개

고구려 장군 출신인 대조영(大祚榮)은 말갈인과 연대하여 천문령 전투에서 이해고(李楷固)의 당군을 격파하고 동모산으로 이동하여 698년 진국(振國), 즉 발해를 건국하였다. 이후 발해는 2대 무왕(武王), 3대 문왕(文王) 시기에 발전기를 맞이하였고, 4대 대원의(大元義)의 통치로부터 9대 간왕(簡王)까지의 위축기를 지나, 10대 선왕(宣王)에 이르러 중흥기에 들어갔다.

719년 대조영이 죽자 그의 아들 무왕 대무예(大武藝)는 대외적인 정복전쟁을 적극적으로 추진하여 흑수말갈(黑水靺鞨)을 제외한 나머지 말갈세력을 모두 통치영역권으로 흡수하였다. 이러한 기반 위에서 문왕 대흠무(大欽茂)는 대내적으로 지배체제를 정비하였는데, 그 방향은 왕을 정점으로 하는 중앙집권적 통치체제의 확립이었다. 문왕은 750년대 중반경 상경(上京)으로 도읍을 옮겨 발전의 기틀을 마련하였다.

발해는 새로 건국한 나라인 까닭에 당제(唐制)의 모방도가 신라보다 높았다. 발해의 중앙통치조직은 선조성(宣詔省)·중대성(中臺省)·정당성(政堂省)의 3성(省)과 6부(部) 1대(臺) 7시(寺) 1원(院) 1감(監) 1국(局)의 중앙행정관제를 갖추어 국가사무를 분장하였다.

지방통치 조직도 당제의 영향을 받았다. 발해의 수도였던 상경 용천부는 당의 장안성을 본 뜬 조방제를 실시하였다. 발해의 영역 안에는 상경(上京)·중경(中京)·동경(東京)·남경(南京)·서경(西京)의 5경(京)과 15부(府) 62주(州)가 편제되어 있었으며, 그 외에 영주(郢州)·동주(銅州)·속주(涑州) 등 3개의 독주주(獨奏州)가 있었고, 주(州) 아래에는 현을 설치하였다.

지방관에는 발해의 지배층인 고구려인이 주로 임명되었으며, 자연부락은 토착유력자인 수령(首領)이 관장하였다. 발해의 국가유지에 있어 기간조직인 군사제도는 8위(衛)에 의해 운영되었다.

간왕(簡王) 이후 대인수는 대조영의 동생인 대야발(大野勃)의 4세손으로 선왕에 즉위함으로써 왕위계승권은 대조영계에서 방계인 대야발계로 넘어갔다. 선왕은 재위기간 동안 흑수말갈 세력등을 통제함으로써 대부분의 말갈부락을 복속시켰다. 또한 요하유역으로 진출하여 10세기 초 거란이 이곳으로 진출하기까지 요동지역에 대한 지배권을 계속 유지하였다. 따라서 선왕대에는 대외정복을 바탕으로 발해의 최대판도를 형성하였으며, 이에 맞추어 5경(京)·15부(府)·62주(州)의 지방제도를 완비하기에 이르렀다. 이리하여 해동성국(海東盛國)이라는 칭호도 얻게 되었다.

그러나 발해 지배체제의 모순은 왕위계승을 둘러싼 권력투쟁에서 촉발되었다. 직계계승의 원칙이 지켜지지 않았을 뿐 아니라, 왕의 재위기간도 짧았다. 이러한 직계와 방계 간의 왕위쟁탈전은 발해의 중앙집권체제를 안으로부터 동요시키게 되었다. 더욱이 발해사회는 소수의 고구려인과 다수의 말갈족을 비롯한 여러 종족으로 구성된 특수한 사회구조를 가지고 있었기 때문에 지배층과 피지배층의 종족적 모순이 결합됨으로써 국가적 위기는 더욱 심화되었다.

또한 발해 지배체제에 내포되어 있던 대내적 모순에 더하여 발해 말기에 조성된 동아시아의 정세변화가 대외적 모순으로 작용하여 발해의 멸망을 촉진하였다. 거란은 925년 서방의 여러 세력에 대한 정벌을 성공적으로 마친 뒤 발해에 대한 본격적인 원정을 시도하였다. 야율아보기(耶律阿保機)가 직접 지휘하는 원정군은 926년에 발해 서북 지방의 전략거점인 부여성을 함락시키고 곧바로 진격하여 발해의 수도인 상경 용천부의 홀한성(忽汗城)을 포위하였다. 이에 발해의 마지막 왕인 대인선(大諲譔) 이하 300여명의 귀족관료가 항복함으로써 15대 230년 가까이 지속된 발해의 역사는 종말을 고하게 되었다.

거란에게 멸망당한 발해 유민들은 후발해(後渤海)·정안국(定安國)·흥료국(興遼國)·대발해국(大渤海國)을 세우며 부흥운동을 전개하기도 하였으며, 유민의 일부는 고려에 내투하였다. 발해유민의 고려로의 망명은 고려 태조가 즉위하는 동안 집중적으로 이루어졌으며, 발해 부흥운동이 마지막으로 좌절되는 12세기 초까지 산발적으로 이어졌다. 발해의 멸망을 전후하여 5만명의 발해 귀족들이 고려로 망명하여 고려 지배층의 일부를 구성하게 되었다.

### 5) 신라와 발해의 대외 관계

신라와 발해는 200여 년간 국경을 맞대고 있으면서 상호교류와 대립을 교차하였다. 양국관계에 관한 기록이 많지는 않지만, 기록이 없다고 해서 남북국의 교섭이 전혀 없었던 것은 아니다. 신라와 발해는 양국 사이의 관계보다도, 각 각의 나라가 당(唐)과 빈번한 교섭을 벌였다.

228년간 지속된 남북국의 관계는 교섭과 대립이라는 측면에서 다음과 같이 다섯 시기로 나누어 볼 수 있다. ① 발해가 건국하는 과정에서 있었던 20여 년간의 남북교섭기(698~713년) ② 발해의 팽창기로서 2대 무왕과 3대 문왕이 활약하던 60여 년간의 남북대립기(713~785년) ③ 원성왕(元聖王)과 헌덕왕(憲德王)의 정변이 중요한 계기가 되어 형성된 30여 년간의 남북교섭기(785~818년) ④ 발해국의 고구려 땅 회복정책과 나·당의 밀착으로 전개되기 시작한 남북대립기(818~905년) ⑤ 발해의 멸망 위기에서 전개된 발해 멸망기의 남북교섭기(905~926년)가 그것이다.

양국의 관계에서는 교섭보다 대립의 시기가 더 많이 나타난다. 양국이 대립 또는 세력경쟁을 벌였던 사건으로는 732년~733년 사이에 벌어졌던 양국 사이의 전쟁을 들 수 있다. 영토상으로 신라보다 큰 나라가 된 발해의 성장에 위협을 가장 느낀 것은 당과 신라였다. 당은 이이제이(以夷制夷) 정책을 써서 신라로 하여금 발해를 남쪽에서 공격하게 하였으나, 별 효과를 거두지는 못하였다.

발해는 당과 신라의 위협을 막아내기 위해 북으로는 돌궐(突厥), 남으로는 일본과 우호관계를 맺었다. 그러나 8세기 말 이후로 신라 및 당과의 관계가 호전되면서 산동성 등주(登州)에는 발해 사신을 접대하는 발해관(渤海館)이 설치되기도 하였다. 발해는 당으로부터 비단·서적·공예품을 수입하고, 말·도자기를 수출하는 등 활발하게 교역을 하였다.

9세기에 들어와 신라의 국세가 약화된 반면 발해의 국세가 강화되면서 당에서 발해에 대한 과거의 우위를 지키려는 신라와 현실적 우위를 확인받으려는 발해 사이에서 다시 상호경쟁이 나타나게 되었다. 897년에는 발해가 신라 사신의 윗자리에 앉기를 요구하였고, 거란이 발해를 멸망시킬 때는 신라군 일부가 참전하기도 하였다.

신라와 발해 사이에는 갈등 못지 않게 교섭도 이루어지고 있었다. 발해가 건국된 직후 신라는 대조영에게 제 5두품인 대아찬의 벼슬을 주었다. 또한 790년과 812년에는 신라가 발해에 사신을 파견하기도 하였다. 중국 책인 『신당서(新唐書)』 발해전에는 발해의 주요 대외 교통로의 하나로서 신라도(新羅道)를 적고 있고, 『고금군국지(古今郡國志)』에는 발해의 책성부(柵城府)와 신라 국경의 천정군(泉井郡) 사이에 39개의 역(驛)이 설치되어 있었음을 밝히고 있어, 양국 사이에 빈번한 접촉이 있었던 것을 말해준다. 이와 같이 신라와 발해 양국 사이에는 상호대립이나 세력경쟁 못지 않게 상호교류도 빈번하였던 것을 알 수 있다.

10세기 초에는 발해를 둘러 싼 동아시아의 국제정세에 커다란 변화가 일어났다. 당나라가 절도사 세력이던 후량(後梁)에 의해 멸망되고, 후량이 다시 후당(後唐)으로 교체되었다. 또한 발해와 더불어 대립과 교섭을 거듭하던 신라가 후삼국시대로 들어감에 따라 긴장관계는 소멸하였지만, 서북지방에서 세력을 급격히 팽창시키던 거란이 발해의 멸망을 촉진한 새로운 위협이 되었다. 그러나 발해는 후량, 후당, 그리고 일본 등과 공식적인 외교관계를 유지할 뿐, 거란의 팽창에 대해서는 근본적인 대책을 마련하지 못함으로써 거란에게 멸망당하게 되었다.

【박 현 숙】

## 5. 고대의 사상과 문화

고대의 사상과 문화를 논할 때 대개 불교와 유교 및 도교에 대해서만 논하고, 귀족들의 문화만을 언급하였다. 그러나 외래종교인 불교가 전래되기 전에는 토착신앙이 지배이데올로기였으며, 불교가 수용된 이후에도 토착신앙은 지배이데올로기의 위치는 잃었지만 일반 백성들에게 미치는 사회적 영향력은 여전히 지대하였다.

### 1) 토착신앙과 의례

고대의 토착신앙은 천신신앙과 조상숭배신앙, 지신신앙과 산신신앙이 가장 중요한 것으로 이에 대한 의례가 이루어졌다. 우리나라의 천신숭배신앙은 단군신화에서부터 나타나는데 농경생활과 밀접한 관련을 갖고 있다. 삼한에서는 파종을 하고 난 뒤와 농경을 마치고 난 다음 제천의례를 행하였다. 그런데 삼국시대에 들어와서는 종전의 천신신앙과는 다른 의미의 천신신앙이 나타난다. 종전의 천신신앙은 자연신의 하나로서 하늘(天神)에 대한 신앙이라면 삼국시대의 천신신앙은 만물의 주재신으로서 천지신에 대한 신앙이라고 할 수 있다. 물론 이것은 중국의 유교적 세계관의 영향이라고도 할 수 있는데 불교가 전래되기 이전에 이미 사상적 통일이 이루어졌음을 알 수 있다. 천지신을 정점으로하여 여러 신앙을 하이어라키 구조로서 일원화한 것이라 할 수 있다.

천신신앙과 아울러 우리 고대사회에서 가장 일반화된 것은 조상숭배신앙이라 하겠다. 조상숭배신앙은 계세(繼世)사상과 밀접한 관련이 있는데 순장(殉葬)과 후장(厚葬)이 그 대표적인 것이라 하겠다. 그 중에서 이데올로기 측면이 강한 시조신앙에 관한 자료가 비교적 잘 남아 있다.

고구려의 경우에는 태후묘, 시조묘, 종묘에서 의례가 이루어졌는데 태후묘는 나무를 깍아 부인상을 만들어 제사를 지냈다. 왕이 직접 행한 태후묘에 대한 제사는 태조왕 이후에는 없고, 졸본에 있는 시조묘제사가 주종을 이루었다. 시조묘는 시조 주몽이 묻힌 졸본에 있는 시조의 무덤 주변의 사당을 의미한다. 한편 종묘는 시조뿐만 아니라 이후의 왕들을 함께 모신 사당으로 도읍을 옮김에 따라 함께 옮기었다.

백제의 시조묘는 중국측 자료에서는 구태묘(仇台廟)로, 한국측 자료에서는 동명묘(東明廟)로 기록되어 두 계통으로 전한다. 백제의 시조는 온조왕이나 시조묘는 온조묘가 아니라 동명묘나 구태묘인 점이 특이하다. 따라서 백제의 시조에 대해 비류왕이나 구태 등으로 의견이 분분하다.

신라의 조상숭배신앙에 대한 자료는 고구려나 백제에 비하여 풍부하다. 시조묘 이외에 조묘(祖廟)·국조묘(國祖廟)·묘(廟)·선조묘(先祖廟)·조고묘(祖考廟)·오묘(五廟) 등을 설치하여 조상을 숭배하였다. 제사지 기록을 보면 신라는 삼국통일전쟁 후 제사제도가 시조묘에서 오묘로, 신궁에서 사직으로 변화하였다. 그러나 신라본기를 보면 요묘나 사직이 설치된 이후에도 시조묘와 신궁에 대한 제사가 그대로 유지되었다. 이것은 신라문화의 특징으로 제도와 실제가 다르게 이루어지고 있었다는 것을 보여주고 있다. 즉 제도상으로는 중국을 의식하여 시조묘 대신 오묘로, 신궁 대신 사직으로 제도가 바뀌었지만 신라는 자신들의 독자적 제사인 시조묘와 신궁에 계속하여 제사를 지냈던 것이다.

고대사회에서는 지신신앙과 산천신앙이 보다 보편적인 신앙이라 할 수 있다. 고구려는 난리가 났을 때 도읍을 옮기며 조상신을 모시는 종묘와 함께 토지신을 모시는 사(社)를 함께 옮겼다. 고국양왕 때 종묘와 국사를 함께 수리한 것을 볼 때 토지신에 대한 중요성을 알 수 있다. 한편 고구려에서는 매년 하늘과 산천에 제사를 제사를 지냈다.

백제의 지신에 대한 제사는 천신에 대한 제의와 동시에 이루어지기도 하였다. 한편 무령왕릉지석을 보면 무령왕의 사후 장례를 치를 때 토지신에 대한 의례가 있었음을 알 수 있다. 또한 가물거나 홍수가 나면 땅이나 산천에 가서 비가 오기를 빌거나 비가 그치기를 빌었다.

지신과 산천신앙에 대한 신라의 관련자료는 고구려나 백제보다 비교적 풍부하다. 『삼국사기』 신라본기 뿐만 아니라 제사지에 위계적으로 잘 나타나 있으며, 『삼국유사』에도 땅과 산악에 대한 신앙이 잘 나타나 있다. 제사지에서는 먼저 종묘에 대해서 논하고 3산 5악 이하 명산대천을 대사·중사·소사로 나누어 구분하여 제사가 이루어졌다고 되어 있다. 이는 영토관념과 밀접한 관련이 있는데 통일전쟁 전에는 경주지방을 중심으로 이루어졌으며, 통일전쟁 이후에는 국토의 영역확대와 함께 전국적으로 이루어졌다.

### 2) 불교의 수용과 대중화

고대의 불교 전래와 수용에 대해 많은 연구가 이루어졌으나 전래와 수용 및 공인에 대한 개념을 분명히 하지 않아 혼동을 일으켰다. 또한 지나치게 지배층 위주로 고대의 불교를 이해하려고 하였기 때문이기도 하다. 전해주는 쪽의 입장에서 불교 전래, 받아들이는 쪽의 입장에서 불교 수용, 국가의 법제적 조치로서 불교 공인이라는 입장에서 단계적으로 이해하여야 한다. 아울러 민간에서의 전래와 수용, 왕실에서의 전래와 수용을 나누어 보아야 실상을 파악할 수 있다.

소수림왕 2년(372)에 순도스님이 고구려에 불경과 불상을 갖고 온 것은 왕실에 불교의 전래를 의미한다. 소수림왕 5년(375)에 초문사와 이불란사를 지어 순도스님과 아도스님을 주석하게 한 것은 불교의 수용을 의미하는 것이다. 그리고 고국양왕 9년(391)에 왕이 불법을 믿고 복을 구하라고 명령을 내렸다는 것은 불교의 공인을 의미하는 것이다.

침류왕 원년(384)에 인도의 마라난타가 백제에 왔다는 것은 백제에 불교가 전래된 것을 의미한다. 침류왕 2년(385) 한산에 절을 짓고, 승려가 되는 것을 허락하였다는 것은 백제가 전래된 불교를 주체적으로 수용하였다는 것을 의미한다. 그리고 아신왕 즉위년(392) 왕이 불법을 믿고 복을 구하라고 명령하였다는 것은 백제에 불교가 공인되었다는 것을 의미한다. 이러한 상황은 고구려에 불교가 전래되고, 수용되고, 공인되는 과정과 마찬가지이다.

신라는 고구려와 백제보다 불교의 전래와 수용 및 공인에 대한 자료가 비교적 풍부하다. 신라는 고구려와 백제에 비하여 불교가 전래된 것은 그리 많이 늦지는 않았다. 이미 눌지왕 때 묵호자가 고구려로부터 와서 일선군 사람 모례의 집에서 포교활동을 하였으며, 양나라 사신이 왔을 때 왕실에 들어가 불교를 전래하였다. 더구나 소지왕 때에는 내전에 분수승(焚修僧)이 자리잡고 있을 정도로 이미 왕실이 주체적으로 불교를 수용하였다. 그러나 이차돈 순교설화를 통하여 알 수 있듯이 불교의 공인은 많은 우여곡절을 겪게 되었다. 즉 고구려와 백제에 비하여 토착신앙과의 대립과 갈등이 매우 심하였다. 신라는 천지신을 모신 신궁을 설치하여 사상적 통일을 이미 이루었기 때문이다. 그러나 내부진통을 겪으며 신라의 독특한 불교를 발전시켜 차츰 선·불 융화의 문화퓨전을 이루게 되었다. 진흥왕 5년(544) 이후 왕실이 절을 짓고, 큰 법회를 열고, 중국이나 인도에 스님들을 유학 보내는 등 불교를 발전시켰다.

특히 불교는 전쟁이 빈번해지면서 왕실과 백성 모두에게 필요하게 되었다. 백성들은 현실적 어려움, 특히 전쟁에 참여하면서 현실보다는 내세에 관심을 갖게 되었고, 이를 통해 죽음에 대한 공포를 덜 수 있었다. 따라서 정토신앙이 유행하게 되는데 교리적 어려움이 없기 때문에 백성들에게 그 파급속도가 빨랐다. 원효는 이러한 백성들의 정서에 와닿게 정토신앙을 통하여 불교의 대중화를 이루었다. 한편 왕실은 백성들을 광범위하게 전쟁에 참여시키기 위해 백성들이 믿는 불교를 이용하여 승려들을 전쟁에 참여시켰다. 불법을 정신적 구심점으로 하여 백성들을 자발적으로 참여시키는 사회통합적 기능으로 활용한 것이다. 전몰장병을 위하여 팔관회를 베풀었으며, 연등회와 백좌강회 등 호국법회가 국가의 중요한 의례가 되었다. 그리고 불교를 국교화하여 선덕왕 12년(643)에 자장을 대승통으로 임명하고 중대에 국가사원인 성전사원을 건립하였다. 토착신앙에서 불교로의 변화는 보다 평등주의적이고 보편적인 사상으로의 변화라 할 수 있다.

### 3) 문자생활과 학문

고대국가가 형성되면서 국가의 공식문서에 문자를 사용하였을 터인데 어떤 문자를 사용하였는지에 대해서는 확실히 알 수가 없다. 다만 서기전 2세기 경 진국(辰國)이 한(漢)에 직접 통교하고자 국서를 보낸 것을 보면 이미 한자가 사용되고 있었다는 것을 알 수 있다. 그리고 한군현이 설치되면서 한자는 더욱 많이 사용되었을 것이다. 그러나 한자는 외래문자이기 때문에 표기에 여러 가지 어려움이 발생하여 이를 해결하고자 차자표기법이 나타나게 되었다. 이 차자표기법이 신라에서 이두로 사용되고 7세기 후반 설총에 의해 정리가 되었으며 향가를 짓는데 사용되었다. 이 표기법은 일본으로 전해져 그들의 음절문자인 가나(假名)가 성립하는 데 영향을 미쳤다.

한자를 사용하여 광개토왕비, 무령왕릉지석, 영일냉수리신라비 등을 만들고 국사를 편찬하였다. 고구려는 국초에 『유기』 100권을 지었는데, 영양왕 11년(600) 태학박사 이문진이 『신집』 5권으로 재편하였다. 백제에서는 근초고왕대에 박사 고흥에 의해 『서기』가 편찬되었는데, 뒤에 『백제기』·『백제신찬』·『백제본기』 등 백제 3서가 편찬되었다. 신라에서는 진흥왕 6년(545) 거칠부에 의해 『국사』가 편찬되었다.

유학은 중국과 통교하면서부터 전래되었으며, 한군현이 설치되면서 수용되었으나 본격적으로 수용된 것은 삼국시대부터이다. 고구려에서는 소수림왕 2년(372) 태학을 세워 귀족 자제들에게 유학을 교육하였다. 백제에 박사제도가 있었으며, 경(經)·자(子)·사(史) 등의 서적을 읽었다고 전한다. 특히 백제는 아직기와 왕인 등이 유학을 일본에 전파하는데 큰 역할을 하였다. 신라의 경우에는 고구려나 백제보다 유학의 전래가 늦었으나 세속오계(世俗五戒)나 임신서기석(壬申誓記石)을 통해 유학이 수용되어 있었다는 것을 알 수 있다.

통일전쟁 이후 유학은 통치이념으로서 중요한 역할을 하게 된다. 신문왕 2년(682)에 국학이 설치되었고, 성덕왕 16년(717)에는 공자를 비롯한 그 제자들의 화상이 국학에 모셔졌다. 국학의 교육은 3과로 나누어 실시하였다. 여기서는 『논어』와 『효경』을 필수로 하고, 오경과 『문선』이 각 과에 따라 선별적으로 추가되었다. 경덕왕 때에는 국학을 태학감이라 고치고 박사와 조교를 두어 강의하였다. 원성왕 4년(788)에는 독서삼품과를 설치하여 관리를 채용하기도 하였다. 독서의 정도에 따라 3등급으로 나누어 관리를 채용한 것인데, 시험과목은 대체로 국학에서 배운 것들이다.

그러나 유학 교육의 강화, 실력에 의한 인재 선발이라는 이상은 신라사회에서 크게 결실을 보지 못하였다. 아직 골품제의 규제가 자리잡고 있는 한 그 틀을 벗어나기는 어려운 것이었다. 다만 6두품들에게 유학과 국학은 출세의 기회를 가져다 주기도 하였다. 통일전쟁이 진행중 외교문서를 작성한 강수는 수백석의 세조(歲租)를 받았으며, 설총은 신문왕에게 「화왕계」를 바쳤다. 이들 6두품들은 도덕지상주의를 내세우며 사회의 새로운 가치기준을 마련하고자 노력하였다.

### 4) 예술

고대의 예술은 고대의 토착신앙과 불교의 영향을 받으며 발전하였다. 그러나 삼국 이전의 토착신앙과 관련된 것은 남아 있는 것이 거의 없으며 삼국시대의 불교와 관련된 것들을 통해 그 편린을 찾아볼 수 있다. 삼국이 소박한 아름다움을 공통적으로 지니면서도 각국의 지리적 위치와 민족성에 따라 독특한 점이 나타난다. 고구려는 실질 강건하고 호전적인 기풍을 가진 웅장한 건축술이 발달되어 웅건하고 야성적인 면모를 지니었다. 백제는 유려한 조각술이 발달하여 풍만하고 아름다운 곡선미를 보이고 있다. 신라는 보수적인 성격을 지니며 아담하고 섬세한 특징을 띠고 있다.

고구려의 대표적 고분으로는 집안의 장군총과 평남 용강군의 쌍영총을 들 수 있다. 불교 건축물이 남아있지 않은 것은 법당과 불탑들이 모두 목조였기 때문이다. 백제의 대표적 건축물로는 익산의 미륵사지 석탑과 부여의 정림사지 5층석탑을 들 수 있다. 신라의 경우에는 황룡사, 분황사, 첨성대 등을 들 수 있다.

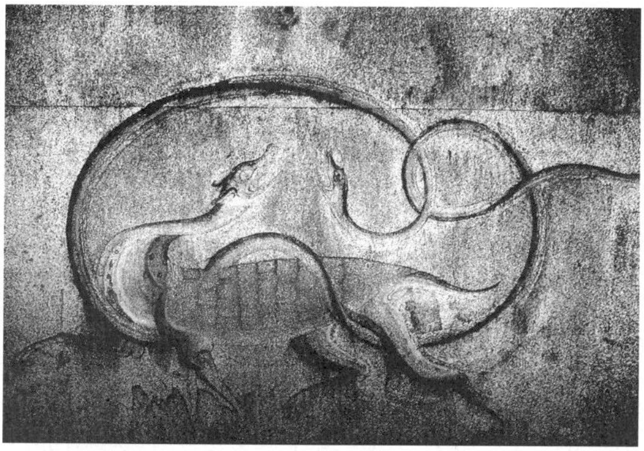

▲고구려 고분벽화 강서대묘의 현무

조각에 있어서는 삼국 모두 불상 조각이 거의 대부분인데 고구려의 불상은 작은 형태의 금동불상과 토불이지만 우수하다. 백제의 불상으로는 서산 마애삼존불이 있는데 '백제의 미소'로 불릴만큼 특유의 아름다운 미소를 띠고 있다. 신라의 불상으로는 금동 혹은 석조의 미륵반가사유상이 대표적이다.

회화로는 종이나 비단에 그려진 것은 남아있는 것이 없고 고분의 벽화에 그려진 것이 있다. 고분의 현실 4면 벽과 천장 등에 그려진 이 고분벽화는 당시 사람들의 사상과 풍속 등을 연구하는데 귀중한 자료이다. 고구려의 것이 가장 잘 남아 있는데 그림의 주제에 따라 사신총·각저총·무용총·수렵총 등으로 불리어지고 있다.

순금으로 만든 금관을 비롯하여 금대·금귀고리·금가락지·금팔지 등 화려한 장신구들이 뛰어난 공예기술을 보여주고 있다. 신라의 금관이 금속공예의 극치라 할 수 있는데 금관총(金冠塚)·서봉총(瑞鳳塚)·금령총(金鈴塚)·천마총(天馬塚)·황남대총(皇南大塚) 등의 금관은 미적으로 뛰어날 뿐만 아니라 신라의 강력한 왕권을 잘 보여주고 있다. 최근에 천마총의 그림이 천마가 아니라 기린이라는 새로운 견해가 제시되었다.

통일전쟁후 신라는 불교예술의 발달에 따라 탑과 불상의 조성에서 특히 뛰어난 솜씨를 보이고 있다. 불교신앙은 신라가 삼국을 통합하는데 정신적인 기틀이 되었으며 사원의 건축이나 불상들은 호국적인 성격을 띠고 국가나 귀족들의 후원으로 활발히 조성되었다. 그리고 신라의 전통위에 고구려와 백제의 요소를 수용하여 더욱 발전시켜 나갔다. 한편 당과 사신교류나 승려들의 중국유학 또는 서역과 인도로 이어지는 구법승들의 여행으로 새로운 경전이 전래되었으며, 다양한 종류의 불상과 보살상이 전해져 신라후기의 새로운 양식을 발전시켜 나갔다. 지금 남아 있는 대부분의 신라후기 불교조각은 금동불과 석조불이 많으며, 8세기 말부터는 대형의 불상들 중에 철조불상이 나타나기 시작한다. 한편 독립된 예배대상으로 만든 불상 이외에 부처의 사리를 봉안한 탑, 고승의 사리를 넣은 부도, 석등 등에도 불교조각이 잘 표현되어 있다. 그리고 불상과 보살과 아울러 불법을 수호하는 인왕(仁王)·사천왕(四天王)·팔부중(八部衆) 또는 12신장상(神將像) 등이 있고 비천상(飛天像)들도 나타난다.

경주 토함산의 석굴암은 신라문화의 핵으로서 당대의 신앙형태나 미의식을 집약시킨 민족의 보물이며, 세계의 문화유산이기도 하다. 경덕왕의 발원과 재상 김대성의 감역에 의해 이룩된 이 석굴암은 전방후원(前方後圓)형의 평면과 목조건물에 기와를 씌운 전형적인 석굴사원을 보이고 있다. 입구로부터 팔부신장상과 인왕상, 그리고 사천왕상이 부조되었으며, 주실의 본존불에 대해서는 석가여래 또는 아미타불이라고 하는 견해로 갈라져 있다.

탑의 경우, 신라후기에 백제와 신라 양식이 통합되며, 탑을 구성하는 석재의 수가 훨씬 적어진다. 지붕이 완만한 곡면을 이루는 등 탑 전체가 알맞는 비례감과 균형을 이루어 장중하면서도 경쾌한 모습을 지니게 되었다. 그리고 금당 좌우에 나란히 쌍탑이 배치되어 한국 가람배치의 특징이 잘 나타나게 되었다. 사천왕사지(679)와 망덕사지(685)에는 목조의 쌍탑이 있었으나 지금은 그 자취만이 남아있을 뿐이다.

이후 쌍석탑이 크게 유행하여 감은사지 3층탑(682)와 고선사지 3층탑(686)을 비롯하여 나원리사지 5층탑(8세기), 황복사지 3층탑(692) 등을 볼 수 있다. 8세기 쌍탑으로는 천군리사지와 장항리사지 5층탑(8세기 전반), 불국사의 석가탑과 다보탑(8세기 중엽), 갈항사지와 원원사지의 3층탑(8세기 후반) 등을 그 예로 들 수 있다.

9세기에 들어오면 선종의 대두로 사찰이 지방과 산간으로 확산됨에 따라 전체적으로 탑의 규모도 조금 축소되고 장식화하는 경향을 띠게 된다. 대표적인 예로는 부석사와 실상사의 3층탑(9세기 전반), 동화사 비로암과 금당암의 3층탑 등을 들 수 있다.

뿐만 아니라 다보탑과 같은 이형탑도 생겨나 화엄사 4사자 3층탑(8세기 중엽), 해인사 원당암청석다층석탑(9세기)와 같은 양식을 볼 수 있다. 그리고 8세기 후반경에는 안동의 신세동 7층전탑, 조탑동의 5층전탑, 칠곡 송림사 5층전탑과 같은 벽돌로 만든 탑들이 나타났다.

### 5) 발해의 사상과 문화

발해의 지배적인 신앙은 불교로서 정효(貞孝)공주 무덤에서도 불교적 요소를 엿볼 수 있다. 발해의 승려로는 석인정(釋仁貞)·석정소(釋貞素) 등이 알려져 있는데 9세기 이후에 활동한 인물들이다. 발해 불교 융성은 왕실 뿐만 아니라 지배층 전반에 영향을 주었으며, 일본과 문화적 교류에도 한 몫을 하였다. 많은 사원과 불상이 조성되었는데 지금까지 확인된 절터는 40여 곳이다. 탑으로는 정효공주 무덤탑·영광탑(靈光塔)이 알려져 있는데 이들은 벽돌로 쌓은 것으로 당의 양식을 따르고 있다. 불상은 지금까지 1천 개 정도 발견되었는데 대표적인 것이 전불(塼佛)이다. 불상의 대부분이 북위에서 수나라에 이르는 시기의 양식을 따르고 있는데 이것은 고구려의 것을 이어받았기 때문이다. 한편 발해에는 경교(네스토리우스교)와 샤마니즘의 흔적이 남아 있다. 아마 일반인들의 신앙은 이러한 샤머니즘이 중심을 이루었을 것이다.

발해는 당나라와 활발하게 교섭하여 선진 문화를 수입하였다. 장기간 당나라에 머물렀던 유학생·숙위(宿衛)·왕족 등과 일시적으로 파견되었던 사신들을 통하여 당의 선진된 문물을 받아들였다. 발해의 제도를 살펴보면 유학과 관련된 명칭들이 많이 보인다. 충(忠)·인(仁)·의(義)·지(智)·예(禮)·신(信) 이라는 유학의 덕목을 6부의 명칭으로 삼은 것은 발해사회에 유학이 얼마나 많이 수용되어 있는가를 보여주고 있다. 또한 정혜(貞惠)공주와 정효공주의 묘지명을 통해서도 이를 알 수 있는데 유교경전과 역사서들을 섭렵하여 변려체 문장을 구사하고 있다.

발해의 건축물에는 궁궐이나 관청·살림집·사원과 같은 것들이 있지만, 이들은 터만 남아 있을 뿐이다. 다만 성곽이나 무덤, 탑과 석등이 남아있는 것이 있어 발해의 건축을 엿볼 수가 있다. 특히 무덤 위에 건물터가 확인되어 건물 성격에 대해 논란이 일고 있다. 사원도 많이 조성되어 절터가 40여 곳이 확인되었다.

그림으로는 정효공주무덤의 벽화가 대표적으로 연도와 현실의 3면 벽에 모두 12명의 인물이 그려져 있다. 공예품으로는 조각·도자기·기와·벽돌·금속 세공품 등이 있다. 발해의 기와에는 문자를 찍거나 새긴 것이 다수 출토되어 주목을 받고 있다. 이를 근거로 발해의 고유문자가 있었다는 주장이 제기되기도 하였다.

【최 광 식】

## 6. 신라 하대의 사회변동

### 1) 신라 하대의 정치적 변화

신라 하대(下代)는 『삼국사기(三國史記)』에서 나눈 신라사에 대한 시대 구분으로, 37대 선덕왕(宣德王; 780~785)으로부터 56대 경순왕(敬順王;

927~935)까지를 말한다. 하대 155년 동안 20명의 왕이 교체된 것은 이 시기의 정치적 혼란상을 단적으로 보여주는 것이다.

신라 하대 정치적 변화의 가장 큰 원인은 신라사회를 지탱해 주던 골품제도의 동요를 들 수 있다. 신라 하대가 되면서 진골귀족(眞骨貴族)들이 분열·대립하였을 뿐 아니라 육두품(六頭品)의 도전 등으로 사회가 동요·혼란하기 시작하였다. 이는 신라인들의 정치와 사회질서의 기본원리로 기능하던 골품제도가 모순을 드러낸 것이라고 할 수 있다.

혜공왕 4년(768)에 일어난 대공(大恭)의 난은 전국의 96각간(角干)이 싸우는 대란(大亂)으로 확대되어 3년여 동안 계속되었다. 이는 경덕왕·혜공왕으로 상징되는 정치적 성격, 즉 중대(中代)적인 것을 부정하고 나선 첫 봉기였다. 혜공왕이 살해되고 780년 선덕왕(宣德王)이 즉위하였으며, 이로부터 하대(下代)가 시작되었다.

이후 신라 하대는 귀족연립적(貴族聯立的)인 성향이 강했다. 이러한 정치적 변혁과 더불어 왕계(王系)도 바뀌게 되었다. 정변으로 왕위에 오른 선덕왕은 내물왕(奈勿王)의 10세 손으로서 중대를 이끌어 오던 무열왕계(武烈王系)는 혜공왕을 마지막으로 단절되고, 하대에는 부활내물왕계(復活奈勿王系) 내지는 원성왕계(元聖王系)가 왕위를 차지하게 되었다.

또한 신라 하대에는 귀족들 상호간의 정권 탈취를 위한 싸움이 계속되었다. 그들은 경제적인 부(富)를 이용하여 사병(私兵)을 양성하고 무력항쟁을 벌였다. 이제 왕위는 진골귀족들 내에서의 일이기는 하지만 혈통에 의해서가 아니라, 정치적 실력과 무장력의 우열로 결정되는 사회가 되었다.

진골귀족 사이의 정권다툼이 계속되는 동안 6두품 세력이 성장하여 골품체제의 속박에서 벗어나려는 움직임을 보였다. 6두품은 진골귀족 다음가는 귀족신분이었지만, 관등과 관직 등에서 많은 제약을 받고 있었다. 이와 같은 제약 속에서 진골귀족에 대한 반감과 골품체제 자체에 대한 불만이 6두품 사이에서 싹트게 되었다.

이러한 움직임은 진골에서 6두품으로 족강(族降)된 무열왕계(武烈王系)나 김유신계(金庾信系)의 반발에서도 어느 정도 드러나고 있지만, 숙위학생(宿衛學生)이라고 하는 도당유학생(渡唐留學生)들에게서 뚜렷이 나타나고 있다. 유학의 시초는 진골 자제들을 당의 숙위학생으로 국자감에 입학시키면서 비롯되었다. 그러나 점차 6두품 신분의 자제들이 당에 갔으며, 9세기에 들어서는 외국인을 대상으로 실시하는 당의 빈공과(賓貢科) 때문에 유학열이 한층 자극되었다.

이들 6두품 계열의 자제들은 당나라에서 과거제(科擧制)에 입각한 능력 본위의 인재등용과 유교적인 정치이념을 배워옴으로써 반골품제적(反骨品制的)인 성향을 나타나게 되었다. 도당유학생(渡唐留學生) 가운데 대표적 학자로는 '3최'로 불리는 최치원(崔致遠) · 최승우(崔承祐) · 최언위(崔彦撝) 등을 들 수 있다.

이와 같이 신라하대의 정치상은 골품제의 변질 내지 모순이 분출되는 시기였다. 골품제도의 모순이 나타나면서 진골귀족들이 분열 · 대립하였으며, 이것은 곧 골품체제(骨品體制)로 일컬어지는 신라의 정치와 사회질서가 동요 · 붕괴되어 가는 과정이기도 했다.

### 2) 신라 하대의 경제적 혼란

신라 하대에 들어서면서 정치적 혼란과 더불어 경제적으로 토지 지배관계가 크게 문란하여지기 시작했다. 그 배경은 귀족들의 사적(私的)인 대토지(大土地) 소유를 의미하는 전장(田莊)의 확대를 들 수 있다. 정치적으로 권력에서 소외된 귀족들이 지방에 내려가 대토지를 소유하면서 유력한 지방세력으로 성장해 갔으며, 지방의 토착세력도 대토지 소유자로 성장해 갔다.

전장의 형성에는 국가로부터의 사전(賜田)이나 신간지(新墾地)의 개척, 그리고 권력에 의한 농민 토지의 강점(强占)과 약탈(掠奪) 및 고리대(高利貸) 등의 방법이 동원되었다. 귀족들은 겸병(兼倂)된 토지에 장사(莊舍)를 두고 지장(知莊)을 파견하여 관리하였다.

사원(寺院)도 대토지를 소유하여 전장을 경영하였다. 왕실과 귀족들의 두터운 비호를 받고 많은 전지(田地)와 노비를 기증받음으로써, 사원경제는 점점 비대해져 갔다. 9세기 말 지증대사(智證大師) 도헌(道憲)이 속세에 가지고 있었던 '장(莊) 12구(區) 전(田) 500결(結)'의 토지를 절에 시납하였던 예에서 당시 전장의 규모를 엿볼 수 있다. 신라 하대 사원들의 대토지 겸병은 토지지배 질서를 문란하게 하고 재정을 고갈시켜 신라의 멸망을 촉진시키는 하나의 요인이 되었다.

전장이 원래부터 불수(不輸)의 특권을 가지고 있었던 것은 아니나, 중앙의 통제력이 해이해지자 불법적으로 공과(公課)와 공부(公賦)를 부담하지 않았다. 이것은 국가의 재정을 고갈시키는 원인이 되었다. 중앙통제력의 약화와 이로 인한 전장의 확대로 농민들은 더 많은 조세를 감당해야 했다. 불균등하고 과중한 조세부담은 농민의 경제기반을 뿌리째 흔들었다.

더욱이 9세기 전반에는 여러 차례에 걸쳐 자연재해가 발생하여 농민들의 생활기반이 파괴되었다. 토지를 상실한 농민은 전장에 흡수되어 전호가 되거나 거주지를 떠나 유망하였으며, 유망민 가운데 일부는 이른바 '초적(草賊)'이 되었다. 이러한 통치체제의 혼란을 틈 타 전국 각지에서 호족들이 일어나 자기의 세력권을 형성하면서 신라 서울인 경주와 지방과의 단절은 더욱 심화되었고, 결국 이러한 난국을 수습할 수 없었던 신라는 파국으로 치닫게 되었다.

### 3) 신라 하대 사상계의 동향

신라 하대 사상계는 이전부터 유행하던 화엄종과 유학이 자체 정비를 모색하고 풍수지리설(風水地理說)이 점차 이론적 틀을 갖추었으며, 재래의 전통적 불교 종파인 교종(敎宗)에 대신하여 선종(禪宗)과 미륵하생신앙(彌勒下生信仰)이 성행하게 되었다.

화엄종(華嚴宗)으로 대표되는 신라의 교종은 왕실불교·귀족불교로서의 성격이 강했다. 9세기 중엽 이전만 해도 지배이데올로기의 위치를 차지했던 화엄종은 고려에 의한 후삼국 통일이전까지는 신라왕실과 긴밀한 관계를 유지하는 위상의 축소를 보이게 된다. 따라서 지역적으로도 신라의 수도인 경주가 중심이 되었으며, 시간이 흐를수록 일반 백성과 유리되는 측면이 강했다.

선종은 이와 같은 교종의 폐단에 대한 반발 겸 극복을 위해 일어났다. 선종은 불립문자(不立文字)·견성오도(見性悟道)를 내세우며, 복잡한 교리를 떠나 좌선(坐禪)을 통해 심성(心性)을 도야함으로써 각자의 마음 속에 있는 불성(佛性)을 깨닫도록 하였다. 이러한 경향 때문에 선종은 중대 왕권이 무너져 교종이 그 사회적 기반을 잃어버리게 되자, 지방의 호족세력과 밀접하게 연결되면서 성행하게 되었다.

▲신라 선종 9산문 중의 하나인 굴산사 터의 당간지주

선종은 혜공왕(惠恭王) 때 신행(神行)이 당(唐)에서 북종선(北宗禪)을 들여 온 것을 계기로, 9세기 초인 헌덕왕(憲德王) 때에는 도의(道義)가 가지산문(迦智山門)을 개창하였다. 이후 홍척(洪陟)의 실상산문(實相山門), 혜철(惠哲)의 동리산문(桐裏山門), 현욱(玄昱)의 봉림산문(鳳林山門), 도윤(道允)의 사자산문(獅子山門), 범일(梵日)의 도굴산문(闍崛山門), 무염(無染)의 성주산문(聖住山門), 도헌(道憲)의 희양산문(曦陽山門), 이엄(利嚴)의 수미산문(須彌山門) 등 이른바 9山이 성립하면서 유행하게 되었다.

선문(禪門)의 개조(開祖)에는 호족 출신들이 많았으며, 9산은 대부분 그들을 후원하는 유력한 호족의 근거지와 가까운 지방에 위치하고 있었다. 선종은 전통적인 권위를 내세운 교종에 대해 개인주의적 경향이 강하였고 신라사회의 모순에 대한 개혁을 주장하였으므로, 신라 중앙에 반항하여 일어난 호족들에게 독립할 수 있는 사상적 근거를 제공하였다.

신라 하대에 지방 호족의 대두와 함께 널리 전파된 사상으로 풍수지리설을 들 수 있다. 풍수지리설은 음양론(陰陽論)과 오행설(五行說)을 기반으로 산세와 수세를 살펴 도읍·주택·능묘 등을 선정하는 일종의 상지학(相地學)으로, 묘지와 관련된 음택(陰宅)과 주택 및 도읍과 관련된 양택(陽宅) 풍수로 나눌 수 있다. 지리에는 쇠왕(衰旺)과 순역(順逆)이 있어 명당을 택하여 주택이나 능묘를 잡으면 국가나 개인이 행복을 누릴 수 있는 반면, 그렇지 못한 곳에 자리잡으면 불행을 가져다 준다고 보았다.

신라 하대에 풍수지리설을 크게 선양한 이는 도선(道詵)이다. 그는 선종 9산 가운데 하나인 동리산파(桐裏山派)에 속한 선승이었는데, 풍수에도 조예가 깊어 송악지방의 왕씨(王氏)와 연결되어 왕건의 출생과 고려 건국을 예언하였다는 기록이 전해진다.

각 지방의 호족들은 풍수지리설에 입각해서 저마다 자기의 근거지를 명당으로 생각하고 자신들의 존재를 합리화한 것으로 보여진다. 신라 하대의 선종과 풍수지리설은 호족세력과 결부되어 사회전환의 추진력이 되었다는 점에서 사상적인 의미를 지닌다.

### 4) 신라 하대 사회의 변화와 후삼국의 정립

신라 하대에는 많은 농민들의 봉기가 있었다. 토지로부터 유리된 농민들은 점차 중앙지배층의 가혹한 경제적 착취에 저항하기 시작하였다. 농민층은 평소 조세(租稅)와 공부(貢賦)·역역(力役) 등의 과중한 부담으로 시달리고 있었는데, 하대에 들어서면서 국가재정이 어려워지자 정부는 재정의 어려움을 농민들에게 부과함으로써 해결하려고 하였다.

특히 진성여왕대에는 정치기강이 흔들렸을 뿐 아니라 재정난도 한계에 도달하였다. 그래서 진성여왕 3년(889)에 재정위기를 타개하기 위해 전국의 주군(州郡)에 공부를 독촉하였다. 흉년과 전염병으로 어려움을 겪던 농민들은 공부의 독촉을 계기로 전국적인 반란을 일으켰다. 지금까지 누적되어 온 신라의 정치적·사회적·경제적 모순과 그로 인한 혼란이 이때에 이르러서 일시에 폭발하고 만 것이다.

농민봉기의 첫 횃불을 든 것은 사벌주(沙伐州, 지금의 상주) 지방의 원종(元宗)과 애노(哀奴)였다. 그 뒤를 이어 북원(北原, 지금의 원주)의 양길(梁吉)과 죽주(竹州, 지금의 죽산)의 기훤(箕萱), 완산(完山, 지금의 전주)의 견훤(甄萱), 양길의 부하 궁예(弓裔)가 송악(松嶽, 지금의 개성)에서 일어났다. 이제 신라는 경주 지방을 중심으로 하는 하나의 지방정권에 불과한 형편에 이르렀다.

신라 하대의 혼란은 지방세력가들이 성장할 수 있는 기회를 마련해 주었다. 신라말·고려초 새로이 역사의 전면에 등장한 재지(在地) 지배세력을 호족(豪族)이라고 하는데, 호족의 출신 유형으로는 촌주·낙향 귀족·지방관·해상세력·군진세력·초적 등을 들 수 있다. 이들 지방세력들은 하대의 혼란기를 틈 타 각기 중앙정부의 영향권에서 벗어나 자립할 태세를 취하였다. 이들은 보통 성(城)을 쌓고 성주라고 일컬었으며, 또 그 성을 중심으로 조직된 사병(私兵)의 지휘자였으므로 장군(將軍)이라고도 칭하였다.

촌락의 행정을 담당하던 촌주들은 정부의 통제력이 약화되고 초적들이 봉기하자, 촌락민을 동원하여 성을 쌓고 무장조직을 갖추어 점차 주위의 촌락들을 복속시켜 대호족으로 성장하였다. 또한 경제력이 지방사회로 분산되면서 각 지역의 해상세력도 호족으로 대두하였다. 국경의 수비를 위해 변경지대에 설치한 군영인 완도의 청해진(淸海鎭)과 남양의 당성진(唐城鎭) 및 강화의 혈구진(穴口鎭) 등이 그것이다. 장보고(張保皐) 등과 같은 청해진의 해상세력가(海上勢力家)는 무역을 통해 얻은 경제력과 군사력을 바탕으로 중앙정치에까지 진출하였다. 정주(貞州; 지금의 풍덕)와 연결된 왕건은 풍부한 경제력을 바탕으로 궁예에 귀부한 뒤 점차 출세를 거듭하였고, 패강진 출신의 호족들은 고려 초기에 크게 활약하였다.

신라 하대는 호족들의 이합집산(離合集散)과 상호다툼이 거듭되는 가운데 야기된 과도기인 후삼국(後三國)으로 가는 시기였다. 호족의 등장에 따라 역사의 무대는 중앙에서 지방으로 바뀌어 가고 있었다. 신라의 무장 출신인 견훤은 완산주를 근거로 백제 의자왕(義慈王)의 원한을 갚는다는 구호 아래 진성여왕 6년(892)에 후백제(後百濟)를 건국하였다. 후백제는 급속히 세력을 키워 후삼국 가운데 일찍부터 군사적 우위를 차지하였다.

궁예도 일찍이 승려로 있다가 각지에서 농민항쟁이 발생하자 기훤, 양길의 부하로 들어갔다. 그 뒤 송악(뒤에 철원으로 옮김)을 근거로 고구려의 부흥을 구실삼아 효공왕(孝恭王) 5년(901)에 후고구려(後高句麗)를 건국함으로써, 신라와 더불어 후삼국(後三國)의 형세를 이루게 되었다.

그렇지만 후삼국은 모두 한계성을 지니고 있었다. 기울어 가는 신라는 물론 견훤도 상주의 농민출신으로 건국에 성공한 뒤 외교관계나 정략에는 기민하였으나, 지방호족과의 연결을 모색하지 못하였다. 궁예 역시 정권다툼에 희생된 신라의 왕자 출신으로 복수심에 집착하여 신라사회의 전통에 타격을 가하는 것으로 만족하였다. 이와 같은 한계성을 지니고 있던 두 정권은 신라를 몰락으로 이끌어가는데는 큰 영향을 미쳤으나, 그 후 어떠한 질서를 수립해야 할 것인가에 대한 뚜렷한 이념과 목표를 제시하지 못하였다.

궁예는 후고구려에서 나라 이름을 마진(摩震)으로 고치고 관료기구를 설치하였으며, 911년에 다시 나라 이름을 태봉(泰封)으로 고쳤다. 그러나 궁예가 군주로서의 지위가 확고해지면서 전제권을 휘두르기 시작하자, 918년 홍유 · 신숭겸 · 복지겸 등이 중심이 되어 궁예를 축출하고 왕건(王建)을 추대하여 새로이 고려(高麗)를 건국하였다.

경순왕(敬順王) 9년(935년)에는 나라를 들어 고려에 귀부함으로써, 신라의 역사는 막을 내리게 되었다. 이듬해(936년) 고려는 후백제마저 병합함으로써 후삼국을 통일하게 된다.

【박 현 숙】

# 제 3 장
# 고려 사회의 전개

## 1. 귀족사회의 성립과 통치체제

### 1) 귀족사회의 성립

호족세력의 대두와 더불어 야기된 나말·후삼국의 혼란은 왕건(王建)에 의하여 수습이 이루어지게 되었다. 그 자신 송악(개성) 지방의 호족 출신으로 패강진(浿江鎭) 등의 군진세력(軍鎭勢力)과도 긴밀한 관계를 맺고 있던 왕건은 마침내 새로이 고려를 건국하고(918) 뒤이어 후삼국을 통일하는 데(太祖 19년, 936) 성공을 거두는 것이다.

그렇지만 이것은 반대세력의 소멸을 의미할 뿐, 지방 각처의 호족들은 아직도 후삼국의 혼란시대와 별다름 없이 독자적 무력과 경제적 지반을 보유하여 독립적 상태를 유지하고 있었으며, 또 그와 전장에서 고락을 같이한 호족출신의 여러 장수들도 전쟁에 따른 포로와 노획물 등을 차지하고 사병(私兵)을 거느린 채 자기의 세력을 그대로 가지고 있어 정국의 불안은 여전하였다. 이러한 상황 속에서 태조는 그들 호족세력을 억압하는 한편으로 타협과 연합을 통해 왕권의 안정을 꾀하였다. 결혼정책은 바로 이같은 배려에서 나온 방책의 하나였다. 그는 즉위 이래로 여러 명의 후비(后妃)를 맞고 있지마는, 그 대부분은 각 지방의 세력 있는 호족 내지는 호족출신 관료의 딸들로써 태조는 그같은 혼인을 통하여 저들과 결합을 굳게 하여 갔던 것이다. 이와 함께 그는 유력자들에게 왕씨의 성을 하사하여 의제가족적(擬制家族的)인 관계를 맺는 방식으로 연합을 굳히는 사성정책(賜姓政策)도 시행하였다. 그리고 중앙의 공신들을 자기 출신지의 사심관(事審官)으로 삼아 호족세력을 무마・통제케 한 사심관 제도와 호족(향리)의 자제를 뽑아 올려 경성에 볼모로 머물면서 출신 지방의 일에 대해서는 고문의 역할을 맡게 한 기인제도(其人制度)를 채택했는가 하면, 서경경영(西京經營)을 통해 고려왕실의 독자적인 세력기반을 육성하는 등 갖가지 방식의 호족에 대한 시책을 폈던 것이다.

▲ 태조 왕건릉인 현릉(소재지:개성시 개풍군 해선리)

이와 같은 태조의 꾸준한 노력의 결과로 고려왕조는 어느 정도 안정된 기반을 가질 수 있게 되었다. 하지만 아직 호족문제가 완전히 해결된 것은 아니었다. 그는 호족연합정권의 대표자적 지위를 지니는데 불과하였던 것이다. 다음에 차례로 즉위하는 혜종(944~945)과 정종(946~949)이 여러 모로 시련을 겪는 것도 그 때문이었다.

그러다가 왕권이 호족세력을 억누르고 안정을 되찾아 새로운 전기를 맞는 것은 광종조(950~975)에 이르러서였다. 그는 왕위에 오른 후 얼마 동안은 온건한 방법으로 호족세력을 무마하면서 왕권을 다져 갔다. 그리하여 어느 정도의 토대가 잡히자 노비의 신분을 조사하여 본래 양인이었던 자는 해방시켜 환량(還良)하는 노비안검법(奴婢按檢法)과, 군주에게 충성을 다할 신진인사를 기용하기 위한 과거제를 실시하여 왕권을 강화하는데 필요한 제도적인 조처를 취하였다. 이어서 백관의 공복을 제정하여 위계질서를 잡는 한편 시위군(侍衛軍)의 강화를 비롯한 군제개혁을 단행하고는 그의 개혁정치에 불평·불만을 가진 신하·장수들을 숙청하였다. 그 결과 왕권은 크게 신장되어 이제는 호족 세력의 위에 군림할 수 있었던 것이다.

그 뒤 경종(976~981)은 전시과제(田柴科制)를 설정하여 경제질서를 세우지마는, 이러한 일련의 정비작업은 성종조(982~997)에 마무리된다. 즉, 그는 역대 왕들이 구축하여 놓은 기반 위에 신라의 6두품 출신 유학자인 최승로(崔承老)의 보필을 받아 지배체제를 일단락 짓는 것이다. 최승로는 왕명에 응하여 28조의 시무책(時務策)을 올린 것으로 유명하다. 그 내용은 한 마디로 말해서 유교정치이념에 입각한 중앙집권적 귀족정치의 실현을 주장한 것이었는데, 이는 성종에 의하여 대부분 받아들여졌다. 따라서 이때에 내외의 관제를 포함하는 지배체제의 정비는 그와 같은 정신과 바탕 위에서 마련된 것이었다. 왕 2년에 중요 지역인 12주목(州牧)에 상주하는 외관(지방관)을 파견한 것이 그 한 예이거니와, 이와 동시에 호장·부호장 등의 향리직제도 설정된다. 그리하여 대부분의 호족들은 종래의 지위를 상실하고 중앙정부의 통제 아래에 들어가 지방의 장리(향리)로 편입되어 갔으며, 일부는 중앙으로 진출해 귀족화의 길을 걸어 구신라 귀족계나 개국공신계와 더불어 고려의 중요 지배신분층의 한 갈래를 형성하였다.

이와 같이 성종대는 중앙 및 지방관제의 성립과 함께 지배체제가 정비되고 그것을 운영해 갈 신분층도 대략 자리를 잡아간 시기였다. 그러한 속에서 이들이 지향했던 바는 왕권과 지배신분층으로서의 귀족이 원만한 협조를 이루는 가운데 국가를 다스려 나가는 귀족사회체제였다. 이는 물론 그 뒤의 목종과 현종 등을 거쳐 문종조에 들어서기까지의 상당한 기간을 통하여 비로소 난숙한 모습을 드러내게 되지만, 성종조에 이르러 그

같은 귀족사회체제의 기반이 성립된 것은 사실이었다. 이런 점에서 성종대가 지니는 의의는 매우 크다.

### 2) 귀족사회의 성격

귀족은 특권신분층으로서, 그 신분을 다시 자손에게 세습시키면서 거기에 부응하는 정치적·경제적·사회적인 여러 특권을 향유하는 존재들을 일컫는다. 그리하여 이러한 부류의 사람들이 대부분의 국가 요직을 점유하고 정책의 결정이나 가치의 배분을 귀족제적으로 운영하여 갈 때 그 사회는 곧 귀족사회라고 할 수 있는 것이다.

따라서 이같은 사회에서는 다음과 같은 특성이 드러나는 게 일반적이다. 즉, 귀족제하에서는 출생 신분이 제일차적인 중요성을 가지며 개인의 능력이나 자성(資性)은 제이차적 문제가 된다. 어느 개인은 그 개인으로서가 아니라 언제나 그의 종족·친척과 더불어 평가되기 때문이다. 이와 관련하여 또 귀족제하에서는 관직의 세습적 경향이 강하게 나타난다. 그리하여 정권은 소수의 가문에 의해 누대적으로 장악되며 그 결과 문벌이 형성되고 가격(家格)의 상하가 생겨난다. 이 가격의 의식은 혼인관계에 잘 반영되어서 귀족들은 동일층 내지는 상층가문과의 결혼을 희망하며, 그에 따라 하나의 폐쇄적인 통혼권을 형성하게 된다. 아울러 이들은 자기네의 물질적 뒷받침을 위하여 토지의 사적 영유를 제도적으로 보장하는 방향을 모색하기도 하였다.

결국 고려왕조는 이러한 성격을 잘 보여주고 있다는 데서 귀족사회로 파악하는 것이지만, 그같은 사실은 먼저 음서제(蔭敍制)나 공음전시법(功蔭田柴法) 등의 제도를 통해 살필 수가 있다. 이 가운데에 음서제는 부조(父祖)의 음덕(蔭德)에 따라 관리로 서용하는 제도로서, 5품 이상 고급관료의 자손은 과거를 거치지 않고도 관도에 나아갈 수 있도록 한 조처를 말한다. 그런데 이 음서는 국왕의 즉위나 왕태후의 책봉과 같은 국가의 큰 행사 때뿐 아니라 매년 정기적으로 시행되었으며, 그 혜택의 범위도

직자(直子)·수양자(收養子)·내외손(內外孫)·생(甥)·질(姪)을 포함하여 여서(女婿)·제(弟)에게까지 미치는 광범한 것이었다. 거기에다가 수음자에게는 어떠한 한품제(限品制)의 제약이 있는 것도 아니었으므로, 음서는 귀족들의 관직 세습을 가능케 한 제도로 귀족사회의 성격을 일러주는 가장 주목할 특징이 되고 있었던 것이다.

음서제와 같은 원리에서 5품 이상의 귀족관료에게 그들의 특권적인 생활을 누릴 수 있는 경제적 토대로 마련된 것이 공음전시법이었다. 이 법의 가장 커다란 특징은 양반전이 당대에 한한 것인데 비하여 공음전시는 자손에게 상속을 인정한 점에 있었다. 그러므로 공음전시법도 토지의 세습이라는 측면에서 귀족제적 특성에 어울리는 제도로 이해되고 있다.

당시 사회의 귀족제적 양상은 이러한 제도적인 면과 함께 귀족관료들의 가계(家系)와 관직 및 통혼권 등을 조사하여 보면 한층 구체적으로 나타난다. 예컨대, 고려시대의 대표적인 문벌귀족가문으로 알려진 경원이씨(慶源李氏)의 경우 10여 대에 걸쳐서 5명의 수상과 20여명에 가까운 재상을 배출하고 왕실 및 주요 귀족가문들과 인척관계를 맺고 있는 것이다. 사서에는 이 집안을 벌열(閥閱), 또는 해동갑족(海東甲族) 등으로 표현하고 있지마는, 그만큼 많은 재상을 배출할 수 있었던 데에는 가문의 영향력이 컸다고 생각된다. 그것은 이들 중 상당수가 음서출신자라는 사실에서 쉽게 알 수가 있다.

일면 혼인관계를 알아보면, 왕실과는 이자연(李子淵)의 세 딸이 모두 문종비가 된 것을 비롯하여 이정·이예의 딸이 각각 선종비, 이호의 딸은 순종비, 그리고 이자겸(李資謙)의 한 딸은 예종비, 두 딸은 인종비가 되고 있으며, 또 당대의 명문인 경주김씨·안산김씨·해주최씨·청주이씨·강릉김씨·광양김씨·수주최씨·남평문씨·정안임씨·수주이씨 등과 인척을 맺고 있다. 고려 때의 모든 귀족가문들은 최고의 귀족이라 할 수 있는 왕실과 혼인하여 외척이 되기를 바랐으며, 설령 그렇게는 되지 못하더라도 자기들 상호간에 중첩되는 연인(連姻)을 맺어 폐쇄적으로 귀족신분의 범위를 지키려고 애썼다. 우리들은 경원이씨가에서 그와 같은 귀족사회의 제특성을 잘 엿볼 수 있는 것이다.

경원이씨 및 그와 혼인을 맺었던 귀족가문 이외에도 김부식(金富軾)으로 대표되는 또 한 갈래의 경주김씨와 윤관(尹瓘)으로 대표되는 파평윤씨, 그리고 최유청(崔惟淸)을 배출한 철원최씨 등 몇몇 명문을 더 검토하더라도 대소의 차이는 있지만 양상은 유사하다. 이처럼 고려왕조는 소수의 문벌귀족들이 깊은 유대관계를 가지고 서로 얽혀 자기네 중심으로 국가를 운영해 간 귀족적 성격이 농후한 사회였다.

### 3) 중앙통치체제

고려의 통치체제는 성종조에 이르러 대략 정비되었다고 했거니와, 그 기본적인 구조는 이른바 3성—실제로는 2성—6부제로서 조직과 기능은 당나라 제도에 가까운 것이었다. 그러나 고려의 정치제도는 당제만에 의하여 형성된 것이 아니라 거기에는 또한 송제(宋制) 계통과 고려의 독자적인 제도도 섞여 있었다. 중추원(中樞院·樞密院)과 삼사(三司)는 송제를 채용한 것이고, 도병마사(都兵馬使)와 식목도감(式目都監)은 고려 자체의 필요성에서 생긴 것이다. 이처럼 고려의 지배기구는 당제와 송제, 그리고 고려의 독자적인 것 등 세 계통으로 구성된 정치조직 사이에 운용의 조화를 이루어 가고 있었는데, 우선 이런 점에서 고려 통치체제의 일 특수성을 발견할 수 있다.

이 기구들 중에서도 특히 정치의 중심이 된 것은 중서문하성(中書門下省)과 중추원이었다. 그런데 두 기구는 각기 2품과 3품을 획선으로 하여 상하 이중조직—재부(宰府)·낭사(郎舍) 및 추부(樞府)·승선방(承宣房)—이 되어 있어서 그 직무를 달리하고 있었다. 즉 중서문하성 재부 소속의 2품 이상 고관은 성재(省宰)·재신·재상이라 하여 백관을 통령하고 정책을 의논 결정하는 일을 보았는데 비하여 낭사 소속의 3품 이하 관원은 성랑(省郎)·간관(諫官)이라 하여 간쟁(諫諍)과 봉박(封駁)·서경(署經) 등의 임무를 맡고 있었으며, 중추원의 경우에도 상층부인 추부를 이루는 추밀

(樞密)은 재상으로서의 역할과 군기(軍機)를 장악한 데 비하여 하층부인 승선방을 이루는 승선은 왕명을 출납하는 일을 담당하고 있었던 것이다. 직무만 보아도 그 위치를 쉽게 짐작할 수 있는데, 이들 중에서 고려 정치의 중추를 맡아 극히 중요한 자리에 있던 사람들이 재추양부의 재상들이었다.

정치의 실무를 담당한 것은 상서6부(尙書六部)였다. 이는 구체적으로 문관의 인사를 맡은 이부와 무관의 인사 및 군사문제를 맡은 병부 등을 말하지마는, 직제상으로 여기에는 상서(정3품)가 책임자로 되어 있었으나 고려에서는 그 위에 판사를 따로 두어서 중서문하성의 성재로 하여금 겸직케하고 있었다. 즉 수상은 판이부사(判吏部事), 아상(亞相)은 판병부사를 겸하는 예와 같이 성재들이 차례대로 6부판사를 겸임하고 있었으며, 또 상서도 중추원의 추밀들이 겸임하는 예가 많았다. 집행기관으로서의 상서6부는 중서문하성의 통어(統御) 아래에 놓여 있어서 일원적인 통치체계를 이루고 있었음을 알 수 있다. 물론 편제상 상서6부 위에 상서도성이 있었으나 이는 정무를 처리하는데 발언권이 있는 권력기구가 되지 못하고 국가의 행사를 주관하거나 공문의 발송을 맡아 사무관청의 성격이 강하였다.

양부의 재신과 추밀은 따로이 함께 모여 국가의 중대사를 협의 결정하는 합좌기구도 가지고 있었다. 도병마사와 식목도감이 그것이었다. 전자는 대외적인 국방·군사 관계를 관장하였으며, 후자는 대내적인 법제·격식(格式)을 다루는 회의기관으로, 보는 일은 달랐지만 모두가 유력한 권력기구 중의 하나였다. 특히 도병마사는 고려후기에 이르러 도평의사사(都評議使司·都堂)로 명칭이 바뀌면서 전기의 중서문하성에 대신하여 국가의 모든 통치사무를 관장하는 핵심기관이 되었다.

이와 같은 내용을 종합해 볼 때 정치적 지배권력은 양부의 재추군, 특히 성재에 집결되고 있었다는 결론을 얻을 수 있는데, 이것은 고려의 통치체제가 귀족중심이었음을 말해주는 것이다. 고려의 귀족은 곧 관료였으며, 따라서 왕권은 재추귀족들에 의하여 많은 제약을 받았을 것이기 때문이다.

앞서 설명한 중서문하성의 낭사와 함께 서경을 하고 시정(時政)을 논집(論執)하며 백관의 규찰·탄핵을 맡았던 어사대(御史臺)의 관원을 합하여 대간(臺諫)이라고 불렀다. 그런데 이들에게 직무로서 부과된 간쟁과 시정의 득실을 논하는 언론은 왕권을 제약하는 기능을 하고 있었다. 특히 서경은 관리를 임명하고 법을 개폐(改廢)하는 일 등에 있어 대간들이 그 타당성 여부를 심사하여 서명함으로써만 비로소 그것이 효력을 발생할 수 있도록 한 제도로서 왕권의 전제성을 규제하는데 큰 몫을 담당하였다. 이러한 대간제도의 존재는 고려의 정치기구가 역시 귀족적 성격을 농후하게 가지고 있었음을 알려주는 것이다. 고려왕조는 문벌귀족에 의하여 주도되어 간 귀족사회였으므로 통치체제에도 이들의 의사가 깊이 반영된 권력구조가 구축되어 있었던 것이라 하겠다.

### 4) 지방행정구조

고려의 지방행정조직은 군현제도로 되어 있었다. 귀족관료들은 군현제 지배를 통하여 전국의 백성들을 통치하였던 것이다. 이 조직은 대체적으로 성종조에 마련되기 시작하여 현종 9년(1018)에 일단락되는데, 『고려사(高麗史)』 지리지(地理志)에 의하면 맨 위에는 5도·양계가 위치하고, 그 밑에 경·도호부·목이 두어졌으며, 다시 그 아래에 군·현을 설치하여 일원적인 체계를 이루고 있었던 듯이 기술되어 있다.

하지만 사실은 이와 상당한 거리가 있는 것이었다. 남방의 5도는 다른 조직과 달리 훨씬 후대인 예종(1106~1122) 또는 인종조(1123~1146)에 이르러서야 윤곽이 드러났을 뿐더러 도(道)의 성격도 막연한 지방 순안구획(巡按區劃)으로서의 의미가 강하였기 때문이다. 따라서 그 책임자인 안찰사 역시 지방행정조직의 장관으로 보는 데에는 여러 가지 난점을 지닌 존재였다. 그는 전임관이 아니라 경직(京職)을 가진 채로, 사명(使命)의 임무를 띠고 지방에 파견되어 도내를 둘러보면서 수령의 현부(賢否)를 살피거나 백성들의 어려움을 알아보는 등의 일을 주업무로 하고 있었던 것이다. 그렇다면 혹 경·도호부·목이 그 대신에 중앙과 군현을 잇는 중간 행정기구로 기능하지 않았을까 하는 짐작을 할 수 있지만, 그들도 또한 과거에 응시할 향공(鄕貢)을 선상(選上)한다던가 외옥수(外獄囚)를 추검(推檢)하는 일 등 한정된 부분에 대해서만 중간적 역할을 담당하는데 지나지 않았다.

당시의 실정이 이러했던 만큼 일반적인 행정사무는 중앙과 지방의 주군(主郡·領郡)·주현(主縣·領縣) 사이에 직첩(直牒)되는 관계를 이루고 있었다. 고려시대에는 중요한 군현에만 외관을 파견하고 이들을 영군·영현이라 불렀는데, 중앙정부는 바로 이 지방관이 파견된 군현과 직접 연결되어 있었으며, 외관이 없는 속군·속현은 영군·영현을 통한 간접 지배를 하고 있었던 것이다. 이처럼 고려의 군현제도는 그것이 외관을 기준으로 편제되고 있다는 사실이 한 특질을 이룬다. 그러므로 고려에서는 그 군현의 크기가 문제된 것이 아니라 지방관이 파견되는 영군·영현이 되느냐 그렇지 못한 속군·속현이 되느냐 하는 점에 있었다.

이와 같은 지방 군현간의 주속관계(主屬關係)는 종전에 호족들이 지배하던 그들의 세력권과 관계가 깊은 듯하다. 말하자면 대호족과 그의 지배를 받던 소호족간의 상하 주속관계가 군현제도의 편성 때에 군현 상호간의 주속관계로 전환된 것으로 보이는 것이다. 그러므로 주군·주현과 속군·속현의 관계도 단순한 행정적인 의미만이 아니라 지방호족의 신분서열과 관련이 있는 것이었다. 고려의 군현제 편성은 이와 같이 누층적인 신분적 구조 위에 편성되어 있었다는 점이 또 하나의 특질을 이룬다.

양계는 변경지방인 까닭에 남방의 5도와도 그 내용을 약간 달리하고 있었다. 국경지대라는 특수성에 비추어 5도 안찰사제가 성립되기에 앞서 일찍부터 양계에는 그 책임자로 병마사가 설치되었으며, 잘 정비된 지배체계 위에 외관도 거의 모든 지역에 배치되어 있었다.

고려 때의 지방행정조직에 있어 한가지 더 주목되는 사항은 군현 아래에 향(鄕)·부곡(部曲)·소(所) 등의 특수한 편제를 따로이 두고 있었다는 사실이다. 이 가운데 향·부곡은 농경에, 소는 금·은·동·철·종이·자기·차(茶) 등 주로 공납품을 만드는 일에 종사하는 사람들의 주거지였는데, 그들은 군현민에 비해 차별 대우를 받는 특수신분층이었다. 이렇게 군현민과 구별되는 사람들의 집단거주지가 별도의 행정조직으로 편성되어 있었다는 데서 고려시대 군현제도가 지니는 성격의 일단을 아울러 엿볼 수 있는 것이다.

【박용운】

## 2. 전시과 체제와 농장

### 1) 전시과제도

전시과(田柴科)는 고려시대 토지제도로서 작물이 경작되는 토지—전지(田地)—와 땔나무를 수취할 땅—시지(柴地)—을 함께 준 데서 비롯된 명칭이다. 고려시대에는 국가의 수취대상이 되는 토지 가운데 일부를 양반·군인 등과 같은 직역의 담당자나 지방 관아 등 공적인 일을 수행하는 여러 기관에 분급하였고, 해당 개인이나 관청으로 하여금 그 토지의 조(租)를 거두어 경제적 보수 또는 운영 경비로 삼게 하였다. 개인이나 기관에 토지를 분급하는 것은 재정 지출의 변형된 방식이었기 때문에 성격상 재정제도의 일부에 불과하였지만 직역과 토지가 함께 연관되어 정치·경제·사회제도 등에 영향을 주면서 국가 운영의 핵심적인 체계를 이루었으므로 오히려 재정제도보다 더 중요하게 다루어지고 있다.

직역의 담당자에 대한 토지 분급의 시원적인 형태는 태조 23년(940)에 지급한 역분전이었는데, 고려의 건국과 후삼국의 통일전쟁에 참여한 조신(朝臣)·군사들에게 관계(官階)는 논하지 않고 성행의 선악과 공로의 대소를 보아 토지를 차등있게 지급하였다. 여기서 성행의 선악은 신왕조에 대한 충성도를 뜻하며 이런 점에서 논공행상적 의미가 강한 토지 분급이었다. 이어 경종 1년(976)의 시정전시과는 지급의 대상을 공복(公服)의 색에 따라 넷으로 나눈 뒤 다시 문반·무반·잡업으로 구분하고 해당 계층별로 몇 단계로 차등을 두었으며 "(지급 기준을) 관품의 높고 낮음은 논하지 않고 인품(人品)에 두었다"고 하여 역분전과 닮은 점이 보이기도 한다.

성종대 이후 관제가 정비됨에 따라 전시과의 개편 필요성이 제기되자 목종 1년(998)에 관직을 중심으로 하는 개정전시과가 등장하였고, 덕종 3년(1034)에 부분적인 개정이 이루어졌으며 문종 30년(1076)에는 그간의 관제 변화와 전시과 운영상의 문제점을 반영하여 전면적으로 개편하였다. 이 제도를 경정전시과라 하며 전시수급자를 18과로 나누어 '제 1 과 전 100결, 시 50결, 중서령·상서령·문하시중'으로부터 '제 18 과 전 17결, 한인·잡류(雜類)'에 이르기까지 각 과등별로 지급액을 적고 해당 관직을 작은 글씨로 기록하였다. 특징으로는 '철저한 실직주의, 무반에 대한 지급액 증가, 규정에 없는 대상을 포괄적으로 포함하는 한외과(限外科)의 소멸, 지급액의 전반적인 감소' 등을 들 수 있으며, 이전의 제도에 비해 매우 정비된 체제였다.

전시과의 분급 대상은 관인·군인·서리·한인·잡류 등 직역의 담당자였고, 이들은 직역을 수행한 대가로서 분급된 토지에 대한 조의 수취권 즉 수조권을 받았다. 이 권리는 본인이 죽고 나면 원칙적으로 국가에 반환해야만 했으나 군인·서리 등은 자손이 직역을 세습함에 따라 해당 토지[田丁]가 함께 승계[連立]되었기 때문에 영업전(永業田)의 성격이 강했다. 반면에 가장 중요하면서도 큰 부분을 차지하는 관인에게 분급된 양반과전(兩班科田)은 아버지·할아버지의 관직과 아들·손자의 관직이 일치하기 어려워 연립될 수 없었으므로 세대간에 관직이 같지 않아 발생하는 토지 분급액의 차이를 조정하여 지급해야만 하였다.

본질적으로 전시과에 의해 지급된 토지는 직역이 계승되지 못하면 국가에 수조권을 반납하는 납공토지(納公土地)였으나 직역에 대한 혈족간의 계승을 인정하는 운영 방식으로 인하여 여러 세대에 걸쳐 특정 혈족들 사이에서 직역과 더불어 토지가 계승되면 자연히 납공토지라는 의식은 약해져갈 수 밖에 없었다. 이러한 모순은 뒤에 전시과 체제를 붕괴시키는 한 요인으로 작용하였다.

이상에서 언급한 일반 전시과 이외에 고급관료에게는 5등급으로 나누어 공음전시를 지급하였는데, 이것은 전시과와 별도로 지급되고 자손간의 상속이 인정되는 등 일반 전시과와 성격이나 운영이 전혀 달랐다. 그리고 공해전시법은 관청에 토지를 주어 자체적으로 토지의 수입으로써 운영 경비를 조달케 하는 제도였다. 한편 노병·공장(工匠)·악인(樂人)으로 무산계(武散階)라는 위계를 받은 사람들에 대한 토지 분급을 규정한 무산계 전시와 승인(僧人)·지리사(地理師)를 대상으로 한 별사과(別賜科) 등도 있었으며, 이들을 별정전시과라고 하였다.

## 2) 공전과 사전

전시과 체제하의 토지는 수조권이 누구에게 있는지에 따라 공전과 사전으로 구분되었다. 즉, 수조권이 국가나 공공기관에 귀속된 토지는 공전, 일반 개인이나 사적 기관에 귀속된 토지는 사전으로 분류되었다. 한편 소유권의 측면에서 국유지나 관유지는 공전이었던 데 비해 사유지는 사전이란 견해도 있지만 적어도 국가적인 차원에서 토지를 파악할 때 공사의 구분은 수조권에 기준을 두었다. 이 원칙에 입각하여 공전·사전을 구분하고 그 지목을 파악하는데는 『고려사』 식화지 상평의창조의 '무릇 여러 주현의 의창법은 모든 전정의 수에 의거하여 거두되 1과공전은 조 3두, 2과(공전) 및 궁원전·사원전·양반전은 조 2두, 3과(공전) 및 군인호정·기인호정은 조 1두씩을 내도록 이미 마련된 규정이 있었다'라는 판문이 참고된다.

이 규정에 의하면 공전의 경우 왕실이 소유하고 경영하던 내장전(內莊田)은 1과공전이 되었다. 2과공전의 대표적인 지목은 중앙과 지방 관청에서 소요되는 경비를 마련하기 위해 설정된 공해전이었다. 학전(學田)·적

전(籍田)·둔전(屯田) 등은 공공의 목적을 위해 토지가 지급되었다는 점에서 공해전과 같지만 교육의 진흥, 농업의 권장, 외적의 방어라는 특수한 목적에서 설치되었기 때문에 공해전과 구분되었으며 역시 2과공전에 속하였다. 백정농민층이 소유하던 민전은 조세가 국가에 귀속한다는 점에서 공전으로 파악되었으며, 비교적 규모가 작고 영세하여 가장 적은 부담을 지는 3과공전이 되었다.

반면에 관인들에게 수조권을 지급한 양반전, 왕비와 왕족·왕녀 등이 수조권을 행사하는 궁원전, 사원에 수조권이 귀속된 사원전 등은 2과공전에 대비되는 사전이었다. 경군 소속의 군인이 담당하는 군역에 대한 대가로 분급한 군인호정—군인전—, 향역의 담당자인 향리가 수혜자인 기인호정—향리전— 등은 3과에 해당되는 사전이었다. 아울러 5품 이상 고급관료에게 지급하여 특별히 세습을 허용한 공음전시와, 자손이 없는 하급관료 및 전장에서 사망한 군인의 처에게 주어 생계를 마련케 한 구분전, 한인들에게 분급한 한인전도 수조권 측면에서 사전에 해당되는 토지이다.

그러나 수조권만으로 공사전을 구분하는데는 적지 않은 논란이 있다. 민전의 경우 공전으로 파악한다고 했지만 그것은 곧 백성들의 소유지이기도 했으므로 논자에 따라서는 사전도 될 수 있다고 주장하기도 한다. 이와 같이 공·사전의 구분은 수조권이나 소유권 어느 한 기준만을 가지고 분명하게 이해할 수 없는 일면도 있으므로 검토의 여지는 있겠지만, 상평의창조 규정에 따라 공사전을 이해한다면 민전은 사전이 될 수 없다.

고려 때의 공전·사전 문제는 수조율과도 깊이 얽혀 있었다. 고려시대의 조세 수취율은 1/2, 1/4, 1/10의 세 종류가 있어 지목에 따라 차율수조가 이루어졌으며, 공사전 모두 1/10 단일 세율이었던 조선과 비교되는 점이다. 종래에는 고려의 공전이 1/4조, 사전은 1/2조를 납부하는 토지였으며, 이 때 25%의 공전조는 토지 소유주가 국가에 납부하는 지세인 반면 50%의 사전조는 토지의 경작자가 그 소유주에게 바치는 지대의 개념에 해당하는 것이었다고 설명해왔다. 이에 대해서 민전조만은 1/10이었다는 주장이 근자에 대두되면서 1/10의 민전조가 지세이고, 1/4의 공전조는 국유지를 소작주었을 때에 수취하는 지대였다고 한다. 하지만 사유지를 전호에게 경작했을 때는 여전히 지대로써 1/2조를 수취했다고 이해한다. 같은 공전이나 사전 내에서도 지목에 따라 수조율이 달라질 수 있으므로 이 문제 역시 앞으로 좀더 검토해야 할 과제라 생각된다.

공사전 문제와 관련하여 주목되는 것이 왕토사상(王土思想)이다. 『시경』의 '넓은 하늘 아래 왕토 아닌 것이 없다'는 데서 유래한 이 사상은 한때 동양사회 특유의 토지국유제론을 설명하는 이념적 근거로 제시되었다. 그러나 이것은 경주에 있는 「숭복사비명」에 신라 원성왕의 능역을 조성하는 과정에서 '그곳이 비록 왕토라고는 하나 실상은 공전—국유지—이 아니었기 때문에 많은 값을 치르고 구입했다'는 기사가 있으며, 처분이 자유로운 민전의 존재를 생각할 때 실증적으로 맞지 않는 주장이다.

그럼에도 불구하고 전근대 사회에서 왕토사상이 국가의 토지 지배 이념으로 작용한 것은 토지를 매개로 하여 국가의 재정을 확보하려는 수취체계와 깊은 관련이 있다. 토지의 실제적 소유자들로부터 조세를 거두기 위해서는 마치 '모든 토지는 왕의 것이며 백성들은 그것을 분급받았으므로 경작하여 수확한 뒤에는 기꺼이 조세를 내야할 의무가 있다'는 식의 이념이 필요했고, 이러한 관념은 직역의 수행자에 대한 토지분급에도 적용되었다. 본래 전시과에서 토지를 분급한다는 것은 국가가 행사해야할 조세 수취권을 특정한 개인—양반·군인·서리·향리 등—에게 양여하는 것일 뿐이다. 이 과정에서 공전이 사전으로 전화하며, 더 이상 직역을 수행할 수 없을 때는 사전이 다시 공전으로 바뀐다. 결국 왕토사상은 백성이 소유한 땅에 대한 조세 수취와 직역수행자에 대한 토지 분급을 위한 형식적인 이념에 불과하며 토지소유관계의 실제를 뜻했던 것은 아니었다.

### 3) 농장의 발달

농장은 사적인 대토지지배의 특수한 형태로서 지배의 거점인 장사(莊

舍)를 중심으로 하여 그 주변의 넓은 토지를 집적해 이루어진 일종의 장원을 말한다. 이러한 농장은 1170년의 무신란을 계기로 크게 증가하기 시작하다가 몽고간섭기에 더욱 보편화되어 전국적인 규모로 팽창하였다. 농장의 소유 및 운영의 주체는 유력한 관인들 뿐 아니라 왕실과 권력기관 및 내료·부원배들이었으며 지방의 토호나 사원도 농장의 확대에 참여하였다.

농장에는 그것을 관리·경영하는 거점으로 장사가 있었고, 그곳에는 장주(莊主) 또는 장두(莊頭)라 불리는 농장주의 대리인이 파견되어 농장 내의 농민을 지배·감독하는 일을 맡았다. 이처럼 고려후기의 농장은 관리인을 매개로 한 것이기는 하지만 농장주와 경작농민 사이에 사적인 지배·예속관계가 이루어지고 있었다는 데에 큰 특징이 있었다. 농장주의 지주적 성격을 알려준다.

농장의 형성에 널리 이용된 방법 가운데 하나는 개간이었다. 개간은 말 그대로 경작되지 않던 토지를 경작 가능하게 바꾸는 일인데, 대규모 토지의 개간에는 장기간에 걸쳐 많은 노동력이 요구되므로 주로 권문·세족이나 지방 토호 등 우세한 경제력을 가진 자들이 시행하였다. 한편 국가의 입장에서는 새로이 개간된 토지가 토지대장에 등재되고 정상적으로 조세를 납부한다면 국가 재정에도 도움이 되기 때문에 개간의 주체가 누구이든 간여할 필요가 없었으며 오히려 장려하는 입장이었다. 이 밖에 고리대[長利]를 이용하여 빚을 갚을 수 없게 된 자의 토지를 소유하거나, 민전을 사들이는 것들은 합법적인 것이어서 국가로서도 그것을 막기 어려웠다. 이런 유형의 농장주는 권력을 이용하지 않고 오직 토지 소유주로서 전호 노동력을 이용하여 농장을 경영하므로 순수지주로서의 성격을 가지며 권력과 무관하게 지속될 수 있었다.

문제는 불법적인 행위에 의한 농장의 증가에 있었다. 힘있는 자들이 백성들의 소유지를 강제로 빼앗아 자기의 것으로 바꾸고 그 토지의 소유자들을 전호로 삼아 경작하게 한 뒤 1/2의 지대를 받으며 농장을 경영하는 것은 그 한 예이다. 사패(賜牌)를 얻어 탈취하는 것 역시 또다른 방법이었다. 사패는 본래 국가에 공을 세운 자들에게 토지를 하사하고 거기에 대한 지배권을 보증하거나, 주인이 없는 토지에 대한 개발을 인정하여 국왕이 내려준 공문권(公文券)인데, 권세가들은 이 제도를 악용하여 버젓이 토지대장에 주인이 등재된 토지를 경작하지 않는 한전(閑田)이나 황무지라고 속이고 사패를 받아 점유하였던 것이다. 한전 또는 황무지를 사패지로 받았다면 개간하여야 합법적이 되는데 그 과정에서 소요되는 비용과 시간을 줄이기 위해 권세를 이용하여 경작되는 남의 토지를 탈취하고 소유한다는데—탈점(奪占)— 불법적인 요소가 있었다. 이와 같이 형성된 권력형 농장은 농장주가 권력을 상실하게 되면 농장도 국가에 몰수되는 경우가 많았으므로 지주의 지위는 매우 불안정하고 한계가 많았다.

합법적이든 불법적이든 농장의 확대는 국가 재정의 고갈을 야기하였다. 농장의 토지와 그곳에 속한 농민은 조·용·조 삼세를 바쳐야할 대상이었으나 권세가들이 이를 지키지 않았으므로 사실상 '불수불입의 특권'을 가진 토지로 변해갔다. 그 결과 민전의 비율이 작아지면서 조세수입이 감소할 수밖에 없었고, 양인 농민들의 농장 편입이 늘면서 요역과 공납 역시 줄어들었다. 게다가 토지를 빼앗는 대상이 민전뿐만 아니라 군인전·향리전 등이 포함되면서 직역과 토지 분급을 통일적으로 운영하던 전시과 체제는 붕괴할 수 밖에 없었다. 민전의 감소는 분급 대상 토지가 줄어드는 것을 의미하며, 군인전·향리전의 탈점으로 인해 군인이나 향리가 토지분급의 혜택을 상실한 채 복역하게 되었다.

고려후기 농장의 발달과 지주제적 토지경영의 광범위한 전개는 토지소유관계의 성장·발전을 의미한다. 권력자들이 토지에 관심을 많이 기울였다는 것은 토지의 경제적인 가치가 한층 높아졌다는 것을 뜻하며, 그 배경에는 토지생산성의 증대가 있었다. 그러나 농장의 확대는 사회경제적·정치적 혼란을 야기하였고 토지 제도의 개혁을 요구하였다. 광대한 농장을 소유한 권문·세족과 농장이 없거나 그 기반이 약한 신진사류 사이에 날카로운 대립이 일어났으며, 토지 제도의 문란을 바로잡기 위한 개혁이 여러 차례 시도되었으나 권력을 갖고 있던 농장주들의 기득권을 빼앗아야 완수될 수 있는 일이었기 때문에 실패가 반복되었다. 결국 1388년 위화도 회군 이후 신진사류 세력들이 권력을 장악한 뒤에야 비로소 권문·세족의 농장·사전을 혁파하고 새로운 토지분급제도인 과전법을 제정할 수 있었다.

### 4) 상공업

고려시대의 경제는 농업을 기반으로 하여 자급자족을 추구하였으므로 상대적으로 활발한 물품 교환이 이루어지기 어려웠지만, 그런 상황 속에서도 개경과 같이 농업에 종사하지 않는 사람들이 모여사는 곳에서의 도시상업, 수공업 제품 및 잉여농산물을 교환하기 위한 농촌 지역의 지방상업, 귀족들의 사치품 수요를 충족시키기 위한 해외교역 등이 발전하였다.

먼저 도시 상업을 살펴보면 개경에는 이미 태조 2년(919)에 시전이 설치되었다는 기록이 있으며, 그후 인종 때(1123~1146) 송나라 사신 서긍의 저술인 『고려도경』에는 '개경의 시전들이 광화문(廣化門) 거리에 있었는데 각 점포의 문루에 영통(永通)·광덕(廣德)·흥선(興善) 등의 가게 이름을 적은 간판이 있었다'고 하므로 오랜 기간에 걸쳐 제법 규모가 있는 상행위를 하였다고 생각된다.

개경의 시전은 점포를 가진 상설 상점이었으며, 주로 관청에서 필요한 물품을 조달하고 국고의 잉여품을 처분하는 일을 하였다. 이밖에 순수한 민간 상업으로서 일정한 장소에 시장이 서서 도시민들에게 필요한 여러 가지 물품이 매매되었다. 그리고 서경[평양]이나 동경[경주] 등 지방 도시의 시장에도 상업 활동이 있었으나 개경에 비하면 그리 활발한 편은 아니었다.

개경 등 큰 도시에서와 달리 농촌지방의 상업은 비상설적인 장시가 중심이었다. 즉, 일정 기간을 반복하면서 교통의 요지에 장시가 서고 하루 왕복거리에 있는 주변 농민들이 모여 쌀과 베로써 화폐를 삼아 물품을 교환하는 형태의 상업이 행하여졌던 것이다. 지방 상업에서는 장시 사이를 순회하면서 장사를 하는 행상의 역할이 중요했지만, 장시가 며칠에 한 번씩 열렸으며 전국적으로 그 수가 얼마나 되었는지 등에 대해서는 알 수가 없다.

▲고려시대 동전

고려에서는 농업이 주요 산업이었던 데다가 현물로 조세를 징수하고 국가 재정도 주로 현물에 의거하는 자연경제적인 요소가 강한 사회였던 만큼 상업은 그렇게 발달하지 못하였으며, 여러 차례의 화폐 유통 시도의 실패는 그러한 사회적 조건과 관련되었다.

하지만 외국과의 무역은 비교적 번성한 편이었다. 주요한 상대국은 송나라로서 최전성기였던 11세기 후반의 교역 물품을 보면 주로 인삼·자기·먹·종이 등이 수출되고 책·약재·향료·물감 등이 수입되었다. 물품 교역의 중심 항구는 개경과 가까운 예성강의 벽란도로서 이곳에는 송나라 상인은 물론 멀리 대식국—아라비아—의 상인까지 찾아왔다. 때문에 고려라는 이름이 아라비아지역에 알려졌으며 나중에 다시 유럽에까지 전해져 'KOREA'가 한반도에 있는 국가의 명칭으로 사용되는 계기가 되었다.

수공업에 의한 생산활동은 크게 관청수공업과 민간수공업으로 나누어진다. 정부의 용도와 수요에 따른 생산을 하는 관청수공업은 각 관청마다 수공업 기술자인 공장(工匠)이 전속되었는데, 예를 들면 정부의 건축 및 토목공사를 담당하는 기관인 선공시(繕工寺)에는 석공·목공·토공(土工) 등이, 무기를 제조하는 기관인 군기감(軍器監)에는 피갑장(皮甲匠)·모장(牟匠)·장도장(長刀匠)·각궁장(角弓匠) 등이 있었다. 공장들은 자신들이 소속된 관청에서 300일 이상의 일을 하면 별사(別賜)라 하여 쌀 또는 벼를 대가로 받았고, 무기 제조 등 중요한 생산분야에 종사하고 기술이 뛰어나며 오랫동안 근무한 자들에게는 무산계(武散階)라는 위계(位階)가 주어지고 그에 따른 토지까지 지급했다.

관청에 소속되지 않은 공장들은 그들에 대한 호적이라 할 수 있는 공장안(工匠案)에 기록되었으며, 국가가 정한 일정한 기간동안 공역(公役)에 징발되었다. 이들이 수행했던 국가에 대한 역(役)의 성격이 어떠하였는지 잘 알 수는 없지만, 역을 마치면 자유로이 대가를 받고 다른 사람을 위해 일을 하여 주거나 물품을 생산 판매하여 생계를 꾸려 갔으리라 짐작된다. 이러한 공장들의 신분은 양인에 속하였지만 하는 일은 천하게 여겨져서 법제적으로나 사회적으로 차별적인 대우를 받았다.

농민들에 의한 가내수공업도 고려시대 수공업에서 매우 큰 비중을 차지하였다. 가내수공업은 일상적으로 농업에 종사하는 농민들이 여가에 스스로 옷을 지어 입는다거나 관청에 납부하기 위한 옷감을 생산하는 식이었으므로 농업에 비해 부차적인 것이었다. 그에 비해 소(所)나 사원의 수공업이 오히려 전업적이었다. 소는 실을 만드는 사소(絲所), 종이를 만드는 지소, 기와를 만드는 와소 등과 같이 특정 물품을 생산하는 특수 행정집단이었고, 사원에서도 우수한 직물과 유리와(琉璃瓦) 등을 생산하였다. 특히 사원의 수공업품은 자가수요에 충당되기도 했지만 판매 목적으로 생산된 것도 적지 않아 상업의 발달에 중요한 구실을 하였다.

## 3. 사회신분과 가족

### 1) 신분구조

사회는 다양한 집단으로 구성되었으며 시대별로 그 구성 내용이나 비율이 같지 않았다. 이와 같이 역사적 발전과 더불어 사회 집단의 구성에 차이가 있었으므로 일정한 원칙과 기준을 두어 그것을 구분하고 각 시대별로 나타나는 특징을 통해 역사적 성격을 이해하기도 한다. 그런데 사회집단의 구분은 역사를 파악하는 방식에 따라 원칙과 기준이 달라질 수 있고, 소집단의 내용도 바뀌었다.

그 하나는 사회경제사적인 입장으로, 생산수단을 소유하고 타인의 잉여노동을 착취하는 집단과 생산수단을 소유하지 못하고 그 소유자에게 잉여노동을 제공하는 집단으로 나누어 각각 지배계급과 피지배계급이라고 한다. 이 구분은 소유라는 경제적 측면과 수탈 관계라는 사회적인 요소를 중요시하는 것으로 고려시대에는 양반·향리 등이 지배계급이 되고 백정농민·노비 등이 피지배계급에 해당되었다.

이에 반해 법제적인 측면을 강조하는 신분은 혈통에 따라서 세습되는 사회적 권리·특권과 의무·제약에 의하여 규정되었다. 어떤 신분은 상대적으로 많은 권리와 특권을 누렸던 반면에 어떤 신분은 보다 많은 의무를 지고 제약을 받았으며, 권리와 의무는 각 신분 계층이 가지는 사회적 기능과 연결되었다. 고려에서는 그들이 담당하는 역(役)에 따라 관인, 향리, 서리, 군인, 한인, 백정, 노비 등이 있었다.

그런데 최근에는 이러한 복잡한 신분을 양인과 천인의 두가지로 대별하자는 주장이 제시되었다. 양인은 관직에 취임할 수 있고 국가에 각종 부세와 역을 부담하는 자유민으로 양반·향리·백정 등이 포함되었으며, 천인은 국가나 개인에 예속된 부자유민으로 관직에 취임할 수 없었다. 벼슬하는 것이 허용되었는지의 여부를 가장 중요한 구분의 기준으로 삼는 이 방식은 사회의 여러 계층이 오직 두 집단으로 명료하게 나누어지는 장점이 있었다.

하지만 양천의 구분은 어느 시기 어느 나라에나 적용될 수 있으므로 사회계층론으로서 별로 의미가 없으며, 양반 귀족과 백정농민은 사서(士庶)로써 구분되는 상호 대칭적인 신분층으로 이들간의 상하 귀천의 질서는 양천의 그것에 못지 않게 중요하였다. 법적으로 관인과 백정농민이 같은 양인 신분이라 해도 그들의 지위는 너무 현격한 차이가 있었으므로 동일한 특권을 누리는 집단으로 이해하기 어렵다.

이 점을 역체제와 관련시켜 볼 때, 양반·귀족들이 가진 벼슬할 수 있는 권리인 사환권(仕宦權)이 하나의 지표가 될 수 있는데, 그 가장 보편적인 방도의 하나인 과거에 응시할 권한이 있었는지의 여부가 논의의 대상이다. 백정농민은 가장 중시되었던 제술과의 응시 기회가 없었으나, 명경과나 잡과의 응시는 허용되었으며 군인직을 통한 무반으로의 진출은 가능했다. 반면 서리나 향리 등은 과거 응시가 가능했다. 게다가 상인·공장·부곡인·역인 등 하층양인들은 벼슬하는 것이 사실상 봉쇄되어 특권은 없고 의무만 있는 노비와 유사한 성격이었다.

이처럼 양인 신분 가운데에는 위로는 관인에서 아래로는 하층양인에 이르기까지 많은 사회집단이 있었고 그들 사이에는 사회·경제적 특권과 의무의 차이가 너무 많아 공통적인 특질로서 분류하는 신분제의 특성상 하나의 신분으로 보기 어렵다. 이 점이 양천제론의 한계이다. 물론 사회경제사적으로 지배계급과 피지배계급으로 구분하는 것 역시 사회집단을 명확하게 가르지 못하는 것은 마찬가지이다.

결국 합리적인 대안이 제시되기 전까지 신분을 둘로 나누지 않고, 각 집단의 특권과 의무, 사회경제적 혜택 등을 종합적으로 고려하여 비슷한 집단끼리 세분하여 개별적으로 이해하는 것이 각 신분의 특성을 파악하는데 더 나을 것 같다.

### (1) 관인

관인은 관직에 종사하는 자들로서 직능에 따라 일반 행정 업무를 담당하는 문반과 왕을 호위하고 개경을 방어하는 부대의 지휘관을 맡는 무반으로 구분되었다. 이들은 국가를 운영하고 유지하는 가장 중요한 업무를 수행하였으므로 그 지위에 걸맞는 여러 가지 특권이 부여되었다. 전시만을 받는 군인·서리 등과 달리 녹봉이 추가되었고, 의전상 관복을 입었으며 관인을 시종하는 구사(丘史)를 지급받았다. 또한 범죄를 저질렀을 때 뇌물죄가 아니라면 동일한 사안에 대해 관인이 아닌 사람에 비해 상대적으로 가벼운 처벌을 받았다.

이런 점에서 관인층은 공통의 특권을 누렸지만 직능이나 품계별로 세부적인 차이가 있었다. 먼저 문반과 무반의 경우 양반이라 하여 형식적으로는 대등한 것 같으나 무반은 실제로는 3품까지밖에 승진할 수 없었다. 문반이 재추직을 독점하였던 것이다. 다음으로 품계별로 구별하면 2품 이상의 재추는 국정의 최고 책임자였고, 3품 이상은 벼슬을 그만두어도 반액의 녹봉이 지급되는 치사(致仕)의 혜택이 있었으며, 5품 이상은 자손에게 음서의 기회가 있었고 6품 이상의 참상은 조회에 참여하여 국정을 의논할 수 있었다. 이 가운데 5품 이상은 음서를 이용하여 자손들에게 관인의 지위를 계승시킬 수 있었으므로 관제상 특별한 의미를 지니는 계선(界線)이었다.

### (2) 중간층

서리는 중앙의 각 관청에서 행정의 말단 실무에 종사한 자들로서 문필을 담당하는 주사・녹사 등의 입사직과 주로 노역을 맡는 문복(門僕)・전리(電吏) 등 비입사직으로 나뉘었는데, 전자는 일정기간의 직무를 마치면 품관으로 나아갈 수 있었던 데 비해 후자는 입사직까지로 제한되었다.

향리는 외관을 보좌하며 지방 행정 사무를 담당한 자들로서, 관사에서 직접 업무를 보면서 조세와 요역의 징수 및 간단한 소송의 처리를 담당하였으며, 특히 외관이 파견되지 않는 속군・속현 등의 고을에서는 그들의 역할이 상대적으로 컸다.

그리고 궁궐과 개경을 수비하는 전문적인 군인들은 양반의 바로 아래에 위치한 계층으로서 직역에 종사하는 대가로 전시를 받았다. 서리・향리・군인들의 직역은 원칙적으로 세습해야만 했으나 그 일부는 과거의 급제나 전투에서 공을 세우는 것 등 합법적으로 상위 계층으로 진출할 수 있었다. 때문에 신분적 속성상 양반과 일반 양인의 사이에 있다하여 중간층으로 분류하는 것이다.

### (3) 일반 양인

백정은 인구의 대부분을 차지하던 농민층을 일컫는 용어로써 일정한 직역의 의무가 없었기 때문에 토지 분급의 대상이 되지 못했다. 이들은 조상 대대로 물려오는 소규모 토지를 직접 경영하거나 그것이 부족할 경우 다른 사람의 토지를 빌어 경작하는 소농민이었으며, 조세·공부·역역 등 국가 재정의 중요한 세원이 되었다. 백정에게는 명경과와 잡과의 급제를 통해 벼슬할 기회가 있었으나 현실적으로 매우 어려웠으리라 여겨진다. 대신에 부족한 군역의 종사자를 뽑는 일인 선군(選軍)의 주요 대상이 되었으므로 이 과정을 거쳐 신분을 상승시키는 것은 제도적으로 가능하였다.

수공업자와 상인은 신분적으로 양인이었으며 경제적으로도 백정에 비해 나은 생활을 했던 것 같다. 그러나 국가에서 가장 근본적인 산업으로 생각하던 농업이 아니라 천한 일로 여겨지던 수공업과 상업에 종사했기 때문에 사회적인 천대를 받아 국학의 입학이 금지되었고 더 나아가 과거에 응시하거나 벼슬할 권리가 없었다.

향·부곡·소 및 역·진·관 등 특수 행정구역의 거주민도 백정과 다른 대우를 받았다. 부곡인·역인 등은 천하고 힘든 역(役)을 하는 것으로 인해 일반 군현 사람들과 구별되었다. 그러므로 형벌상 노와 동등하게 취급되었고, 자손의 귀속문제에 있어 천인의 대우를 받았으며 과거의 응시나 승려가 되는 것 등이 불가능하였다.

피지배 대상으로서의 양인은 국가에 대한 의무와 동시에 일정한 정도의 권리를 가진 백정과, 의무만 있고 권리는 없는 수공업자·상인·부곡인·역인 등 천사(賤事)·천역(賤役)의 계층으로 나뉘었는데, 후자의 경우 신분적 제약을 통해서 신분적 이동을 막으려는 의도에서 비롯된 것이다.

법제적으로 양인이라고 해서 권리와 의무의 측면에서 모두 균등하지 않았다. 그것은 사환권을 중심으로 양인과 천인으로 구분하는 것이 고려시대 사회 계층을 파악하는 데 적절하지 않다는 사실을 알려준다.

### (4) 천인

천인은 최하위 신분으로서 예전에는 노비뿐만 아니라 향·소·부곡인 등 집단천인을 포함하였으나 최근에는 후자를 제외하는 경향이다. 노비는 주인이 누구인지에 따라 크게 국가에 소속된 공노비와 사원·개인이 소유한 사원노비·사노비 등으로 나누거나, 거주 형태에 따라 주인과 함께 살며 집안 잡일을 맡아하던 솔거노비와 주인과 떨어져 살면서 농경에 종사하는 외거노비로 구분하기도 한다.

노비는 신분적 제약을 받아 같은 노비와 혼인해야 했으며, 양인과 혼인하는 경우에도 그 소생은 부모 어느 한 쪽만이라도 노비이면 반드시 노비가 되었다. 노비는 고려시대 토지와 더불어 가장 중요한 재산으로 인식되어 증여·상속·탈취의 대상이 되었으며 일정한 가격에 따라 매매가 되었다.

이들은 주인을 위해 일을 해야할 의무는 있지만 자신의 인격에 대한 소유 주체가 아니어서 권리는 없었다. 벼슬하는 것이 금지되었으므로 당연히 교육을 받을 기회나 과거의 응시 자격이 주어지지 않았다. 만약 원칙을 어기고 관직을 제수받는다면 관직을 박탈하거나 참상직 이상으로는 오르지 못하게 엄격히 규제하였다. 왜냐하면 노비의 사환은 신분의 법적인 구분인 양천제를 근본적으로 위협하는 일이었는데 그 이유는 사환권의 유무가 양인과 천인을 나누는 중요한 근거이기 때문이었다.

이상에서 녹봉과 전시의 지급, 사환권, 사회적 의무 등을 종합적으로 고려하여 비슷한 신분을 묶어 유형화해 보았다. 모든 신분이 세습을 원칙으로 하면서 다른 신분으로의 이동을 최대한 억제하려한 것은 직역 체제를 유지하기 위한 것이었다. 그러나 신분 상승이 완전히 봉쇄된 것은 아니었는데, 향리가 과거에 급제하여 관인이 되는 것, 백정이 군인으로 뽑히는 것 등은 그러한 예이다. 사회가 안정되면 신분의 이동은 거의 없고,

사회가 혼란해지면 신분간의 이동이 급격하게 이루어진다. 후자의 경우가 고려 후기에 해당되며 그 결과 직역체제의 붕괴를 초래했고 궁극적으로는 왕조 멸망의 한 원인이 되었다.

### 2) 가족 · 친족과 여성

전근대 사회의 여성은 남성에 비해 정치 · 경제 · 사회적으로 차별받았을 뿐 아니라 남성에 예속된 존재로 인식되었고, 현재까지 남아있는 남성중심의 가족 문화는 우리 역사의 오랜 전통으로 알고 있다. 그러나 이러한 이해는 조선후기 이후에만 해당될 뿐, 적어도 고려시대의 가족 · 친족제도와 여성의 지위는 그렇지 않았다. 지금 우리가 알고 있는 전통은 우리 민족 고유의 것이 아니라 사회가 유교화되면서 가족제도를 변질시킨 결과이지 그 이전과는 본질적으로 많은 차이가 있었다.

먼저 고려시대에는 조상과 후손을 인식하는 계보 관념에 있어 부계만을 인정하는 것이 아니라 혈연적 관계가 있는 모든 사람들을 조상 또는 후손으로 인식하였다. 그러므로 5품 이상의 자손이 혜택을 입는 일반음서에서 아들 · 손자와 같은 남계 자손과 더불어 사위 · 외손자 등의 여계 자손도 그 대상이 되었다. 또한 개국공신 등의 후손을 서용하는 공신음서에서는 공신에서 아들로만 이어지는 계통뿐만 아니라 아들과 딸이 모두 포함된 계통도 똑같이 그 혜택을 주고 있다. 공신과 어떤 방식이던지 혈연적으로 연결되는 사람은 공신의 후손으로 인정되어 음서를 받을 수 있었다는 뜻이다. 그것은 승음자의 입장에서 자신이 음서의 혜택을 받기 위해 공신에 봉해진 조상을 찾는 과정도 같아서 반드시 남자로만 이어진 계통과 더불어 여자가 포함된 계통도 조사하게 된다.

고려시대에는 부계 계승이 아니라 남녀의 혈통을 모두 인정하는 양측적 계승이 이루어졌기 때문에 조상 · 후손을 따질 때 성씨가 같은지의 여부는 중요하지 않았다. 그러므로 계보관념이 고려시대와 같았던 조선초기의 족보를 보면 아들 · 친손자 등의 부계 친족원뿐만 아니라 딸(사위)과

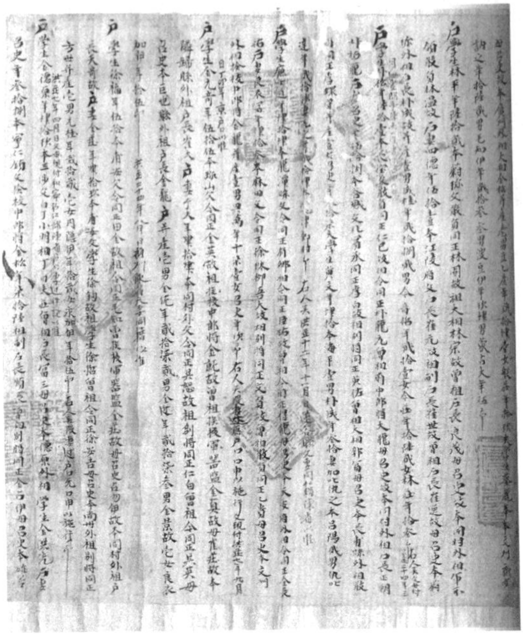

▲고려말 태조 이성계 관련 화령부 지역 호적

외손 등도 아들·친손자와 거의 같은 비중으로 기재되었다. 『문화유씨가정보』와 『안동권씨성화보』 등의 족보에는 각각의 시조인 유차달(柳車達)과 권행(權幸)의 남계후손인 유씨와 권씨 남자들만 아니라 시조와 혈연적으로 연결된 다양한 성씨의 후손이 기록되어 있다. 이와 같은 특징으로 인해 이 시기에 발행된 족보를 '만성보(萬姓譜)'라 하여 특정 성씨의 혈족만을 기재하는 조선후기의 '씨족보'와 구별하는 것이다.

혼인후 거주지역도 가족제도와 관련된 중요한 사항인데, 보편적으로 남자가 여자의 집 가까운 곳에 사는 경우가 많았다. 이와 같이 사위가 처가에서 장인·장모와 함께 사는 풍속으로 인하여 경제적으로 장인·장모에 의지하는 바가 많게 되었으며, 자식들의 입장에서 조부모보다 외조부모를 더 친근하게 생각할 수밖에 없었다. 고려의 부모들은 아들과는 함께 살지 않을지언정 딸은 집에서 내보내지 않아서 자연스럽게 부모의 봉양은 딸의 몫이 되었다.

상례와 장례도 유교식과 크게 달랐다. 불교의 영향을 받아 화장을 많이 했으며, 상례가 치러지는 곳은 절이었다. 그리고 죽은 이와의 친소 관계에 따라 상복을 참최·자최·대공·소공·시마 등 다섯 등급으로 나누어 입는 오복제도(五服制度)가 시행되었으나 중국의 제도를 그대로 수용하지 않고 외조부모의 상례 기간은 5월에서 1년으로, 처부모는 3월에서 5월로 늘리는 식으로 외가와 처가를 중요시하던 고려의 현실을 반영하였다.

고려시대의 제례는 불교식 의례인 기일재(忌日齋)의 형태로 이루어져 승려가 의식을 주관하였으며, 자녀들은 그 비용을 제공하는 것 뿐이었는데, 출생순에 따라 번갈아 부담하는 '윤회봉사(輪廻奉祀)' 또는 제사의 의무자인 자·녀·손·외손 등이 제사 대상인 부모·조부모·외조부모를 나누어 전담하는 '분할봉사(分割奉祀)' 방식을 택하였다. 오직 장자만이 제사의무를 독점하지 않고 자녀가 똑같이 제사의무를 졌던 셈이다.

계보관념에서 남자쪽과 거의 대등한 정도로 여자쪽을 인식하였고, 상장례에서도 아들과 딸의 의무가 같았으며, 부모의 봉양은 딸이 맡는 경우가 많아서 재산을 상속할 때도 자녀를 차별할 이유가 없었으므로 원칙적으로 균등하게 분배되었다. 실례로 가족제도상 고려시대의 전통이 지속되던 조선초기에 간행된『경국대전』의 노비상속 규정에서는 '부모가 살아 계실 때 나누지 않은 노비는 자녀에게 똑같이 나누어주되, 남는 수가 있으면 제사를 계승하는 자에게 우선 주고, 그 나머지는 출생순에 따라 준다'고 되어 있다. 이 시기까지만 해도 제사는 자녀 공통의 의무였으므로 상속에 있어 나이에 따른 우대가 있을 뿐 장자에 대한 그것은 없었다고 해도 과언이 아니다.

재산의 균분 상속과 상제례 및 봉양의 의무는 상호 관련이 있는 듯하다. 부모의 입장에서 여러 가지로 아들과 딸을 차별할 이유가 없어서 재산을 균등 분배했다면, 자식으로서는 부모로부터 똑같은 재산을 받은 이상 부모에 대한 의무도 차이가 있어서는 안된다고 생각하게 된다.

가족 및 친족 제도의 특징을 통해서 고려시대 여성의 지위를 상상하는 것은 어렵지 않다. 제사의무를 아들과 딸이 공유하고, 일반적으로 딸이 부모에 대한 봉양을 맡는 현실에서 아들이 없다고 해서 양자를 들일 이유가 없었다. 게다가 여성들은 부모의 재산을 상속받을 때 직접 자신의 명의로 받아 소유의 주체가 되었고 경제적으로 독립할 수 있었다. 남편과 사별후에도 당당하게 재가할 수 있는 이유 가운데 하나는 바로 이러한 여성의 경제력이었다.

혼인한 여성이 남편의 성을 따르지 않고 그대로 유지하는 것은 혼인후에 여성이 남편 또는 남편의 가문에 예속되지 않았다는 사실을 보여준다. 재가녀가 족보에 실리고, 서로 다른 남편의 소생이 병렬적으로 기재되었으며, 어머니쪽의 혈통이 더 나을 경우에는 모계를 공통조상으로 생각하고 일체감을 가졌다. 이런 상황에서 여자의 성씨는 계보를 밝히는 중요한 요소가 되므로 버려서는 안되었다. 또한 호적을 작성할 때, 남성 호주가 없을 경우에 기꺼이 여성을 호주로 삼을 수 있었다. 호주란 한 곳에 거주하는 혈족 또는 가족의 대표자를 뜻하며, 여성이 호주가 된다는 것은 여성도 한 혈족 또는 가족의 대표자가 될 수 있었음을 말해준다.

고려시대 여성은 정치·사회적 활동에 있어 남성에 비해 차별받았지만 가족 내에서의 역할과 지위만큼은 남성 못지 않았다. 그러나 그러한 지위는 조선건국 이후 사회가 유교화되고 종법이 가족제도 운영의 중심 원리가 되면서 서서히 낮아져갔다.

【이 진 한】

## 4. 무신정권과 권문·세족 및 신진사류의 사회

### 1) 무신정권의 추이와 그 성격

고려사회는 의종 24년(1170)의 무인 쿠데타를 계기로 크게 변모하였다. 과거 문신중심의 귀족정권이 무너지고 새로이 무신이 집권하게 되는 정치적 변동이 있었을 뿐만 아니라 여기에 사회경제적 변혁까지도 수반되어 그 이전의 사회와는 양상을 달리하고 있는 것이다.

이같은 무신란이 일어나게 된 원인은 우선 고려 귀족사회 내부의 모순과 그에 따른 귀족 상호간의 분쟁을 생각할 수 있다. 귀족들은 정치적 권력을 독점하고 대토지를 소유하여 특권적 지위를 누리고 있었는데, 귀족제의 진전에 따라 이를 놓고 귀족 사이에 치열한 자기항쟁을 벌이게 되었다. 이같은 귀족 내부의 권력다툼으로 귀족사회는 동요되고 이러한 내부의 동요는 결국 무신란이 발생할 수 있는 기반을 제공했던 것이다.

다음으로, 고려왕조가 취한 무반정책의 모순을 들 수 있다. 고려는 양반제도를 형성하여 문반과 무반을 동일한 체계 안에 편성하면서도 실제에 있어서는 문반이 우대를 받은 반면에 무반은 천대를 받았다. 고려에서는 문반이 최고의 정치권력을 차지하고 심지어는 군대를 지휘 통솔하는 병마권까지도 장악하여 무반은 다만 귀족정권을 보호하는 호위병의 지위에 떨어져 있었던 것이다. 대장군 정중부(鄭仲夫)가 김부식의 아들에게 촛불로 수염을 태우는 곤욕을 당한 것이라든가, 대장군 이소응이 수박(手搏)에서 이기지 못하고 달아나다 연소한 문신 한뢰에게 빰을 얻어맞은 사건 등은 무엇보다도 그같은 사정을 잘 말하여 준다. 거기에다가 일반 군인들의 불평·불만까지 겹쳐 마침내 반란이 일어나게 되는 것이다.

그것이 폭발한 것은 의종 말년으로, 그의 24년 8월, 왕이 문신들과 함께 보현원으로 놀러간 때를 틈타 무장인 정중부·이고·이의방 등이 호종한 문관 및 대소신료들에 대해 칼을 뽑음으로써 쿠데타가 시작되었다. 무인들은 「무릇 문관을 쓴 자는 비록 서리라도 죽여 씨를 남기지 말라」고 외치면서 문신에 대한 학살을 자행하였다. 이어서 왕과 태자를 내쫓고 왕의 동생인 익양공(명종)을 세우니 이를 역사상 경인(庚寅)의 난이라 부르는 것이다. 이처럼 무인들은 무력으로 정권을 탈취하는데 성공한 후 문·무의 관직을 독점하여 무신정권을 수립하였다.

그러나 무신정권의 성립기에 해당하는 명종 26년간(1171~1197)은 아직 그 기반이 그렇게 확고한 것은 못되었다. 그리하여 처음에는 쿠데타를 주동한 무장끼리 세력을 다투어 이고와 이의방이 차례로 죽음을 당하고 정중부가 정권을 잡았으나 그도 얼마후 청년장군 경대승에 의해 제거되었다. 하지만 경대승이 몇 년 되지 않아 병사하자 이번에는 천계출신으로서 무신란을 통해 입신한 이의민이 정권을 잡고 권력을 오로지 하다가 그 역시 최충헌에게 죽음을 당하는 등 정권이 여러 무장들 손으로 전전하였던 것이다.

따라서 당시에는 무인집정 어느 한 사람이 자신의 독자적인 집정부를 수립하지 못하고 중방정치(重房政治)가 실시되었다. 이는 정권이 무장세력에 의한 일종의 집단지도체제를 형성하고 있었다는 것을 의미한다. 이와 같은 상황에서 무신세력은 아직 잔존하고 있는 문신세력에 대해 심한 견제와 탄압을 가하였다.

무신정권은 명종 26년에 최충헌이 집권하면서 새로운 전기를 맞는다. 그로 인해 다져진 기반 위에서 아들 우(瑀)와 손인 항(沆)·의(竩)에 이르기까지 4대 60여 년간에 걸쳐 전형적인 무인정치시대라고 할 수 있는 최씨정권기가 개막되기 때문이다.

최충헌은 비교적 좋은 가문 출신으로 어느 정도의 능력을 갖추고, 또 당시의 영향력있는 문무고위관료들과 유대도 가지고 있었다. 그는 이러한 자기의 능력과 동조세력을 배경으로 이의민정권을 무너뜨리는 쿠데타에 성공할 수 있었던 것이다. 이리하여 일단 정권을 탈취한 최충헌은 먼저 반대파는 말할 것 없고, 그러한 혐의가 있는 자까지도 철저하게 숙청하며, 거사 이듬해에는 국왕인 명종마저 폐하고 신종을 세웠다. 이렇게 하여 1인 독재정권을 수립한 그는 왕권을 능가하는 권력을 쥐고 정사를 오로지 하였던 것이다.

최충헌이 이처럼 독재정치를 할 수 있었던 데는 도방과 같은 강력한 사병조직의 뒷받침이 큰 역할을 하였다. 사실 그는 정변을 일으킬 때까지만 하여도 사병을 별로 보유하지 못했으나 그 뒤에 급속도로 무력을 확충시켰다. 이들 가병(家兵)을 경대승 때의 도방을 본따 재조직하여 자기의 사적인 무력기반으로 삼았던 것이다. 이와 함께 최충헌은 집정부로서 새로이 교정도감(敎定都監)도 설치하였다. 그는 집권 후에 조정의 고위직을 차지하고 진강후에 봉해져 승녕부(뒤의 진강부)를 열기도 했지만, 다시 희종 5년에는 역리(驛吏)가 여러 절의 승도와 연결하여 자기를 죽이려 한 사건을 계기로 교정도감을 설치하고 그뒤부터는 이 기구를 통해 정령을 폈던 것이다.

이와 같은 기반 위에서 23년간 집권하던 최충헌이 고종 6년(1219)에 세상을 떠나자 아들 우(뒤에 이(怡)로 개명)가 그의 권력을 이었다. 그리하여 집정이 된 최우는 도방을 확대하여 내도방과 외도방으로 편성하고, 또 새로이 마별초와 성격이 좀 다르긴 하지만 삼별초를 조직하여 무력기반을 크게 확충하였다. 그리고 종래의 교정도감이 가졌던 기능을 강화함과 동시에 정방을 두어 사제(私第)에서 백관의 인사를 처리하는 기구를 공식화하였다. 최우 때에 이르러 무신정권의 지배기구가 더욱 정비되었음을 알 수 있다. 그가 집권하고 있던 시기인 고종 18년부터 몽고군의 침입이 개시되었다. 이에 최우는 국왕을 받들고 강화로 천도하여 항전을 계속하는 어려움을 겪지마는, 그의 독재권력만은 더욱 공고해져 세상을 뜨는 고종 36년(1249)까지 꼭 30년간 집권하였다.

최우 다음에는 그의 폐기(嬖妓) 소생인 최항이 제3대 집정으로 권력을 세습하여 8년간 집권하며, 다시 최항이 병사한 후에는 비출(婢出)인 그의 아들 최의가 뒤를 이었다. 그러나 최항도 그러했지만 최의 역시 천출로서 조정 신료들의 지지를 얻지 못한 데다가 실정을 거듭하던 끝에 마침내 자기의 가노 출신으로 당시 별장이던 김인준(뒤에 김준으로 개명)과 틈이 벌어져 그와 대사성 유경 등이 중심이 된 정변에 의해 최의는 집권 이듬해인 고종 45년(1258) 3월에 살해되고 말았다. 이로써 최씨정권은 막을 내리게 되었던 것이다.

이 최씨정권에 있어서 가장 주목할 특징은 무가막부(武家幕府)에 의한 무단정치가 실시되었다는 점이다. 이때 그 중심기관이 된 것은 교정도감이었으며, 정방 등도 보조적 역할을 담당하였다. 물론 당시에도 국가의 공식기구는 여전히 존재하였다. 그렇지만 실질적인 권력은 무인 집정부에서 장악하고 있었던 것이다.

그것을 뒷받침한 것이 저들이 만든 사병조직이었다. 그같은 조직으로 처음에는 도방만이 설치되었으나, 뒤이어 마별초와 그리고 삼별초가 더 추가되었다. 최씨무신정권은 그것이 무인정권답게 이러한 강력한 무력장비를 기반으로 그 위에 형성되어 있었다는 점이 또 하나의 특질을 이룬다. 이렇게 무신정권이 확립되자 최씨집정은 성립기의 경우에서와는 달리 문반을 우대·등용하고 무반을 억압하는 정책을 폈다.

결국 최씨무신정권은 이렇게 하여 그전까지의 혼란을 수습하고 정치적·사회적 안정을 이룩했던 것이며, 그 점이 주목을 받기도 하였다. 하지만 그와 같은 안정이 국가와 일반 백성들의 이익에 얼마만큼 합치되는 것이었느냐 하는 점에서는 부정적인 면이 많았다. 최씨정권의 여러 시책은 주로 자기정권을 위한 것이었기 때문이다. 따라서 이들은 백성들의 지지를 받을 수가 없었고, 그것이 대몽전에서 최씨정권이 그처럼 무력함을 드러낸 연유이기도 하였다.

최의가 죽음을 당하는 무오정변(戊午政變)으로 최씨정권은 종말을 고하고 왕정복고의 절차가 취하여졌으나, 그것은 형식적인 행사로 그치고 실권은 대사성 유경, 별장 김준, 낭장 박희실 등 정변의 주체자들에게로 돌아갔다. 한데 이들 중 유일한 문신이었던 유경은 그 몇 달 뒤에 권력의 핵에서 밀려나고 있다. 따라서 무오정변은 김준을 대표로 하여 무장세력이 중심이 된 새로운 무신정권을 낳는 결과가 되었던 것이다.

그러나 김준정권도 원종 9년(1268) 12월에 임연의 거사로 붕괴되고 만다. 이후 임연은 먼저 왕 측근의 환관들을 살해하는 한편 조신(朝臣)들을 위협하면서 원종마저 폐하고 왕의 동생 안경공 창을 세워 즉위시키고는 스스로 교정별감의 자리에 앉아 무인집정이 되었다. 하지만 그는 고려의 왕실과 가까워진 원의 압력을 받고 원종을 복위시키지 않을 수 없었다. 이리하여 복위된 원종이 몽고로 들어간 사이에 임연이 병사하고 그의 아들 임유무가 뒤를 이어 교정별감에 임명되었다. 그러나 임유무 역시 항몽정책을 고수하여 원종의 출륙(出陸)명령을 듣지 않고 항거하다가 삼별초를 이끌고 온 홍문계 등에 의하여 제거되고 말았다(원종 11년, 1270). 김준정권 때보다도 더욱 세력기반이 미약했던 임씨정권은 외부의 압력까지 겹쳐 쉽게 무너지고 만 것이다. 이로부터 실제적인 국왕의 친정이 이루어져 무신정권은 완전히 끝을 맺게 되었다.

### 2) 농민 · 천민의 봉기

무신정권시대에 나타난 주목할 사회적 현상은 농민 · 천민의 반항운동이 전국적으로 광범하게 일어났다는 것이다. 피지배층인 이들 농민과 천민은 무신란이 일어나기 훨씬 이전부터 문반귀족들의 가혹한 수취로 인하여 유민화 내지는 도적화하여 큰 사회문제가 되어 있었다. 그런데 쿠데타로 집권한 무인들은 이러한 사태를 시정하기는커녕 오히려 이전보다도 더욱 심한 수탈을 강행하여 이들을 크게 자극하였다. 여기에 무신란 이후의 사회에 만연되고 있던 하극상의 풍조나 지배 통치력의 해이 등은 이를 더욱 조장하고 있었다.

그리하여 많은 민란이 발생하는데, 특히 명종 · 신종대의 30년간에 걸쳐 전국 각처에서 폭발적으로 일어났다. 명종 2년 서북면의 창주 · 성주 · 철주 등 3주민이 수령의 탐오와 주구에 반항하여 일어난 것을 시초로 하여 동 4년부터 시작된 조위총의 난 역시 비슷한 성격의 것이었다.

서적(西賊)의 봉기와 더불어 남도에서는 명종 6년에 공주 명학소에서 망이 · 망소이가 난을 일으키면서 크게 번져가게 되었다. 이들은 한때 공주를 함락하고 관군을 패배시켜 기세를 떨쳤으나 정부의 기만책에 속아 실패하고 말았다. 그럼에도 이어서 관성(옥천)과 부성(서산)에서 농민들이 수령의 탐학에 대해 반항운동을 전개하였으며, 다시 전주와 진주민의 봉기 등 민란은 그칠 사이가 없었다.

명종 23년에 운문(청도)의 김사미와 초전(울산)의 효심이 난을 일으킴에 이르러 민란은 새로운 진전을 보였다. 봉기군은 연합하여 공동전선을 펴려는 경향을 나타내었고 또 지속적으로 항쟁을 전개하였던 것이다. 김사미와 효심은 처음에는 각자 반란을 일으켰으나 뒤에 합류하여 그 수가 몇만 명에 달하였으며, 그 뒤 신종 2년에 일어난 명주(강릉)의 농민봉기군은 동경(경주)의 군사와 합세하였고, 신종 3년에 일어난 진주의 노비반란군 역시 협주(합천) 부곡의 난군과 연합하에 공동전선을 폈다.

▲ 무신정권기 민란 봉기지

신종 원년에 개경에서 일어난 사노(私奴) 만적의 난은 신분해방을 부르짖고 정권까지 탈취하려 했다는 점에서 매우 주목되는 것이었다. 그의 이와 같은 거사 목적은 공사노비를 모아 놓고 행한 바, 「경계(庚癸) 이래로 국가의 주자(朱紫)가 많이 천예에서 일어났다. 장상(將相)이라고 따로 무슨 씨가 있겠는가. 때가 오면 누구나 할 수 있는 것이다. 우리들 노비만이 어찌 매질 밑에서 고역을 당하라는 법이 있겠는가. ……… 우리들도 최충헌과 주인들을 죽이고 천적을 불태워 삼한에 천인을 없게 하면 공경장상은 우리가 모두 될 수 있다」고 한 그의 연설에 잘 나타나 있다. 이 난은 사전에 발각되어 불발로 끝나고 말았지만 이들 노예가 자기네의 해방운동을 시도하였다는 것은 매우 중요한 역사적 의의를 가지고 있는 것이다.

30여 년에 걸친 민란은 무신정권이 안정됨에 따라 거의 진압되었다. 특히 최충헌은 이를 무자비하게 억누르며 통제력을 강화하였던 것이다. 이와 같이 하여 농민·천민들의 반항운동은 큰 불길이 꺼져 갔다. 아직 이들은 반란을 성공시킬 수 있을 만큼 성장하지 못한 상태였고 또 목표 자체에도 한계가 있었다. 이런 점에 당시의 민란이 지니는 제약성이 있는 것이다.

그러나 이들의 반항운동이 구체제를 지양하는 데 적극적인 역할을 담당하였다는 것을 간과해서는 안된다. 그리고 신분질서에도 많은 영향을 미쳤던 점 역시 큰 의의라 할 수 있다. 민중들의 저항운동이 고려 후기사회로 하여금 새로운 방향을 모색하지 않을 수 없게 하는 한 계기가 되었던 것이다.

### 3) 권문·세족과 신진사류의 대두

고려 후기사회를 이끈 정치적·사회적 지배세력은 보통 권문(權門)·세족(世族)이라고 불린 사람들이었다. 이들은 무신란의 격동을 겪고, 대원관계(對元關系)가 전개되는 가운데에 새로이 편성된 세력으로서, 그 한 갈래로는 우선 무신집권시대에 등장한 무장세력 자신들을 들 수 있다. 무신정권의 초기에는 비록 최고 책임자가 자주 바뀌지만 차차 안정기에 들어가면서 무신들은 높은 지위와 경제적 부(富)를 차지하고 사회적으로도 크게 떨치는 가문을 이루어갔던 것이다. 그같은 구체적인 실례로는 최충헌 일가(우봉최씨) 이외에 김취려로 대표되는 언양김씨 등 여러 집안을 지적할 수 있다.

이와 함께 이른바 「능문능리(能文能吏)」의 신관인군(新官人群)으로 성장하여 보수화한 세력도 그 한 갈래를 이루었다. 주로 이들은 종래 벌족에는 들지 못하던 하급관료 출신 및 향리의 자제들로 「문학에도 능하고 이무(吏務), 곧 행정실무에도 능한」 사람들이었다. 그들은 이같은 실력을 바탕으로 하여 무신정권기 이래로 과거에 합격하는 등의 과정을 밟아 출세하여 한 세력을 형성하게 되었다. 따라서 이 부류는 말하자면 신진세력인 셈인데, 그러나 그 대부분은 점차 문벌가로 성장하면서 보수화하여 권문·세족이 되었던 것이다. 민영모의 가문인 여흥(황려)민씨와 조영인·조충 등을 배출한 횡천조씨 등이 그러한 대표적 집안들이다.

이들과 더불어 고려전기의 문벌귀족 가운데에 후기에도 계속하여 지배적 지위를 유지해간 세력이 권문·세족의 또다른 한 갈래를 이루고 있었다. 실제로 무신집권기나 그 이후에 있어서도 전기의 대표적 벌족이던 경원이씨나 해주최씨·파평윤씨·정안임씨·철원최씨 등의 후예들이 조정의 중요한 지위를 맡으면서 가세를 이어갔다. 이러한 결과는 사실상 최고의 귀족가문이라고 할 수 있는 왕실의 온존 및 고려사회의 뿌리깊은 문벌관념 등에서 연유하는 바가 컸다.

여기에 고려의 조정이 강도(江都)로부터 개경으로 환도한 후 원과 긴밀한 관계를 맺게 됨에 따라 그에 편승한 신흥세력이 대두하여 권문·세족은 한 갈래가 더 보태지게 된다. 밀접한 대원관계가 고려사회에 새로운 권세가를 낳게 하여 이들이 또 하나의 큰 세력을 형성하였던 것이다. 몽고어를 익힌 역인출신으로 입신한 조인규의 평양조씨, 대원관계와 관련하여 무공을 세워 큰 세력을 이룩하는 김방경의 안동김씨 등이 그에 해당한다.

이와 같은 고려후기 지배세력으로서의 권문·세족이 일단 재편을 완료하는 것은 충렬왕대(1275～1308) 중엽경의 일이었다. 그로부터 얼마 뒤인 충선왕 즉위년(1308)에 하교(下敎)로 발표되는 「재상지종(宰相之宗)」의 지정은 바로 그들 새 지배세력의 내용을 반영한 것이었다고 할 수 있다.

권문·세족의 지배적 지위는 고위관직을 차지하는 일과 관련이 깊었다. 후기사회에 있어서 정치의 중심 기구는 앞서 설명했듯이 도평의사사

(도당)이었거니와, 그러므로 이들은 첨의부(2성의 후신)나 밀직사 등의 고위직을 독점하다시피 하고 도당의 구성원으로서 권력을 장악하였으며, 그같은 지위를 자자손손에 이르기까지 대를 이어갔다. 한데 권문·세족의 등장과정이 무장출신이거나 대원관계에서 특이한 역할을 하여 권문을 이루는 경우가 많았다는 사실에서 드러나는 바와 같이 이들은 문학적 또는 유학적 소양과는 대체적으로 거리가 멀었다. 그러한 까닭에 저들은 자기네의 지위를 이어나가기 위한 입사(入仕) 방법으로 과거보다는 음서제를 많이 이용하였다. 뿐 아니라 왕실 내지는 자기들 상호간에 중첩되는 혼인을 맺어 혈연의 범위를 한정시켜 가면서 가문의 중요성을 내세우는 경향을 보이기도 했던 이들은 본질적으로 귀족적 존재였다고 할 수 있다. 권문·세족은 고려 후기사회를 이끌어간 새 귀족이었던 셈이다.

이와는 좀 다른 측면에서 권문·세족은 대체적으로 친원적 성향을 띠고 있었다는 점 역시 그 하나의 성격으로 지적될 수 있다. 그리고 이들은 경제적인 면에서 볼 때 농장주로서 나타나고 있다. 이밖에 권문·세족은 불교와 깊은 인연을 맺고 있었다는 점도 보이고 있다. 대략 고려후기의 권문·세족은 이와 같은 성격을 지닌 존재들로써, 여말에 이르러 그 부정적인 측면이 심화되면서 이들은 많은 비판을 받았다.

한편 후기에는 사회의 일각에서 권문·세족과 전혀 성격을 달리하는 일군의 세력이 성장하고 있었다. 우리들이 흔히들 신진사류(신진사대부)라고 불러온 사람들이 바로 그들이었다. 사류(사대부)란 본래 유학적 소양을 쌓아 벼슬길에 오른 학자적 관료로써 청렴한 생활을 영위하는 부류를 일컫는 말이라 하거니와, 이러한 용어에서 벌써 양자간의 차이점은 어느 정도 드러난 셈이다.

그런데 고려후기에 있어서 그와 같은 신진사류의 중심이 된 층은 하급관료와 특히 지방 향리의 자제들이었다고 보고 있다. 이들은 본래부터 행정실무에 밝은 사람들로 문학적 교양까지 쌓아 그 실력을 바탕으로 과거를 거쳐서 중앙의 관계로 진출해 한 세력을 형성하였던 것이다. 한데 앞대목에서 문학에도 능하고 행정실무에도 능한 이른바 「능문능리」의 관인

군이 성장하여 권문·세족의 한 갈래를 이루었다고 하였거니와, 사실 이들과 신진사류는 그 뿌리나 처음의 성격에 있어서는 동일했다. 하지만 전자는 점차 보수화하여 권문·세족으로 전환되어 갔던 데 비해 후자는 그 길을 달리하여 양자는 결국 구분이 확연하여지게 되었던 것이다. 그리하여 이미 권문화한 전자가 음서제 등을 적절히 이용하여 자손들이 계속 고위직에 오름으로써 가문의 위세를 더해 간 반면에 후자는 여전히 과거 등을 통하여 새로이 진출하는 신진세력을 흡수하여 세력을 확대·성장시켜 갔다는 점에서도 차이점을 나타내었다.

경제적인 면에서 신진사류는 대체적으로 재지 중소지주의 자제들이었다고 이해되고 있다. 이들이 중앙의 무대에 진출할 수 있었던 것도 사실은 그와 같은 물질적 뒷받침에 의해 가능했겠지마는, 그러나 이들은 대략 청렴결백한 인품의 소유자로서 여러 가지 불법적인 방법까지 동원해 넓은 면적의 농장을 소유하고 있는 권문·세족과는 물론 입장을 달리하였다. 그리고 사상적인 면에서 신진사류는 새로이 도입된 성리학을 수용하였으며, 또 권문·세족의 친원적 성향에 대해서도 반대하는 입장을 취하였다.

고려후기의 권문·세족과 신진사류에 대한 이해에는 이와 같이 여러 측면을 고려에 넣어야 한다. 그러므로 이들이 「세족(世族)」이냐, 「신진(新進)」이냐 하는 문제도 양자를 구분하는 하나의 기준이 됨에는 틀림이 없지만 거기에는 상당한 제약성이 따른다는 사실도 감안해야 하는 것이다.

신진사류가 처음으로 대두하는 시기에 대해서는 무신정권시대로까지 거슬러 올라간다는 견해가 있다. 하지만 비록 시원은 이렇게 잡는다 하더라도 그후 이들은 무신정권이 끝나는 때까지만 하여도 그 존재와 역할이 분명치가 않다. 그러다가 신진사류가 확실하게 모습을 드러내는 것은 14세기가 다 된 충선왕의 개혁정치(1298)에서였으며, 이후 반세기여가 지난 공민왕대(1352~1374)에 이르러서야 비로소 권문·세족과 대항하여 나갈 수 있을 정도로 성장하게 된다. 그리하여 마침내는 이들이 권문·세족 중심의 고려왕조를 무너뜨리고 새질서를 수립하는 중심세력이 되는 것이다.

### 4) 권문 · 세족과 신진사류 세력간의 대립

고려의 조정이 강도에서 개경으로 돌아온 후 몇 년이 지나 원종의 사망으로 즉위한(1274) 충렬왕은 국가의 안정을 위해 많은 노력을 기울였음에도 불구하고 대원관계의 전개 속에서 비정규적인 길을 통해 급작스럽게 권문화한 축들을 필두로한 세력의 작폐가 벌써부터 사회 전반에 걸쳐 만연되어 가고 있었다. 몽고와의 긴 전쟁에 따른 상처가 채 아물기도 전에 여원연합군의 일본 정벌 등으로 무거운 부담을 져야 했던 당시의 백성들은 이제 저들의 불법과 수탈까지 겹쳤으므로 그 고통은 이만 저만한 것이 아니었다.

이러한 어려운 상황에서 충렬왕 24년(1298)에 부왕(父王)의 선위를 받아 왕위에 오른 충선왕은 정치 · 경제 · 사회 등 각 방면의 숙폐를 제거하기 위한 일대 개혁정치를 단행하였다. 한데 이때 왕을 도와 그것을 추진한 중심 인물들이 신진사류적 성격을 지닌 사람들이었다. 그러므로 이번의 개혁은 기존의 권문 · 세족중심 체제를 부인하고 새로이 신진사류에 의한 정치를 지향했던 운동이라 할 수 있는 것으로써 주목되는 바 있었지만, 그러나 그것은 자기네의 지배적 위치에 커다란 위협을 느끼게 된 부원적 권문 · 세족의 책동과 원의 개입으로 인해 충선왕이 재위 8개월만에 왕위에서 물러남으로써 실패로 끝나고 말았다.

그런데 이로부터 50년 가까이 지난 충목왕 3년(1347)에 개혁운동은 다시 추진되었다. 이를 위해 그 추진기구로 정치도감(整治都監)이 설치되지마는, 여기에서 실무를 담당한 다수의 정치관(整治官)이 신진사류였다는 데서 우리들은 역시 주목하게 되는 것이다. 하지만 이번에도 징계의 대상이 주로 친원파이었던 관계로 원이 개입하여 정치사업은 실패로 돌아가고 만다. 이때까지만 하여도 신진사류세력은 아직 미미한 단계에 머물러 있었으며, 따라서 개혁을 주도해 나갈 만한 위치에도 있지 못하였던 것이다.

그리하여 혼란을 거듭하던 고려의 조정은 공민왕이 즉위하여(1351) 두

차례의 혁신정치를 단행하면서 새로운 전기를 맞거니와, 그 속에서 신진사류세력도 큰 성장을 이루게 된다. 즉, 왕위에 오른 초기부터 나라의 일신에 뜻을 두고 있던 공민왕은 왕 5년(1356)에 이르러 원이 쇠약해지고 한인 반란군이 사방에서 봉기하여 대륙의 정세가 크게 흔들리는 시기에 즈음해 기철 등의 부원세력을 전격적으로 주살하고, 양계 지역에 군대를 파견하여 실지(失地)의 회복에 힘쓰는 한편 원의 압력으로 변경했던 관제의 복구와 함께 사회경제적 혁신을 꾀하는 등 일대 반원개혁정치를 전개하는 것이다. 그러나 이 운동은 추진세력이 지니는 제약성에다가 홍건적의 내침 등으로 중단하지 않을 수 없었다. 그러다가 왕 14년부터 다시 제2차의 개혁사업이 추진되지마는, 이번에 책임을 맡은 사람은 승려인 신돈이었다. 그리하여 신돈은 과연 공민왕의 기대대로 관기(官紀)의 숙정과 더불어 전민변정도감을 설치하고 재차 사회경제적 개혁을 강력하게 밀고 나갔던 것이다.

위에서 지적했듯이 이러한 개혁의 과정에서 신진사류세력은 크게 신장될 수 있었다. 이들은 공민왕의 초·중기에 과거를 거쳐 출사(出仕)한 이색 및 정몽주·이존오·임박·이숭인·정도전·권근 등으로서 학문적인 경향은 말할 것 없고 정치적·사회적 입장도 같이 하고 있었다. 그리하여 이중 몇몇 사람은 직접 개혁정치에도 참여했지만, 그렇지 않은 경우라 하더라도 이제는 무시할 수 없는 존재들로 부상하여 한 세력을 형성했던 것이다.

모처럼 열매를 거두는 듯 싶었던 신돈을 중심으로 하는 개혁사업은 권문·세족의 반격으로 그가 실각하고 말아 결국 큰 성과없이 끝나고 만다. 그리고 몇 년 뒤에는 공민왕도 살해되고 이인임에 추대된 우왕이 즉위하지마는, 이를 전후하여 최영·경복홍 등 권문·세족 중심의 구세력이 다시 집권하게 되었다. 그렇지만 이때에는 신진사류세력도 그렇게 만만치가 않았다. 그리하여 두 세력은 먼저 대외정책을 둘러싸고 충돌하였다. 구세력인 권문·세족은 친원노선을 펴려 했던데 비해 신진사류는 친명정책을 주장했기 때문이다. 뿐 아니라 신진사류측은 사전(私田)·농장의 혁파와 불교배척운동을 추진하여 권문·세족과 더욱 날카롭게 대립하는 형세가 계속되었다.

이러하던 우왕 14년에 뜻하지 않은 철령위 문제가 제기되었다. 그렇지 않아도 명의 여러 가지 부당한 요구에 불만을 가지고 있던 당시의 집권자 최영은 이에 일전을 각오하고 요동공벌을 강행하게 되었다. 하지만 본래부터 그 계획에 반대했던 신흥의 무장 이성계는 진군하던 도중 압록강의 위화도에서 같이 출정한 조민수를 달래어 군사를 되돌리었다. 그리하여 최영을 잡아 귀양보내고 우왕도 강화도로 내쫓는 것이다. 이 사건이 유명한 위화도 회군이다.

위화도 회군의 단행 이후 실권은 이성계가 장악했거니와, 당시 그는 이미 신진사류측과도 긴밀한 관계를 맺었던 것 같다. 이전부터 관계를 가져온 정도전은 물론이고 이때에 이르러 조준이 가세하는 등 신흥의 무장인 이성계세력과 신진사류세력이 밀착하게 되는 것이다. 사실 당시의 긴박한 대외적 시련을 극복하고 권문·세족을 억누르며 개혁을 성공적으로 추진하기 위해서 두 세력은 서로를 필요로 하였다. 그리하여 신진사류측은 자기네와 뜻을 같이 할 수 있는 이성계를 앞세우고 소기의 목적을 달성하려 했던 것이다. 한때 조민수가 어린 우왕의 아들 창(昌)을 세우고 권력을 잡는 듯했으나 오래지 않아 조준의 탄핵을 받고 실각하며, 뒤이어 이색이 시중에 올랐으나 그도 이성계파에 의해 밀려나게 되었다. 이색은 온건개선파라 할 수 있는 신진사류로서 이성계·정도전·조준 등 급진개혁파와는 의견을 달리하고 있었다. 결국 실권을 잡은 신진사류 중의 급진개혁파는 권문·세족은 말할 것 없고 온건개선파까지 제거하고는 사전·농장의 혁파를 단행하고 불교에 대신하여 성리학을 새 지도이념으로 수용하면서 역성(易姓)혁명을 하기에 이르는 것이다.

## 5. 대외 관계

### 1) 송(宋)과의 관계

우리나라는 지리적으로 중국 대륙과 일본열도와의 중간에 위치하여 저들의 정세 변화에 영향을 받기가 쉬웠다. 특히 중국은 중원을 차지하고 고도의 문화생활을 즐기는 농경민족인 한족과 그렇지 못한 북방 유목민족과의 사이에 투쟁이 심하여 그 여파가 우리에게까지 밀려왔고, 이때 우리가 어떠한 대외정책을 취하느냐에 따라 저들도 또한 영향을 받지 않을 수 없는 그런 관계에 있었다. 이와 같은 상호의 관련 속에서 우리는 매우 어렵고도 복잡한 외교교섭을 벌이게 되었던 것이다.

그런데 고려가 건국되어(918) 후삼국을 통일하는(936) 전후의 기간은 중국 역시 후량(後梁)으로부터 후주(後周)에 이르는 5대(907~960)의 혼란기였다. 이렇게 당시 고려와 5대제국은 다같이 어려움을 겪고 있었지만 아직 북방세력의 직접적인 큰 압력이 가해지지 않는 상황하에서 양측은 유교문화를 중심으로 하는 문물의 교류와 조공을 통한 우호적 접촉을 계속하였다. 그러다가 다시 송이 일어나(960) 중원을 통일하고 대제국을 건설하자 고려에서 역시 사절을 파견하여 양국 사이에 정식으로 국교가 열리게 되었다(광종 13년, 962). 이로부터 고려는 송에 대해 친선외교로 일관하였으며, 송도 그에 상응하는 정책을 취하여 두 나라는 밀접한 관련을 유지해 갔던 것이다. 한데 마침 이때에 북방에서 거란족의 요와 여진족의 금 및 몽고족의 원이 차례로 흥기하여 큰 세력을 형성하였다. 그리하여 동아는 국제분쟁에 휘말리게 되지만, 이런 속에서 여송관계도 물론 평탄할 수는 없었다.

기본적으로, 고려는 송과 친선관계를 맺음으로써 중간에 있는 거란과 여진을 견제하려던 정치적 의도도 없지 않았으나 그보다는 오히려 송의 선진문화 수입에 더 큰 목적을 두고 있었다. 이에 비하여 송은 국초 이래로 문치주의를 채택한 결과 국방력이 약화되어 동북으로부터 거란과 여진의 침략을 연이어 받고 있었으므로 고려와 통하여 저들의 압력을 배후에서 견제하려는 정치적·군사적 목적이 주된 것이었다. 이처럼 양국은 입장을 달리하고 있었지만 계속적인 우호 유지에 노력하는 한편 거란·여진 등과의 국제분쟁에서는 조심스런 태도를 취하였다. 송이 북중국의 연운(燕雲) 16주를 회복하려 하여 거란에 대한 정토군을 일으키면서 원병을 요청하였을 때 고려가 이를 받아들이지 아니한 것이 그 한 예이다.

여송국교는 거란의 침입이 있은 뒤로 공식적인 관계는 일단 중지되었다. 저들이 고려를 침공한 가장 중요한 이유의 하나가 양국간의 관계를 단절시키는 데 있었던 만큼 이 문제를 강화 조건으로 제시하였기 때문이다. 하지만 고려로서는 송의 선진 문물을 수입하는 것이 필요했으므로 그 이후에도 비공식적인 관계만은 계속 유지해 갔다.

그러다가 여송 양국간에 국교가 재개되는 것은 11세기 후반인 문종 25년이지마는, 그 얼마 후에 대륙에서는 거란에 대신하여 여진족의 금이 일어나 송을 쳐서 그의 서울인 변경을 함락하는 정강의 변(1127)이 발생하였다. 이로써 북송은 멸망하고 남은 일족이 강남으로 피신하여 겨우 명맥을 유지하게 되는데, 그들은 다시 송·금분쟁에 고려가 개입하여 줄 것을 희망하였다. 인종 6년(1128)에 제기된 가도문제(假道問題)가 그 하나이었다. 즉, 송은 사신을 파견, 고려를 안내역으로 삼아 직접 금의 당로자와 강화 담판하는 동시에 정강의 변 때 납치된 휘종·흠종 등을 구출코자 하였다. 그러나 고려로서는 이 제안을 받아들일 수가 없었다. 당시 여·송·금간의 미묘한 국제관계로 볼 때 그러했거니와, 또 국방상으로도 만일 송에 가도(假道)를 허락할 경우에 금 역시 보빙(報聘)을 이유로 고려에게 길을 빌려 입송(入宋)하려고 할 것이며, 그렇게 하여 금이 해로의 편의를 알게 되면 우리나라는 말할 것 없고 송의 동해안지대도 위험에 빠질 염려가 있기 때문이었다. 하지만 그 사정이야 어떠하든간에 이같은 어려운 문제들이 누적되어 양국간의 통교는 점차 약화되어 가게 되었다.

### 2) 요(遼) · 금(金)과의 관계

중국 북방의 유목민족 가운데 하나인 거란은 별로 힘을 쓰지 못하는 종족이었으나 야율아보기라는 지도자가 나와 제부족을 통일하고 나라를 세운(916) 이후 점차 세력을 키워가더니, 중원에 송제국이 서자(960) 그와 서로 대치하는 형세를 이루었다. 그런데 고려는 거란에 대해 그 자신의 맹방이었던 발해를 갑자기 쳐서 멸망시킨 무도한 나라라 하여 적대정책을 취하여 온 반면, 위에서 설명했듯이 송과는 친선외교를 추구하였다. 거기에다가 압록강 하류의 여진족과, 중 · 상류에 발해의 유민이 건국한 정안국도 고려 · 송과만 통교하였으므로 거란(요)은 국제적 고립을 면치 못하고 있었다. 이에 저들은 그같은 상황을 극복하고, 나아가서 송을 쳐 중원을 차지하는 데는 고려가 최대의 적이라는 인식을 하게 되었다. 그리하여 거란은 먼저 여진족을 경략하고 정안국을 쳐서 멸망시킨 데 이어서 송과도 결전을 벌려 패퇴시켜 염려가 없어지게 되자 고려와 일전을 결하게 되었던 것이다.

이것이 3차에 걸친 여요전쟁이었다. 처음에는 고려 성종 12년(993)에 요의 장수 소손녕이 침입해 옴으로써 시작되었으나 서희와의 담판에서 지고 돌아갔다. 서희는 당당한 태도와 조리있는 변론으로 소손녕을 설득하여 돌려보내고 오히려 강동6주를 획득하는 성과를 올렸던 것이다.

이처럼 요는 많은 병력을 동원하였다가 별다른 소득을 얻지 못했을 뿐더러 고려가 비공식적이긴 하지만 여전히 송과 통교하므로 재침의 기회를 노리고 있었다. 그런데 마침 이때 고려에서 강조의 정변이 일어났다. 이것이 요에게 좋은 재침의 구실을 주었다. 그리하여 요의 성종은 강조의 죄를 묻는다는 것을 핑계삼아 보기(步騎) 40만으로 친히 쳐들어와 한때는 강조 등을 포로로 잡고 개경을 함락시키기도 하였다. 하지만 그 이상의 성과를 기대하기가 어렵자 요는 이번에도 고려왕의 친조(親朝)를 요구하고는 돌아서지 않을 수 없었다.

그러나 왕의 친조는 원래가 실현 불가능한 일이었다. 그러자 요는 강동

6주의 반환을 요구하였다. 하지만 고려는 물론 이것도 거절하였다. 이에 요는 소배압에게 10만군을 주어 제3차의 침입을 감행케 함으로써 양국간에는 다시 싸움이 시작되었다. 그러나 이번 역시 요의 군사는 상원수 강감찬과 부원수 강민첨 휘하 고려군의 완강한 저항을 받고 퇴각하던 중 귀주에서 거의 전멸을 당하였다. 이것이 사상에 유명한 귀주대첩이다. 결국 요는 몇 차례의 싸움에서 참패를 거듭하였고, 고려는 고려대로 오랜 전란에 시달렸으므로 화평을 바라게 되어 현종 10년(1019) 양국간에 화약이 이루어지지마는, 이와 같이 고려는 상하가 단결하여 난국을 극복할 수가 있었다.

한데 그로부터 꽤 시일이 지난 11세기 말엽에 이르러 그 동안 고려를 대국으로 섬겨 오던 북방의 여진족이 완안부를 중심으로 하여 일어나 그 세력을 동남으로 뻗쳐 오면서 심상치 않은 상황이 다시 전개되었다. 그리하여 마침내 양국은 지금의 함흥지방 일대의 패권을 둘러싸고 충돌하게 되는데, 당시의 국왕인 숙종은 무력으로 여진을 제압할 것을 결정하고 임간에 이어 윤관을 책임자로 삼아 파견하였으나 모두 패배하고 돌아왔다. 적은 기병인 데 비해 우리는 보병이 주였으므로 대적할 수가 없었기 때문이다. 고려는 신기군(기병)을 중심으로 신보군(보병)·항마군(승병)으로 조직된 별무반을 따로이 길러 후일을 기약할 수밖에 없었다.

설욕전은 예종 2년(1107)에 개시되었다. 윤관과 오연총은 대군을 이끌고 기습작전을 펴 여진을 소탕하고 함경도와 두만강 일대에 걸치는 9성을 축성하는데 성공하였던 것이다. 하지만 곧이은 완안부의 반격으로 전세가 불리한 데다가 고려 자신으로서도 다방면으로 군사를 일으켜 중외가 몹시 소란하였다. 그 위에 여진이 9성의 환부를 애걸하여 옴으로 얼마 있지 않아 저들 요청대로 되돌려주고 말았다.

그러나 완안부의 세력은 점차 강대해져 동아의 정세는 크게 변모될 때가 시시각각으로 다가오고 있었다. 여진에서는 아골타가 들어서서 세력을 크게 확장하고는 국호를 금이라 칭하고 요를 멸하더니 고려에 대해서도 사대의 예를 취하도록 강요하여 왔던 것이다. 고려는 이때가 바로 이

자겸이 집권하고 있던 시기로서(인종 4년) 그는 중신의 반대를 무릅쓰고 금나라에 대해 칭신(稱臣)할 것을 결정하였다. 이에 따라 국가의 체면은 크게 손상되었으나 무력적 충돌은 피하여 이후 양국간에는 평화적인 관계가 지속되었다.

### 3) 원(元)과의 관계

고려에서 최충헌이 정권을 잡고 독재권력을 행사하던 13세기 초엽에 대륙의 북방 몽고에서는 징기스칸(성길사한)이라는 영웅이 나와 여러 부족을 통일하고 한위(汗位)에 올라 큰 세력을 형성하고 있었다. 이후 몽고는 사방으로 그 세력을 뻗치게 되는데, 고려와의 접촉은 평양의 동쪽에 위치한 강동성에 의거하고 있던 거란적을 양국이 연합하여 공략하면서부터였다. 그리하여 두 나라는 형제관계를 맺기에 이르렀으나 몽고는 이를 구실 삼아 여러 차례 사신을 파견하여 막대한 공물을 요구하여 고려를 괴롭혔다. 그러한 가운데 사신으로 온 저고여가 오만불손한 태도를 취하여 고려 군신의 분노를 사더니, 본국으로 돌아가던 중 압록강가에서 누구인가에 피살됨으로써 양국의 관계는 마침내 파탄나게 되었다. 몽고의 고려 침입은 이 피살사건이 직접적인 원인이 되었지마는, 이것은 하나의 구실에 지나지 않았다. 고려에 대한 몽고의 출병은 이들이 아시아 제압의 일환으로 미리 계획해 둔 군사행동에 불과했기 때문이다.

몽고의 침공은 고종 18년(1231)에 개시되었다. 그리하여 몽장 살례탑은 대군을 이끌고 북방의 요지를 경략한 후 개경을 포위하기에 이르렀으며, 이에 고려 조정은 화의를 청하여 결국 저들은 서경을 비롯한 서북면 지방에 감찰관인 다루가치를 설치하고 철수하였다. 당시 고려에는 최우가 집권하고 있었는데, 몽고가 내정에 간섭하여 오자 그는 단호히 항전할 것을 결의하고 강화도로 서울을 옮겨 반몽태도를 분명히 하였다. 이에 자극된 몽고는 두 번째의 침입을 단행하거니와, 이후 그들은 1258년에 이르기까지 30여 년에 걸쳐 모두 6, 7차 이상이나 침공하는 것이다.

몽고군의 침입이 시작되었을 때 고려의 정부군은 크게 약체화되어 제 역할을 다할 수 없는 처지에 있었다. 물론 그런 가운데서도 전선의 일부 군관과 병사들은 침략군에 대항하여 용감하게 싸워 승리를 거두기도 하였다. 서북면도병마사 박서가 지휘하는 귀주성에서는 각종 무기를 동원한 몽고군의 맹렬한 공격에 잘 대응하여 끝내는 격퇴시키고 말아 적의 장수조차도 찬탄을 금치 못할 정도였으며, 자주성에서도 수장인 최춘명이 적의 포위 공격을 선전분투로 잘 막아내어 빛나는 공적을 세우고 있는 것이다.

하지만 전쟁을 총지휘하여 온 국력을 결집, 강력한 통일전선을 구축해야 할 입장에 있는 중앙의 무신정권은 소극적이며 고식적인 대책으로 일관하면서 자기네의 안전을 도모하는 데만 급급하였다. 집권자들은 강화도로 천도하면서 백성들은 산성과 해도로 입보토록 하고, 이후 몽고의 침입이 있을 때는 줄곧 같은 조처를 취하였다. 이는 더 말할 필요도 없이 수전에 약한 몽고군의 헛점을 이용하고, 아울러 산지에서의 항전 역시 우리측에 퍽 유리하다는 전략상의 판단에 따른 것이었다. 그리하여 실제로 이것이 성과를 거두기도 하는 것이다. 하지만 산성과 해도로 들어간 백성들은 식량 문제 등으로 인해 심한 고통을 겪어야만 했다.

이러한 어려운 곤경 속에서도 농민과 천민들은 스스로 임시 편성의 방어군을 조직해 침략군과 대결하여 용감하게 싸웠다. 몽고와의 전쟁에서 항전의 주체가 되어 투쟁한 것은 고려 조정과 그 휘하의 정부군이 아니라 일반 민중들이었던 것이다. 이른바 초적(草賊)의 참전에서 그같은 일면을 잘 엿볼 수 있다. 그리고 몽고군의 주장이었던 살례탑을 전사하게까지한 승려 김윤후에 지도된 처인(용인)부곡민의 항전과 일반백성들이 중심이 되어 몽고군의 끈질긴 공격을 물리친 충주성의 전투와 함께 그 부근의 다인철소민들이 전개한 항몽전 등도 그같은 몇몇 사례들이다. 강력하기로 이름난 몽고군이 육지로부터 불과 수백 미터밖에 떨어지지 아니한 강화도를 빤히 바라보면서 30여 년 동안이나 출륙(出陸)만을 외칠 수밖에 없었던 이면에는 민병들의 이러한 항전이 있었다는 사실을 잊어서

▲ 대몽항쟁 격전지, 충주산성

는 안되는 것이다.

그러나 위에서 지적했듯이 고려 조정은 일반 백성들의 그같은 항몽의 의지를 결집하여 통일전선을 구축하지 못했을 뿐 아니라, 오히려 그와는 반대로 이들에 대한 수취를 강화하여 의욕을 감퇴시켰다. 이는 결국 민심의 이탈을 가져왔으며, 그 결과 항몽전에 실패한 고려의 조정은 다시 몽고와 타협하여 강화하지 않을 수 없었다. 이후 고려는 여러 면에서 몽고(원)의 간섭을 받아 자주성을 크게 위축당하게 되는 것이다.

### 4) 왜구의 문제

왜구란 고려말로부터 조선 초에 걸쳐 우리 나라와 중국 연안에서 구도행각(寇盜行脚)을 하던 일본인 해적집단을 일컫는다. 그러나 이들의 침구가 시작된 것은 이보다 훨씬 앞서의 일인데, 하지만 그 동안은 이것이 고려에 그렇게 큰 문제가 될 정도는 아니었다. 그러다가 충정왕 2년(1350)을 시발로 하여 그 규모가 커지고 또 잦아지면서 고려는 그들로 인해서도 많은 피해를 입게 되었던 것이다. 특히 충정왕을 이은 공민왕조(1352～1374)와 우왕 대(1375～1388)에는 왜구의 침탈이 극에 달하여 우리가 당해야 하는 괴로움은 이만저만한 것이 아니었다.

왜구는 보통 적은 경우에 20척 내외, 많을 때는 수백 척이나 되는 선단을 구성하여 우리 나라의 해안지대에 설치되어 있는 조창(漕倉)과 그곳의 조곡(租穀)을 운반하는 조선(漕船)을 습격해 미곡을 약탈하여 갔다. 그러더니 나중에는 경상도와 전라도·충청도 연안뿐 아니라 내륙 깊숙한 곳에도 횡행하는가 하면 서울인 개경 가까이까지 출몰하면서 노략과 인명의 살상을 자행하였으며, 심지어는 고려의 백성들을 잡아다가 노예로 팔아먹는 등 만행을 서슴지 않았던 것이다.

이와 같은 왜구의 침탈에 대해 고려는 당연히 어떤 대책을 강구하지 않을 수 없었다. 그리하여 회유와 동시에 무력토벌을 단행하는 강·온 양면책을 아울러 쓰게 되지만, 금구(禁寇)를 위해 외교사절을 파견한 것도 이 문제를 평화적으로 해결하려는 노력의 하나였다. 그러나 쟁란으로 인해 중앙의 통치권력이 지방에까지 제대로 미칠 수 없었던 당시 일본 국내의 사정 때문에 이러한 고려 측의 노력은 별다른 효과를 거두지 못하였다.

이에 따라 고려는 국방체제의 정비와 함께 그를 바탕으로 직접 무력을 써서 저들을 응징하는 후자의 대책에 많은 힘을 쏟았다. 그리하여 이것은 회유책에서와는 달리 상당한 성과를 올리게 되는데, 그중 큰 것만 하더라도 충정왕 2년에 합포 등에 들어온 왜구를 쳐서 300명을 죽이거나 사로잡았고, 공민왕 13년에는 김속명이 진해현에서 3,000명의 왜구를 맞아 격파하고 있다. 이어서 우왕조에 들어와서는 동 2년에 대규모의 왜구가 연산 개태사에 침입하여 횡행하자 최영이 높은 나이를 무릅쓰고 출정하여 홍산(충남 소재)에서 크게 무찔렀다(홍산대첩). 그 뒤 우왕 6년에는 500척이나 되는 유례없는 왜적 선단이 진포(서천～금강 어구)에 입구하여 배를 묶어 놓고 연안에 올라가 살략을 자행하므로 해도원수 나세와 심덕부·최무선 등이 화포를 사용하여 배를 모두 불살르고 그곳을 지키던 적을 무찔렀으며, 이에 남은 무리가 이미 상륙하여 있던 주력부대와 합류하여 각지를 노략하면서 남원·운봉까지 이르렀다가 황산에서 이성계·변안렬 등이 거느린 군사에 의해 참패당하였다. 이것이 유명한 황산대첩이다. 해전으로서는 우왕 9년에 정지가 해남의 관음포에서 적선 17척을 불사르며 왜구를 섬멸한 싸움이 널리 알려져 있지마는, 그로부터 6년이 지난 창왕 원년(1389)에는 마침내 경상도원수 박위가 병선 100여 척을 거느리고 왜구의 소굴인 대마도를 정벌하여 적선 300척과 가옥을 불태우고 붙잡혀간 우리 나라 사람 100여 명을 구하여 가지고 돌아오는 전과를 올리고도 있다. 우왕 말년부터 많이 수그러드는 왜구의 창궐은 이와 같은 우리의 적극적인 대책에 말미암은 바가 물론 컸다.

왜구는 고려의 정세에 여러 모로 많은 영향을 미쳤다. 그로 인해 개경에 자주 계엄령이 내려지고, 내지인 철원으로의 천도론이 대두되는 등의 정치문제가 제기되었고, 여러 지역에 행정적 공백이 초래되었다. 뿐 아니라 왜구는 요동공벌 불가론의 한 이유로 등장했는가 하면 조운을 원활치 못하게 하여 군수와 녹봉 등 국가 재정의 곤란을 가속화시켰다. 아울러 저들의 침탈 중에 위에서 지적한 것처럼 많은 인명이 살상되었고, 거기에다가 피난과 유이 등도 원인이 되어 연해지역은 텅 비어 쓸쓸한 상태가 오래 계속되었으며, 그에 따라 농토 역시 황폐화하였다. 이밖에 문화재의 소실과 같은 피해도 당연히 생각할 수 있거니와, 요컨대 왜구는 정치·경제·사회·문화 등 다방면에 걸쳐 나쁜 영향을 미쳤으며, 이것이 결국 고려의 운명을 재촉하는 부분적 요인이 되기도 하였다.

## 6. 사상과 문화

### 1) 불교사상

고려시대의 불교는 이전 시대와 마찬가지로 국교적 위치를 점하여 여러 방면에서 커다란 영향을 미쳤다. 그런데 나말여초의 정치적 혼란기에는 불교계에도 파란이 일어나, 개인주의적인 좌선을 표방하고 나선 선종이 특히 지방의 호족과 연결을 가지면서 크게 번성해, 왕실불교·귀족불교로 기능하였던 종래의 교종과 대립했는가 하면, 다시 그들 종파내에서도 분쟁이 야기되어 매우 복잡한 양상을 띠었다. 이를 정비하는 임금이 제4대 왕인 광종이거니와, 그 과정에서 선종보다 교종을 더 우위에 세우고 있다. 이는 불교계의 정비 역시 자기가 지향했던 왕권의 확립과 맥락을 같이하는 선에서 이루고 있음을 보여준다는 점에서 주목되는 조처이다.

그후 불교는 유학에 심취했던 성종조에 이르러 일시 침체를 면치 못하지만 곧이어 현종대에는 다시 전성시대를 맞게 되는데, 이 때부터는 문벌귀족사회의 성립과 더불어 교종인 법상종과 화엄종이 중심이 된다. 그 가운데서도 특히 화엄종은 의천이 나오면서 절정기를 맞았다. 그는 다 알고 있듯이 문종의 넷째 아들로, 새로 준공된 흥왕사를 화엄종의 본찰로 삼고 교세를 크게 진작시켰던 것이다.

그런데 의천은 여기에서 한걸음 더 나아가 불교개혁운동을 전개하여 큰 성과를 거두는데, 그는 이를 위해 천태종을 새로 세웠다. 사실 천태교학은 고려에서는 오래 전부터 상당한 수준에 올라 있었다. 광종 때 오월국에 건너가 중국 천태종의 제13조가 된 의통이 배출되고, 이어서 그곳에 또 들어가 많은 활동을 하면서 『천태사교의』를 저술하여 중국뿐 아니라 우리 나라에도 큰 영향을 미친 제관(諦觀)이 나온 것만 보아도 그 점은 넉넉히 짐작할 수 있다. 하지만 그것은 아직 하나의 종파로까지 발전하지 못했었는데, 마침내 숙종 2년(1097)에 이르러 그 근본도량인 국청사가 낙성됨에 따라 의천이 주지가 되어 천태학을 강론하기 시작하면서 일종으로 정식 발족을 보게 된 것이다. 그리하여 그는 본래의 천태교의대로 교관병수(敎觀並修)를 주장하며 교종과 선종의 융합운동을 전개하여 불교계의 혁신을 꾀하였지마는, 그러나 다만 의천의 교·선 통합운동은 양자를 대등한 위치에 놓고 했던 게 아니라 어디까지나 화엄의 입장에서 선을 억압하여 포섭하는 방향을 취한 것이었다. 그렇기 때문에 천태종이 새로 서면서 선종은 이전보다 더욱 위축되게 되었다.

그렇지만 이와 같은 양상은 얼마의 시기가 지난 무신정권 때에는 크게 바뀐다. 즉, 당시 선종은 조계종이라는 칭호로 불리었거니와, 이 종파에서 보조국사 지눌(1158~1210)이 나와 선을 중심으로 하여 교까지 수용하면서 새 종지를 폄에 따라 선종은 다시 번성하게 되는 것이다. 이때 지눌이 내세운 주지(主旨)는 돈오점수(頓悟漸修)와 정혜쌍수(定慧雙修)였다. 여기서의 돈오란 인간 각자가 자신의 마음이 곧 부처임을 문득 깨닫는 것을 의미하여, 점수는 그 깨달음을 점차 닦아 나가는 종교적 실천을 뜻하지만, 그때에는 선정(禪定)과 지혜(智慧)를 함께 닦아야(雙修) 한다는 것이었다. 송광사, 즉 수선사(修禪社)를 중심으로 하여 순수한 신앙생활을 위한 결사운동과 동시에 주창된 이같은 그의 사상체계와 수행 방식은 크게 세인의 주목을 끌었다. 그리하여 지눌의 재세시에 이미 왕공으로부터 사서(士庶)에 이르는 수백 명의 입사자가 모여들어 수선사는 확고한 기반을 잡거니와, 제2세 사주인 진각국사 혜심(1178~1234) 이후에 더욱 번창하였다.

수선사결사보다 조금 뒤에 천태종계에서는 원묘국사 요세(1163~1245)가 나와 백련사 결사를 조직하여 역시 큰 성과를 거둔다. 이와 같이 당시의 불교계에서는 신앙결사운동이 전개되었다는 것이 또 하나의 특징을 이루거니와, 그것들은 이 시기 불교계의 모순에 대한 비판과 자각에서 비롯되었다는 점에서 큰 의미를 지닌다. 아울러 지눌과 요세 등 그 주도세력도 종래처럼 왕족이나 문벌귀족이 아니라 지방의 향리층·독서층 출신이었으며, 그에 따라 불교의 중심지가 지방사회로 확산되고 있었다는 점 또한 주목할 만한 사실의 하나이다. 이들 운동이 얼마 후에는 최씨무신정권과 밀착되어 결사 본래의 정신에서 좀 어긋나는 면을 보이고는 있지만, 본질적으로 일반 지식층과 대중을 상대로 한 새로운 불교운동으로서 그것이 가지는 의의는 매우 큰 것이었다.

그러나 몽고간섭기에 들어서면서 불교계의 이같은 혁신운동은 중단되고 다시 좋지 않은 방향으로 변질이 초래된다. 그 중 특히 백련사는 충렬왕대에 가서 왕의 원찰인 묘련사로 진출함으로써 귀족불교로 변질되며, 한걸음 더 나아가 권문·세족인 조인규가문과 밀착하여 부원세력적 양상까지 띠기에 이른다. 아울러 조계선종은 수선사가 후퇴하는 대신에 일연이 활약하는 가지산문이 득세하여 공민왕 때에는 보우같은 고승을 배출하기도 하지만 역시 귀족화·보수화의 경향이 농후하였다. 거기에다가 승려들이 전반적으로 타락하여 경제적인 면 등에서 여러 가지로 물의를 일으켰으므로 그의 사회적 기능은 자연이 축소되지 않을 수 없었다. 이러한 가운데에서 불교는 신유학인 성리학의 도전을 받게 되었다.

### 2) 유학사상

불교와 함께 고려사회의 사상계에서 큰 역할을 한 것은 유학사상이었다. 유학은 사실 불교보다 먼저 전래되었음에도 불구하고 통일신라시대까지는 그렇게 영향력이 크지 못하였으나 고려조에 들어와 정치적 지도이념으로 채택이 되고 교육과 윤리 등을 담당하는 기능을 맡게 됨에 따라 매우 비중이 높아졌던 것이다.

그것은 우선 유도(儒道)를 중시한 군주로 평가받은 태조 때부터 자리를 확고히 잡아갔으며, 다시 광종조에는 과거제의 실시로 중요성이 배가된다. 그 후 유교주의에 입각하여 여러 시책을 편 성종조에 이르러 유학은 치국의 근원으로 정착되는 것이다. 성종이 그와 같은 정책 방향을 취한 데에는 최승로의 조언이 컸거니와, 이때에 불교행사인 연등회와 팔관회가 폐지되고 대신에 원구례(圓丘禮) 등 유교의 의례가 시작되며, 송으로부터 태묘당도(太廟堂圖) 등이 전래되는가 하면, 국자감을 증수하고 12목에 경학박사를 파견하는 등 유학교육을 크게 일으키는 한편 전국적으로 효사상을 장려한 것 등에서 그러한 사실을 확인할 수가 있다.

유학의 발전은 그후에도 계속된다. 그리하여 현종 때에는 신라의 유학자였던 최치원과 설총을 각기 선성(공자)묘정에 종사하며, 문종조에는 해동공자의 칭송을 들은 최충이 나와 사학(私學)을 열고 9재학당(九齋學堂)으로 편성하여 9경을 중심으로 교육함으로써 유학의 수준을 한층 높였다.

호학의 군주이던 예종과 인종대에도 유학의 발전은 여전하였다. 여러 모로 국학의 진흥책이 마련되고 국왕의 주재하에 경학에 대한 강론회가 자주 열리고 있다는 것이 그 점을 잘 말해 준다. 윤언이의 『역해』와 김인존(김연)의 『논어신의』 및 최윤의의 『상정고금례』 등 저술들이 나오는 것도 이 시기로써, 당시 우리나라의 유학은 상당한 수준에 올라 있었던 것이다. 하지만 그 후기에는 학풍이 이미 존경풍(尊經風)에서 점차 사장풍(詞章風)으로 변이되어 가고 있었다. 그러한 경향이 의종 때는 문약으로 흐르면서 무신을 멸시하는 풍조가 더욱 만연되어 무신란이 폭발하고, 뒤이어 무신정권이 수립됨에 따라 이후 유학은 크게 위축되지 않을 수 없었다.

그러다가 고려의 유학이 새로운 전기를 맞는 것은 충렬왕조(1275~1308)에 원으로부터 주자성리학이 전래되면서였다. 이 성리학을 전래한 사람은 안향(안유)과 백이정으로, 그것은 당시 큰 세력을 가지고 있던 불교가 심한 타락상을 드러내 한 사회의 지도이념으로 제구실을 다하지 못하는 기회를 틈타 고려에 들어와 자리를 잡았다. 그리하여 이제현과 이색 등의 대가로 이어지면서 크게 확산되어 가는 것이다.

남송인 주자에 의하여 집대성된 본래의 성리학은 이(理)·기(氣)를 바탕으로 하여 주로 우주의 원리와 인간의 심성을 다루는 철학적·사변적 사상체계였다. 하지만 원나라에서의 그것은 이와 경향을 좀 달리하여 실천윤리를 강조하는 학풍이 주류를 이루고 있었다. 따라서 고려에 들어온 성리학 역시 그같은 경향을 띠어 의리론·명분론이 그 중심이 되었다. 그런데다가 이 성리학을 수용한 부류들이 신진사류였으므로, 그것은 자연이 권문·세족과 밀착되어 있는 불교에 대해 심하게 비판을 가하는 이론이 되었다. 그리하여 성리학은 여말부터는 점차 불교를 밀어내고 정치면뿐 아니라 사상계까지도 지배하는 새 이념으로서의 지위를 굳히어 갔다.

### 3) 풍수지리·도참사상

불·유에 비길 정도는 아니었지만 고려 때는 또한 풍수지리·도참사상도 상당히 유행하였다. 그중 풍수지리설은 산세와 수세를 살펴 도읍·주택 · 능묘 등을 선정하는 일종의 상지학(相地學)과 같은 것으로서, 그 선정한 지역의 쇠왕(衰旺) · 순역(順逆)에 따라 국가나 인간의 길흉과 화복이 많은 영향을 받는다는 내용을 골자로 하는 것이었다. 이러한 사상은 특히 나말에 도선과 관련을 가지면서 널리 전파되어 각 지방의 호족들이 자기의 존재를 합리화하는 데 이용하였으며, 태조 왕건 역시도 그의 돈독한 신자중 한 사람으로 훈요십조에서, 자기는 「삼한 산천의 음우(陰佑)에 힘입어 대업을 이룩하였다」고 말할 정도였다.

이와 같은 풍수지리설은 그후에도 줄곧 다대한 영향력을 미치는데, 더구나 여기에 도참사상이 결합되면서 그 비중은 더욱 커지게 되었다. 도참이란 원래 징후 · 전조 또는 신탁 · 점언(占言) 등의 뜻을 지닌 말로 그것은 장차 닥쳐올 길흉화복을 예언 · 암시 혹은 약속하는 신비적 · 미신적 성격이 농후한 사상체계였거니와, 이러한 관념이 풍수지리설과 결부되어 정치 · 사회 및 일상생활에 이르기까지 매우 커다란 영향을 미쳤던 것이다.

태조대 이후의 그와 같은 사례로는 우선 정종의 서경천도계획을 들 수 있다. 이는 개경의 정치상황에 불안을 느낀 정종이 주로 서경은 명당이라는 풍수설을 이용하여 추진한 운동이었던 것이다. 문종이 왕 10년(1056)에 연기설(延基說)을 좇아 예성강변에 장원정을 지은 것도 그 하나이다. 그리고 남경을 설치할 때에도 음양가 관료였던 김위제가 『도선기』 등을 인용해, 송도의 지기(地氣)가 쇠하였다는 점과 삼각산 남 · 목멱산(남산) 북쪽의 평지가 명당이라는 것을 주장하는가 하면, 3경을 저울에 비기어 개경 · 서경과 함께 남경을 두어야 평형이 이루어져 국가가 번영을 누릴 수 있을 것이라고 말하여 결국 실현시키고 있는 것 역시 같은 범주의 이야기이다.

그러나 아마 고려시대에 있어서 지리도참설과 관련하여 발생한 가장 충격적인 사건은 인종조에 일어난 묘청일파의 서경천도운동일 것이다. 인종이 즉위한 지 얼마 되지 않아 야기된 이른바 이자겸의 난 중에 많은 사람이 죽고 궁궐이 거의 불타 버린 위에, 밖으로부터는 금의 압력이 가중되어 오는 분위기 속에서 묘청 · 정지상 등은 지리도참설을 앞세워 서경으로의 천도를 획책하게 되었다. 이에 인종도 마침내 마음이 움직여 그곳에 대화궁을 짓고 그 궁성 안에 팔성당을 세우는 등 설비를 갖추고는 자주 순어(巡御)하기에 이르렀던 것이다. 이렇게 추진된 서경천도운동은 정치적인 면에서 볼 때 묘청·정지상 등의 서경세력이 자기네 출신지역으로 수도를 옮김으로써 중흥공신이 되어 정권을 잡으려는데 기본적인 목적이 있었다고 생각되거니와, 그러므로 여기에는 김부식을 중심으로 하는 개경 보수귀족들의 반대가 뒤따랐다. 이에 끝내 뜻을 이룰 수 없게 된 묘청 등은 결국 반란을 일으켰다가 정부군에 의해 진압되고 말지만, 그것은 지리도참설이 당시에 얼마나 큰 영향력을 미치고 있었던가를 잘 보여주는 사건이었다.

그 뒤 고려에서는 의종이 왕위에 올랐으나 무신란으로 인해 물러나고 명종이 즉위함과 동시에 무신정권이 수립되어 사회가 크게 변모하게 되는데, 그러나 지리도참사상의 유행만은 여전하였다. 이는 무신들 자신이 이 방면에 많은 관심을 기울이고 있다는 데서도 나타나지만, 특히 왕실에서 연기궁궐로서 삼소궁(三蘇宮)을 경영하고 있는 것에서 그전과 흡사한 모습을 살필 수가 있다.

비슷한 유형의 풍수지리·도참설은 고려 일대를 통하여 계속된다. 그리고 조선조에서도 묘지의 선정 등 다방면에 걸쳐 많은 영향을 미치는 것이다. 고려시대에는 여러 종류의 사상체계가 상호간에 큰 마찰없이 공존하였다는 것이 사상계의 큰 특징이었다. 우리는 당시에 풍수지리·도참사상이 줄곧 성행하여 온 것에서 그같은 복합성을 다시 한번 확인하게 된다.

### 4) 예술과 과학

고려시대에는 종교 및 예술활동 등과 관련하여 값진 많은 문화재들이 만들어졌고, 또 과학적인 면에서 세계에 자랑할 만한 발명이 이루어지기도 하였다. 그 가운데 하나가 선종의 유행과 더불어 제작된 석조의 부도

(浮屠)로써, 구례의 연곡사에 있는 북부도와 공주의 갑사 부도 같은 수려한 작품들이 오늘날까지 전해지고 있다. 목조건축물로는 안동 봉정사의 극락전이 유명하다. 이것이 세워진 것은 대략 13세기로써 현존하는 우리나라 최고(最古)의 목조건축물인 데다가 주심포 양식의 조형(祖型)을 가장 잘 보여준다는 점에서 귀중한 문화재가 되고 있는 것이다. 그리고 영주 부석사의 무량수전과 조사당도 이와 동일한 양식의 목조건축물로서 시기는 극락전보다 조금 떨어지지만 역시 수작으로 꼽힌다. 그림으로는 공민왕의 작으로 전해 오는 천산대렵도의 잔편과 노영의 석가내영도 및 혜허의 양류관음상 등이 뛰어난 작품들로 현재 우리들이 대할 수 있는 것들이다.

그러나 무엇보다도 고려 때에 가장 눈부신 발전을 보인 부문은 도자공예였다. 신라시대의 토기와 도자 단계를 넘어 고려에서 자기문화가 시작되는 것은 초기인 10세기 전반기인데, 처음에는 중국의 영향에 의한 바가 컸으나 점차 고려인의 재능이 드러난 우수한 자기들을 생산해 내게 되었던 것이다. 그리고 그것은 귀족사회의 발달과 함께 백자보다는 청자가 주류를 이루었지마는, 문종대(1047~1082)를 지나 인종조(1123~1146)에 이르러 그 절정기를 맞으면서 소문청자·상형청자 등의 순청자를 비롯하여 퇴화문청자·화청자 등 각종의 많은 뛰어난 물건들이 만들어졌다. 이들 청자는 인종 원년에 송나라 사절단의 한 사람으로 고려에 왔던 서긍이 그의 견문록에서 극구 칭찬하고 있을 정도로 질적 수준이 매우 높은 것이었다.

그런데 이렇게 순청자를 중심으로 하는 고려청자의 우수성은 대략 12세기 중엽부터 상감청자가 제작되어 그 면모를 한번 더 일신하게 되었다. 상감청자는 반 건조된 그릇 표면에 무늬를 음각하고 초벌구이한 다음 그 안에 백토나 흑토로 메우고 청자유를 바른 후 다시 구워 내 무늬가 유약을 거쳐 투시되도록 한 세계적인 명품으로, 특히 이때 사용된 상감기법은 고려의 도공들이 창안해 낸 방법이었던 것이다.

이제 고려청자의 우수한 점을 구체적으로 살펴보면 첫째로, 그가 지니는 아름다운 색깔을 들 수 있다. 비색으로 표현된 그 청초한 색조는 신비에 가까울 정도의 아름다움을 간직하고 있었던 것이다. 중국인들이 그것을 가리켜 비색(秘色)이라고 부른 것도 그만한 까닭이 있었다. 둘째로, 우아한 형태를 손꼽을 수 있다. 병・항아리・주전자・연적・화병 등의 각종 모양이 거기에 덧붙인 장식과 조화를 이루어 우아한 모습을 더해 주고 있는 것이다. 셋째로, 독특한 무늬(문양)도 빼놓을 수가 없다. 음각이나 양각 및 상감법을 이용하여 운학(雲鶴)・모란・국화・포도・연꽃・당초(唐草) 등의 각종 무늬를 넣어 독특하면서도 아름다운 정취를 나타내고 있다. 고려청자는 이처럼 색깔과 형태・무늬가 한데 어울려 세련된 미를 창출해 낸 고려시대 귀족문화의 대표적인 예술작품이었던 것이다.

다음 과학과 기술 방면에 있어서는 여말에 사절로 원나라에 들어갔던 문익점이 면화씨를 전래하고 그의 장인인 정천익이 씨아와 물레를 만들어 우리의 의생활에 일대 혁신을 가져온 것과, 최무선이 화약의 제조법을 개발하여 화기의 발달에 커다란 진전을 있게 한 사실을 우선 들어야 할 것 같다. 그리고 의약학도 12,3세기에 이르러서는 당・송의 영향권에서 벗어나 우리의 실정에 맞는 자주적인 발전을 시도해 몇몇 의서가 간행되었거니와, 그 중 고종 23년(1236)에 편찬된 『향약구급방』은 지금까지 전해져 현재 우리가 접할 수 있는 가장 오래된 이 방면의 저술이 되고 있다.

▲ 뛰어난 입사(入絲)기술을 보여주는 고려청동정병

그러나 이러한 몇몇 사실 못지 않게 커다란 의미를 가지는 것은 역시 인쇄술의 발달이 아닐까 생각된다. 잘 알려진 대로 고려 때의 인쇄사업은 대장경을 간행하기 위한 목판인쇄에서 시작되었다. 그리하여 현종 초년부터 선종초까지 70여 년간에 걸쳐 6천권에 달하는 초조대장경을 간행하였고, 이어서 의천에 의해 속장경이 만들어지기도 하였다. 하지만 이 두 장경은 고종 19년(1232)의 몽고군 침입 때 모두 불탔으므로 상하의 군신은 병란의 어려움 속에서도 대원을 발하여 다시 대장경을 각성(刻成)하게 되었다. 이것이 오늘날까지 해인사에 남아 전해 오는 재조대장경, 곧 8만대장경으로써, 내용이 정확할 뿐 아니라 자체의 아름다움과 목판 제작의 정교함 등에서 높은 평가를 받는 세계적인 문화재가 되고 있는 것이다.

기술적인 면에서 볼 때 목판인쇄는 동일 출판물에 대해 많은 양을 만들어 내는 데는 효과적이지만, 적은 부수의 책을 여러 종류에 걸쳐 인쇄하는 데는 그렇지가 못했다. 후자의 경우는 이동식인 활판인쇄가 더욱 편리한 방법이었던 것이다. 한데 당시에는 소수의 귀족학자들만이 서적을 필요로 하여 적은 부수를 인출하는 것이 상례였고, 거기에다가 이미 숙종조에 주전을 할 정도의 주조기술을 축적하고 있던 고려인들은 마침내 금속활자를 발명해 내기에 이르렀다. 그리하여 세계에서 처음으로 이것을 가지고 활판인쇄를 시작하여 인쇄술에 있어서도 일대 혁신을 가져오는 것이다.

기록상으로 고려에서 금속활자를 이용해 인쇄를 한 첫 사례는 인종조에 재상 최윤의 등이 지은 50권의 『상정고금예문』으로서, 학자들은 그 시기를 고종 21년(1234)으로 추정하고 있다. 그런데 문헌상의 확인에도 불구하고 그 실물이 전해오지 않아 아쉬움이 많았는데, 다행이 1377년(우왕 9)에 간행된 『직지심경』이 1972년에 프랑스 빠리의 국립도서관에서 발견되어 현재는 이것이 세계 최초의 금속활자본으로 공인을 받고 있다. 이렇게 금속활자를 이용한 인쇄사업이 발달해 가는 과정에서 공양왕 4년(1392)에는 국가가 서적원까지 설치하고 주자(鑄字)와 인쇄를 맡게 한 것으로 생각되거니와, 그같은 활판인쇄는 조선조에 들어가 한층 더 발전하였다.

【박 용 운】

# 제4장
# 조선양반국가의 성립과 발전

## 1. 양반관료국가의 성립

### 1) 조선 건국의 의의

조선의 건국은 역성혁명(易姓革命)의 형식을 띤 평화적 왕조교체를 통해 이루어졌다. 그러나 그 이면에는 권문세족(權門勢族)과 신흥사대부(新興士大夫) 사이의 치열한 정치적 투쟁이 있었고, 마침내 후자가 승리함으로써 새 왕조가 성립되었던 것이다.

고려로부터 조선으로 이행하는 커다란 변혁의 단서는 공민왕 대(1351~1384)의 획기적인 반원운동(反元運動)에서 찾을 수 있다. 원(元)의 정치적 간섭에서 벗어나 자주성을 회복한 고려는 본격적인 개혁정치를 시도하는 한편, 원에 빼앗긴 영토를 되찾고, 홍건적과 왜구의 침입에 대응하여 군사력을 재정비하였다. 이러한 가운데 종래 원과 연결되어 정치적 지배세력으로 군림해 온 권문세족에 대항하여 새로이 등장한 신흥사대부가 도전하게 되는 한편, 군사력을 지닌 무장(武將)들의 정치적 지위가 점차 높아지게 되었다.

우왕 대(1384~1388)에는 중국대륙에서 원에 대신해 대두한 명(明)과의 외교관계가 난항을 거듭하고, 왜구의 침입이 격화되었으며, 정치 기강의 문란으로 민생은 도탄에 빠지게 되었다. 이것은 극심한 정치적 사회적 혼란과 갈등을 유발시켰고, 결국 무장인 이성계(李成桂)의 위화도 회군을 계기로 커다란 국면전환이 이루어졌다. 구세력을 대표하는 최영(崔瑩)이 거세되고, 우왕이 쫓겨남으로써 고려의 정치질서가 새롭게 재편성되었던 것이다.

정도전(鄭道傳), 조준(趙浚), 윤소종(尹紹宗) 등 신흥사대부 세력은 이성계와 굳게 결속하고 새로이 개혁운동을 벌였다. 그들은 도탄에 빠진 백성을 구하고, 국가재정을 충실히 한다는 명분 아래 전제개혁운동을 강력히 추진하였다. 그 과정에서 창왕(1388~1389)이 다시 쫓겨나고 공양왕(1389~1392)이 이성계 일파의 후원으로 즉위하면서 격렬한 정쟁이 전개되었다. 마침내 이 운동은 과전법(科田法)의 성립으로 마무리되었으며, 이로써 구세력의 경제기반은 완전히 붕괴되었다. 이성계의 무장세력과 신흥사대부 세력은 고려 정계를 석권하게 되었다.

그들은 고려왕조의 온존을 주장하는 정몽주(鄭夢周) 세력을 제거한 후 도평의사사(都評議使司)의 추대와 대비(大妃)의 교지(教旨)라는 형식을 빌어 이성계를 왕위에 오르게 했다. 그리하여 고려가 멸망하고 새 왕조가 개창되는 큰 변혁이 이루어졌다. 그것은 신흥사대부 세력이 무장세력과 손잡고 권문세족을 따돌리며 왕조교체에 성공했음을 뜻하는 것이었다.

새 왕조는 국호를 조선(朝鮮)으로 정하고, 한양(漢陽)을 새로운 도읍지로 삼아 천도를 단행함으로써 면모를 새로이 하였다. 사대를 표방하며 명(明)과의 외교관계를 돈독히 하였고, 유교적 정치이념을 전면에 내세웠다. 표면적으로는 역성혁명으로 인한 체제의 연속성이 드러나고 있지만, 조선은 새로운 정통왕조로서 새 틀을 짜면서 자리를 굳혀 나갔다.

조선의 건국이 지니는 큰 의미는 우선 오랜 동안 축적된 고려사회의 여러 모순이 해결의 실마리를 찾는다는 점에서 살필 수 있다. 고려 말엽의 모순과 혼란은 고려 귀족사회 속에서 배태된 것으로, 무신정권기와 원(元) 간섭기를 거치며 더욱 가중되어, 공민왕 대 반원운동과 개혁정치를 통해 이를 해결하려고 몸부림쳤음에도 성공하지 못하였다. 결국 위화도 회군 이후 전제개혁운동을 거쳐 새 왕조가 탄생함으로써, 새로운 정치적 사회적 질서를 구축하고, 나머지 여러 모순도 해결의 실마리를 찾아 가기에 이르렀던 것이다.

이처럼 왕조의 교체를 가져온 큰 변혁은 신흥사대부라는 새로운 사회세력의 대두와 성장을 통해 이루어졌다는 점에 주목할 필요가 있다. 그들은 대부분 지방사회에 토착적 기반을 가진 향리층의 후예로서 성리학적 소양을 갖고 과거를 통해 관직에 나아간 사람들이었다. 신흥사대부는 권문세족과 결탁된 불교를 비판하고, 당시 고려사회가 지닌 문제점을 깨달아 그 개혁방향을 제시할 식견을 지니고 있어서, 공민왕의 개혁정치를 계기로 부상할 수 있었다. 그러므로 조선의 건국은 고려후기사회가 진통하고 고뇌하는 가운데 새로이 신흥사대부 세력이 성장하여 이룩한 성과였다는 점에서 역사적 전진으로 파악될 수 있는 것이다.

▲경복궁 근정전

## 2) 유교정치의 진전

새 왕조 조선이 당면한 가장 큰 과제는 왕권의 강화와 국가체제의 정비였다. 태조 이성계를 뒷받침해 준 무장들과 건국에 주도적 역할을 한 신흥사대부들은 개국공신(開國功臣)으로서, 또는 도평의사사의 구성원으로서 높은 지위와 강한 영향력을 지니게 되었고, 정치적 실권은 국왕보다도 그들이 쥐고 있는 형국이었다. 또한 고려 말기의 흐트러진 체제가 그대로 계승되었으므로, 그것을 새롭게 정돈하지 않을 수 없었는데, 이 문제들은 서로 연관되는 것으로서 정치적으로 민감한 사항이었다.

태조 대 정도전은 왕의 신임을 받으며 유교적 이상정치를 내걸고 권력의 집중과 체제의 정비를 꾀하였으나 이방원(李芳遠)에 의해 숙청되었다. 왕자로서 건국의 유공자임에도 불구하고 권력에서 점차 소외되었던 이방원은 정변을 일으켜 정권을 장악하였고, 마침내 왕위에 올라 태종의 시대를 열었다. 태종은 사병(私兵)을 혁파하여 병권을 국가에 귀속시켰고, 도평의사사를 의정부로 고쳐 합좌기구(合坐機構)를 약화시키는 한편, 육조직계제(六曹直啓制)를 써서 왕이 정치실무를 직접 관장할 수 있게 하였다. 그는 또한 외척세력을 과감히 제거하였고, 공신세력의 견제에도 큰 힘을 기울였다. 이로써 조선의 왕권이 확립되었고, 새로운 체제가 골격을 잡을 수 있었다.

조선은 당초부터 유교정치를 표방하였다. 건국초 정도전은 『조선경국전(朝鮮經國典)』을 편찬하고, 뒤이어 권근은 권학사목(勸學事目)을 올려, 유교국가의 방향과 유교 교육의 이념을 제시하였다. 세종 대에 접어들어 이미 정치적 기초가 다져진 상황에서 유교정치는 크게 진전되었다. 집현전(集賢殿)이 설치되어 고전(古典)과 제도의 연구가 이루어지고, 경연(經筵)을 통해 유교 경전의 강론이 행하여짐으로써 유교정치의 이론이 심화되었으며, 실제로 왕도정치의 구현을 위한 여러 가지 시책이 이루어졌다. 그리하여 민생이 안정되고, 국가재정이 충실해졌으며, 문화가 크게 발전할 수 있었다.

세종 대에는 예악(禮樂)의 정리와 더불어 형벌의 완화와 수취의 경감이 이루어졌다. 특히 공법(貢法)의 제정은 농민의 전조(田租) 부담을 줄이는 동시에 국가재정을 확충시키는 것이었다. 또한 빛나는 편찬 제술 사업과 과학 기술의 두드러진 발전이 이루어졌으며, 민족의 고유한 문자인 한글이 창제되었다. 4군 6진의 개척을 통해 조선의 강역을 넓혀 국경을 확정지은 것은 이 시기에 쌓아 올린 또 다른 업적이었다.

유교윤리의 보급이 적극적으로 이루어져 『삼강행실(三綱行實)』과 『효행록(孝行錄)』이 간행되었고, 『주자가례(朱子家禮)』의 시행이 독려되고 국가례인 오례(五禮)가 정비되었다. 불교 사원에 대한 정리 작업이 진행되어 모든 종파는 선(禪)·교(敎) 양종(兩宗)으로 개편되고, 많은 토지와 노비가 몰수되었다. 이에 따라 불교는 쇠퇴하고, 유교의 이념이 정치와 사회에 깊숙이 침투되었다. 그리하여 조선은 유교국가로서의 면모를 뚜렷이 하면서 정치를 펼쳐 나갔다.

### 3) 경국대전(經國大典)의 반포

조선의 정치는 문종에 뒤이어 나이어린 단종이 즉위하자 숙부인 수양대군(首陽大君)이 정변을 일으켜 스스로 왕위에 오르고(세조), 잇따라 사육신(死六臣)이 순절하는 큰 파란을 겪었다. 세종대 유교정치의 진전에 따라 집현전을 중심으로 성장한 문신관료 세력이 유약한 왕권을 압도하게 된 데 대한 왕실의 반발이 정변을 유발시켰던 것이다. 세조는 강력한 왕권을 추구하여 전제적인 통치를 하였으나, 부국강병책을 통해 국가의 기틀을 다졌다. 그 뒤 성종은 위축된 유교정치를 다시 진작시키고, 문물제도의 정비에 힘써 조선의 국가체제는 완비되기에 이르렀다. 경국대전의 반포가 바로 그것을 상징하는 것이다.

경국대전이 편찬 반포되기까지 우여곡절이 많았다. 태조 대 조준이 위화도 회군 이후의 조례(條例)를 정리하여 『경제육전(經濟六典)』을 편찬함으로써 새 왕조의 통치규범을 뜻하는 최초의 공식적 성문(成文) 법전이

나왔다. 그 후 새로운 조례와 판지(判旨)가 쌓임에 따라 태종 대에 『원육전(元六典)』과 『속육전(續六典)』이 이루어지고, 세종 대에는 다시금 『정전(正典)』 6권이 나오게 되었다. 이처럼 조선의 유교적 이념에 따른 통치의 실제를 규정하는 법전들이 나타났으나, 이것들은 일반화(一般化) 또는 추상화(抽象化)되지 못한 조례집에 가까웠다.

이와 같은 점을 지양하여 모든 법령을 전체적으로 조화시켜 새로이 조직적이며 통일적인 법전을 편찬하려는 움직임이 세조 즉위초에 나타났고, 그것이 왕(王) 자신의 관심과 주도에 의해 본격적으로 진행되어 마침내 육전(六典)이 의정(議定)되기에 이르렀다. 이것이 예종(睿宗) 대에 일단 『경국대전』으로 찬진되었으나 다시금 개수 작업이 거듭된 끝에, 성종 16년(1485)에 신교(新校) 『경국대전』이 완성판으로 반포되었던 것이다.

『경국대전』은 이(吏)·호(戶)·예(禮)·병(兵)·형(刑)·공(工)의 6전으로 되어 있고, 각 전(典) 마다 필요한 항목을 설정하여 조문들을 수록하였는데, 통일적인 체계와 추상화된 조문이 주요 특징이었다. 경국대전의 편찬은 우리 고유의 양법(良法)을 찾아내어 성문화(成文化)함으로써 중국법(中國法)의 무제한적인 침투를 막게 해주었다는 데에 큰 의미가 있다. 그러나 무엇보다도 중요한 점은 이를 통하여 조선왕조의 통치규범이 확립되었다는 것이며, 조선의 유교정치는 왕을 중심으로 한 전제정치이지만, 법치주의를 표방하였음을 분명히 나타내는 것이다.

『경국대전』 자체는 법전이지만, 그 성립과 반포는 조선이라는 국가와 사회의 체제가 완벽하게 갖추어졌음을 뜻한다. 역성혁명을 통해 건국한 조선은 왕권의 강화과정을 거쳐 유교정치를 진전시키며 민생의 안정과 문화의 발달을 이룩하였고, 새로운 조정과 변화의 단계를 겪은 끝에 중앙집권적 양반관료국가로 확립되는 것인데, 『경국대전』은 바로 그 구조와 성격을 함축한다고 하겠다.

### 4) 정치조직과 통치체제

조선의 정치제도는 태종 대에 크게 정비되었다. 이 때에 왕권강화와 더불어 통치체제의 개편이 이루어졌으며, 세조를 거쳐 성종 대에 보다 세련되고 관료적 성격을 지니는 조선 정치조직이 완비되는 것이다.

정치기구로서는 의정부(議政府)가 합좌의 형식을 지니면서 최고의 기관으로 존립하였고, 6조(六曹)가 중추적 정무기관으로 중요한 지위를 차지하였으며, 왕명(王命)의 출납을 맡는 승정원(承政院)이 있었다. 사헌부(司憲府)는 감찰기관이었고 사간원(司諫院)은 왕에 대한 간쟁과 봉박을 맡는 기관이었는데, 문한(文翰)을 다스려서 왕의 고문(顧問)에 대비하였던 홍문관(弘文館)과 더불어 언론(言論) 3사(司)를 이루었다. 또한 왕명에 의한 추국(推鞫)의 임무를 띠는 의금부(義禁府)와 최고 교육기관인 성균관(成均館)도 중요한 기구였다. 그 밖에도 많은 정치 행정상의 기구가 있었다.

이와 같은 정치조직은 절대적 권능을 갖는 국왕을 정점으로 하는 히에라르키를 이루고 있었지만, 그 운용의 실제는 복잡하였다. 정책의 결정과 정무의 집행에 가장 중요한 기구였던 의정부와 6조의 기능 및 상호관계는 왕권의 추이와 관련하여 상당한 기복이 있었다. 고려의 도평의사사(都評議使司)를 계승하는 의정부는 당초 수상인 영의정(領議政)과 좌・우의정(左・右議政)이 합좌하여 모든 정무를 국왕에게 품달하기에 앞서 최종적으로 재결하는 서사권(署事權)을 갖고 있었다. 그러나 6조의 지위가 격상되어 그 판서(判書)들이 정무를 국왕에게 직계(直啓)하게 됨에 따라 의정부의 권능은 약화되었다. 태종 대에 6조 직계제(直啓制)가 실시되었다가 세종 중엽에는 의정부 서사제(署事制)가 부활되었으며, 세조가 즉위하면서부터 다시금 6조 직계제가 시행되었다. 이러한 변화는 신료를 대표하는 의정부 대신(大臣)의 권한과 왕권(王權)의 소장(消張) 관계로 해석되기도 한다.

한편, 3사(司)의 역할도 권력구조상 주목할만한 것이었다. 특히 사헌부와 사간원이 언관(言官)으로서 탄핵과 간쟁의 활동을 폄으로써 정치권력의 견제와 균형에 지대한 영향을 미쳤다. 젊은 간관(諫官)들이 유교적 소양과 충군애국(忠君愛國)의 기백을 바탕으로 전제왕권과 맞설 때에, 일찍부터 특수교육을 받아 유교에 순치된 국왕은 외형상의 절대적 권능에도 불구하고 납간(納諫)의 도량을 베풀지 않을 수 없는 상황이 벌어지곤 하였다. 여기에는 정치의 거울로서의 역사(歷史)와 사관(史館)·사관(史官)의 제도가 은연중에 큰 작용을 하였다.

조선의 특유한 정치운용은 경연(經筵)을 통해서도 살펴볼 수 있다. 경연은 왕에게 유교경전과 역사서를 매일 진강(進講)하는 것을 뜻하는데, 그것을 맡는 기관도 경연이라 하였다. 경연이 발달한 것은 세종 대의 일로서 왕은 열심히 경연에 나아가 학문을 토론함으로써 정치의 유교화에 크게 기여하는 한편, 유학의 발달에도 공헌하였다. 그런데 성종 대에 이르면, 경연은 왕을 위한 교육기관으로서뿐만 아니라 정책협의기구로도 기능하게 된다. 일일삼강(一日三講)의 잦은 경연이 열리는 가운데 특히 조강(朝講)에는 홍문관을 비롯하여 의정부, 6조, 대간 등 주요 기관의 요직자들이 두루 참여하여 경사(經史)를 논구하는 한편, 중요한 국정을 광범위하게 논의하였던 것이다. 그러므로 왕의 임석 아래 참석자들이 관직에 구애되지 않고 자유롭게 정책을 토론하는 경연정치(經筵政治)가 이루어질 수 있었다.

이와 같이 조선의 정치기구와 정치운용의 실제는 복잡하고 다양한 측면들을 지니고 있었다. 그러나 그 골격은 왕을 정점으로 하는 정제된 관료조직, 대간제(臺諫制)에 의한 왕권의 견제, 그리고 합좌와 협의를 통한 정책결정에서 찾을 수 있으며, 그 바탕에는 유교적 정치이념이 깔려 있었다.

조선의 지방통치는 8도 체제에 입각한 것이었다. 도(道)가 차지하는 지방통치상의 중요성이 고려말부터 커지게 되었고, 마침내 태종대에 경기(京畿), 충청(忠淸), 경상(慶尙), 전라(全羅), 황해(黃海), 강원(江原), 평안(平安), 영길(永吉 ; 咸鏡)의 8도가 확정되어 관찰사(觀察使)가 상주하는 도의 행정상 지위가 확립되었다. 도의 관찰사는 중앙 조정(朝廷)의 정령(政令)을 각급 수령(守令)들에게 하달하고, 그들을 지휘 감독하면서 조선 왕조의 중앙집권체제 확립에 큰 구실을 하였다.

고려후기 이래로 많은 감무(監務)가 파견되면서 속현(屬縣)이 정리되고, 향(鄕)·소(所)·부곡(部曲)도 소멸되어 갔거니와, 이러한 경향은 조선의 건국 이후 더욱 박차를 가하여, 세종 대까지는 대부분의 임내(任內)가 혁파되어 전국 각지는 수령이 파견되는 목(牧), 부(府), 군(郡), 현(縣)으로 정비되었다. 그리하여『경국대전』에는 모두 339개의 각읍(各邑)이 나타나 있다. 이러한 군현의 정비는 중앙집권체제의 강화와 지방 토착세력의 약화를 반영하는 것이기도 하였다.

지방통치의 중심은 수령이었다. 그들은 목민관(牧民官)으로서 소관 지역의 백성을 직접 다스렸으며, 그 임무는 농업의 장려, 인구의 증가, 교육의 진흥, 군사행정의 처결 등 7가지로 규정되었으나, 그 중 수취(收取)의 인적(人的) 자원을 확보하여 공부(貢賦)를 징수해서 중앙에 상납하는 일을 가장 중요하게 여겼다.

수령의 밑에서 지방행정을 실제로 관장하는 것은 향리(鄕吏)들이었다. 6방(房)으로 나뉘어 직접 대민 접촉을 하는 향리는 그 지방에 토착하면서 세습적으로 향역(鄕役)을 지는 부류였다. 그러므로 중앙에서 임명을 받아 부임하여 일정 기간 근무하게 되는 수령보다는 향리들에 의하여 지방 행정이 좌우되는 경우가 많았다. 이러한 향리들의 작폐에 대비하여 원악향리(元惡鄕吏)에 대한 엄격한 처벌규정이 마련되어 있었다.

각읍에는 수령과 향리들의 관아(官衙)와는 별도로 지방 양반(兩班)들로 구성된 향청(鄕廳)이 있었다. 고려말 이래 지방 사류(士類)들의 자치단체로 존치해 온 유향소(留鄕所)가 향청(鄕廳)으로 개편되어 사실상 지방통치의 일익을 담당하였다. 수령을 자문 보좌하면서 향리를 견제하는 구실을 하였던 이 기구는 덕망있는 지방 유지 출신의 좌수(座首)와 별감(別監)이 이끌도록 되어 있었다. 그러나 향청(鄕廳)은 그 지방의 이해관계와 관련하여 수령과 대립 마찰을 겪는 경우도 적지 않았다.

조선의 지방통치는 철저한 중앙집권체제에 입각하여 이루어졌다. 각도의 관찰사가 감영(監營)을 근거로 하여 예하의 수령을 끊임없이 감찰 독려하면서 그들의 근무를 평가하였으며, 수령은 통치를 받는 관내의 백성들을 철저하게 장악할 수 있었다. 오가작통법(五家作統法)이나 호패제(號牌制)에 의해 백성들을 거주지에 긴박시킴으로써 그들에 대한 지배를 용이하게 만들었다. 관찰사의 임기는 1년으로 제한되었고, 수령은 그의 고향에 부임할 수 없었는데, 이것은 지방관들이 세력화하거나, 지방세력과 결탁하는 것을 막기 위해서였다.

조선왕조의 철저한 지방 통치는 역마제(驛馬制)와 봉수제(烽燧制)에 의해 뒷받침되었다. 수도인 한양(漢陽)을 중심으로 하여 전국 540여개의 역이 거미줄 같은 역로(驛路)를 이루면서 교통로로서의 구실을 하였는데, 역에는 역마(驛馬)와 역졸(驛卒)이 준비되어 공문의 전달, 공무여행자에 대한 마필(馬匹)의 제공과 숙식의 주선 및 진상(進上)을 비롯한 관물(官物)의 수송을 담당하였다. 한편, 횃불과 연기로 급보(急報)를 전하는 통신방법이었던 봉수의 제도는 전국이 다섯 개의 봉수선(烽燧線)으로 망라되어 최종적으로는 한양의 목멱산(木覓山 ; 南山)의 봉수대에 보고가 와 닿도록 되어 있었다.

### 5) 양반관료국가의 성격

조선왕조는 흔히 양반관료국가라고 일컬어진다. 특권적인 양반관료에 의해 정치가 주도되는 나라라는 뜻이다. 그것이 뜻하는 구체적 내용과 관련하여 조선의 국가적 성격을 몇 가지 측면에서 특징지울 수 있을 것이다.

우선 왕(王)은 명분상 절대적 권리를 지니지만, 실제로는 커다란 제약을 받았다. 전통적으로 왕은 하늘을 대신하여 백성을 다스리는 절대적 존재이고, 천하는 모두 왕토(王土)라고 관념되어 왔는데 조선의 경우도 마찬가지라 할 수 있다. 그러나 정치의 실제에서 왕은 권력을 전유(專有)할 수 없었다. 왕은 모든 정무를 재상에게 위임하는 초월적 존재가 되어야 한다는 정치원리가 제기되는가 하면, 합좌제의 발달, 대간의 언론활동이 왕권(王權)의 행사를 크게 제약하였다. 물론 태종이나 세조와 같은 강력한 전제권(專制權)을 행사한 왕들도 있었지만, 대체로 조선의 역대 왕들은 절대적 권위와 권력을 내세우면서도 실제로는 신하인 양반관료와의 조화와 타협을 바탕으로 그 위치를 지켜나갔던 것이다. 조선의 왕은 절대군주와는 거리가 있는 존재였다.

다음으로 조선은 양반관료제의 발달이 두드러진 특징을 이룬다. 조선을 건국한 신흥사대부들은 새로운 지배층으로 관직을 독점하여 양반으로 대두한 후 정치제도를 정비하고, 과거제의 기능을 강화시켰다. 그리하여, 양반층으로서 과거를 통해 진출한 사람들이 관료집단을 형성하고, 정치를 실질적으로 이끌어나가는 지배체제가 형성되었다. 관료집단 가운데에서도 강력한 권능을 지닌 소수의 당상관(堂上官)들이 두드러진 존재인데, 그들은 때로 왕권과 협조하고, 때로는 왕권과 대립하면서, 지배세력의 중심을 이루었다.

그리고 조선 양반관료국가는 강력한 중앙집권체제 아래 운용되었다. 이미 서술한 바와 같이 도(道)를 매개로 하는 중앙의 지방 군현(郡縣)에 대한 지배는 철저한 것이었으며, 경제적으로도 지방 각지에서 거둔 조세(租稅)는 중앙으로 이송되었고, 양반관료의 경제기반이 된 과전(科田)도 경기 지역에 한하여 지급되었다. 그리하여 정치권력과 경제적 부가 중앙에 집중된 상태에서 지방세력은 약화되고, 지방사회는 위축되지 않을 수 없었다. 이와 같은 중앙집권체제 아래의 조선사회를 봉건(封建) 사회로 지칭할 경우, 거기에는 상당한 무리가 뒤따를 것이다.

끝으로, 조선은 유교적 정치이념에 입각한 덕치(德治)를 표방하였다. 일찍이 신흥사대부가 성리학을 내세워 권문세족을 타도하고, 새 왕조를 건설했거니와 조선이 건국한 다음부터 본격적으로 유교의 수기치인(修己治人)을 바탕으로 하는 윤리(倫理) 정치가 주창되었다. 이것은 명분과 예절을 내세워 치자(治者)의 권위와 수덕(修德)을 강조하면서 군신(君臣),

부자(父子) 사이의 충(忠)과 효(孝)를 사회의 기본 가치로 정립시켜 나갔고, 이로부터 덕치에 의한 민본정치(民本政治)의 당위성이 제시되었다. 그리하여 유교이념은 왕과 양반관료의 위치를 설정하고, 이상적인 정치의 방향을 제시하는데 큰 구실을 하였던 것이다.

## 2. 사회구조와 경제기반

### 1) 신분제도와 계층 구조

조선에는 법제적·사회적 관행에 의해 형성되어 세습되는 신분(身分)이 존재하였다. 그 대체적인 범주는 지배층으로서의 양반(兩班)과 피지배층으로서의 양인(良人)·천인(賤人) 신분이었다.

양반은 통상 문·무반의 관직을 통칭하는 용어였지만, 조선시대에는 지배 신분을 지칭하는 용어로도 사용되었다. 조선의 양반은 기존 지배층을 모태로 새로이 형성된 집단이었다. 향촌에서 지배적 위치에 있던 계층 중에서 서울에서 관직을 획득하거나 획득할 가능성이 있는 집단이 양반층을 형성하였다. 이들 집단은 성리학이라는 새로운 이념을 습득해야 했고, 과거라는 국가 시험에 성공적으로 적응해야 했다. 이러한 변화에 성공적으로 적응한 기존의 지배 집단은 조선에 와서도 양반으로 지칭되는 지배 신분의 지위를 유지해 갈 수 있었다. 신분으로서의 양반은 법제적 성격보다 사회 관행에 근거한 성격이 강했다. 양반층은 경제적으로 우월한 위치에 있었고, 관직 및 관직을 얻기 위한 교육 기회를 사실상 독점함으로써 지배 신분으로서의 지위를 유지할 수 있었다.

피지배 신분층은 국가의 공민(公民)으로서 국역(國役)을 담당하는 양민(良民)과 예속민으로 사역(私役)을 지는 노비(奴婢)로 구성되었다. 이들은 농·공·상업에 종사하며 생산 활동을 하였다. 양인은 국역의 담당층이었고, 노비는 국역에서 배제된다는 점에서 서로 법제상 구분되었다. 두

신분은 법제적 구분에도 불구하고, 서로 혼인이 가능하였고, 향촌에 이웃하여 살면서 비슷한 경제적 처지에 놓여 있었다.

양인은 국역 부담의 주축이었다. 사회적, 경제적 요인에 의해 양인층은 언제라도 노비로 전환될 여지가 있었다. 실제로 노비 소유주에 의해서 그러한 방향으로 유도되기도 하였다. 국가는 이러한 신분상의 움직임을 저지하기 위한 노력을 경주하였다. 국역 부담을 완화하기 위한 보(保)의 편성, 국역 담당자에 대한 법적 보호 장치, 사채(私債)와 경쟁하는 의창(義倉) 운영 등은 양인층을 보호하기 위한 시책이었다. 16세기로 넘어가면서 재산으로서 토지가 노비보다 우선하는 환경이 조성되었고, 신공(身貢) 부담을 회피하려는 노비층의 도망과 그에 대한 추쇄(推刷)가 어려워지면서, 양인층은 조선의 근간을 이루는 신분층이 되었다.

노비는 누가 소유하는가에 따라 공노비(公奴婢)와 사노비(私奴婢)로 구분되었다. 공노비는 신공으로 포(布)를 부담한다는 점에서 소속 관서의 중요한 재원이었고, 필요한 노동력을 징발하는 근원이기도 하였다. 사노비는 소유주의 필요에 의해 노역에 충당될 수 있었지만, 그보다는 신공을 징수하는 경제적 가치가 더 부각되었다. 대부분의 노비는 주가(主家)와는 별도의 가옥에서 독자적으로 생활하였다. 노비는 매년 정해진 신공을 부담해야 했으므로, 토지보다 안정된 수입원이었다. 매매나 기증이 용이하다는 점에서 재산으로서 노비의 가치는 더욱 중시되었다. 부모의 어느 한 쪽이라도 천민이면 출생자는 천민이 되도록 규정하고 있었기 때문에 노비주는 소유 노비가 가능하면 양인과 혼인하도록 장려하였다. 양인과의 혼인은 소유 노비를 증식할 수 있는 바람직한 방법이기도 하였다. 재산으로서 노비 소유가 지닌 매력 때문에, 조선초기 일정 기간 노비층은 확대 재생산되었고, 조선 일대를 걸쳐 재산과 노동력으로서 그 가치가 중시되었다.

양반과 양인의 중간에는 하급 지배층인 중인(中人)이 존재하였다. 의관(醫官)·역관(譯官) 등 전문기술이 필요한 관직이 점차 세습되면서 하나의 신분층을 형성하게 되었다. 전문직 관인과 함께 관청의 말단 실무자인 녹사(錄事)·서리(書吏), 지방 관아에서 행정 실무에 종사하는 향리(鄕吏), 양반의 첩 자손인 서얼(庶孼) 등이 이러한 범주에 포함되었다. 양인과 천민 사이에도 신량역천(身良役賤)의 중간층이 존재하였다. 염간(鹽干)·진척(津尺) 등 칭간칭척자(稱干稱尺者)로 대표되는 이들은 국가에서 양인 신분으로 인정하되 특수한 일에 충당시킨 조건부 양인이었다.

조선시대의 사람들은 국가에서 담당하는 일[役]을 이용하여 스스로를 표시하였다. 정부에서 발급한 신분증인 호패(號牌)에는 신상 정보와 함께 직역을 표기하였다. 현직 관료의 경우에는 관직명을 이용하였고, 관직을 준비하는 사람은 학생(學生)·유학(幼學) 등 관직 준비자로서의 지위를 표지(標識)로 사용하였다. 군인인 사람은 정병(正兵)이나 수군(水軍)과 같은 편성된 병종이 표지의 역할을 하였다. 상인(商人)·장인(匠人)의 경우에도 국가로부터 인정받은 지위가 그 사람에 대한 표지 기능을 하였다. 국역(國役) 혹은 신역(身役)으로 표시되는 이러한 지위는 조선 사회에서 지니는 위치나 위상을 집약하여 표시하는 것이었다. 나아가서 그 사람의 가족 및 통혼권(通婚圈) 범주에 있는 집단의 사회적 위치를 결정짓는 기능도 하였다. 이러한 지위는 양반과 같은 경우에는 특권이었지만, 대개의 경우에는 부담이었다.

▲ 호패

### 2) 전제(田制)와 세역(稅役) 부담

조선에서는 토지에 대해 전세(田稅)를 부과하고, 군현에는 공물(貢物)·진상(進上)을 부담시켜 필요한 물자를 조달하였다. 세(稅)의 일종으로 노역을 징발하기도 하였는데, 이러한 세역(稅役)은 신분에 상관없이 부과된 것으로 국가 운영의 기반이 되었다.

고려말 전제개혁의 일환으로 과전법(科田法)이 제정되어, 양반 관료에게는 경기 지역 땅을 과전(科田)으로 지급하였다. 과전은 세조 대에는 수조권의 세습 가능성을 차단한 직전(職田)으로 축소 운영되었고, 성종 대에 조(租)를 관청에서 걷어 나누어주는 관수관급제(官收官給制)를 실시하면서 점차 녹봉으로 흡수되었다.

건국 초에는 토지 등급을 상·중·하 3등급으로 구분하였다. 경작지는 3등급 중 어느 하나로 판정되면, 결(結)·부(負)·속(束)·파(把) 단위로 토지의 면적을 측량하였다. 서로 다른 양전척(量田尺)을 사용했기 때문에, 상·중·하전의 넓이는 서로 달랐다. 3등전 토지 1결의 실제 면적은 달랐지만, 300두(斗)의 동일한 생산량을 갖는 것으로 간주되었다. 경작지는 5결 단위로 자호(字號)를 부여하여 양안(量案)에 기재하였다. 정부는 재원이 필요한 기관이나 사업 부문에 대해서 자정(字丁) 단위로 토지를 분배하여, 재원을 마련하게 하였다. 이렇게 분속된 토지를 위전(位田)이라고 하였다. 토지 1결의 이론적인 세액은 10분의 1인 30두[2석(石)]였지만, 실제 세액은 답험손실(踏驗損實)이라 하여 작황에 대한 실사를 거친 후 풍흉(豊凶) 정도에 따라 조정되었다. 답험 업무는 수령과 향리가 주축이 되어 진행하였고, 중앙에서 파견된 경차관(敬差官)이 감독하였다.

세종 26년(1444) 전제(田制)의 전면적인 개정 작업이 이루어졌다. 전국의 토지는 단일한 기준에 의해 6등급으로 세분되었다. 생산량 설정이 달라졌기 때문에, 이전의 측량 방식과는 결부(結負)라는 용어를 사용한다는 점을 제외하고는 성격이 전혀 다른 6등 전제(田制)가 만들어졌다. 각각의 6등전은 400두 생산한다고 평가된 면적을 1결로 하였고, 세율은 새로 제정된 결부를 기준으로 20분의 1로 정해졌다. 상상(上上)에서 하하(下下)까지 9등급 연분(年分)으로 풍흉을 판단하였고, 해당 연분에 따라 1결의 토지는 최고 20 두에서 최하 4 두까지 부담하도록 하였다. 연분의 판정 단위를 면(面)을 기준으로 함으로써, 이해 관계에 따라 실무자의 판단이 개입되던 답험법의 문제점을 보완하였다. '연분 9등 · 전분 6등'으로 요약되는 개혁 법안은 『경국대전』의 규정으로 자리잡았다. 한편 개별적으로 할당된 위전(位田)은 국용전(國用田)으로 통합하였다. 전에는 각각의 관서에서 할당된 위전의 수세권을 가짐으로써 재원을 확보하였지만, 개정된 제도에 의해서 각각의 관서는 필요한 재원을 정해진 양의 미곡(米穀)으로 지급받게 되었다.

정부는 필요한 품목을 각 물품이 생산된다고 판단된 군현에 할당하여 조달하였다. 중앙의 관서와 지방의 군현은 공물(貢物)을 징수하고 납부하는 관계로 연결되었다. 군현에서 부담해야 할 공물은 그 종류가 다양하였고, 조달 방식도 물품에 따라 서로 달랐다. 화폐의 기능을 수행하던 포(布)는 상당량 해당 군현의 공노비 신공으로 충당되었다. 무기류 · 도기(陶器) · 자기(磁器)는 장인이 부담하였고, 어류는 어부들의 부담이었다. 짚이나 풀은 군현민 모두에게 부과되었다. 닥나무 · 왕골과 같은 품목은 군현에서 별도의 밭을 조성하여 일반 백성에게 부담이 돌아가지 않도록 규정하고 있지만, 이렇게 부담 방식이 규정된 물품은 오히려 예외적이었다.

납기일에 부담을 느끼는 각 군현에서는 중간 상인을 이용하여 물품을 해당 관서에 납부하도록 하고, 물품 비용과 수수료 일체를 미곡과 포화로 지급하는 방식을 활용하기도 하였다. 이른바 대납(代納) 혹은 방납(防納)이라는 공물 조달 방식이었다. 미곡 · 포화는 일정하게 화폐 기능을 수행하고 있었기 때문에 백성에게 부담을 나누기 용이한 점이 있었다. 특히 세종 26년 전면적인 전제 개혁을 통해서 토지 부분의 경제적 가치가 한층 정밀하게 평가된 이후에는, 토지량을 근거로 미 · 포를 부담시키는 대납 방식이 더욱 활성화되었다. 국가의 조세 납부 업무를 대행함으로써 막

대한 이윤이 발생하는 것이 현실이었고, 상인 및 특권층의 주요 치부 수단으로 이용되기도 하였다. 그러나 정부가 이러한 관행을 공식적으로 인정하지 않았기 때문에 공물 납부 방식은 상당 기간 음성적인 관행으로 남아 있었다.

왕실 및 정부에서 수시로 필요한 일상 물품을 조달하기 위해서 진상(進上)이 필요했다. 진상품으로 규정된 물품은, 수 개에서 수 십 개의 군현을 관장하는 관찰사(觀察使)나 병마절도사(兵馬節度使)가 조달의 책임을 지도록 되어 있었다. 전국의 관찰사와 병마절도사는 순서에 따라 보름 단위로 정해진 물자를 상납해야 했다. 진상 물품은 조달 책임자가 군역(軍役) 혹은 신역(身役) 동원으로 확보한 인력을 통해서 마련하도록 했지만, 현실적으로는 관할 지역의 백성에게 부담이 전가되었다.

정부는 필요한 노동력을 확보하기 위해 요역(徭役)을 부과하였다. 백성들은 축성(築城) 같은 대규모의 토목 공사에서부터 납세 물품의 선적 및 하역, 거리 청소 작업에 이르는 잡다한 노역에 동원되었다. 『경국대전』에서는 8결 단위로 인력을 동원하고, 한 해에 6일 이상 노역시키지 않는 것으로 규정되었다. 노역이 지닌 부정기적, 비정량적 특성에도 불구하고 이 규정은 조선후기까지 인력 동원의 표준으로 작용하였다.

### 3) 농업경영과 생활상

조선 정부가 국가 존립의 바탕으로 설정한 것은 경제적으로 자립하여 국역 부담을 담당하는 백성이었다. 즉, 가족 노동력을 활용하여 소규모의 영농 활동을 하는 층으로, 신분적으로 예속민이 아니어야 했고, 일정한 정도의 경작지를 확보하고 있어야 했다. 세종대 기록에 의하면, 하삼도의 경우 1결(結)정도 경작하면 견실한 농민층으로 간주되었다. 정부가 공인한 결부(結負)는 재정 운영 및 세금 징수를 위한 표시 방식이었기 때문에, 실제의 토지 가치를 나타내는 데는 한계가 있었다. 소의 하루 갈이를 나타내는 일경(日耕)이나, 곡물 투여량을 표시하는 두락(斗落) 같은 면적 중심의 표시 방식이 민간의 농업 생활에서는 더 중요한 기준이 되었다.

자연 재해가 풍흉에 절대적으로 영향을 미치는 현실에서 영농 규모가 크지 않다는 것은 그만큼 단순 재생산을 영위하는데 많은 어려움이 있었음을 의미했다. 소농은 여러 방식으로 경작 규모를 보완해야 했다. 조선 전기에 널리 사용된 방식은 병작(竝作)과 작개(作介)였다. 병작은 토지 소유자가 경작자에게 농토와 농기구·종자까지 공급하고, 해당 토지의 수확을 반으로 나누는 방식이었다. 작개는 논을 경작하게 하여 그 수확을 전량 토지 소유자가 갖고, 대신 경작자에게는 일정한 규모의 밭을 주어 밭에서의 수확은 전량 작개자가 갖도록 하는 방식이었다. 영농 능력을 초과하는 규모의 토지를 보유한 사람은 신분에 관계없이 병작이나 작개를 줄 수 있었고, 반대로 병작이나 작개를 행하는 경작자도 신분에 구애받는 것은 아니었다.

조선전기에 농장(農莊)이라고 해서 별도의 경작 방식을 사용했던 것은 아니었다. 관인층을 중심으로 한 대규모 경작지 보유자들은 자신의 토지를 한 곳에 집중적으로 가지고 있지 않았다. 하나의 군현 내에서도 여러 면(面), 혹은 여러 촌락에 소규모의 경작지가 분산된 형태로 존재하였다. 각각의 토지는 직접 노비 노동력을 투입하여 경작하기도 하였지만, 대개는 병작이나 작개를 통해서 경작되었다. 병작이나 작개는 일종의 경제적 계약 관계였지만, 여러 대에 걸쳐서 지속되는 관행의 지배를 받았다. 보통의 일반 농민은 자기 보유지에 추가하여 병작지, 작개지를 경작하면서 생활을 영위했다.

현지 유력자의 사채(私債)는 소농민이 생존하는 데 절대적으로 필요하였다. 백성들의 단순 재생산을 위해서 일정한 정도 사채의 도움이 필요했지만, 한편으로 고리(高利)의 사채는 일반 백성을 채무(債務) 노비로 전환시킬 위험이 있었다. 조선 정부는 이를 보완하기 위해 의창(義倉)을 운영하였다. 의창은 대체로 백만석 정도로 별도의 재원을 확보하여 봄에 곡물을 대여하였다가 가을에 무이자로 회수하는 것을 내용으로 하는 일종의 공채(公債)였다. 의창은 그 존재만으로도 사채의 고리대화(高利貸化)를 일정하게 제약하였다. 의창 미곡은 종자로, 식량으로, 조세 납부용으로 다양하게 활용되었다. 추수 뒤에 농민들은 의창곡(義倉穀)과 사채를 우선 갚아야 했다. 이어서 서울로 상납하는 전세를 조창(漕倉)에 납부하고, 다시 현지 군현에 내는 세곡을 주창(州倉)에 납부했다. 납부를 끝내면, 다음해 농사를 위해서 곡종(穀種)을 따로 비축하고, 남은 곡식으로 생활해야 했다. 생활을 위해서 의창이나 사채에 의지하는 것은 15세기 조선에서 일반화된 생활 방식이었다.

쌀 농사 외에도 맥류(麥類)와 두류(豆類)를 연작하는 농업 방식도 활용되었다. 정부는 맥류 농사에 대해서는 수확기에 따로 작황 조사를 하여 세 징수를 하였다. 이렇게 징수한 세곡을 가을 추수 후 징수하는 조세와 구분하여 선납(先納)이라 하였다. 다양한 곡물이 경작되었지만, 조세 부담은 쌀, 콩, 보리, 밀을 기본 물색(物色)으로 하였다. 잡곡을 경작할 경우 정부가 허가한 토지에 한해서만 재배한 경작물로 조세를 납부할 수 있었고, 그런 경우가 아니면 일정한 환산 기준에 의해 정해진 쌀·콩 등으로 환산하여 세 부담에 충당하였다.

### 4) 상업과 수공업

조선전기 상공업 분야는 농본주의 정책의 영향으로 정부의 강한 통제를 받아 크게 발전하지는 않았다. 상공업 분야에 대한 사회적 수요가 점증하면서, 정부의 통제책은 민간 부분의 요구에 의해 점차 이완되거나 수정되게 되었다.

서울, 개성 등 대도시에는 시전(市廛)이 형성되어 있었다. 서울이 새로운 행정 중심지로 건설되면서, 10만의 비생산 인구를 지탱하기 위해서 상업적 기능이 요구되었다. 태종 대에는 정부에 의해 행랑(行廊)이라는 상가가 종로와 남대문 일대에 조성되었다. 이들 시전의 상인은 공랑세(公廊稅)를 납부하고, 정부에서 필요로 하는 물자를 납부할 의무가 있었다. 16세기에 시전은 궁중과 부중에 물품을 납부하면서 독점 판매의 특권을 가진 어용상점(御用商店)으로 발전하였다. 육주비전(六矣廛)은 시전 중 대표적인 전이었고, 국역의 대가로 난전(亂廛)을 금지하는 특권까지 누리게 되었다.

조선 초기 상업 활동의 상당 부분은 조세 징수에 수반된 물자의 흐름에 부수하여 수행되었다. 물류에 요구되는 사회 기간 시설도 기본적으로는 조세 징수를 위한 것이었다. 조운(漕運)의 출발점인 포소(浦所)는 물자가 집결되는 장소였고, 물품의 거래가 이루어지는 곳이었다. 15세기 후반부터 자연 발생적으로 장시(場市)가 형성되었다. 전라도에서 시작된 장시는 정부의 규제에도 불구하고 전국적으로 확산되었다. 장시에서는 농촌의 가내 생산품과 보부상(褓負商)들에 의해 공급된 물품이 거래되었다. 조선은 건국 초부터 지폐인 저화(楮貨)와 동전의 유통을 시도하였으나, 시장에서의 활성화에는 실패하였고, 민간에서 통용되던 포화(布貨)와 쌀이 화폐로서의 기능을 수행하였다.

명(明)은 북방의 유목족과 남방의 왜구에 시달렸다. 세계 제국이었던 원(元)과는 달리 명나라는 폐쇄적인 정책을 고수하였다. 이런 분위기로 황해를 둘러싼 교역은 위축되었다. 이 시기 국제 교역은 조공(朝貢) 관계로 파생되는 관무역에 크게 의존하였다. 조선은 명뿐만 아니라, 여진・일본과도 관무역의 범주에서 교역하였다.

조선초기에는 관영 수공업 방식인 관장제(官匠制)가 우세하였다. 수공업 기술자인 공장(工匠)은 양인과 공천(公賤)으로 구성되었고, 서울과 지방 관청에 그 정원이 정해져 있었다. 모든 공장은 장적(匠籍)에 등록되어 일정기간 의무적으로 부역하였고, 부역 외에 개별적으로 생산한 부분에 대해서는 세금을 납부하고 판매할 수 있었다. 대부분의 농민들이 소요 수공업품을 자급하는 상황에서, 수공업자들은 농업을 겸하는 경우가 많았다. 서울 및 지방 관청을 상대하여 필요한 물품을 제조・공급하는 장인만이 전업수공업자가 될 수 있었다. 관부를 대상으로 생산하는 수공업자들은 자연히 관장화(官匠化)하였고, 이들은 정부의 인정을 받는 최고의 기술자층을 형성하였다.

관장(官匠)이 되지 못한 서울과 지방의 장인들은 민간 수공업자인 사장(私匠)층을 형성하였다. 사장으로서도 생계를 유지할 수 있을 정도로 수공업품에 대한 수요가 증가하면서, 이들은 개인적으로 양반의 사치품뿐만 아니라, 농민의 일상용품을 주문받아 생산하거나 시장에 공급하였다. 관에 소속된 공장(工匠)도 일정 부분 생산품의 판매가 가능했기 때문에, 관장제 생산 방식은 16세기부터 점차 민영수공업인 사장제(私匠制)로 중심이 옮겨졌다.

농민들은 자급자족을 목적으로 가내에서 수공업품을 생산하였다. 생산하는 물품은 면직물을 비롯한 옷감이 대종을 이루었다. 면직물은 의류용으로 가정에서 소비되었고, 국가의 조세 품목이기도 하였다. 면직물에 대한 시장 수요가 일정하게 발생하면서, 잉여생산품은 상품으로 판매할 수 있었다.

## 3. 사림세력과 사림정치

### 1) 훈구세력 지배하의 사회변화

14세기 말 이래 수리시설(水利施設)과 시비법(施肥法)의 발달로 점차 발전해온 조선의 농업 기술은 16세기에 이르러서 괄목할 만한 성과를 거두어 농업생산력이 크게 향상되었다. 또 과전법(科田法)이라는 수조권적 토지지배가 붕괴되어 양반관료들의 사적(私的) 토지소유에 대한 욕구가 더욱 증대하였다. 토지소유를 둘러싼 경쟁은 양반계층에서뿐만 아니라 지방의 사족·향리·농민·노비 등 모든 계층에서 일어났으며 그러한 현상은 갈수록 심해졌다.

토지겸병 현상은 민전(民田)에서뿐만 아니라 관둔전(官屯田)에서도 나타났고, 산림·어장에서도 겸병현상이 진행되었다. 특히 세조의 왕위 찬탈에 협조한 공신계열로 형성된 훈구세력들은 당시의 경제변동에 편성하여 자신들의 부를 축적하였다. 이들은 정치적·경제적 실권을 향유하며 방대한 토지와 노비를 소유해 갔다. 이들은 비옥한 삼남지방(三南地方)의 토지를 개간·매입·겸병 등 각종 방법을 통해 침식해 갔으며, 대규모 인원을 강제적으로 동원하여 바닷가의 해택지(海澤地)를 개간하기도 하였다. 왕실도 예외는 아니어서 내수사(內需司) 장리(長利)라 불리는 고리대를 이용하여 재산을 늘려갔는가 하면 토지뿐만 아니라 산림·어장·목장·하천까지도 겸병하였다. 한편 지방의 사족들은 훈구세력들과는 달리 천방(川防)과 보(洑)의 축조 등 관개농업시설을 발전시켜 생산력을 높여 가면서 재지 중소지주로 성장해 가고 있었다.

농업생산력의 향상은 유통경제도 변화시켰다. 구매력이 증대함으로써 지방의 장시(場市)가 발달하여 16세기 중반에는 거의 전국적인 유통망이 형성되었다. 또 대외무역에 있어서도 중국·일본과의 사무역이 발달하였다. 훈구세력들은 이러한 경제변동에 편승하여 커다란 부를 축적해 갔다.

대토지 소유를 기반으로 하는 농장의 확대는 또 다른 한편에서의 토지 상실을 의미하는 것이기 때문에, 토지소유의 경쟁에서 밀려난 농민들은 몰락의 길을 걷게 되었다. 토지를 잃은 농민들은 상인이 되거나 농장의 전호, 또는 노비로 전락했으며 유리하다가 걸인이 되기도 하였다.

농민들의 고통은 공납제(貢納制)와 부역제(賦役制)의 변질로 매우 심해졌다. 특히 공납이 가장 고통스러웠는데 사치와 문란이 만연한 연산군 대 이후 더욱 심해졌던 것이다. 공납의 경우, 액수도 많은 데다가 제 고장에서 나지 않는 물건을 내게 하거나, '인납(引納)'이라 하여 1~2년 치의 공납물을 한꺼번에 앞당겨 내게 하고, 더욱이 중간 상인들이 서리와 결탁하여 방납(防納)을 행함으로써 그 부담을 크게 가중시켰던 것이다.

부역제의 변질도 농민의 부담을 가중시켰다. 15세기에 비교적 잘 지켜지던 양인개병(良人皆兵) 원칙이 성종 대부터 점차 무너지기 시작하여 사족(士族)은 군역을 지지 않는 풍조가 일어났다. 결국 군역은 변질되어 갔고, 군사들이 과중한 부담을 면하기 위하여 보인(保人)에게서 받은 조역가(助役價)로 고인(雇人)을 사서 대신 군역을 부담케 하는 대립(代立) 현상이 일어나게 되었다. 군역이 수포대납(收布代納)·방군수포(放軍收布)의 형식으로 운영되면서 대립가(代立價)가 폭등하였다. 또 보인이나 정병(正兵)들이 대립가가 무거워 도망치는 일이 늘어나자 군적(軍籍)은 허실화되어 갔다.

농장의 확대와 공납·부역제의 모순은 토지소유에서 밀려난 농민들의 삶을 힘들게 만들었다. 전국 여러 곳에서 도적떼가 일어나고 그 중에는 정변까지 계획하는 야심가도 나타났다. 명종 대 양주 백정출신인 임꺽정(林巨正)은 황해도 구월산에 본거지를 두고 아전·노비·평민들을 규합하여 수 년간 도적활동을 하면서 서울과 서북지방을 연결하는 주요 통로를 장악하고 양반들의 재산을 빼앗았다. 또 선조 대에는 정여립(鄭汝立)이 대동계(大同契)라는 비밀결사를 조직하고 반란을 꾀하다가 실패한 일도 있었다. 16세기말에는 『정감록(鄭鑑錄)』과 같이 이씨왕조의 운명이 끝나고 화덕(火德)의 성을 가진 정씨(鄭氏)가 나타나 새 세상을 연다는 예언사상을 담은 책도 등장하였다.

### 2) 사림세력의 등장과 사화(士禍)

조선이 건국하여 양반사회가 확립된 지 약 100년이 지나는 동안 세력기반을 굳혀왔던 훈구세력과 대비하여 새롭게 경학(經學)을 중시하고 수기치인(修己治人)을 강조하는 신진세력이 대두하였다. 지방의 중소지주로 머물면서 학문을 쌓은 선비들이 농민들을 자율적으로 지배하기 위해 유향소(留鄕所)를 자치적으로 복립할 것을 주장하며, 사창제(社倉制)의 실시, 향사례(鄕射禮)·향음주례(鄕飮酒禮)의 보급 등을 통해 향촌사회에서 세력을 구축하고 있었다. 그들은 이상적인 도덕정치를 내세우며 훈구세력들의 특권적 비리행위를 비판하면서 정치세력으로 성장해 갔으니, 이것이 곧 사림세력의 등장을 뜻한다.

사림들이 중앙정계에 본격적으로 진출하기 시작한 것은 성종 대였다. 성종은 비대해진 훈구세력을 견제하기 위해 지방에 세력기반을 지닌 재야의 문인 학자출신인 사림들을 등용하였다. 중앙에 진출한 이들 신진사류(新進士類)들은 길재(吉再)의 학통을 이은 김종직(金宗直)과 그의 제자인 김굉필(金宏弼)·정여창(鄭汝昌)·김일손(金馹孫) 등 영남 출신의 사림들이 큰 비중을 차지하였으나 경기·충청·전라도 지역을 포괄하는 기호지방에도 널리 분포되어 있었다.

사림은 과거를 통해 입사하였고, 대간이나 홍문관 등 3사(司) 계통에 진출하여 언관(言官)과 경연관(經筵官)으로 활약하면서 훈구세력을 비판하는 한편, 그들 자신의 정치적 결속을 다지고 위치를 강화시켜 갔다. 사림들은 국정의 문란과 집권층의 부정 비리를 들어 훈구세력에 대한 비판의 강도를 높였는데, 특히 가장 중요한 정치적 쟁점은 훈구세력의 비리행위에 대한 비판이었다. 따라서 정계에는 훈구세력과 사림세력 사이의 대립이 조성되었고, 이것은 결국 사화로 나타났다.

최초의 사화는 연산군 4년(1498)의 무오사화(戊午士禍, 史禍)였다. 이것은 김종직이 지은 「조의제문(弔義帝文)」을 실은 사초(史草)가 문제가 되어 발생하였다. 사초의 내용은 중국의 고사(故事)를 빗대어 세조의 찬탈을 비난한 것인데, 평소 사림의 공격을 받아 수세에 몰려 있던 훈구대신 유자광(柳子光) 등이 이것을 문제삼아 연산군을 충동하여 김종직과 관련이 있는 김일손·정여창 등 수 십명의 사림을 죽이거나 제거하였던 것이다. 갑자사화(甲子士禍)는 연산군 10년(1504)에 연산군을 싸고도는 궁중(宮中)세력들이 연산군의 생모 윤씨(尹氏)의 폐출사사사건(廢黜賜死事件)을 들추어냄으로써 발생한 것이다. 이 두 사화는 사림의 비판에 대한 훈구세력의 정치적 보복으로 나타났던 것으로, 이에 따라 사림세력은 크게 후퇴하고 대간의 활동과 경연의 기능도 위축되었으며, 정치 운용은 매우 일탈된 모습을 보여주게 되었다.

1506년 박원종(朴元宗)·성희안(成希顔) 등은 연산군을 몰아내고 중종을 왕으로 추대하였다(중종반정). 중종은 도학(道學)을 숭상하여 무너진 유교정치를 다시 일으켜 세우고자 사림들을 등용하기 시작하였다. 이른바 조광조(趙光祖)로 대표되는 기묘사림(己卯士林)이 등장하여 정치의 운용형태를 크게 변화시켰다. 조광조 일파는 3사(司)의 언관직에 포진하여 자신들의 의견을 공론(公論)이라고 표방하면서 급진적 개혁을 요구하고 나섰다. 그들은 왕의 신임을 바탕으로 활발한 정치활동을 벌였는데, 그러한 목표와 지향은 훈구 공신세력에 대한 비판과 공격을 전제로 한 것이었고, 그로 인한 갈등 대립은 결국 기묘사화(己卯士禍)로 귀결되었다(중종 14년, 1519). 조광조 일파는 반역죄의 누명을 쓰고 제거되었으며, 사림의 개혁정치는 4년만에 끝나고 말았다. 그러나 이때 화를 입은 조광조·김정(金淨)·김식(金湜) 등은 '기묘명현(己卯名賢)'으로 높은 추앙을 받아 16세기 후반에 사림시대를 여는 정신적 바탕이 되었다.

중종 대 말엽에 이르러 훈구대신들을 견제하기 위해 다시 사림을 등용했고 인종 대에는 조광조의 신원(伸寃)이 이루어지고 사림세력의 진출이 뚜렷해졌다. 그러나 1545년에 명종이 즉위하면서 일어난 을사사화(乙巳士禍)로 인해 사림들은 다시 화를 입었다. 을사사화는 인종과 명종의 외척인 대윤(大尹)과 소윤(小尹)의 대립 갈등이 직접적인 원인이었지만, 점차 세력을 키워오던 사림세력에 대한 훈구세력의 탄압이기도 하였다.

장기간에 걸친 네차례의 사화로 사림은 그 때마다 타격을 입었지만 이미 전국적으로 확산된 사림의 정계진출을 막을 수는 없었다. 사림의 성장은 역사적인 추세였다.

### 3) 서원의 발달과 향약의 보급

사림은 여러 차례의 사화를 당해 죽고 쫓겨나면서도 그 세력은 시들지 않고 꾸준히 성장하여 마침내 정치를 주도해 나가기에 이르른다. 이것은 향촌사회에서 그 세력을 확대 재생산할 수 있는 서원(書院)과 향약(鄕約) 그리고 중소지주(中小地主)로서의 물질적인 토대를 가지고 있기 때문이었다.

사림들은 고려말 지방의 유학자들이 개인의 재산을 털어 서재(書齋)라고 불리는 사학(私學)을 향촌에 세워 제자들을 가르쳐 온 전통을 계승하고, 여기에 선현(先賢)을 봉사(奉祀)하는 사묘(祠廟)의 기능을 통합하여 서원을 창설하였다. 선현에 대한 봉사는 정신적으로 그들의 권위를 뒷받침해주는 것이었다.

최초의 서원은 중종 38년(1543)에 풍기군수로 있던 주세붕(周世鵬)이 세운 백운동서원(白雲洞書院)이었다. 그는 고려말 유학자인 안향(安珦)이 살던 경상도 순흥면 백운동에 회헌사(晦軒祠)라는 사당을 짓고 추모하다가 이듬해 사당 옆에 서원을 세워 자제들의 교육장소로 삼고, 주자(朱子)의 「백록동학규(白鹿洞學規)」를 채용해서 이름을 백운동서원이라고 하였다. 이 서원은 뒤에 이황(李滉)이 풍기군수로 부임하여 조정에 건의해서 국왕의 친필로 소수서원(紹修書院)이라는 현판을 하사받음으로써 소위 사액서원(賜額書院)의 시초가 되었다. 이즈음 지방 각지에는 서원이 증가하여 선조 때에는 이미 그 수가 100개를 넘었다. 이와 함께 사액서원의 수도 증가하였는데 여기에는 국가에서 서적・토지・노비 등 혜택을 주는 것이 하나의 상례와 같이 되었다.

서원은 차츰 국가에서 세운 향교보다 더 높은 권위를 지녀 양반자제들이 주로 여기에 입학하고, 평민자제들은 향교에 들어갔다. 서원은 지방에서 학문발전을 자극하고 향촌문화를 높이는데 기여하였으며, 여러 번의 사화에도 불구하고 사림세력의 확대재생산을 가능케 함으로써 학파와 당파의 결속을 강화하여 훗날 붕당정치(朋黨政治)를 뒷받침하는 데 커다란 구실을 하였다. 서원은 지방 사림들의 의견을 결집하는 데에도 중요한 역할을 하였던 것이다.

또 향촌사회에서 사림들의 지위를 강화하는데 기여한 것이 향약(鄕約)이었다. 당시 경제변동에 편승한 훈구세력의 비리행위에 직면한 사림들은 훈구세력이 대민 수탈을 위한 지방통제 수단으로 이용하던 경재소(京在所)・유향소(留鄕所) 등을 철폐할 것을 주장하면서 그 대안으로서 향약의 보급을 제안하였다. 이는 덕업상권(德業相勸)・과실상규(過失相規)・예속상교(禮俗相交)・환난상휼(患難相恤) 등의 유교 윤리를 향촌사회의 자치조직 속에서 실천함으로써 훈구의 비리를 배제하고 소농민층의 유망을 방지하여 향촌의 근본적인 안정을 달성하고자 한 것으로, 중종 14년(1519)에 조광조(趙光祖)의 적극적 주장으로 시행될 수 있었다. 조광조 일파는 『여씨향약(呂氏鄕約)』을 『소학(小學)』과 함께 국문으로 번역하여 전국적으로 보급하고 토호들의 횡포를 막고자 하였지만 기묘사화로 인해 실패하였다. 그러나 이후 향약은 각지의 사림들에 의해서 개별적으로 시행되었고, 조선의 실정에 맞는 다양한 형태로 만들어져 군현이나 향촌을 단위로 시행되었다. 이러한 성격의 향약은 이이(李珥)가 창안한 서원향약(西原鄕約)·해주향약(海州鄕約) 등을 토대로 하여 기호지방에 널리 퍼졌고, 영남지방에서는 도덕과 사회의 질서 안정에 주안점을 둔 이황의 예안향약(禮安鄕約)이 큰 영향을 주었다.

사림들의 생활기반은 중앙의 관직에 있기보다는 지방의 토지에 있었다. 그들이 소유한 토지는 서원을 건립하고 향약을 운영해 가는 토대가 되었다. 지방사림들은 토지와 서원·향약을 바탕으로 지방사회에서의 지지기반을 넓혀갔으며 드디어는 정치의 주도권을 잡기에 이르렀다.

▲ 도산서원

### 4) 사림정치의 전개

지방에서 견고한 기반을 구축하고 어려운 여건 속에서 꾸준히 성장해 온 사림세력은 사화로 인해 많은 피해를 입었지만 결국 선조 대(1567~1608)에 이르러서는 정계를 석권하고 사림정치를 전개해 나갔다.

사림세력이 중앙의 정계에 등장하여 지배세력으로 성장함에 따라 정치의 운영방식도 달라지게 되었다. 6조(曹)가 정책을 입안하고 국왕의 결재를 맡아 이를 집행하는 6조체제 자체에는 변함이 없었지만, 조광조의 등장 이래로 3사(司)를 중심으로 사림들이 정치적 발언권을 확대시켜 감에 따라서 정치를 이끌어 가는 방법이 달라지게 되었다. 3사가 사림의 의견을 집약하여 이를 공론(公論)으로 제시하게 됨에 이르러, 3사의 언론활동이 매우 활발해지고 그 정치적 지위가 크게 강화된 것이다. 3사는 법전이나 관례에 구애받지 않으며 활동 영역을 넓혀갔던 것이다.

또 경연이 정치의 중심에 위치하고 크게 활성화되어 여기에서 이루어진 정치적 논의나 대간의 언론활동은 공론을 표방하면서 큰 비중을 지니게 되었다. 특히 청의(淸議)의 소재인 홍문관과 공론을 수합하는 대간이 중요시되고 특별히 공론의 중요성이 강조되었다. 이것은 정치운영의 기반을 넓히고 독단성을 배제하려는 것으로, 경연에 참석한 왕과 상하의 모든 경연관이 함께 정치논의에 참여할 수 있었기 때문에 종래의 수직적인 정치질서는 상당한 변화를 겪었다.

이러한 가운데 3사의 의견을 통일하는 데 중요한 역할을 한 것이 이조의 전랑(銓郎)이었다. 이조 전랑은 그 관계가 5·6품에 해당하는 낮은 관직에 지나지 않았다. 원래 정부에서 당상관이 모든 면에서 절대 우세의 지위를 점했던 데 반하여 당하관(堂下官)인 낭청(郎廳)은 당상관의 지휘를 받아 행정의 실무를 처결하는 미미한 존재였다. 그러나 전랑은 3사의 하나인 홍문관의 신진기예(新進氣銳)한 유신 중에서 임명되어 사실상 당하관의 인사권을 관장하는 것이 관례로 되었다. 또 그가 전랑에서 물러날 때에는 그 후임의 임명은 이조판서도 관여하지 못하고, 물러나는 전랑 자신이 추천하도록 되어 있었다. 그리고 일단 전랑을 거치면 대개는 재상으로까지 쉽게 오를 수 있었다. 이러한 지위를 지닌 전랑이 3사의 의견을 실질적으로 주도해 나갈 수 있었다. 그러므로 전랑을 통하여 집약된 3사의 의견은 곧 사림 전체의 의견을 대변하는 것으로서 정치에 막중한 영향력을 발휘하였다.

이와 같이 사림정치는 경연관의 중요성을 부각시켰고, 대간의 권한을 신장시켰으며, 또한 인사를 담당하는 전랑의 지위를 크게 격상시켰다. 따라서 의정부와 6조를 근간으로 하여 재상이 정치의 중심을 이루던 조선 초기의 사정과는 큰 차이를 나타냈다. 그러나 사림정치에서 균형과 견제가 깨어질 경우, 그것은 정치와 권력의 중심을 하향화시키고 다원화시킴으로써 당쟁으로 전락할 요인을 가지고 있었다.

이러한 조짐은 선조 8년(1575)에 동인(東人)과 서인(西人)의 분열로 나타났다. 동인과 서인의 분당 배경에는 사림 내부의 기성관료와 신진관료의 이해 충돌, 학파와 지연의 차이, 그리고 훈구정치의 척결문제에 대한 강·온의 대립과 사림 내부에서의 엄격한 자체 비판 등이 존재하지만 표면적으로는 전랑(銓郎)을 둘러싼 심의겸(沈義謙)과 김효원(金孝元)의 반목에서 비롯되었다. 이때 심의겸을 중심으로 한 기성관료를 서인, 김효원 등 신진관료를 동인이라 칭하였다. 그 후 동인은 남인(南人)과 북인(北人)으로 갈라지고, 다시 서인이 노론(老論)과 소론(少論)으로 분열하여 이른바 사색당파가 형성됨으로써 조선의 사림정치는 뒷날 새로운 국면에 들어서게 되었다.

## 4. 양반 사회의 문화

### 1) 한글의 창제

조선전기의 대표적인 문화업적은 한글의 창제에서 찾을 수 있다. 세종

대 이전에는 한자가 주된 언어로 사용되었고, 일부의 이두(吏讀)나 구결(口訣)이 보조 수단으로 활용되는 문자 생활을 영위해 왔다. 그러나 세계적으로 유수한 문자인 한글의 창제는 전국민을 대상으로 한 언어체제가 가능하도록 만들어 민족문화 창달에 큰 기여를 했다. 한글의 창제는 세종대 중반 이후 조선왕조의 통치체제가 안정되고, 유교문화의 토대가 조성된 상태에서, 효율적인 대민교화(對民教化)를 달성하기 위해서는 국민 전체가 쉽게 사용할 수 있는 문자가 필요하다는 인식하에 이루어졌는데 집현전 학사들의 도움을 받아 세종이 친제(親制)한 것으로 알려져 있다.

한글은 세종 25년(1443) 홀소리 11자, 닿소리 17자 총 28자로 만들어졌다. 그리고 『용비어천가(龍飛御天歌)』와 『삼강행실(三綱行實)』 등을 지어 그 유용성을 시험한 후인 세종 28년(1446) 훈민정음(訓民正音)이라는 명칭으로 정식 공포되었다. 한글이 창제된 이후에는 여러 종류의 서적들이 한글로 간행되었는데, 중국의 음운서인 『홍무정운(洪武正韻)』을 언해한

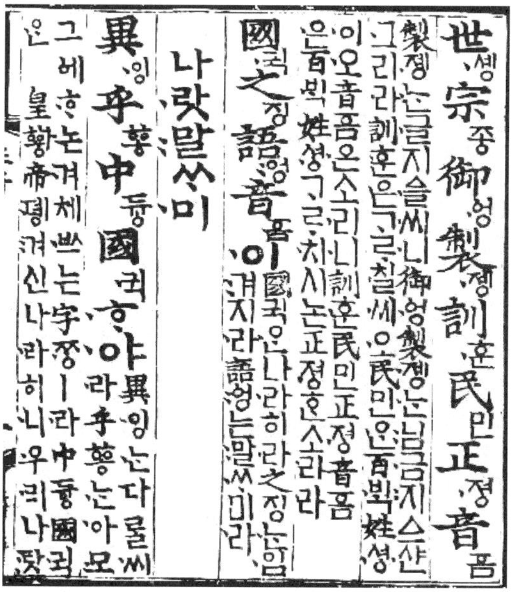

▲ 훈민정음

『동국정운(東國正韻)』, 석가의 덕을 찬양한 『월인천강지곡(月印千江之曲)』과 『석보상절(釋譜詳節)』 등의 편찬이 그 대표적이다. 세조 대에는 병서(兵書)와 농서(農書) 등이 한글로 지어져 실생활과 보다 밀접한 연관을 갖게 되었다.

그러나 한글은 한자를 전면적으로 대체하려는 의도하에 창제된 문자가 아니었기 때문에 사용하는 사람과 범위는 제한적이었다. 한글은 사대부들의 문자생활에서 거의 활용되지 못하였고, 언문(諺文)으로 비하되면서 궁중이나 양반가 부녀자들의 의사 소통을 위해 제한적으로 사용된 경우가 많았다. 그리고 당시 국가에서 편찬했던 대다수의 서적들은 여전히 한자로 지어졌고, 한글로 간행된 것은 국가의 기밀 문서나 왕조의 정당성을 표방하는 책, 불교와 관련된 서적, 유교윤리를 보급하려는 목적으로 간행된 책 등으로 그 내용이 한정되었다. 따라서 한글이 전국민의 보편적인 문자로서 사용되는 것은 오랜 세월을 경과해서야 가능하였다.

### 2) 편찬 사업의 융성

조선전기에는 국가 주도하에 다양한 형태의 문헌들이 편찬되었다. 이것은 세종대의 집현전(集賢殿)과 성종대의 홍문관(弘文館) 등 전문적인 학문 기관이 설치되고 이곳에서 많은 학자들이 양성되어 왕성한 학술활동을 벌였기 때문에 가능하였다. 이 시기의 학자들은 성리학에만 매몰되지 않고, 국가의 통치기반을 마련하는 데 필요한 다양한 분야를 연구의 대상으로 삼았는데, 그 결과 각종 관찬(官撰) 문헌의 편찬·제술 작업이 활발히 이루어졌다.

당시에 편찬된 문헌중 역사서가 우선 관심을 끈다. 이때의 역사서는 과거의 역사가 후대의 귀감(龜鑑)이 된다는 인식 아래 국가가 주도하여 편찬하였다. 먼저 조선왕조실록(朝鮮王朝實錄)은 각 왕대(王代)마다 편년체의 방식으로 편찬되었는데, 태종 13년(1413) 『태조실록』이 나온 이래 조선 멸망기까지 지속적으로 편찬·간행되었다. 실록은 현 국왕이 사망하면 춘추관(春秋館)의 사관이 매일의 업무를 직필(直筆)했던 시정기(時政記)와 각종 공사의 문서들을 기본 사료로 삼아 실록청(實錄廳)이 편찬하였고, 춘추관(春秋館), 성주(星州), 전주(全州), 충주(忠州) 등에 설치된 사고(史庫)에 보관하였다.

당대사를 정리한 실록과는 별도로 전조(前朝)인 고려시대사를 정리한 『고려사(高麗史)』와 『고려사절요(高麗史節要)』가 문종 대에 편찬되었다. 『고려사』는 세가(世家), 지(志), 연표(年表), 열전(列傳)으로 구성된 기전체(紀傳體)의 정사(正史)이며, 『고려사절요』는 편년체(編年體)로 서술되었는데, 이들은 현재 고려시대를 연구하는 기본 사료가 되고 있다. 그밖에 역대 국왕의 중요한 선정・치적을 간추린 『국조보감(國朝寶鑑)』이 세조 이후 편찬되어 국왕의 국가통치에 주요한 참고서로 활용되었고, 단군조선부터 고려시대까지의 역사를 통사(通史)로 정리한 『동국통감(東國通鑑)』이 성종 대에 편찬되었다.

조선시대에는 국민의 통치를 법의 지배가 아닌 예의 규범적 실천을 통해 달성한다는 예치주의(禮治主義)가 강조되었다. 이를 위해 예학의 연구가 태종 대부터 시행되었는데, 세종 대의 고제연구(古制硏究)를 통해 더욱 심화되었다. 이 과정에서 『주자가례(朱子家禮)』의 이해를 기반으로 향촌에서의 가묘(家廟) 설립과 삼년상(三年喪)의 준수 등이 강조되었다. 그러나 이러한 가례보다는 길례(吉禮), 가례(嘉禮), 빈례(賓禮), 군례(軍禮), 흉례(凶禮)의 오례(五禮) 연구를 통해 국가례(國家禮)의 확립에 노력을 기울였다. 그 결과 성종 5년 『국조오례의(國朝五禮儀)』가 편찬되어 이후 국가통치의 중요한 전범이 되었다.

또한 전국의 효율적인 통치를 위해서는 지리서의 편찬이 필요하였다. 세종 12년(1430) 처음으로 『팔도지리지(八道地理志)』가 편찬되었고, 그 가운데 경상도지리지(慶尙道地理志)만이 현재 남아 있는데, 이를 수정한 것이 『세종실록』 지리지이다. 그 후 새로운 지리서의 편찬이 시도되어 성종 12년(1481) 『동국여지승람(東國輿地勝覽)』으로 귀착되었는데, 이를 증보한 『신증동국여지승람(新增東國輿地勝覽)』이 중종 대 간행되어 오늘날까지 남아있다. 『동국여지승람』은 인문지리서로 건치연혁(建置沿革), 풍속(風俗), 형승(形勝), 학교(學敎), 성곽(城郭) 등 31개의 편목으로 구성되었는데, 정치, 경제, 군사 등 국가 통치에 필요한 제반 사항뿐 아니라 인물(人物), 시문(詩文) 등의 인문적인 사실 역시 서술의 대상이 되었다.

### 3) 성리학의 발달

고려후기 신흥사대부의 이념으로 원으로부터 수용된 성리학은 경전에 대한 훈고(訓詁)와 주소(註疏)를 기반으로 하는 한(漢)·당(唐)의 유학과는 다른 철학적인 유학이었다. 성리학은 우주의 이치와 인간의 본성을 이기론(理氣論)을 통해 종합적으로 파악하려는 사유체계이다. 성리설에 따르면 우주만물은 형이상의 이(理)와 형이하의 기(氣)의 결합으로 이루어지는데, 이는 사물의 본성(本性)을, 기는 사물의 형질(形質)을 각각 형성한다고 한다. 이와 기는 자연부터 인간에 이르기까지 보편적인 성격을 갖는 존재로 규정되었다. 그러나 한편으로 기질(氣質)의 변화 가능성이 지적됨으로써 사물 사이의 차별이 인정되었고, 올바른 인격을 형성하기 위한 수양과 교육이 강조되었다.

성리학은 고려말 국가체제에 대한 사대부들의 현실비판을 바탕으로 수용되었다. 그런데 성리학의 수용과정에서 사대부들은 도리와 명분을 강조하는 축과 현실적인 사장(詞章)을 중시하는 축으로 양분되었다. 이성계의 역성혁명을 반대하여 낙향한 길재(吉再)와 그 문인들이 전자에 해당하고, 정도전(鄭道傳), 권근(權近) 등 왕조 개창을 주도한 인물들이 후자에 속한다. 후자는 이후 세조의 왕위 찬탈 과정에서 도리론(道理論)을 주장한 사육신·생육신이 제거되자 더욱 위축되었고, 이로 인해 훈구파로 지칭되는 전자 계열이 15세기 학문을 주도하였다.

조선초기의 유학은 세종 대를 거치면서 크게 발달하였다. 세종은 집현전을 설치해 학자들을 양성하였고, 경연을 통해 성리대전(性理大典), 근사록(近思錄) 등을 연구해 성리학의 진흥을 꾀하였다. 이러한 학문풍토는 세조 대 집현전의 폐지로 일시 약화되었으나 성종 대 홍문관의 설치로 다시 부흥되었다. 조선초기의 학문은 집현전과 홍문관 출신 학자관료들의 활약에 힘입어 발달하였고, 국가의 문물 제도 역시 이들 주도하에 정비되었다. 이들의 학문은 성리학 일변도에서 벗어나 국가체제의 정비에 필요한 여러 부분의 학문을 종합하는 경향이 있었다.

한편 이 시기의 학자들은 유교주의를 확립하기 위해 불교·도교 등의 이단(異端), 특히 불교에 대해 강력히 비판하였다. 정도전의 「심기리편(心氣理篇)」「불씨잡변(佛氏雜辨)」 등에서의 불교 비판이 대표적인데, 이것은 태조 대의 도첩제(度牒制)의 시행과 태종 대 사사전(寺社田)의 축소, 세종 대 종파의 선(禪)·교(敎) 양종(兩宗)으로의 통합 등의 국가 정책으로 이어졌고, 이로 인해 불교는 크게 위축되었다. 또한 국가에서는 유교적인 사회질서를 유지하고자 향촌에서의 『소학(小學)』의 보급과 실천을 추진하였고, 『삼강행실도(三綱行實圖)』의 간행을 통해 군신, 부자, 부부간의 윤리의식을 강조하였다. 아울러 충신, 효자와 열녀, 효부에 대해서는 적극 포상하였다.

15세기 훈구파 중심의 성리학은 성종 대 이후 사림의 등장으로 크게 변화하였다. 길재의 학풍을 이은 김종직(金宗直)·김굉필(金宏弼)·정여창(鄭汝昌) 등의 사림세력들은 도학정치(道學政治)를 내세우며 중앙정계에 등장하였다. 이들은 기존 훈구세력과 대립하다가 연산군 대 이후 몇 차례의 사화를 당하지만 점차 그 세력을 확대하였고, 결국 선조 대 이후 정계의 주류를 형성하였다. 이들은 정치적으로 도학적 왕도정치를 주장했고, 학문에서는 이기(理氣)·심성론(心性論)에 대한 탐구를 심화시켰다.

이 시기의 성리학은 주리론(主理論)과 주기론(主氣論)이 상호 대립하면서 발달하였다. 주리론은 사물의 본질인 이(理)와 현상인 기(氣)는 상보(相補)적인 관계이지만 이가 기를 움직이는 본원이며, 인간의 심성에서도 기는 가선가악(可善可惡)한 가변적 가치에 불과하지만 이는 순선무악(純善無惡)한 절대적 가치라고 파악하였다. 이 학설은 이언적(李彦迪)에서 시작되어 이황(李滉)에 의해 집대성되는데, 그 문하에 유성룡(柳成龍)·

정구(鄭逑) 등이 나와 영남학파(嶺南學派)를 형성하였다. 반면에 주기론은 우주만물의 근원은 기이고, 사물의 현상은 모두 기의 변화이고, 이는 기를 움직이는 법칙에 불과하다고 파악하였다. 따라서 인간의 심성도 본연(本然)의 성인 이보다는 기질(氣質)의 성인 기가 더 중요하다고 파악하였다. 이 학설은 서경덕(徐敬德)에서 시작되어 이이(李珥)가 집대성하였는데, 그 문하에 성혼(成渾) · 김장생(金長生) 등이 배출되어 기호학파(畿湖學派)를 형성하였다. 이들 영남 · 기호학파는 이후 학문적으로나 정치적으로 상호 대립하면서 발전하였다.

### 4) 과학 기술의 발달

조선전기에는 고려말의 혼란을 수습하고 새로운 국가체제를 형성하는 과정에서 실용적인 과학기술이 크게 발달하였다. 이것은 종래의 경험을 기반으로 왕도정치(王道政治)의 이념과 실제의 과학이 합리적으로 결합되어 독자적인 단계로 나아간 결과였다.

이 시기에는 토지에서의 연작상경법(連作常耕法)이 정착되는 가운데 품종 및 농구의 개량, 수리 시설의 확충에 힘입어 신전(新田) 및 황무지의 개간이 광범위하게 이루어졌다. 국가에서는 중국의 선진기술을 참조하여 조선에 적합한 농법을 정착시키려고 노력하였다. 세종 12년(1430)에 간행된 『농사직설(農事直說)』은 중국의 농법을 그대로 도입하는 방식에서 벗어나 조선의 풍토가 중국과 다르다는 인식하에 농부들의 직접 경험을 토대로 편찬된 농서이다. 성종 대에는 강희맹(姜希孟)이 금양에서의 농사 경험을 바탕으로 『금양잡록(衿陽雜錄)』을 지었는데, 『농사직설』과 함께 이 시기 대표적인 농서로 평가되고 있다.

천문학은 농업과 밀접한 관계를 가지고 발달되었다. 이 시기의 천문학은 왕의 치덕(治德)은 농정(農政)을 통해 알 수 있고, 그 농정은 천문의 올바른 관측을 통해 이루어진다는 유교적 인식을 바탕으로 세종 대에 크게 발달하였다. 세종 24년(1442) 강우량의 측정을 위한 측우기(測雨器)와 수

표(水標)가 발명되었는데, 이를 각 지역에 보내 전국의 강우량 실태를 조사하였다. 한편 천문대인 대간의대(大簡儀臺)가 경복궁에 설립되었고, 대간의(大簡儀), 간의(簡儀), 혼천의(渾天儀) 등 천문 관측기구와 해시계인 앙부일귀(仰釜日晷), 물시계인 자격루(自擊漏) 등이 제작되었다. 한편 천문학의 발달을 배경으로 역법(曆法) 또한 정리되어 송·원과 아라비아의 역법을 참조하되 조선을 기준으로 한『칠정산(七政算)』내외편(內外篇)이 제작되었다.

조선전기의 군사 기술은 화포의 개량과 거북선(龜船)의 제조 등에서 중요한 발전이 이루어졌다. 고려말 최무선이 화포를 주조해 왜선을 격퇴한 이래 화약의 제조 및 이를 사용할 유통식(有筒式) 화포의 개량이 계속되어 그 사거리와 살상범위가 확대되었다. 아울러 일종의 작열탄인 비격진천뢰(飛擊震天雷)와 로켓탄인 신기전(神機箭) 등 다양한 무기들이 만들어졌고, 화포를 탑재한 화차(火車)가 대량 제조되었다. 이러한 화약 병기는 세종 대 4군 6진의 개척 당시에 그 효용성이 인정되었고, 조선전기의 군사력 안정에 주요 토대가 되었다. 한편 당시 조선술의 발달을 기반으로 태종·세종 대에 거북선이 제작되어 수군 전력에 기여했고, 후일 임진왜란에서는 수군의 활약에 중요한 토대가 되었다.

이 시기 의학은 고려 이래의 전통을 기반으로 중국 의학의 적극적인 수용을 통해 조선의 독자적인 체계 수립이 모색되었다. 초기 의서와 약재는 대부분 중국제로 약재의 구입에 어려움이 많았는데, 이를 타개하고자 향약(鄕藥)의 사용을 적극 모색하였고, 그 결과 세종 15년(1433)에『향약집성방(鄕藥集成方)』이 간행되었다. 그리고 역대 중국 및 국내의 의서를 망라하여 세종 27년(1445) 일종의 의학 백과사전인『의방유취(醫方類聚)』를 간행하였다. 이같은 의서의 편찬 및 의학의 발달은 결국 광해군 2년(1610) 허준(許浚)의『동의보감(東醫寶鑑)』으로 이어져 의학사상 일대 진보를 이루게 되었다.

한편 조선전기에는 각종 관문서의 출간이 증가하고 숭유(崇儒) 정책으로 유교의 경전 및 역사, 시문 등의 서적이 다량으로 유통되자 여기에 소요되는 활자의 개발이 활발해졌다. 태종 3년(1403)의 계미자(癸未字)가 개발된 이후 금속활자의 제작이 성행하여 세종 2년(1420)에는 경인자(庚寅字)가, 동왕 16년(1434)의 갑인자(甲寅字)가 제작되었다. 이같은 금속활자는 주로 대량의 서적을 인쇄할 때 사용되었는데, 여기에 고려이래 사용되었던 목판인쇄 역시 여전히 성행하여 이 시기 활발한 서적 간행에 중요한 구실을 수행하였다.

### 5) 문학과 예술

조선초기의 문학은 대체로 한문학이 주류를 이루었다. 사(辭)·부(賦)·시(詩)·문(文) 등의 한문학은 사대부의 교양으로 간주되어 많은 문장가들이 나왔는데, 이러한 사회현상을 배경으로 성종 대 서거정(徐居正)이 왕명으로 『동문선(東文選)』을 편찬하여 역대의 시·문을 선별 정리하였다. 그리고 고려후기의 설화문학이 조선에도 이어져 서거정의 『필원잡기(筆苑雜記)』나 성현(成俔)의 『용재총화(慵齋叢話)』 등이 저술되었다. 한편 제사 및 연향의 춤곡으로 연주되었던 악장(樂章)이 제작되었는데, 한글로 지어진 『용비어천가』와 『월인천강지곡』, 태조의 무덕(武德)을 칭송한 「납씨곡(納氏曲)」「정동방곡(靖東方曲)」 등이 그 대표적인 작품이다. 그밖에 「화산별곡(華山別曲)」이나 「불우헌가(不憂軒歌)」 등과 같은 경기체가(景幾體歌)가 성행하였고, 고려말 이후 시작된 시조(時調)와 가사(歌辭)가 사대부 및 사회의 여러 계층에 의하여 불려졌다.

음악의 정리는 예(禮)가 차별을 근거로 상하의 질서를 강조하지만 악(樂)은 만민의 화합을 이루는 효용이 있어 양자가 겸용되야 한다는 예악일체(禮樂一體)의 관념과 연관되어 모색되었다. 그러나 실제로는 국가제사의 과정에서 연주되는 제향악(祭享樂)과 사신 접대 및 각종 연회에 쓰는 연향악(宴享樂)을 중심으로 정리되어 그 실용성이 강조되었다. 이 시기 음악은 세종 대 활약했던 박연(朴堧)에 의해 독자적인 체계가 이루어졌고, 그의 이론을 바탕으로 성종 대에 『악학궤범(樂學軌範)』이 편찬되었다.

조선전기의 미술은 왕실 및 사대부의 유교적인 문화의식과 연결되어 고려시대와는 다른 모습을 보였다. 우선 고려시대에 사원이 건축의 주된 대상이었던 것과는 달리 조선전기에는 궁궐과 제단, 학교, 성곽 등이 주요 건축물이었다. 수도인 한양에는 국왕의 거처인 경복궁(景福宮), 창덕궁(昌德宮), 창경궁(昌慶宮) 등의 궁궐이 조성되었고, 각종 관아의 시설이 마련되었다. 아울러 종묘・사직을 비롯한 국가차원의 각종 제단과 문묘(文廟) 및 향교(鄕校) 등이 경향(京鄕) 각지에 건설되어 유교주의가 건축에 미친 영향을 보여 주었다. 지방의 경우 행정의 치소(治所)에는 읍성(邑城)을 쌓고, 군사 요충지에는 행성(行城), 산성(山城) 등을 수축하여 군사 및 행정 중심지로의 역할을 강조했다. 한편 사원건축은 척불주의(斥佛主義)로 인해 고려시대보다는 미약했지만, 왕실의 보호하에 흥천사(興天寺), 개경사(開慶寺) 등이 능침사사(陵寢寺社)로 축조되어 그 명맥을 이어갔다.

공예는 주로 왕실과 사대부의 수요를 중심으로 자기(磁器)가 성행하였는데, 문방구(文房具)류가 많았다. 먼저 고려말기의 청자 기형을 바탕으로 풍만하고 율동적인 변형을 이룬 분청사기(粉靑沙器)가 성행하였는데, 점차 태토(胎土)와 유약(釉藥)이 백자화(白磁化)됨으로써 소멸하였다. 이 시기의 대표적인 공예품은 백자(白磁)로 고려시대 이래로 명맥이 이어져 오던 것이 조선초기에 이르러 질적인 향상을 이루었다. 당시 백자는 유연한 선의 흐름을 절제하면서 순백의 색상으로 채색되었는데, 그 단아한 형태와 색채는 왕실과 사대부의 취향과 부합하여 크게 발달하였다.

서예는 사대부의 필수 교양으로 성행하였다. 이 시기에는 고려말에 유입된 조맹부(趙孟頫)의 송설체(松雪體)가 유행하여서, 안평대군(安平大君)이 대가로 꼽히고 있다. 또한 왕희지체(王羲之體) 역시 성행하였는데, 인종 대의 한호(韓濩)는 왕희지체를 기반으로 독자적인 석봉체(石峯體)를 완성하여 유명하다. 한편 이 시기의 회화는 산수화를 중심으로 인물화, 화조화 등이 성행하였는데, 화풍에 유교의 영향이 강하였고, 억불정책으로 불화(佛畵)가 쇠퇴하는 경향을 보였다. 이 시기에는 고려시대의 전통을 계승하면서 남송(南宋)의 원체(院體) 화풍을 중심으로 명(明)의 원체파(院體派) 및 절파(浙派) 화풍 등 다양한 경향을 수용하였다. 당시에는 왕실 및 사대부 출신으로 문인화(文人畵)를 그린 경우가 많으며, 강희안(姜希顔), 강희맹(姜希孟) 등의 활약이 두드러졌다. 그러나 일반적으로 도화서(圖畵署) 소속 화원들의 작품이 많은데, 세종 대 안견(安堅)의 「몽유도원도(夢遊桃源圖)」와 중종 대 이상좌(李上佐)의 「송하보월도(松下步月圖)」 등이 그 대표작이었다.

## 5. 양반 국가의 대외관계

### 1) 15·16세기 동아시아의 국제질서

중국에서 명(明)이 건국된 1368년 이후 원(元) 중심으로 짜여져 있던 동아시아의 국제질서는 차츰 명 중심으로 재편되어 갔다. 명은 중국 대륙 내부의 여러 세력을 통합한 데 이어 고비사막 북쪽으로 쫓겨나 있던 북원(北元)마저 멸망시킴으로써(1391) 동아시아 중심 국가의 위치를 확립하였다. 이어서 조선이 건국되고, 일본에서도 남북조(南北朝) 시대가 끝나고 무로마치(室町) 막부 시대가 시작되었다(1392). 이처럼 세 나라가 비슷한 시기에 큰 변화를 겪은 뒤 국제정세는 차츰 안정을 이루며 새 질서를 형성해 갔다.

명은 건국 이후 조공제도(朝貢制度)의 재확립을 목적으로 새 국제질서의 형성을 적극적으로 추진하였다. 새 국제질서의 골격은 이미 14세기 후반에 명이 중심이 되어 동북아시아 및 동남아시아의 여러 국가를 포괄하는 형태로 갖추어졌으나, 명의 정세 변동 및 조선의 건국과 일본의 새 막부성립 등과 관련하여 15세기 초엽까지 다소 진통을 겪었다. 그 후 명과 조선 및 명과 일본의 관계가 정상화됨으로써 명 중심의 동아시아 세계질서가 갖추어져, 약 2세기 동안 큰 동요 없이 유지되었다. 동아시아의 여러 국가가 모두 명에게 사대(事大)를 하는 한편, 명을 제외한 나머지 국가 서로는 대등한 위상에서 교린(交隣)관계를 맺었다.

조선의 대외관계도 이러한 틀에서 크게 벗어날 수 없었다. 그러나 조선은 명을 제외한 인접 국가와의 외교에서 형식적으로만 대등한 교린관계를 갖추고자 하였다. 국가의 체제를 제대로 갖추지 못한 여진족과의 관계는 물론이고, 일본이나 유구(琉球) 왕조와의 관계 역시 내용적으로는 그들로부터 사대를 받는 것으로 간주하였다. 이러한 양상은 명에 대한 사대에도 비슷하게 전개되었다. 비록 공식적으로는 명의 제후국이라는 위상에서 벗어날 수 없었지만, 조선 또한 천명(天命)을 받들어 탄생한 왕조로 자부한 까닭이었다. 태조 이래의 역대 왕의 묘호(廟號)에 황제만이 쓸 수 있는 조(祖)와 종(宗)을 사용한 것도 그러한 의식의 소산이었다.

명 중심 국제질서가 작용하는 동안에도 동아시아 사회에서는 크고 작은 전쟁이 계속되는 한편, 새로운 요소가 등장하는 변화가 일어나고 있었다. 명의 성조(聖祖)가 정화(鄭和)를 보내 아프리카 동해안까지 탐험토록 한 사실이 유명하지만, 조선에는 그가 몽골 세력을 직접 정벌하다 사망하였던 일과 영종(英宗)이 몽골에게 사로잡혔던 일이 더 큰 충격을 주었다. 명과 몽골의 군사적 충돌이 수그러든지 얼마 지나지 않은 15세기 후반부터 일본에서는 전국시대가 시작되었고, 이로부터 다시 왜구가 발생하였다. 나아가 아메리카 대륙에 진출한 스페인과 포르투갈 상인들이 아시아 사회에 진출함으로써 동아시아 국제질서의 내용에도 상당한 변화가 일어나게 되었다. 그렇지만 국제질서가 결정적으로 새로운 내용으로 바뀌도록 만든 것은 조선과 긴밀한 관계 아래 있던 여진족 세력이었다.

15·16세기 동안 조선으로서는 명을 중심으로 하여 사대교린관계로 서로 연결되는 국가들의 세계가 곧 세계 전체였다. 원 중심의 국제질서가 작동하던 때와 달리, 동아시아 세계를 벗어나는 지역과의 문물교류는 많지 않았다. 13·14세기에 비해 동아시아 내부의 인적 물적 교류조차 크게 줄어들었고, 그 결과 조선의 세계를 인식하는 안목도 자연히 좁아지게 되었다. 여기에 더해 조선을 이끌어간 양반 관료들의 소중화(小中華) 의식

도 동아시아 세계가 변화하고 있는 현실을 직시하는 데 상당한 제약을 주었다. 16세기 말엽에서 17세기 전반에 이르는 시기에 명 중심 국제질서에 대한 강력한 도전이 일어났을 때 조선이 큰 피해를 당한 것은 그 때문이었다.

## 2) 명과의 관계

이성계(李成桂)를 도와 조선 건국을 주도한 세력은 고려말 친명반원정책(親明反元政策)을 주장한 사람들이었다. 따라서 조선이 건국된 뒤 자연히 친명정책의 기조가 유지되었다. 그러나 조선 건국 직후 처음에는 두 나라 사이에 한동안 국가적 이해관계를 놓고 팽팽한 줄다리기가 진행되었다. 특히 명 태조는 조선을 국호로 선택해 보냄으로써 새 왕조의 개창을 승인하는 한편, 조선의 태조에게 줄 인신(印信)과 고명(誥命)을 보내지 않고 막대한 세공(歲貢)을 요구함으로써 조선을 강력히 통제하려고 하였다. 이로써 발생한 두 나라의 갈등은 각기 새로운 군주가 즉위하면서 해결되었다. 이러한 과정을 거쳐 조선의 대명관계는 점차 안정되었고, 대체로 이러한 안정 기조가 내내 유지되었다.

그러나 조선과 명 사이의 대립과 갈등이 없을 수 없었는데, 가장 중요했던 것이 여진족에 대한 영향력 행사 문제였다. 조선은 태조가 왕위에서 물러난 뒤 여진족에 대한 영향력이 크게 약화된 반면, 명은 성조(成祖) 즉위 후 여진족에 대한 통제를 강화하는 데에 상당한 성공을 거두게 되었다. 조선 태종 때부터 명과의 관계가 정상화된 것은 조선이 이같은 변화를 어쩔 수 없이 수용한 결과였다. 그 후 여진족에 대한 명의 통제력은 더욱 강화되었으며, 조선은 그 대신 명에 보내던 막대한 세공의 부담을 줄이는 데에 성공을 거두었다. 조선에 큰 부담이 되었던 금과 은의 세공(歲貢)은 세종 때에 면제되었으며, 수는 많지 않지만 사회적 파장이 컸던 환관과 처녀를 바치는 일도 세종 중엽 이후 중지되었다.

양국 사이에는 공식적인 사행(使行)의 왕래가 있었다. 조선은 정월 초

하루와 황제의 생일 및 황태자의 생일을 경하하는 하정사(賀正使), 성절사(聖節使), 천추사(千秋使) 등의 사행(使行)을 명에 정기적으로 파견하였다. 이처럼 한 해에 세 차례씩 보내는 정규 사행 외에도, 조선은 새 황제의 즉위 등 기회가 생길 때마다 사신을 파견하였다. 조선은 이들 사신을 통하여 조공(朝貢)을 바쳤고, 명이 이에 답하는 물건을 회사(回賜)의 형식으로 내어줌으로써 무역이 이루어졌다. 조공품은 말과 인삼, 가죽제품, 모시와 같은 직물 등이었고, 명의 회사품은 비단과 자기, 약재, 서적 등이었다. 이에 비해 명이 조선에 사신을 파견하는 일은 자주 이루어지지 않았다. 그러나 일단 명에서 사신을 파견하게 되면, 조선은 그들 일행의 접대를 위해 많은 재정을 지출하여야 했다.

조선의 명에 대한 사대는 대부분의 기간 동안 의례적인 것을 넘어서지 않았다. 그러나 경우에 따라 명이 왕위 계승과 같은 중요한 정치 문제에 간섭할 수 있는 소지도 없지 않았다. 그러므로 조선에서는 명의 책봉(冊封)에 커다란 주의를 기울였다. 조선이 경제적으로 큰 부담을 지면서도 한 해에 세 차례 이상 명에 조공을 하면서 원만한 관계를 유지하고자 노력한 이면에는 선진 문화를 수입한다는 점 이외에 이러한 미묘한 문제도 아울러 작용하였다. 그러나 16세기 말엽 이후 여진족의 세력이 급격히 커지면서 명 중심 국제질서에 동요가 일어나자, 명은 전례 없이 왕위 계승에까지 관여하면서 조선의 협력을 강제하기 위해 실질적인 영향력을 행사하려고까지 하였다. 국제정세가 급변하여 명과 여진족이 세운 후금(後金) 사이에서 외교에 큰 어려움을 겪는 가운데, 조선은 명의 과도한 요구를 거절하면서 광해군의 왕위 계승과 인조의 즉위에 대한 명의 승인을 얻기 위해 많은 노력을 경주하였던 것이다.

### 3) 일본에 대한 교린 외교

조선 건국 후 일본에 대한 외교는 왜구 문제를 평화적으로 해결하는 데에 초점이 맞추어졌다. 왜구가 조선 건국 후에도 아직 근절되지 않고 있기 때문이었다. 이에 조선은 건국 직후 일본의 새 막부 정권에 사람을 보내 왜구 금지와 포로 송환을 요구하면서 적극적 자세를 취했으나, 막부 정권은 아직 본격적으로 외교에 나설 형편이 아니었다. 오히려 큐슈 지역의 호족들이 적극적으로 포로를 송환하면서 조선과의 교섭에 열심이었다.

조선이 고려 말엽처럼 막부 정권과 아울러 호족들과도 교섭하는 형태의 대일 외교는 무로마치(室町) 막부의 통제력이 강화되고 나아가 일본이 명 중심 국제질서에 편입되면서 전기를 맞이하였다. 명과 일본의 외교가 정상화된 이듬해 막부의 장군(將軍)이 '일본국왕(日本國王)'의 자격으로 조선에 국서를 보내고, 조선이 이를 인정함으로써(1404) 양국이 동등한 자격으로 교린외교를 전개하게 된 것이다. 이로써 한국과 일본 사이의 외교는 오랜 단절의 시기를 청산하고 정상화되었다.

양국의 관계는 대마도(쓰시마)에 내분이 일어나 갑자기 왜구가 창궐한 것에 대한 대응으로 조선이 대마도 정벌을 단행함으로써(1419) 새로운 내용으로 전개되었다. 그 뒤 대마도주(對馬島主)가 조선의 요구에 순응함으로써 대마도는 왜구로부터 이탈하여 조선과 일본 사이에 안전판 역할을 하게 되었고, 조선이 교섭의 주도권을 쥔 상태에서 차츰 통교체제가 갖추어져 갔다. 그 대신 조선은 대마도주의 요청을 수용하여 3개 포(浦)를 열어 일본인의 거주와 교역을 허용하였고, 유력 호족은 물론이고 막부의 조공무역 또한 허용하여 상당히 활발한 문물교류가 이루어지게 되었다. 조선은 도서(圖書)와 통신부(通信符)를 발급하여 일본 호족들의 조공 무역을 통제하였는데, 막부 또한 이를 요청하여 받음으로써 스스로 조공무역의 체제에 편입되었던 것이다. 일본인이 들여온 진헌(進獻) 물품은 구리, 유황 등 광산물과 약재·염료·향료 등이었으며, 조선은 면포 등의 생필품과 도자기와 같은 공예품, 그리고 서적과 대장경 등을 회사하였는데, 서적 등은 일본 문화에 상당한 영향을 주었다. 조선과 일본의 교역은 3포왜란(三浦倭亂 ; 1510)으로 말미암아 조선이 교역량을 크게 줄임으로써 큰 타격을 받았으나 16세기 중엽까지는 계속되었다.

조선은 고려 때보다는 줄었지만, 일본 외에 유구(琉球)를 비롯한 동남아시아의 여러 사회와도 교린 외교를 펼쳤다. 그러나 유구를 제외하면, 상대방이 통상을 주목적으로 삼아 교린 관계를 맺는 것에 대해 조선이 후하게 대우한 이상의 의미는 없었다. 유구와는 왜구 포로와 표류민(漂流民) 송환 및 기술자의 왕래 등 인적 교류와 문화 전파도 이루어졌다. 조선은 이들 국가나 사회와의 교린을 대등(對等) 교린이 아니라 기미(羈縻) 교린으로 인식하는 경향이 강하였다.

### 4) 여진에 대한 회유와 정벌

조선이 대외정책에서 일본보다 더 큰 신경을 쓴 대상이 여진이었다. 왜구는 외교와 통상을 통해 어느 정도 통제가 된 데 비해, 여진족은 그것이 쉽지 않은 때문이었다. 고려 말엽에 이어 조선 건국 후 한층 더 진전된 북방 영토 확장에는 여진족의 축출과 사민(徙民) 및 고을 설치가 수반된 까닭에 여진족의 반발을 피하기 어려웠다. 여러 여진족 세력이 조선 건국 직전에 북원의 나하추(納哈出) 세력에 밀려 압록강과 두만강 유역에 새로 근거지를 마련했던 것이 사정을 더욱 어렵게 만든 한 이유였다. 태조 때 어느 정도 우리 영토에 편입되었던 두만강 하류 유역을 여진족의 공격으로 상실했다가 세종 때 6진 개척을 통해 그것을 다시 되찾으며 더욱 확장하게 된 일, 세종 때 확보한 4군 지역을 세조가 집권한 뒤 폐지시킨 일 등의 경위도 여기에서 찾을 수 있다.

조선의 여진족에 대한 대책은 무력에 의한 토벌과 회유책 두 측면으로 전개되었다. 이중 기본을 이룬 것은 경제적인 회유로, 조공에 대한 회사(回賜)와 경성(鏡城)과 경원(慶源) 등지에 설치된 무역소에서의 교역이 병행되었다. 그들로부터는 말이나 모피를 받고 쌀과 소금, 농기구, 직물 등을 주었는데, 이러한 생필품은 여진족의 생활에 매우 중요하여서, 조공하는 자격이나 교역권을 받는 여진족 추장은 그 사회에서 상당한 지배력을 행사할 수 있었다. 조선은 여진족 세력의 실태를 면밀히 파악한 위에 우호적인 추장들에게 조공 기회나 교역권을 줌으로써 여진족 사회를 통제하는 데에 어느 정도 효과를 거두었다. 그 밖에 유력 추장에게 관직을 내려주고 귀화를 장려한 것도 중요한 회유 수단으로 사용되었다. 그러나 생활 근거지에서 쫓겨난 여진족을 평화적인 수단만으로 통제할 수는 없었으며, 이에 따라 여러 차례 여진 정벌을 단행하게 되었다.

조선이 여진 사회를 쉽게 통제할 수 없었던 원인에는 여진족이 명과 조선에 함께 조공관계를 맺고 있었던 점, 그리고 여진족의 여러 세력이 각기 조공을 해왔던 점 등이 아울러 작용하였다. 명은 여진족 사회에 건주위(建州衛), 해서위(海西衛) 등을 설치하고 위소제(衛所制)를 실시하여 그 직위를 받은 여진족 세력의 조선 입조(入朝)를 금지하였으나, 여진족은 명의 눈을 피해 조선에 입조하였고, 그 때문에 조선과 명 사이에 갈등이 빚어지기도 하였다. 15세기 동안 1천회가 넘을 정도로 활발히 이루어진 여진족의 조선에 대한 조공은 16세기에는 거의 단절되었다. 이에 따라 조선의 여진족에 대한 통제력도 차츰 약화되어 갔다.

### 5) 임진왜란과 병자호란

조선에서 사림세력이 정치의 주도권을 쥔 데 이어 붕당(朋黨)의 대립으로 양반사회가 분열하기 시작한 16세기 말엽, 동아시아의 국제정세에도 여러 변화가 일어났다. 국제정세 변동의 진원지는 일본이었다. 일본에서 전국시대(1467~1568)가 진행되는 동안 왜구가 다시 창궐하여 명이 큰 피해를 입었으며, 결국 명은 일본과의 외교를 단절하였다(1549). 막부가 외교 능력을 상실한 까닭에 조선과 일본의 중앙 정부 사이의 외교 역시 단절 상태에 놓이게 되었다. 이에 따라 조공관계를 통한 공식적 무역보다 비공식적인 해상활동이 동아시아 교역의 중심을 이루게 되었으나, 조선은 이에 적절히 대응하지 못하고 있었다. 그러한 가운데 일본은 중국이나 포르투갈 상인을 통해 화포와 조총 등의 무기를 수입하여 실전에 응용하였다. 마침내 일본의 전국시대가 마감된 데 이어 도요토미 히데요시(豊臣

秀吉)가 통일 정권을 수립하자(1589) 국제정세가 긴박해져 갔다.

일본의 새 정권은 동아시아 국제질서에 대한 무지 속에 군사력의 강성함을 믿고 새로운 국제질서의 구축을 도모하며 조선을 침공하였다(1592). 조선도 일본이 전쟁을 일으킬 기미가 있다는 것을 감지하였으나, 실전 경험이 풍부한 30만의 대병력이 침공하리라고는 예상하지 못하였다. 그 결과 전쟁의 초엽에는 큰 실패를 겪었으나, 명군의 참전과 의병과 수군의 분전에 뒷받침받아 전열을 정비한 뒤 전세를 만회하였다. 이순신(李舜臣)이 지휘한 수군과 김천일(金千鎰) · 곽재우(郭再祐) 등 여러 의병장의 지휘를 받은 의병의 활약은 일본군의 군수물자 보급로를 끊고, 아군의 군량 보급 기지와 반격의 교두보를 확보하는 공헌을 하였으며, 이여송(李如松) 휘하 명군의 평양성 탈환은 전세를 역전시키는 결정적 계기가 되었다. 또

▲ 동래부순절도

한 명군이 벽제관(碧蹄館) 전투에서 패하여 퇴각한 상황에서 권율(權慄)이 의병과 관군을 이끌고 행주승첩(幸州勝捷)을 거둠으로써 자칫 일본군이 다시 승세를 탈 수도 있는 흐름을 차단할 수 있었다. 전쟁은 명과 일본 사이의 화의가 결렬되고 다시 일본군이 정유재란(丁酉再亂)을 일으켜 공세를 감행하는 등 곡절을 겪은 뒤, 도요토미의 죽음으로 일본군이 퇴각함으로써 7년 만에 끝을 맺었다.

임진왜란으로 말미암아 조선은 온 나라가 참화(慘禍)를 입었고, 경제, 문화재 등에도 막대한 손실을 당했으나, 의병 활동에 힘입어 양반 사회는 오히려 더욱 굳건해졌다. 전쟁 이후 단절되었던 일본과의 외교는 대마도주의 중개 노력과 새로 들어선 토쿠가와(德川) 막부의 포로 송환 등의 성의 표시에 의해 예상보다 일찍 재개되었다(1607). 이러한 변화에는 여진 세력의 동태를 지켜보며 일본과의 적대관계 해소가 시급함을 파악한 조선 정부의 판단이 상당한 작용을 하였다. 그 후 조선과 일본의 외교는 약 2세기 동안 정상적으로 유지되었으며, 몇 차례에 걸친 조선의 통신사(通信使) 파견은 문화를 전파하는 통로로서 큰 역할을 하였다.

사회 내부의 경제 발전에 더하여 스페인과 포르투갈 상인들의 활동에 의해 막대한 은(銀)이 유입되어 번영을 구가하던 명의 경제는 16세기 말엽 지방 반란의 진압에 막대한 재정적 지출이 소요되고 스페인 무적함대가 영국군에게 패한 뒤(1588) 은의 유입이 격감한 때문에 휘청거리고 있었다. 여기에 더해 많은 병력과 재정을 투입하여 임진왜란에 참전한 뒤로 명의 국세는 크게 기울게 되었다. 이로부터 야기된 정치적 혼란 속에 명의 여진족 통제도 이완되었고, 그 틈에 건주위(建州衛) 소속 여진족 추장인 누르하치는 세력을 급속히 확대하여 후금을 세우는 데 성공하였다(1616).

후금(後金)의 건국은 동아시아 국제질서를 거대한 소용돌이 속으로 몰아넣었다. 이 소용돌이가 끝난 뒤 국제질서의 축은 결국 명으로부터 청(淸)으로 교체되었다. 이에 앞서 명은 임진왜란 때 나라를 구해 준 은혜를 갚을 것을 내세우며 후금을 치기 위한 원병을 조선에 요구하였다. 이에 광해군은 병력의 규모를 최소한으로 줄여 파견하면서 후금과의 충돌을 피하도록 여러 모로 강구함으로써 화평을 유지하였다. 그러나 광해군이 명에 대한 의리를 저버린 것을 반정의 중요한 명분으로 삼아 인조가 즉위하자 조선과 후금의 충돌은 피하기 어렵게 되었다. 후금이 이괄의 난을 빌미로 조선에 침입한 정묘호란의 결과로 조선은 후금과 형제의 맹약을 맺어야 했다(1627). 곧이어 후금은 내몽고 지역까지 진출하여 영역을 크게 확대하였다.

누르하치의 뒤를 이은 후금의 태종은 국호를 청(淸)으로 바꾸고 황제로 즉위한 뒤, 명에 대한 전면전에 앞서 조선에 군신(君臣) 관계를 강요하였다. 이에 조선이 크게 반발하여 화평을 끊고 전쟁을 할 것을 다짐하는 사이에 청군이 대거 침입한 것이 병자호란(丙子胡亂)이다(1636). 전쟁의 결말은 커다란 패배였다. 인조는 삼전도(三田渡)에서 청 태종에게 항복하는 예를 올렸고, 군신관계의 맹약, 원병 파견 약속 등 모두를 청의 요구대로 따라야 했으며, 소현세자(昭顯世子)를 비롯한 많은 인물이 볼모나 포로로 끌려갔다. 그 결과 소중화(小中華)로 자처하던 조선의 자존심이 땅에 떨어지는 한편으로 청에 대한 적개심이 깊어져, 새로 형성되어 간 국제질서에 적극적으로 참여할 수 없었다.

17세기 중엽 청 중심의 새 국제질서가 갖추어진 뒤 동아시아 사회에는 약 2세기 동안 유례없는 평화가 지속되었다. 이 동안 청과 유럽 사회 사이의 문물교류도 활발히 전개되었다. 그러나 조선에서는 명의 멸망 이후 소중화 의식이 한 단계 더 깊어진 상태에서 청을 오랑캐로 간주하는 인식이 확고하여, 쇄국과 유사한 상태가 지속되었다. 여기에는 군사활동에 대한 통제 등 청의 간섭이 미친 영향도 없지 않았으나, 청의 간섭이 없어진 뒤에도 청의 선진 문화를 수용하자는 북학론(北學論)이 대두하기까지는 오랜 기간이 소요되었다.

【민 현 구】

# 제 5 장
# 근대사회로의 지향

조선왕조의 역사는 임진왜란과 병자호란을 겪은 17세기 이후에 이르러 중요한 변화를 겪게 되었다. 즉, 양란 이후 조선후기의 사회에서는 조선 전기에 형성되었던 기존의 질서가 전쟁으로 인해 와해되어 갔고, 이 와해 현상은 시간의 경과에 비례하여 더욱 널리 나타났다. 그리고 이와 동시에 무너져가던 기존의 질서를 재편 강화하고자 하는 노력도 각 분야에 걸쳐서 진행되었다. 당시 사회에서는 이와 같은 두 가지 경향이 함께 드러나고 있었다.

이 때문에 일부 연구자들은 조선후기 사회를 자생적 힘에 의해 중세적 질서를 해체시키며 근대사회로 이행되어 나가는 과정으로 이해하고자 했다. 또한 일부의 연구자들은 당시 사회에서 중세적 질서를 재편 강화하려던 측면을 주목하여 조선후기 사회를 중세의 해체기가 아니라 중세문화의 완성기로 이해하고자 시도하기도 했다. 그런데 이 두 가지의 움직임은 모두 근대사회에 대한 지향과 무관할 수 없는 것이므로, 여기에서는 조선후기를 근대사회로의 지향이라는 측면에서 서술하고자 한다.

조선후기에 관한 역사연구는 식민지 시대에 접어들어 본격적으로 진행되기 시작했다. 당시 식민사학자들은 조선왕조 멸망의 필연성을 조선후기 사회에서 찾고자 했고, 이 과정에서 식민지 시대 조선후기사의 연구는 식민사관의 폐해를 받게 되었다. 반면에 조선이 식민지로 전락하게 된 원인을 탐구하려던 또 다른 연구자들도 그 원인을 조선후기 사회에서 구하게 되었다. 이 과정에서 당시의 조선후기사의 서술은 상당한 왜곡을 겪게 되었다. 그러나 해방 이후에 이르러 조선후기사의 서술은 식민사관의 극복이라는 주제와 관련하여 새롭게 연구되기 시작했다.

그 결과 정치사 분야에서는 당시의 정치세력들이나 그들의 움직임이 가지고 있는 의미를 새롭게 규정하고자 시도했으며, 왕권의 존재에 대해서도 주목하게 되었다. 그리고 각종의 제도 개혁에 주목하면서 통치구조가 가지고 있던 성격을 밝히고자 했으며, 정치 운영상의 특성을 추출하고자 했다. 또한 경제사 분야에 있어서는 내재적 발전론에 입각하여 조선사회의 정체성(停滯性)을 강조하던 식민사관의 극복을 시도하면서 '자본주의 맹아론'을 제시했다. 그리하여 농업과 상공업 분야에서의 자본주의적 요소를 확인했다. 한편, 사회분야에 있어서는 신분제의 해체 현상과 민중의 성장을 주목하면서 각종 민중운동의 전개과정을 밝혀주었다. 문화 및 사상분야에 있어서도 성리학의 자기 변모과정 및 실학사상의 존재를 확인했고, 새로운 문화의 전개 양상을 서술했다.

이와 같은 역사적 현상이 나타난 조선후기는 일반적으로 양란 이후부터 1876년 개항까지의 시기로 설정되고 있다. 근대 사회로의 지향기로 규정될 수 있는 이 기간의 역사적 특성은 다음과 같다.

## 1. 조선후기 정치사의 전개

### 1) 중앙 기구 및 제도의 개편

왜란과 호란을 통해 조선왕조는 큰 변동을 겪게 되었다. 즉, 전란의 효율적 극복책을 모색하던 과정에서 정부의 중앙기구와 군사조직이 일대 변동을 겪게 되었다. 그리고 전란으로 인해서 기존의 사회질서가 붕괴되자, 조선왕조는 국가 체제 전반을 재정비해야 할 상황에 처했다. 이 때 왕조국가를 재건하기 위한 이념적 기반은 전단계와 마찬가지로 성리학적 왕도정치론(王道政治論)이었다. 그리고 국왕을 비롯한 당시의 지배층들은 민본(民本)과 위민(爲民)을 지향하면서 모든 사회 구조와 질서를 개편하고 보완해 나가고자 했다.

여기에서는 먼저 비변사(備邊司)의 상설 기관화를 통해서 중앙 정치조직의 변화를 살펴볼 수 있다. 비변사는 원래 외적의 침입 등 국가적 비상시에 정승과 대신, 그리고 지변사재상(知邊司宰相)이 모여 대책을 협의하던 비상설 기관이었다. 중종대 이후 여진과 왜적의 침입이 잦아지자 비변사의 회의도 자주 개최되었지만, 비변사는 여전히 비상설 기관이었다.

그런데 임진왜란이 일어나자 비변사의 구성과 권한이 크게 확대되었다. 도제조(都提調)로서 의정(議政)과, 제조(提調)로서 판서·군문대장(軍門大將), 사도유수(四都留守), 그리고 부제조(副提調) 등이 회의에 참여하여 군국기무를 총괄했다. 이에 따라 비변사는 기존의 의정부와 육조의 기능을 유명무실화시키면서 가장 중요한 중앙기구로 등장하게 되었다. 그러나 비변사는 의정부와 중복되는 기능 및 과도해진 권한으로 행정 질서를 혼란시키는 문제를 일으켰다. 이에 비변사의 폐지론이 지속적으로 제기되었다. 그러나 일부 집권세력에 있어서 비변사는 정치권력을 효율적으로 장악하고 집행할 수 있는 이점이 있었으므로 계속하여 유지되었다. 비변사는 대원군 집정 이후 의정부와 삼군부(三軍府)가 부활됨으로써 마침내 폐지되었다.

한편, 양란을 겪으면서 외적과 대치하고 있던 상황에서 중앙과 지방의 군사제도도 대폭적으로 개편되었다. 그리하여 중앙군사 조직으로는 조선 전기 군제의 근간이었던 오위제(五衛制)를 대신할 수 있는 새로운 제도가 모색되었다. 그 결과 임진왜란 중에 용병제를 근간으로 하는 훈련도감(訓鍊都監)이 설치되었다. 이후 주로 수도 방위를 담당하는 새로운 군영의 설치가 추진되었고, 1682년(숙종 8)에 설립된 금위영(禁衛營)을 끝으로 하여 5군영이 완성되었다. 이로써 5군영을 중심으로 한 조선후기의 중앙군제가 정착하게 되었다.

전쟁은 전술과 지방군제의 변경을 촉구했다. 종래의 국지전과는 달리

국가간의 총력전 형태로 전개된 임진왜란의 난국을 타개하기 위해서는 새로운 체제와 전술이 필요했기 때문이다. 여기에서 척계광(戚繼光)의 『기효신서(紀效新書)』에 따른 속오법(束伍法)과 삼수기법(三手技法)이 채택되었고, 지방군제의 정비가 진행되었다. 그리하여 1594년(선조 27) 유성룡(柳成龍, 1542~1607)의 건의에 따라 지방군제의 일종인 속오군(束伍軍)이 황해도 지역에서 편제되었다. 이를 필두로 하여 진관체제(鎭管體制)가 재정비되면서 속오군의 전국적인 편성이 이루어졌다.

속오군은 종전과 달리 양인(良人)·공사천인(公私賤人)으로 조직되었다. 속오군은 병농일치의 원칙 아래 운영되면서, 국가로부터의 재정적 지원이 최소화되어 있었다. 그러나 속오군제는 지방 수령의 반발 및 유능한 무신과 재정 부족의 문제 등으로 일정한 타격을 받았다. 또한 18세기 중엽에 접어들면서 속오군은 점차 양인이 제외되고 천인 중심으로 채워져, 마침내 천예군(賤隷軍)으로 변질되었다.

조선시대 관료 충원의 핵심이었던 과거제도도 양란을 계기로 하여 변화를 겪게 되었다. 양란 이후 과거제의 운영은 엄격성과 공정성을 상실하게 되었다. 과거를 시행하는 과정에서 각종 폐단들이 발생하여 과거제의 권위가 추락되어 갔다. 무과(武科)의 경우에는 만과(萬科)의 시행과 같은 일이 발생하기도 했다. 특히 당쟁을 통해 노론 일당 전제가 확립되자 과거제는 더 이상 임용시험이 아니라 자격시험으로 변화했다. 이에 따라 과거제 개혁안이 모색되었으나 별다른 성과를 얻지 못했고, 관료충원방법의 개혁에 대한 문제는 개항 이후에도 중요한 과제 중의 하나로 남았다.

국가가 하나의 체제를 이루기 위해서는 법적·제도적 장치가 필요하다. 특히 양란으로 무너진 국가 체제를 수습하고, 새로운 정치적 현상에 대응하기 위해 법전의 편찬이 필요했다. 이에 따라 숙종대부터 영조대까지 약 50여 년 사이에 『수교집록』을 비롯하여 『속대전』 등과 같은 법전이 집중적으로 편찬되었다. 이들 법전 편찬 작업은 피지배층인 민인(民人)들을 효율적으로 통제하려는 목적도 있었다. 그러나 특히 이 시기가 당쟁(黨爭)과 탕평(蕩平)이 진행되었던 시기였고, 법전 편찬의 궁극적 주체가 왕이라는 점을 감안한다면, 새로운 법전의 편찬은 궁극적으로 왕권 강화에 기여했다.

### 2) 중앙 정계의 동향

조선후기 정치 운영과정은 붕당과 환국 그리고 세도정치의 등장이 주목된다. 붕당의 형성은 사림(士林)의 성장과 직결된다. 성종대 이후 훈척(勳戚)을 비판하면서 중앙 정계에 진출한 사림은 여러 차례의 사화(士禍)에도 불구하고, 서원과 향약을 기반으로 하여 꾸준히 성장했다. 그들은 공도(公道)에 입각한 정치, 즉 성리학적 이상정치를 구현하고자 했다. 이를 위해 그들은 이기론(理氣論) 등 인간 본성에 관한 문제에 많은 관심을 기울였다. 그리하여 이기론에 대한 해석과 관련하여 이이(李珥, 1536~1584)와 이황(李滉, 1501~1570)을 중심으로 한 학파가 형성되었다.

붕당의 형성은 선조대 이르러 사림(士林)의 집권과 더불어 모색되었다. 직접적인 원인은 이조 전랑(吏曹銓郞)의 천거를 둘러싼 심의겸(沈義謙, 1535~1587)과 김효원(金孝元, 1532~1590)의 반목에서 시작되었다. 특히 이들 사이에 조정 역할을 한 이이(李珥)가 서인(西人)으로 자정(自定)하자 붕당은 대체로 학연에 따라 동인(東人)과 서인(西人)으로 갈리게 되었다. 그리고 동인은 다시 정여립(鄭汝立)의 역모사건 처리문제로 남인(南人)과 북인(北人)으로 갈렸다. 이 과정에서 사림은 붕당의 당위성을 구양수(歐陽修, 1007~1072)와 주희(朱熹, 1130~1200)의 붕당론에서 찾았으며, 공론(公論)에 입각한 상호 비판과 견제의 필요성을 강조했다.

임진왜란 후 전공(戰功)을 내세워 집권한 정인홍(鄭仁弘, 1535~1623)·곽재우(郭再祐, 1552~1617)를 중심으로 한 북인은 선조(宣祖)의 후계문제로 인해 영창대군(永昌大君)을 내세우려는 소북(小北)과 광해군(光海君)을 지지하는 대북(大北)으로 분열했다. 광해군이 국왕에 즉위한 이후 그는 왕실을 중심으로 한 전후(戰後) 복구책을 추진해 갔다. 광해군과 대북

정권은 국내의 전쟁 피해를 복구하기 위해서는 후금(後金)과의 전쟁을 피해야 했기 때문에 중국에 대한 실리외교를 펼쳐 나갔다. 그러나 인조반정(仁祖反正)으로 광해군과 대북정권은 결국 실각하고 말았다. 인조반정은 광해군이 폐모살제(廢母殺弟)하고 명(明)에 대한 의리를 저버렸다는 사실을 명분으로 하여, 정권에서 소외되어 가던 세력들이 일으켰다. 인조반정의 주도세력이었던 이귀(李貴, 1557~1633) 등 서인은 이원익(李元翼, 1547~1634) 등 남인을 등용하여 지지기반을 넓히기 위해 힘썼다. 이와 동시에 그들은 산림(山林)을 등용하여, 상호 비판과 견제의 원리 아래 유교적 이상정치를 시행하고자 했다. 그 결과 서인 중심의 정국에서도 윤선도(尹善道, 1587~1671)를 비롯한 남인들과 소북계열의 인사들이 관계(官界)에 꾸준히 진출했다.

한편, 현종과 숙종 초기에 이르면 천하동례(天下同禮)를 주장하는 서인과 국왕의 예(禮)는 사서(士庶)의 예와 달라야 한다는 입장을 표명한 남인 간에 예송(禮訟)이 발생했다. 이 예송의 과정에서 서인은 남인에 대한 견해의 차이에서 송시열(宋時烈, 1607~1689)을 중심으로 한 노론(老論)과, 윤증(尹拯, 1629~1714)을 중심으로 한 소론(少論)으로 갈라졌다. 이후 서로 상대세력의 존재를 인정하지 않고 특정 정당이 정권을 전단하는 환국기(換局期)에 접어들었다. 환국으로 인해 공도론(公道論)에 입각한 견제와 균형의 원리가 무너지고 일당 전재의 추세가 시작되었다.

숙종대 이후 왕위 계승문제가 정치 쟁점이 되면서 각 정파의 대립은 더욱 격렬해졌다. 이들은 상대 당을 역(逆)으로 규정했기 때문에 정파간의 타협이나 공존을 추구할 수 없었다. 그 결과 상대당에 대한 일망타진을 꾀한 신임옥사(辛壬獄事), 무신란(戊申亂), 을해옥사(乙亥獄事) 등 극한적 사건이 일어났다. 영조의 탕평책은 이러한 극한 대립을 타개하기 위한 노력이었다.

사실 탕평론은 숙종대(肅宗代) 박세채(朴世采, 1632~1695)에 의해 제기되었다. 그의 탕평론은 군자와 소인을 구별하지 않았던 이이의 조제보합론(調劑保合論)에 토대를 둔 명목상의 탕평에 지나지 않았다. 탕평책의 본래 의미는 정치세력간의 평형관계를 토대로 할 때 나타난다.

영조는 탕평을 시행하기 위해 산림을 배제하고 사림의 공론(公論)을 부정했다. 붕당을 재생산해 나가는 구조를 없애고자 하여 관직 배분에 있어서 붕당 사이의 단순한 조제보합이 아니라 파붕당(破朋黨)을 내세워 당론을 금지했다.

그러나 영조는 즉위과정에서의 문제 때문에 노론에 경도될 수밖에 없었고, 정국은 노론에 의해 주도되었다. 영조는 왕실의 지위를 강화하고 탕평책의 추진을 하고자 하여 외척인 홍봉한(洪鳳漢, 1713~1778) 등을 중용하여 완론(緩論) 탕평을 실시했다. 이는 영조 자신과 노론의 이해관계가 전제되었기 때문이다. 영조의 탕평책은 정국의 수습, 인재 등용 확대, 왕권안정과 같은 효과를 가져왔다. 그러나 탕평과정에서 등용된 인물들이 훈척화하는 등 당쟁을 근본적으로 해결하지는 못했다.

정조는 홍국영(洪國榮, 1748~1781) 등을 축출함으로써 특권세력을 배제했다. 대신에 규장각의 강화, 수원성 축조, 장용영 설치 등을 통해 왕권을강화시키고, 탕평책을 계속 추구해 나갔다. 정조가 수행한 탕평책의 기

▲ 정조가 쌓은 화성의 서문인 화서문

본 방향은 영조와는 달리 오히려 의리(義理)와 공론(公論)을 강조했다. 그리고 청요직(淸要職)의 활성화와 정치참여의 확대를 주된 내용으로 하는 준론(峻論) 탕평을 실시했다. 이에 따라 청의(淸義)와 명절(名節)이 정치적 구호로 표방되면서 이에 동조한 다양한 계층이 정계에 포진하여 새로운 정치집단을 형성했다. 이 과정에서 사도세자(思悼世子, 1735~1762)의 죽음과 관련하여 당파는 다시 시파(時派)·벽파(僻派)로 나뉘었다.

영조와 정조는 이처럼 탕평책을 통해서 왕권을 강화하고자 하는 노력을 집중적으로 전개했다. 영조와 정조는 국가운영의 중심축을 국왕으로 설정하고자 했다. 그들은 귀족과 백성이 모두 국왕의 '적자'(赤子)임을 강조했고, 국왕과 민(民)을 직결시키고자 했다. 그 결과 전통적 벌열(閥閱)들의 정치적 권력은 축소되기에 이르렀고, 벌열들은 자신들의 특권을 확보하기 위한 노력을 강화시켜 갔다. 그리하여 정조가 급서(急逝)한 후 순조대의 세도정치기로 접어들게 되었다.

세도정치(勢道政治)는 '세도지임'(世道之任)의 변질된 용어였다. 이는 탕평정치의 한계 상황을 드러낸 것이었다. 세도정치는 왕실 중심에서 벌열 중심으로, 붕당 중심에서 척족 중심으로, 학연에서 외척관계로 권력의 구성 요소를 재편했다. 따라서 세도정치 하에서 왕권은 극도로 약화되었으며, 세도 벌열들을 중심으로 한 권력의 집중화와 보수화가 불가피했다.

보통 세도정치는 홍국영의 독천(獨擅)을 효시로 삼으나, 본격적인 세도는 순조(純祖)가 즉위하면서 안동 김씨인 김조순(金祖淳)이 왕비의 아버지로서 정권을 오로지 하게 되면서 본격화되었다. 이후 안동 김씨의 세도는 순조·헌종·철종 때까지 3대 60여 년 동안 계속되었다. 이기간 동안 세도가문은 비변사를 중심으로 권력을 장악하고, 가문의 이익을 위해 국가의 이익을 포기했다. 이제 유교적 양반관료정치는 유명무실하게 되었고, 군신관계에 토대한 가치기준도 퇴색되었다.

한편 1860년대 농민들의 강력한 저항에 직면한 안동 김씨 중심의 세도정치는 흥선대원군이 섭정함으로써 일단 종식되었다. 그러나 흥선대원군은 자신의 개인조직과 왕실 계통의 인물 및 일부 세도 벌열들과 연대하여 정권을 유지하면서 실추된 왕권을 회복시켜 나갔다. 그는 대내적으로 인재등용, 서원정리, 경복궁 중건, 세제 및 관제·군제개혁 등과 같은 개혁 정치를 진행시켰다. 대외적으로는 척사위정론(斥邪衛正論)을 바탕으로 쇄국정책을 펼쳐나갔다. 그러나 이러한 각종 개혁 정책은 기본적으로 중세적 질서의 재편 강화라는 한계를 안고 있었다. 그러므로 중세 체제에 대한 좀더 본격적인 개혁은 개항기를 기다려야 했다.

### 3) 부세정책의 변화

임진왜란과 호란 이후 조선 사회는 대내외적인 환경 변화에 따른 개혁을 요구받고 있었다. 이에 따라 조선 지배층은 일련의 제도개혁을 통해 이러한 변화에 대응하고자 했다. 그리하여 부세제도는『경국대전』체제 하에서 시행되던 조용조(租庸調) 체제로부터 전정·군정·환곡을 뜻하는 삼정(三政) 체제로 변화했다. 물론 삼정 체제 아래에서도 앞선 시기 조용조 개념이 완전히 불식되지는 않았다. 그러나 조선후기 부세제도에서 보이는 조선전기와는 다른 특징으로는 부세의 토지 집중 현상과 총액제(공동납제)를 들 수 있다. 이러한 현상들은 전세 수취방식의 변화와 균역법, 대동법의 등장 그리고 환곡제의 시행을 통해서 드러난다.

조선후기 부세정책에서 근간을 이루고 있는 것은 전정(田政)이었다. 조선 초기에는 세종대의 공법(貢法)에 의거한 전품육등제(田品六等制)와 연분구등제(年分九等制)에 따라 전세(田稅)를 부과 징수했다. 전정 운영의 성패여부는 양전(量田)과 수세(收稅)의 공정성에 달려있었다. 그러나 먼저 양전의 경우, 숙종 말 경자양전(庚子量田) 이후 전국적인 시행이 이루어지지 않아 정확한 토지의 결수(結數)를 파악하지 못하여 총액만 채우는 형태로 전결세가 부과·징수되었다. 또한 수세 과정에서도 서원(書員)·이서(吏胥) 등의 부정행위로 말미암아 많은 폐단을 낳았다.

한편, 조선후기에는 대동미(大同米)·결작(結作) 등 새로운 세목(稅目)이 등장했고, 이들 세목이 토지에 부과됨에 따라 공물과 신역(身役)은 점차 감소된 반면 토지에서의 수세(收稅)가 크게 증가되었다. 그에 따라 진결(陳結), 은결(隱結), 누결(漏結)로 인한 문제가 발생했고, 도결(都結)·방결(防結) 등이 증가하는 등 적지 않은 폐해가 나타났다.

정부에서는 이에 대한 대처 방안으로, 과세표준을 간편화하고, 그것을 1634년(인조 12)에 영정법(永定法)으로 법제화했다. 또한 대동법 시행에 따른 총괄적인 전정 운영과 이앙법 확대에 따라 급재(給災) 운영에도 수정이 요구되었다. 이에 18세기 중엽을 전후로 하여 전세운영 방식은 점차 비총법(比摠法)으로 전환되었다. 그러나 19세기에 이르러서는 형식적인 급재(給災)와 백징(白徵)·인징(隣徵)·족징(族徵)의 구조화로 인해 부세가 소민(小民)·빈농(貧農)에게 전가되는 결과를 초래했고, 전정은 파탄 상태에 이르렀다.

조선후기에 이르러서는 공납제(貢納制)도 변질되었다. 원래 호(戶) 단위로 부과되던 공납제는 이미 16세기를 전후하여 방납(防納)이 출현하게 되자 각종 사회적 경제적 문제가 일어났다. 공납제 운영의 파행은 농가경제의 파탄을 초래했고, 농민층의 담세능력 저하는 국가재정을 악화시켰다. 그 결과 16세기 초부터 진행된 공납제 개혁논의는 농민의 부담을 완화시키고 공납을 안정적으로 확보하기 위한 방안을 강구하는 과정이었다. 그 중 하나가 각종 현물로 거두어들이던 공물을 미곡으로 통일하여 수취하는 수미법(收米法)이었다. 수미법은 정부가 미곡을 공인(貢人)에게 지급하고 정부 수요물품을 조달하는 방안이었다. 그러나 이 수미법은 공물이 가지고 있던 예헌(禮獻)의 의미에 위배되었고, 지주층 및 방납인(防納人)들의 반대로 쉽사리 개선되지 못했다. 다만, 일부 군현이 사대동(私大同)으로 일컬어지는 자구책(自救策)을 마련했을 뿐이었다.

공물을 미곡으로 받아들이자는 주장과 사대동의 관행은 1594년(선조 27) 유성룡(柳成龍)의 건의로 실시된 대공수미법(代貢收米法)의 단계에 이르러 일부 시행될 수 있었다. 그러다가 한백겸(韓百謙, 1552~1615)·이원익(李元翼, 1547~1634) 등에 의해 대동법(大同法)으로 법제화되었다. 1608(선조 41)년에 경기도에 처음 실시된 대동법으로 공납이 전환되자,

국가에 대한 부담이 증가한 지주층은 이에 저항했다. 그리고 방납의 이득을 상실하게 된 방납인들도 이 제도의 시행을 반대했다. 그리고 대동미를 부과하는 근거가 되는 토지대장이 불완전했고, 시행세칙도 미비했다. 이러한 이유로 인해 대동법은 치폐를 거듭하다가 1708년(숙종 34)에 전국적으로 시행되기에 이르렀다. 이때 함경·황해·강원도는 지역적 특성 때문에 상정법(詳定法)을 적용했다.

▲ 대동법 시행 기념비(소재지: 경기도 평택시 소사동)

한편 대동법은 공물을 전결세화(田結稅化)했기 때문에, 그 과세 단위가 기존의 가호(家戶)에서 수조안(收租案)의 전결(田結)로 변했다. 그리고 징수도 현물 대신 쌀을 기준으로 하되 포(布)·전(錢) 등으로 대신 납부할 수 있었다. 대동세액(大同稅額)은 12말에서 14말까지로 지역에 따라 부과액과 징수 방법에 차이가 있었다. 이와 같이 징수된 대동세는 크게 중앙관청으로 올라가는 상납미(上納米)와 지방재정을 위해 비치해 두는 유치미(留置米)로 나뉘어, 상납미는 선혜청(宣惠廳)에서, 유치미는 지방관청에서 관리했다.

그런데 18세기 후반 상납미의 수요가 매년 증대하자, 대동법은 점차 당초의 성과를 잃게 되었다. 17세기 말엽 대동법이 전국적으로 실시되자,

각 도와 군현들간의 유치미의 다과를 조절하고 대동세를 전국적 차원에서 보다 효율적으로 관리·운영하고자 했다. 그러나 중앙재정의 팽창으로 상납미의 수량이 늘어나자, 지방 재정은 궁핍함을 면치 못했고, 이는 농민에 대한 수탈로 어어졌다.

조선후기는 군정에 있어서도 변화가 일어났다. 조선시대 병역체제는 병농일치·개병제 원칙에 따라 번상병(番上兵)을 차출하고, 그에게는 보인(保人)을 배정해 줌을 원칙으로 삼았다. 그러나 16세기 이후 군역(軍役)의 부담이 커서 피역(避役)이 많아지자 대립제와 수포제가 등장했고, 1541년(중종 36) 방군수포제(放軍收布制)로 법제화되었다. 또한 양반불역론(兩班不役論)이 등장하여 양반 사족들이 점차 군역의 부담에서 이탈함에 따라 군역은 양인에게만 부과되어 양역(良役)으로 불리게 되었다.

16세기부터 진행되던 군역의 납포군화는 17세기에 접어들어 더욱 광범위해 졌다. 이에 따라 군역의 부담도 실역 형태에서 물납 형태가 일반적 현상으로 변화되었다. 그런데 당시 각 관청의 예산 운영에 적용되고 있던 독립채산제적 재정운영은 중앙의 군영뿐만 아니라 지방의 병영이나 수영에서도 경비 마련을 위해 독자적으로 군포를 거두어들이는 결과를 가져왔다. 그 결과 수포(收布) 기관이 난립하게 되어 양인에게 이중 삼중의 부담을 강요했다.

그러므로 군역 부담자들은 군역에 대한 과중한 부담과 군역의 천시경향 때문에 피역(避役)을 전개했다. 일부 부유층은 공명첩(空名帖)의 매득, 교생(校生)·원생(院生)으로의 투속 등을 통해서 피역을 감행했다. 그러나 가난한 백성들의 경우는 도망을 통해 피역 저항을 시도할 수밖에 없었다. 인징(隣徵)·족징(族徵)·동징(洞徵)·황구첨정(黃口簽丁)·백골징포(白骨徵布) 등의 폐단이 나타난 것도 이 때문이었다. 양역의 폐단으로 농민 경제가 파탄 상태에 이르게 되자 군역제의 개혁에 관한 문제가 논의되었다.

17세기 이래 양역의 폐단에 대한 대책은 크게 두가지로 나눌 수 있다. 즉, 군인 수와 군영 감축을 내용으로 하는 소변통론(小變通論)과, 양인에게만 군역을 부과하던 양역제의 철폐를 전제로 한 호포론(戶布論)·구포론(口布論) 등의 대변통론(大變通論)이 그것이다. 그러나 균역법은 소변통론의 차원에서 시행되었다.

1750년(영조 26)에 법제화된 균역법은 양역제 유지를 전제로 한 감필론(減疋論)을 핵심으로 하고 있었다. 즉, 양인이 부담하던 군포 2필을 1필로 축소하는 대신, 그에 따른 세입 감소분을 보충하는 재원(財源)으로는 타 관청의 재정이나 왕실재정이었던 어염선세(魚鹽船稅)를 이관받아 충당했다. 그리고 선무군관포(選武軍官布), 은여결세(隱餘結稅), 결미(結米) 등을 신설하여 부족분을 충당했다. 그러나 균역법은 양반불역(兩班不役)의 원칙을 고수함으로써 양역의 폐단을 근본적으로 해결하지 못하고 감필을 통해 부담을 조금 경감시켜 준 것에 불과했다. 그리고 결미 부담이 다시 전호 농민에게 전가되고 사모속(私募屬)이 증가함에 따라 실질적인 부담은 그다지 줄어들지 않았다.

그리하여 균역법의 시행 이후에도 양역에 대한 저항이 계속되었다. 조선정부는 1862년(철종 13)에 일어난 농민항쟁을 계기로 당시 향촌사회에서 관행화되고 있었던 동포제(洞布制)를 공식적으로 인정했다. 동포제는 18세기에 접어들어 채택된 이정법(里定法) 이후 지역 단위로 진전된 면리분징(面里分徵)의 추세가 전면화된 것이었다. 그러므로 동포제는 각 지역의 사정에 따라 다양한 방식으로 운영되었다. 이러한 군포의 수취는 1871년 흥선대원군(興宣大院君)이 호포제를 시행함으로써 일단락되었다. 동포·호포제 아래에서 기존에 군역부담에서 제외되었던 양반층이 군포를 부담하게 되자, 이를 둘러싸고 향촌사회 내부의 갈등이 더욱 격화되었다.

한편, 조선후기에 이르러서는 환곡제의 운영이 국가재정의 확보를 위한 방향으로 변질되었다. 환곡은 원래 고구려의 진대법(賑貸法), 고려의 흑창(黑倉)·의창(義倉) 등과 같이 궁민(窮民)의 구휼(救恤)을 주목적으로 하고, 군자곡(軍資穀)의 비축(備蓄), 재정 보충 기능을 겸했다. 이러한 환곡은 15세기 중엽 미환수 환곡이나 자연적 감축 분을 보충하기 위해서 원곡의 10%를 모곡(耗穀)으로 받아내는 십일취모법(什一取耗法)을 실시하면서 부세화되기 시작했고, 명종대에 이르러 그 부세적 성격이 더욱 강화되었다.

정부는 양난 이후 재정난을 해소하기 위해 각 아문이나 군영에서도 환곡을 분급하여 이식(利殖)을 취할 수 있게 했다. 그리고 18, 19세기를 거치면서 환곡의 분급·회수도 다양한 형태로 운영되었다. 이에 따라 농민은 환곡의 강제 대여를 감수해야 했다. 그리고 환곡과 관련된 아전들의 부정행위 마저 겹쳐 환곡은 고리대(高利貸)로 성격이 변질되었다. 정부에서는 환곡의 미회수분을 토지와 가호에 전가시켜 나갔다. 그리하여 환곡은 19세기 중엽 농민항쟁의 주요 원인이 되었다.

따라서 1862년 농민항쟁 이후 환곡제도의 폐단을 바로잡으려는 시도가 진행되었다. 그리고 농민의 재생산 기반을 보장하는 진휼 기능의 필요성 때문에 1866년부터 사창(社倉)을 설치하고 이를 자치적으로 운영하게 했다. 이러한 일련의 노력으로 환곡의 폐해는 줄어들었지만, 부세 운영 전반에 걸친 총체적 문란 속에서 농민 생활이 향상될 여지는 거의 없었다.

## 2. 조선후기 경제의 발전

### 1) 농업생산력의 발달

임진왜란과 병자호란은 조선의 경제를 파탄으로 몰아넣었다. 특히 농업 분야에서 임진왜란으로 인해 입은 피해는 막대했다. 그러므로 17세기 조선사회는 전쟁으로 인하여 황폐해진 농지를 개간하고 수리시설을 복구하는 등 농업생산력의 발전을 위하여 심혈을 기울이고 있었다. 17세기 중엽 전쟁으로 인한 피해가 어느 정도 복구되고 농업을 비롯한 각 부문별 산업이 새롭게 발전하기 시작했다. 그 중 농업의 발전은 조선후기 사회경제 변동에 커다란 영향을 미치고 있었다.

조선후기 농업기술의 발전은 여러 가지가 있었지만 그 중에서도 괄목할 만한 것은 논농사에 있어서 이앙법(移秧法)의 보급이다. 이앙법은 조선전기에도 일부지역에서 행해졌으나 이앙할 때 가뭄이 들면 그 해의 농사를 완전히 망칠 우려가 있었다. 정부에서 이앙법을 금지하고 있었던 것도 가뭄으로 인한 농가의 파산을 막기 위한 불가피한 조치였다. 조선전기 논농사의 파종법은 수경(水耕)·건경(乾耕)·삽종(揷種) 세 가지가 있었다. 수경은 물댄 논에 볍씨를 뿌리는 농법이었다. 건경은 마른 논에 볍씨를 뿌리는 것이며, 삽종은 모판에서 모를 키운 후 이를 논에 옮겨 심는 방법, 즉 이앙법이었다. 그러나 조선전기에는 수경·건경 등 직파법(直播法)이 주류를 이루고 있었고 이앙법(삽종)은 부차적인 방식에 머무르고 있었다.

그러나 이러한 상황에서 정부나 사족·농민들은 꾸준히 농업기술과 수리시설의 확충에 힘쓰면서 농업생산력의 증대를 꾀해 나갔다. 조선후기로 접어들면서 제언(堤堰)·보(洑) 등 수리시설은 비약적으로 늘어갔고, 이를 바탕으로 이앙법은 확산될 수 있었다. 이앙법은 16세기부터 서서히 확대되기 시작하여 17세기 말에 접어들면서 일반화하기에 이르렀다. 이앙법의 보급으로 나타난 농업상의 변화는 다음과 같다. 첫째, 농번기에 가장 많은 일손을 요하는 김매기[中耕除草]에 들어가는 노동력을 절감시켜 주었다. 직파법에서는 4~5차의 김매기 작업을 해야 했는데 이앙법에서는 2~3차로 충분했다. 둘째, 이앙법 하에서의 단위면적당 생산고가 직파법의 그것에 비해 훨씬 높았던 점을 들 수 있다. 셋째, 논에서의 이모작(二毛作)이 가능하게 되었다. 직파법에서는 볍씨를 음력 2·3월에 파종해야 했기 때문에 4·5월경 추수되는 보리와 밀의 재배가 불가능했다. 그러나 이앙법을 적용하면 논이 비어 있는 기간이 길어져서 보리·밀의 추수 이후에 모내기가 이루어질 수 있게 되었다. 이모작은 하층농의 안정화에도 크게 기여했다.

밭에서도 작물재배방식의 변화가 나타났다. 그루갈이[根耕法]와 사이짓기[間種法]의 일반화가 그것이다. 그루갈이는 가을에 가을보리 등 작물을 심어 여름에 수확하고 난 다음 곧바로 콩이나 조 등 후속작물을 재배하여 거두는 방법으로 1년2작 또는 2년3작의 형태로 많이 이루어졌다. 사이짓기는 밭에 주된 작물이 자라고 있는데 그 사이에 다른 작물을 파종하여 두 가지를 같이 재배함으로써 1년2작을 행하는 경작방식이다. 그루갈이와 사이짓기는 조선전기에도 있었지만 조선후기에 접어들어 널리 보급되었다.

이와 같이 논에서의 이모작과 밭에서의 그루갈이 · 사이짓기의 확산은 이 시기 작부체계(作付體系)가 연작상경(連作常耕)의 단계를 넘어서서 윤작(輪作)의 단계까지 도달했음을 의미했다. 윤작체계(輪作體系)가 확립되기 위해서는 지력(地力)의 보존을 위한 시비법(施肥法)의 발달이 요청되었다. 그리하여 조선후기에는 시비범위에서 종자에 비료를 주는 분종(糞種)이나 곡물의 포기에 비료를 주는 분과(糞科)로부터 농지 전체에 비료를 주는 분전(糞田)으로 확대되었다. 시비방법도 파종 전후에 비료를 주는 기비법(基肥法)에서 파종 후 작물이 농토에서 자라는 동안 비료를 주는 방식인 추비법(追肥法)으로 변화하고 있었다. 이러한 농업기술의 발전에 수반하여 농기구의 개량과 다양화가 진행되었다. 그리고 감자 · 고구마 · 고추 · 호박 · 토마토 등 새로운 작물의 도입 및 인삼 · 연초 등의 재배를 통한 생산의 전문화와 다각화가 촉진되었다.

이와 같이 조선후기에는 파종법(播種法), 작부체계, 시비법, 농구 및 수리시설이 발달했고 그것을 바탕으로 생산성이 높아졌으며 이를 토대로 전반적인 농업생산력의 발전이 이루어졌다. 농업생산력의 발달은 조선후기 사회변동을 유발하는 중요한 동력이 되었다.

### 2) 지주제의 변동

조선후기에 접어들면 지주경영의 형태도 병작제(竝作制)에 입각한 지주전호제(地主佃戶制)가 지배적인 형태가 되고 있었다. 조선전기의 지주경영형태는 대개 그 비중이 불분명한 가운데 자작제(自作制), 작개제(作介制), 병작제가 병존했다. 자작제는 지주나 그 대리인이 노비 등 예속노동력을 동원하여 직접 그 토지를 경영하는 형태였다. 작개제는 노비에게 작개지를 분급하여 그 소출을 전량 수취하고 그 대가로 사경(私耕)이라는 경작지를 대여하여 그 수확물 전체를 노비가에서 차지할 수 있도록 한 형태였다. 병작제는 예속노동력이 부족하거나 지주가 경작 능력이 없을 때 가난한 농민에게 토지를 대여하고 대략 수확의 반을 거두는 방식이었다. 병작제는 자작제·작개제와 비교하여 지주와 작인 사이에 신분적 지배예속관계가 현저히 낮은 계약적·경제적 성격이 두드러졌다. 15세기에 병작제는 다른 지주경영형태와 병렬적으로 존재했으나 16세기를 거쳐 조선후기로 접어들면서 압도적인 비중을 차지하게 되었다. 특히 왜란·호란으로 인한 피해를 복구하기 위해 정부가 추진한 개간 장려책은 병작지주제의 확산을 더욱 가속화시켰다. 당시 개간에 참여한 계층은 다양했지만, 경제력과 노동력 동원에 있어서 우위에 있었던 양반·토호층이나 궁방(宮房)·아문(衙門)·군문(軍門) 등이 이를 주도하고 있었다. 이들은 17세기 개간을 진행하는 과정에서 대규모의 토지를 집적해갔다. 개간이 진행되면서 불법적인 침탈이 자행되기도 했으나 병작제에 입각한 지주전호제는 더욱 확산되어 갔다.

한편 주로 농민층에 의하여 추진된 농법(農法)의 발전을 기초로 하여서도 지주제는 변동하고 있었다. 특히 이앙법의 보급을 필두로 한 각종 농업기술의 발전은 생산력의 증가와 노동력의 절감을 가져왔다. 이는 전시기보다 더 넓은 토지를 경작하는 광작(廣作)을 가능케 했다. 광작이 사회적인 현상이 되면서 지주들은 토지를 대여하기보다는 노비(奴婢)·고공(雇工) 등을 동원하여 토지를 직영했고 많은 전호농민들이 차경지(借耕地)를 빼앗기게 되어 차지경쟁(借地競爭)이 더욱 격화되었다.

반면에 일부 자영농이나 전호 농민들은 더 많은 농토를 경작할 수 있게 되어 소득이 늘어갔다. 이 시기 상품화폐경제의 발달로 토지도 하나의 상품으로 활발하게 거래되어 누구나 경제력만 있으면 토지를 사서 지주가 될 수 있었다. 특히 평천민(平賤民)이나 상인층 중에 부를 축적한 사람들 가운데는 경제력을 통하여 토지를 집적하여 지주·부농으로 성장하는 이들도 있었다. 이들은 경제적 수단과 경제적 목표아래 성장한 부류로서 전통적인 지주층들과는 그 성격에 있어서 차이가 났다. 이들의 등장은 지주전호제에 있어서 신분적 예속성을 더욱 약화시키는 결과를 가져왔다.

부유한 지주·농민은 자경지(自耕地)나 차경지를 더욱 확대해나갈 수 있었지만 가난한 농민은 차경지를 얻기가 더욱 힘들어졌다. 농토에서 떨어져나간 자들은 품팔이꾼으로 자신의 노동력만으로 생계를 유지해야했으므로 도시, 광산, 수공업장으로 일자리를 찾아 옮겨다녔으며 그마저도 어려웠던 자들은 이곳저곳을 떠도는 유민(流民)으로 전락했다. 이 시기 농촌경제는 장시와 연결되어 있었다. 이제 농업생산물은 시장판매를 목적으로 재배되는 단계에 접어들었으며 농업경영에 필요한 노동력으로도 임노동자가 널리 활용되었다.

이 시기의 지주제는 기본적으로 중세적인 성격을 탈피한 것은 아니었다. 지주층의 대다수는 여전히 관료·사족 등 양반층이나 국가권력과 밀접한 관련을 맺고 있는 궁방·군문·아문 등이었다. 그럼에도 불구하고 당시 농업상의 변동을 배경으로 평천민 중에서도 전통적인 지주를 능가하는 부농(富農)·지주(地主)가 대두하고 있었으며 반대로 양반층에서도 전호(佃戶)로 몰락하는 부류가 나타나게 되었다. 결국 종래 양반을 지주와 동일시하고, 평천민을 전호·자작농과 동일시하던 틀이 깨어지게 되었다. 그리하여 이제는 사회적 신분과 경제적 지위가 일치하지 않는 괴리현상이 드러나게 되었다.

### 3) 지대형태의 변화

지주제의 변동과 아울러 지주와 전호농민 사이에는 지대수취방식에 있어서도 변화가 나타났다. 조선후기의 지대형태는 크게 타조법(打租法), 도조법(賭租法)으로 나눌 수 있다. 타조법은 지주와 전호가 소출의 분배율을 정하여 두고 매년 수확량을 비율에 따라서 분배하는 정률지대(定率地代) 형태였다. 생산물에 대한 분배형태는 다양했지만 대체로 분반타작(分半打作), 즉 수확의 절반을 지대로 정했다. 이 경우 종자(種子)·전세(田

稅)·대동(大同)·삼수미(三手米)·결작(結作) 등 전세와 이에 따른 추가부담을 지주가 담당했다. 또 매년 작황에 따라 지주의 소득도 크게 변할 수 있기 때문에 농업경영전반에 대한 지주의 통제와 간섭이 심했다. 이에 따라 전호농민들의 자유로운 영농은 지주들에 의해 제한을 받고 있었고, 농민들의 생산의욕도 크게 떨어질 수밖에 없었다.

도조법은 매년 소출의 변화에 관계없이 일정량의 지대를 수취하는 형태로서 일종의 정액지대였다. 이 경우 전호농민은 전세와 각종 추가부담을 작인이 부담하는 조건 아래 정해진 지대를 지주에게 납부하면 그만이었으므로 나머지 생산물은 자신의 차지가 되었다. 이 때문에 도지를 얻은 농민들은 타조법 하의 농민보다 생산의욕을 강화할 수 있었다. 그리고 지주의 입장에서도 소정의 지대만 수취하면 되므로 전호농민의 영농과정에 일일이 간섭할 필요가 없었다.

조선후기의 지대형태는 종래의 지대수취방식이었던 타조법이 상당부분 도조법으로 변화되고 있었다. 타조법 하에서는 농민들이 지대납부를 거부하거나 볏단을 빼돌리는 등 항조운동이 널리 일어났다. 지주들은 여기에 대응하여 정액제로서 도조법을 채용하여 지대수취의 안정화를 꾀하고자 했던 것이다.

지대부담의 형태는 한 걸음 더 나아가 생산물지대에서 화폐지대로 전환되어 가고 있었다. 화폐지대의 출현은 상품화폐경제의 발달로 금속화폐가 전국적으로 유통되고, 교통이 불편한 지역의 조세납부가 금납화되었던 현상과 궤를 같이 했다. 화폐지대는 우선 궁방전(宮房田)이나 군문둔전(軍門屯田), 아문둔전(衙門屯田) 등 왕실·국가의 지배 아래 있던 토지에서 나타나기 시작했다. 그리고 화폐지대는 점차 민유지까지 파급되어 갔다.

이와 같이 조선후기의 지대수취방식은 정률지대와 정액지대 및 화폐지대의 세 가지 형태가 있었다. 지대는 대체로 생산물지대의 성격을 여전히 유지해 갔다. 그러나 조선후기에는 타조법에서 도조법으로 생산물지대에서 화폐지대로 변화하는 흐름이 강화되어 가고 있었다. 이는 중세적 지대의 성격이 본질적으로 변화한 것은 아니었다. 그러나 지대수취방법의 변화는 지주와 전호농민간의 관계가 신분적·경제외적 형태에서 계약적이고 경제적인 관계로 바뀌어가고 있음을 의미했다. 이를 통해서 농민들이 사회적으로 성장할 수 있는 객관적 조건이 성숙되어 갔다.

### 4) 상품화폐경제의 발전

조선왕조의 성립과 더불어 강행된 억상(抑商) 정책은 16세기에 접어들면서 동요되기 시작했고, 17세기 이후에는 근본적으로 무너져갔다.

우선 외국무역의 경우 역관 무역, 팔포 무역이 그 핵심을 이루었으나, 한편으로 민간무역도 점차 열려갔다. 민간 상인들은 개시무역(開市貿易)을 통해 정부의 허가 아래 중국과의 무역에 나서게 되었다. 그러나 정부의 통제를 받는 개시무역에는 제약이 컸다. 이 때문에 두 나라 상인 사이에 공식 교역량을 뛰어넘는 사무역(私貿易)이 성행했고, 그것이 후시무역(後市貿易)의 발달로 연결되었다. 18세기 이후 책문후시(柵門後市)에서는 사신이 중국에 갈 때 의주상인이나 개성상인들이 그 일행에 끼어 중국상인들과 교역을 벌였다. 그들의 교역은 한번에 대개 10만 냥 값어치의 상품을 교환할 정도로 규모가 컸다.

일본과의 무역에서도 후기로 오면서 민간상인의 참여가 활발하게 이루어졌다. 특히 민간상인들이 주도한 인삼무역이 활기를 띠어갔다. 18세기경에는 개성상인이 중심이 되어 동래상인과 의주상인을 연결하는 중국, 일본 사이의 국제 중개무역이 발달했다. 국내의 인삼을 매점한 개성상인들이 동래상인을 통해 일본의 은과 바꾸고, 그 은을 가지고 의주상인을 통해 중국무역으로 연결했던 것이다.

외국무역의 발전과 함께 양란 이후 상업 인구의 증가, 금속화폐의 유통, 대동법의 실시 등은 국내 상업계에도 많은 영향을 미쳤다. 이 시기 상업의 발전은 주도상인의 변화에서 잘 나타난다. 18세기 중반까지는 공인과 시전상인처럼 특권을 가진 상인들의 독점 상업이 주류를 이루었다. 정부 역시 국가재정 필요상 이들의 활동을 지원하는 정책을 폈다. 시전의 금난전권(禁亂廛權) 강화와 새로운 시전이나 공인계(貢人契)의 등장은 그러한 시대적 산물이었다. 그러나 특권상인에 의한 독점상업은 사상인층과 도시빈민층 모두에게 압박이 되었다. 이에 저항하고 반발하는 사상인층과 소상인, 그리고 도시빈민층의 성장에 힘입어 금난전권을 제한하는 정책인 신해통공(辛亥通共)이 1791년(정조 15)에 실시되었다. 이를 계기로 도시 사상인층과 소생산자층의 활동이 한층 더 활발해졌으며, 시전상인에 대신해 사상도고(私商都賈)가 상업계의 주도권을 쥐게 되었다.

이들 사상도고는 우세한 자본력과 조직망을 매개로 생산지와 소비지를 연결하는 매점상업을 벌였다. 특히 경강상인과 개성상인 등의 활동은 매우 활발했다. 경강상인은 그들이 지닌 조선술(造船術)과 항해술(航海術)을 바탕으로 서울의 상권을 장악해 갔다. 개성상인 역시 뛰어난 상술과 송방(松房)이라는 전국적인 조직을 바탕으로 국내 및 외국 무역의 주도권을 장악해 갔다.

이들이 왕성한 상업활동을 벌일 수 있었던 것은 당시 유통구조의 변화를 배경으로 하고 있었다. 우선 당시는 육상교통과 상품경제의 발전이 진행되었다. 이와 함께 대개 큰 장시가 열렸던 상업중심지나 교통 중심지에 상업적 성격이 강한 도시가 형성되었다. 아울러 해상 교통의 발전으로 포구들 간의 연계와 상업적 기능이 강화되었다. 이에 따라 강경 안성과 같은 육상 교통의 중심지와 각 포구 등 수상교통의 요지에 객주, 여각 등이 발달해서 상품의 위탁판매만이 아니라 도고상업을 벌였다.

그리고 농촌지역에서는 장시가 더욱 발달했다. 한 군에 2, 3개의 장시가 열흘 정도의 간격으로 열리다가 차츰 증가하여 18세기에는 한 군에 5, 6개의 장시가 닷새 간격으로 열리게 되었다. 그리하여 18세기 말에는 장시의 수가 전국에 걸쳐 1천여 개에 이르렀다. 또한 장시 사이의 연계도 강화되어 개시일을 조정하는 등의 방식으로 차츰 한 군현에서는 매일 어디에선가 장이 열리게 되었다.

이렇게 유통구조의 변화를 바탕으로 부를 축적한 사상도고들은 상업자본이 축적되면서 조선업이나 홍삼제조업 등에 투자했다. 그리고 선대제(先貸制)나 초기적 공장제 수공업 형태로 도시지역 소상품 생산자층을 지배해갔다. 이것이 문호개방 이전 조선왕조 상업계의 일반적인 추세였다.

### 5) 수공업과 광업의 발달

조선후기 들어서면서 수공업에도 많은 변화가 일어났다. 관청 수공업장에 종사하던 장인에 대한 국가의 통제가 부역제가 아닌 고용제로 바뀌었다. 이로써 장인들의 상품생산이 가능하게 되었다. 더욱이 도시민의 기호발달로 장인에 의한 가공상품의 수요가 높아갔다. 이에 따라 도시의 장인들은 그 생산품을 직접 판매하는 시전을 개설하여 시전상인과 치열하게 경쟁하기도 했다. 그러나 이들과 시전상인간의 경쟁 과정에서 대체로 상인들은 자본력을 기초로 하여 그들의 생산활동을 지배해 갔다. 아울러 여전히 관청수공업으로 유지되던 사옹원(司饔院)의 분원(分院)이나 조지서(造紙署)와 같은 곳도 민간의 상인자본이 침투하여 차차 민영화되어 갔다. 이들 관청 수공업장은 처음에는 주문생산 방식을 취했다. 그러나 상업자본가들은 점차 분원이나 조지서의 변수(邊手) 및 장인까지 직접 지배해서 그들을 상업자본의 고용인으로 만들어갔다.

농촌 수공업도 농가부업에서 어느 정도 분리되어 자영 수공업이 발전해갔다. 이는 농가 부업 수공업이 점차 전업화해 가는 추세에 있었음을 뜻한다. 대동법의 실시는 이러한 현상을 더욱 부채질했다. 농촌지역 각처에는 수철점, 옹점, 유기점촌, 사기점촌과 같은 자영 수공업자들의 점촌이 형성되었다. 특히 유기와 철기제조에서는 점주 또는 물주로 불린 경영주가 유기장, 야장 등을 고용해서 공장제 수공업 형태로 운영하고 있었다. 면직업, 견직업 등 직물 제조업을 전업으로 하는 농가도 있었다. 그러나 이들의 경우, 문호개방 이전까지 가내 수공업의 단계를 넘어서서 공장제 수공업으로 넘어가지는 못했다. 이는 문호개방 이후 자본주의 면직물 제품의 침투 앞에서 토산 면직물의 생산구조가 무너질 수밖에 없었던 중요한 원인이었다.

광업에서도 큰 변화가 일어났다. 왜란과 호란을 겪으면서 각 군영이 군수광업을 발전시켜 나가는 한편 호조에서는 전쟁비용과 외교비용으로 막대한 양의 은이 필요했다. 민간에서도 17세기 중엽 이후 상품화폐경제의 발전과 대외교역의 활성화에 따라 금은동의 사회적 수요가 급격히 증가했다. 이에 정부는 은을 비롯한 광물의 원활한 공급을 위해 1651년(효종 2)에 설점수세제(設店收稅制)를 실시했다. 설점수세제의 처음에는 호조에서 점소(店所)를 설치하고 중앙에서 별장을 파견하여 세를 거두는 별장제(別將制)가 적용되었다. 그러나 기존에 광산에서 이익을 얻던 계층은 이에 저항하는 방편으로 사채(私採) 혹은 잠채(潛採)를 활발히 전개했다. 그러나 그들은 설점수세제의 실시에 따라 호조에 광구(鑛口)를 빼앗긴 군문 등의 침탈로 많은 폐단을 겪게 되었다. 이에 정부는 별장을 혁파하고 민간 물주가 직접 점소를 설치해서 광물을 채취하고 수령이 세를 거두는 수령수세제(守令收稅制)로 전환했다. 이리하여 민간에서의 광산개발이 점차 활발해졌고 금점, 은점, 동점 등이 각지에 형성되었다. 광업은 특히 평안도에서 활발히 전개되고 있었다.

이때의 광산 경영은 주로 덕대제(德大制)에 의해 이루어졌다. 이는 물주가 채광시설과 자금을 투자하고 혈주(穴主)나 덕대들이 직접 채광작업을 지휘하는 사실상의 민영이었다. 농촌에서 유리된 농민들이 주를 이루었던 노동자들도 작업 공정에 따라 편제되어 작업하고 있었다. 공장제 수공업과 비슷한 분업적 협업형태가 갖추어져 있었던 것이다. 그러나 설점수세제 아래에서도 여전히 관권의 수탈이 작용하고 있었다. 이 때문에 관권의 통제를 받지 않고 광물을 채굴하는 잠채가 성행하게 되었다.

## 3. 조선후기 신분구조의 변동

### 1) 신분제의 변동

조선시대의 사회 계층은 대체적으로 양반·중인·상민·천민의 네 신분으로 구분되어 있었다. 그런데 이러한 전통적인 신분구조는 조선후기에 이르러 변동을 겪었다. 이는 양반인구의 급격한 증가, 중인인구의 점진적 증가, 상민층의 상대적 감소, 노비인구의 급격한 감소현상으로 집약된다.

조선후기에 이르러 신분제가 이완되고 사회신분의 변동이 일어나게 된 단초는 양반인구의 증가에서 찾을 수 있다. 당시의 호적대장을 분석해보면, 호적상 유학(幼學) 등과 같은 양반의 직역을 쓰는 인구의 점유율이 17세기 이후 점차 증가하기 시작하고 있다. 그리고 18~19세기에 이르면 그 비율은 40~60%에 이를 정도로 급증했다. 양반호의 증가는 양반의 직역인 유학호의 증가를 통해서 주로 진행되었다. 이러한 구체적 사례는 조선후기 단성지역의 호적대장에서 확인된다. 17세기 말 단성현에서는 유학호의 비율이 전체 양반호 중 40% 정도를 점유하고 있었다. 그러나 유학호의 비율이 19세기 중반에 이르면 98%에 육박하고 있음을 볼 수 있다. 이러한 현상은 다른 지역의 호적대장에서도 유사하게 나타난다.

18세기 이후부터 양반층의 대부분을 점하고 있는 유학이 수적으로 크게 증가하게 된 까닭은 다양한 신분계층이 유학을 칭한 데에서 비롯되었다. 먼저 기술관, 향리, 서얼(庶孼) 등 중서인들은 향촌사회에서 재력을 이용하여 향안(鄕案)에 올라 양반신분으로 상승되었다. 이들은 수령과 밀착하여 구래의 재지사족의 권위에 맞설 정도로 성장하고 있었다. 중인들 가운데 특히 서얼 출신의 경우에는 그 자손들이 이미 17세기 중엽부터 유학을 칭하며 사족의 일원으로 편입되어 갔고, 서얼 자손에 대한 금고(禁錮)도 폐지되었다.

한편, 상민층의 신분상승도 18세기 후반과 19세기에 걸쳐 활발하게 진행되어 갔다. 특히 상민층은 군역의 부담에서 벗어나려는 목적에서 신분상승을 촉진시켜 갔다. 그리고 상민 가운데 조선후기의 새로운 경제환경에 편승하여 재력을 축적한 사람들은 자신의 재력을 이용하여 신분상승을 꾀했다. 그들은 정부가 재정 확보를 위하여 발행한 납속첩(納粟帖)이나 공명첩(空名帖)을 사들여 일단 군역에서 벗어났다. 그후 그들은 점차 호적상의 양반직역 특히 유학(幼學)을 모칭(冒稱)함으로서 신분상승을 꾀하는 사람이 적지 않았다. 그리하여 19세기에는 호적대장에 등재된 유학 가운데 반수 이상이 모칭유학으로 추정될 만큼 그 수가 증가되었다. 이에 따라 유학을 중심으로 한 양반인구의 수는 19세기 중엽에 호적상 주민구성의 50% 이상을 점유할 정도로 증가되고 있었다. 이와 같이 양반인구의 수적 증가는 양반계층 자체의 양적 팽창에도 그 원인이 있겠지만 그보다는 하층민의 신분상승의 결과로 야기된 것이었다.

조선후기의 신분구조에 이와 같은 변화가 오게 된 계기는 임진왜란과 병자호란으로 인해 야기된 일련의 사회경제적인 변화이다. 특히 농업·상업·수공업과 같은 경제분야에서의 변화는 하층민들이 성장할 수 있는 계기를 마련해 주었다. 즉, 농업생산력의 발달과 상공업의 발달 등에 힘입어 부를 축적하게 된 하층민들은 경제력을 바탕으로 신분상승을 꾀함으로써 신분변동을 초래하였던 것이다.

또한 전란으로 인해 부족한 재정을 충당하기 위해 실시한 납속보관(納贖補官)이나 군공수직(軍功受職) 등은 신분제를 이완시킨 또 하나의 요인으로 작용했다. 전란 이후 조선정부는 그 복구의 과정에서 일련의 임기응변적인 정책을 시행했다. 정부는 전쟁 중에 군공을 세운 자에게 포상형태로 면천(免賤)·면역첩(免役帖)을 발행했다. 그리고 국가의 재정부족을 타개하기 위해 납속(納贖)에 의한 관품(官品)을 제수했다. 정부측 입장에서 볼 때는 이와 같은 제도는 임기응변적인 한시적 대책이었다. 그러나 그 결과 여러 형태의 법제적 신분상승 기회가 마련되면서 신분구조의 변동을 초래한 결정적 계기로 작용했다.

이와 같이 조선사회의 기본적인 신분구성이 와해되고, 상하 신분층간의 계층이동 현상이 두드러졌다. 이 과정에서 지배신분층이었던 양반층 내부에서는 이에 부수된 계층분화의 현상이 나타나고 있었다. 즉, 양반층 가운데는 기존의 특권을 계속 누려간 대가(大家)·명가(名家) 등 문벌가문이 있었다. 그리고 중앙정부의 관직에는 진출하지 못했으나 향촌에서의 명망을 유지할 수 있었던 향반(鄕班)도 있었다. 이와 반대로 몰락하여 사회경제적으로 열악한 처지에 놓인 잔반(殘班) 등의 계층이 생겨나게 되었다. 이들 집권계층에서 이탈된 몰락양반들은 비록 관념상 양반이라는 자기 인식을 가지고 있기도 했다. 그러나 그들의 사회경제적인 처지는 하층민과 거의 다름이 없었다. 이처럼 양반층의 사회적·정치적·경제적 지위가 분화되어 가는 현상은 하층민의 신분상승에 못지 않게 조선후기 사회의 신분구조 변화과정에 있어서 주요변수로 작용했다.

조선후기 신분구조의 변동은 신분제의 가장 밑바닥에 자리잡은 노비신분층에서도 일어났다. 노비는 16세기 말 전란과정에서 군공 등을 통해 신분을 상승시키기도 했고 납속면천(納粟免賤)되기도 했다. 그러나 그들은 주로 도망을 통해 노비신분에서 벗어났다. 정부는 공노비 입역(立役)의 효용성이 떨어지자 선상노비(選上奴婢)를 대부분 납공노비(納貢奴婢)로 전환시켰다. 당시 노비들의 신공은 남자의 경우 포 2필이 일반적이었고, 여자들도 1.5필 정도였다. 그러나 군역을 지고 있던 양인들의 경우 남자만 군포를 부담해 왔다. 그러므로 노비들은 일반 양인에 비해 부담이 무거울 수밖에 없었다. 게다가 전란 이후 도망노비가 많아지자 그 신공이 남아있는 노비에게 전가되어 부담은 더욱 무거워졌다. 사노비는 일반 농민과 경제적 처지가 거의 같더라도 노비라는 이유만으로 더 가혹한 수탈을 당하고 사회에서 냉대를 받았다. 이에 따라 노비의 도망은 일상적으로 일어나고 있었다. 도망노비들은 광산·도시·서북지방과 같은 고용노동이 풍부한 곳으로 이동하여 신분상승을 도모했다.

노비의 신분상승은 18세기 전반 종모법(從母法)의 시행으로 더욱 촉진되었다. 부모 중 한쪽이라도 노비면 자식을 모두 노비로 삼는 법이 폐지되고, 어머니만 양인이면 자식도 양인이 되게 하는 종모법의 시행으로 노비의 수는 더욱 줄어들었다. 결국 18세기 후반에는 노비들의 도망과 합법적인 종량(從良)으로 말미암아 공노비의 노비안(奴婢案)은 신공을 받는 장부 구실을 하지 못했다. 1801년(순조 1)에 내시노비(內寺奴婢)를 혁파한 것은 이에 따라 취한 어쩔 수 없는 조치였다. 그러나 이로써 공노비제도는 사실상 무너지고 말았다. 이와 같이 조선후기 사회는 노비인구가 급격히 감소하면서 노비제의 붕괴·해체가 이루어져 갔다. 이는 조선후기 신분구조의 변동을 보여주는 가장 극명한 현상으로 이해된다.

이상과 같은 조선후기 신분구조의 변동은 신분 자체의 의미를 퇴색시키고 있었다. 이는 신분제를 바탕으로 성립·유지되고 있었던 중세사회가 차츰 해체되어 가고 있었음을 뜻하는 것이었다.

### 2) 가족제도의 변화와 여성

조선은 통치이념으로서는 성리학을 제시했다. 그리고 그것을 실천할 수 있는 가족제도로서는 종법적(宗法的)인 부계(父系) 질서를 이상으로 하여 기존의 모든 사회제도를 이에 맞게 변화시키고자 했다. 그런데 조선전기의 가족 및 친족제도는 상속이나 제사관행을 통해 확인되듯이, 중국의 종법체계와는 차이가 있었다. 조선전기의 가족질서는 혼인에 있어서의 남귀여가혼(男歸女家婚)을 기초로 하고 있었다. 남귀여가혼은 글자 그대로 혼인 후 남자가 여자 집에서 머물러 생활하는 것을 말한다. 이는 고려부터 조선 전기까지 일반적인 혼인 형태로 보인다. 이러한 혼인관습은 친족의 인식범위나 제사 및 재산의 상속 등 여러 사회관습에 영향을 끼쳤다. 그리하여 조선전기에는 부처·자녀·친손과 외손을 동일시하는 양계적(兩系的) 친족체계가 존속했다.

그런데 성리학의 이해가 심화되던 과정에서 이러한 친족 및 종법의식은 점차 변모하여 갔다. 이에 따라 조선후기에는 가족 및 친족에 대한 관념에 커다란 변화가 일어났다. 즉, 남귀여가혼의 관습이 사라져 갔고, 이는 모계친족과의 상관이 점차 축소됨을 의미했다. 물론 조선후기까지도 그 유제가 부분적으로 남아 있기는 했다. 그러나 17세기 후반 이후 가부장적인 부계친족제가 일반화되면서 점차 해소되어 갔다.

이러한 부계 중심의 친족의식은 친족범위를 축소시켜 족보의 기록범위와 기록방식에도 변화가 초래되었다. 조선후기의 족보들은 조선전기와 구별되는 특징을 보여준다. 즉, 조선전기의 족보는 부계를 기준으로 하면서도 「부—자계」(父—子系)와 「부—녀계」(父—女系)가 동일한 체계와 비중으로 기재되었다. 그러나 조선후기의 족보에서는 외손의 수록범위가 축소되었다. 자녀의 기록순서가 나이순에서 선남후녀(先男後女)로 변화되었다. 적서(嫡庶)를 구분하면서 입양자가 증가하는 등의 변화양상이 강화되었다.

부계친족 중심의 친족체계는 재산과 제사의 상속에서도 커다란 변화를 가져왔다. 내외친(內外親)을 망라하는 조선전기의 친족관념 하에서는 재산상속에서 남녀 균분이 일반적이었다. 그러나 적장자(嫡長子)를 중심으로 하는 조선후기의 가족질서 아래에서는 장자우대, 남녀차등이라는 경향이 보편화되어 갔다. 이러한 재산상속제도의 변화는 제사상속의 변화와도 궤를 같이했다. 조선 전기에는 제사가 자녀윤회봉사(子女輪廻奉祀)의 관행에 따라 거행되었다. 그러나 조선후기에 들어 점차 장자봉사(長子奉祀)로 굳어져 갔다.

이와 같이 조선후기에 들어 부계적 가족 질서가 강화되면서 일상생활에서 여성의 위치는 상당히 변화되었다. 성리학적 윤리관념에 입각한 여성관을 확립하려는 시도는 이미 조선 전기부터 정책적으로 이루어졌다. 이는 여성들의 사찰 출입금지, 음사(淫祀)라고 칭해진 비유교적(非儒教的) 종교행위에 대한 규제, 그리고 남녀간의 자유스러운 접촉을 금하는 이른바 내외법(內外法)의 시행 등으로 집약된다. 조선후기에는 이러한 제도가 여성들의 일상생활 가운데 점차 확고하게 뿌리를 내리게 되었다.

### 3) 인구 변동과 도시의 발전

조선시대에는 매 3년마다 호적을 작성하여 호구수를 파악했다. 그 기록에 따르면 17세기 중엽에는 131만 호에 인구가 502만 명 정도였는데, 18세기 중엽에는 169만 호에 697만 명으로 증가했다. 18세기 말엽에는 다시 175만 호에 737만 명으로 늘어났으나 세도정권기인 19세기 중엽에는 154만 호에 655만 명으로 감소했다. 그런데 조선왕조에서는 역(役)과 공부(貢賦)의 부과를 위해 호적에서의 호구를 인위적으로 편제해 왔다. 그러므로 당시의 호구통계를 실제 인구로 볼 수는 없다. 1904년 590만 명으로 나타난 인구가 1910년 민적(民籍) 조사에서 1,293만 명으로 두 배 가까이 파악된 것은 이 때문이다.

조선왕조의 호구 정책은 원칙적으로는 인구의 실상을 낱낱이 파악하는 핵법(覈法)을 표방했으나 실제로는 국역 부과에 필요한 만큼만 확보하는 관법(寬法)에 의해 운영되었다. 따라서 많은 여성이나 아동이 누락되었고, 각 군현에서는 남정(男丁) 가운데에서도 언제든지 호적에 등재할 수 있는 후보군을 별도로 관리하고 있었다. 또한 부세 수취 부담에서 벗어나기 위해 의도적으로 호구 등재를 기피하기도 했다. 이 때문에 호구 파악은 인구의 실상을 그대로 반영하지는 않았다. 더구나 호구 통계에는 출생과 사망에 관한 자연 증감의 내용이 기재되지 않았다. 그리고 전출과 전입 등 사회적 증감에 관한 내용도 극히 일부만 반영되어 있었다. 따라서 호적 자료를 통해서 인구 변동을 파악하기는 어렵다.

물론 조선후기 기록상의 호구는 양란으로 인한 피해 극복과 전반적인 생산력 발전에 따른 인구의 자연 증가, 그리고 기근이나 전염병으로 인한 감소 상황을 일정하게 반영하기도 했다. 그러나 호구의 기록은 호구 정책의 변화와 국가 행정력의 강도에 따라서도 큰 차이가 있었다. 따라서 실제 인구는 추정에 의존할 수밖에 없다. 조선후기의 전체 인구는 대체로 17세기 중엽 800~900만 명 정도에서 19세기 말엽에는 1,700만 명에 이르렀을 것으로 추정되고 있다. 이 인구의 지역적 분포로는 삼남 지방에 전인구의 51%, 서북 지방에 32%, 서울과 경기·강원도 등 중부 지방에 17% 정도가 거주했던 것으로 파악된다.

인구의 지역적 분포는 인구 밀도와도 관련되어 삼남과 경기도의 인구 밀도가 서북과 강원도에 비해 상당히 높은 편이었다. 이는 18세기 초 토지결수의 70% 정도가 삼남에 집중되어 있었듯이 경작지 면적이나 생산력 차이와 같은 경제적인 조건에서 비롯되었다. 18세기 이후로는 변방 개발에 따른 인구 유입으로 서북 지역의 인구도 괄목할 만큼 증가했다. 한편 인구 밀도는 조선후기 유통 경제의 발전에 따른 상업 도시의 성장으로 서울과 지방 도시에서 높은 수준을 유지했다.

인구의 증가 및 교통과 유통 경제의 발전으로 도시 형성이 촉진되었다. 도시에는 농민층 분화로 토지에서 이탈된 많은 농민들이 유입되었다. 서울은 조선왕조 최대의 도시로 종래의 정치·행정적인 기능에서 벗어나 시장권의 중심으로 자리잡으며 상업도시로서의 면모를 강화해 나갔다. 서울의 인구는 1657년(효종 8년) 8만여 명에서 1669년(현종 10)에는 19만여 명으로 대폭 늘어났다. 이는 호구 파악의 기준이 강화되었기 때문이기도 했지만, 실제 인구의 증가 상황이 반영되었다고 보고 있다. 서울에는 17세기 중반 소비 인구의 증가를 추정케 하는 미전·어물전이 잇달아 신설되었다. 더구나 이들은 도성 밖과 경강(京江) 주변인 서강·마포 등지에 설치되어 이곳으로 서울이 확대되고 있었음을 보여준다.

서울에는 17세기 후반의 대기근으로 전국 각지에서 유민이 몰려들어 유입 인구도 대폭 늘어났다. 인구의 증가는 거주 공간의 확대로 이어져 17세기 후반에는 경강 변의 용산·서강 등이, 18세기 후반에는 동대문 밖의 숭인·창신과 한강 하류의 망원·합정 지역 등이 한성부의 행정 단위에 편입되었다. 이후 서울의 실제 인구는 대략 30만 명에 달했을 것으로 추정된다.

서울의 성장과 함께 그 외곽 유통 거점에 있었던 광주(廣州) 송파장과 양주(楊州) 다락원의 발전도 주목된다. 시전 상인의 견제를 받지 않았던 이 곳에서 난전 상인들은 상품을 대거 유통시켜 서울의 시전 중심 상업체계에 균열을 가했다. 이에 따라 서울에는 종로의 시전거리와 함께 난전 상인들의 상설 시장인 배오개[梨峴]·칠패(七牌)가 서울의 3대 시장으로 발돋움했다. 그 주변에는 각종 수공업자들이 조업을 하고 전국 각처의 물산이나 중국·일본의 상품까지 몰려들어 성황을 이루었다. 시전과 난전 상인들의 경쟁으로 서울의 상업계는 활기를 띠어 갔다. 그리고 유입된 인구층이 상행위와 관련된 각종 업무에 종사하면서 서울은 그야말로 상업 도시로 변모되어 갔다.

이와 같은 시기에 지방에서도 지역 유통의 거점 지역을 중심으로 상업 도시가 성장했다. 송상(松商)·만상(灣商)·유상(柳商)·내상(萊商)의 본거지인 개성·의주·평양·동래는 일찍부터 상업과 국제 무역을 배경으로 도시로 성장하고 있었다. 개성 상인들의 근거지인 개성에는 많은 시전들이 설치되었다. 그들은 전국 주요 지역에 송방(松房)이란 명칭의 지점을 두었고, 국제 무역에도 참여했다. 의주·동래·평양은 대청·대일 무역 혹은 청일간 중개 무역 중심지로서 성장의 발판을 마련했다.

행정 중심지인 전주·대구·공주·청주·함흥·밀양 등도 점차 상업 기능을 강화했다. 이들 도시는 주변의 장시를 연결하는 유통망의 중간 거점이 되면서 상업 도시로 발전했다. 정조대 계획 도시로 건설된 수원에는 상업 인구를 유치하여 상업 도시로서의 면모를 갖추도록 했다. 또한 18세기 이후 포구 상업의 발달로 창원 마산포, 은진 강경포, 덕원 원산포 등지도 도시로 발전하기 시작했다. 마산은 각도의 상선들이 모여들어 다양한 물화가 거래되었다. 강경은 금강 하류의 기름진 평야에 위치하여 농축산물의 교역이 많았다. 원산의 경우에는 함경도의 수산물과 경상도의 미곡이 교역되는 등 함경도와 타 지역을 연계하는 관문의 역할을 했다. 그 결과 덕원부(德原府) 산하의 작은 어촌이었던 원산은 번화한 항구 도시로 변모되어 갔다.

이들 상업 도시는 조선후기 15대 장시로 꼽히는 경기도의 광주 사평장·송파장, 안성 읍내장, 교하 공릉장, 충청도의 은진 강경장, 직산 덕평장, 전라도의 전주 읍내장, 남원 읍내장, 경상도의 창원 마산포장, 강원도의 평창 대화장, 황해도의 토산 비천장, 황주 읍내장, 봉산 은파장, 평안도의 박천 진두장, 덕원 원산장 등과 대체로 일치한다. 지방의 상업 도시는 주로 교통상의 요지에 있으면서 주변 장시나 포구의 시장권을 통합하며 성장하였던 것이다.

### 4) 향촌사회의 변화

조선후기에 이르러서는 향촌사회에서도 변화가 일어나고 있었다. 즉 종전 사족 중심의 지배체체에 대한 도전이 진행되었다. 조선 초기 군현의 토성(土姓) 집단에서 성장한 재지사족은 이족(吏族) 향리층과의 분화 과정을 거치며 신분적 우위를 점했다. 그들은 다양한 방식으로 토지와 노비를 보유하여 경제적 토대를 확보했으며, 자치 기구의 결성을 통해 재지 지배를 실현해 나갔다. 국가에서도 16세기 이래 사족 집단의 성장에 주목하여 수령 중심의 행정체계와 함께 지방 지배의 동반자로 인정했다.

재지사족은 군현 단위에서 향안(鄕案)을 매개로 결속하고 향안에 입록된 향원이 향회(鄕會)를 조직하여 향촌사회 운영을 통제했다. 향회의 운영 규칙인 향규(鄕規)는 관권과의 타협을 전제로 하여 사족층의 결속과 이해를 도모한 것이었다. 사족들은 한편으로 향교와 서원을 장악하여 향론을 주도하고 군현 전체에 향약을 실시하거나 면리별로 동계·동약을 조직했다. 이러한 상황에서 수령은 사족 집단의 결집체로 존재한 유향소(留鄕所) 임원인 향임(鄕任)의 보좌 아래에서만 지방 지배를 원활히 실현할 수 있었다. 이 시기 재지사족은 위로는 국가 권력과의 마찰을 피하고 아래로는 향촌민을 통제하여 수령과 함께 지방 지배의 한 축을 담당했다.

16세기 말 일본과의 오랜 전쟁은 사족의 향촌 지배에 타격을 주었다. 많은 사족들이 경제적 토대인 토지와 노비를 상실했고, 향촌 지배의 모체인 향안도 소실되었다. 일부 사족은 전쟁중 의병을 일으켜 지역에서의 권위를 유지할 수 있었다. 그리고 전란이 끝난 후 향촌민들과 상하 합계(合契)를 구성하여 전후 피해를 복구해 나갔다. 또한 향안의 복원도 추진하여 일정하게 재지 지배력을 연장시킬 수 있었다.

그러나 17세기 이후 국가의 지방 통치는 수령제 운영을 강화하는 방향으로 전개되고 있었다. 선조 36년(1603) 경재소가 혁파되면서 향임의 임명을 수령이 주관했고, 이는 유향소가 예속화되는 길을 열어 놓았다. 효종 연간에는 영장사목(營將事目)이 반포되면서 영장에 의한 향소 처벌이 가능해져 향임의 지위는 계속 낮아졌다. 이에 따라 사족들이 향임을 기피하자 새로운 세력들이 향소에 참여하면서 재지사족의 지배력은 점차 약화되었다. 17세기 후반에는 향약의 주도권도 수령에게 넘어가면서 향회는 부세 납부를 위한 보조 기구로 변질되었다.

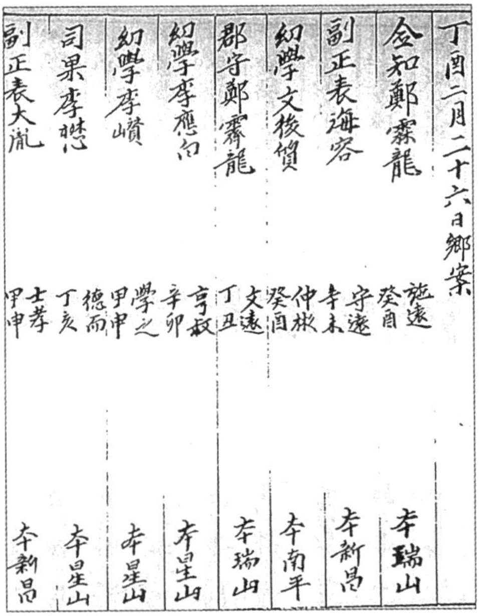

▲ 경상도 거창향교에 보관되어 있는 거창향안 중 하나

17세기 후반에는 군현제의 하부 단위로 뿌리내린 면리제(面里制)에 다시 오가작통제(五家作統制)를 연계시키고 호패법을 강화하여 수령을 매개로 한 지방 지배의 효과를 높이고자 했다. 조선전기 읍치(邑治)와 방위면(方位面)으로 편제되었던 면리는 조선후기 자연촌의 성장과 더불어 방위면 체제가 해체되고 이(里)의 성장과 면(面)의 세분화가 이루어졌다. 당시 부세 운영에는 공동납의 성격이 강화되고 있었다. 이 때문에 면리제의 기능도 확대되었으며, 면임(面任)이나 이임(里任)의 관권에 대한 예속이 강화되었다. 이 때문에 사족들은 수령과 이서들의 강력한 통제를 받는 면리의 직임을 기피하게 되었다.

조선후기의 조정에서는 수령제 강화와 재지사족의 통제를 통해 지방 지배력을 높이려 했다. 당시 국가는 원활한 향촌 운영을 위해 사족을 제도적인 틀 속에 포섭하려 했지만 결코 쉽지는 않았다. 수령에 비해 상대적으로 지배 권력이 약화된 사족들은 문중 활동을 확대하고 동족 촌락을 형성하여 지역에서의 지배력을 온존시키려 했다. 그들은 그 지역에서의 연고를 확인하고 과시하기 위해 각종 읍지(邑誌)를 간행하기도 했다. 또한 그들은 족계(族契)를 조직하고 족보를 편찬하여 혈연적 공동유대를 기초로 하여 자신들의 위세를 유지했다. 그들은 문중 인물의 문묘 배향을 통해 8촌친(八寸親) 제사공동체를 뜻하는 사대봉사(四代奉祀)의 틀을 넓혀 문중세를 강화하고자 했다. 문묘 배향이 여의치 않을 경우에 그들은 문중 서원과 사우(祠宇)를 건립하는 등 다양한 활동을 통해서 지방에서의 위세를 유지하고자 했다. 부계 친족 중심의 문중 활동은 종법 질서에 의한 친족 관계를 재편시켰다. 그리고 그들은 자녀 균분상속에서 장자 우대 상속제로의 변화를 주도했으며, 남귀여가혼(男歸女家婚)의 축소와 같은 사회 변화를 추진하고 있었다.

향촌지배에 있어서 관(官)의 주도권이 강화되자 사족들은 문중을 기반으로 하여 수세적 대응을 시도해 갔다. 이는 사족 중심의 지배 질서가 동요하고 있었던 현실의 또 다른 표현이었다. 그러나 사족들이 향권(鄕權)에서 소외되어 가던 흐름을 돌려놓을 수는 없었다. 18세기 중엽에는 향촌지배를 주도해 나간 사족들의 명부인 향안에 입록자의 수가 급격히 증가하다 대부분의 지역에서 향안이 파기되는 일이 벌어졌다. 기존 입록자인

구향(舊鄕)과 새로이 입록을 원하는 신향(新鄕) 사이에 대립이 치열하게 일어나면서 이들 사이에 향전(鄕戰)이 전개되었기 때문이다.

향권 장악을 목적으로 한 신구 세력간의 대립인 향전은 재지사족 내부의 당론 분열과도 관련되어 있었다. 그러나 이는 향임이나 교·원임(校院任)을 차지하려는 세력들 간의 갈등으로 전개되기도 했다. 그런데 향안 입록자 가운데 선출되는 향임을 수령이 임명하게 되고, 수령과 결탁하여 향권을 장악하려는 세력들이 등장하면서 향임 자리가 수령에 의해 매매되는 매향(賣鄕) 현상이 만연했다.

사족들이 향촌 지배의 상징인 향임직을 기피하고 수령과 결탁한 새로운 세력이 이를 장악함으로써 수령 주도의 통제책 강화는 예견된 일이었다. 군현제의 하위 단위로 정착한 면리제의 운영 책임을 맡은 면리임도 사족들의 기피로 상층 양인들이 장악하면서 관 주도 통제책은 더욱 확대되었다. 향임이 수령의 지휘를 받는 관임(官任)의 성격으로 바뀌었듯이 면리임은 수령권과 직결된 행정 실무자인 향리의 통제를 받았다. 향리층은 수령제 운영 강화에 따라 그들의 조직과 직임은 물론 영향력까지 확대시킬 수 있었다.

이러한 일련의 현상은 18세기 후반 이후 향촌 내부에 새로운 권력 구조를 형성시켰다. 재지 사족의 지배력이 약화된 가운데 수령과 향리·향임층이 결탁하여 수령—이향지배체제를 형성한 것이다. 여기에는 경제력을 기반으로 향권에 참여하려는 요호부민층(饒戶富民層)이 개입되어 있었다. 기존의 사족 세력과는 일정한 거리에 있었던 신흥 부민들은 수령의 통제권 강화에 편승하여 향촌내 영향력을 확보하려 했다.

19세기 세도정권의 정치 문란은 새로운 향촌 지배 체제를 형성한 수령—이향층의 대민 수탈을 야기했다. 많은 지역에서 수령들은 이향층의 농간을 바로잡기보다는 그들의 작폐에 편승하거나 스스로 수탈의 주체로 나섰다. 당시 향촌 사회의 현안은 부세 운영에 초점이 맞추어져 있었다. 국가에서는 부세 수납의 효율만을 강조하여 군역에서는 군현 단위로 배정된 군액(軍額)이 면리제에 기반하여 면단위로 재분배되는 군총제가, 환곡도 공동납에 기반한 환총제가 실시되었다. 또한 각종의 부세는 점차 토지로 집중되는 결렴화, 즉 도결(都結)로 운영되어 나갔다.

공동납의 총액제 형식은 피역자를 양산했고, 이향층은 이 과정에서 중간 수탈을 자행했다. 수령—이향층의 농간에 의한 부세 부족분이 민에게 재차 부과되고, 피역자의 증가로 부세가 일부 계층에 집중되면서 향촌 사회는 위기에 직면했다. 이제 부민들도 적극적인 수탈의 대상층으로 전락했다. 따라서 수령—이향층에 기반한 관 주도 통제책은 부세 운영 과정에서 소외되거나 혹은 몰락해나간 계층의 저항으로 위기를 맞고 있었다.

## 4. 조선후기의 민중운동

조선후기에 이르러 조선사회는 전반적으로 커다란 변화를 겪게 된다. 전란피해의 극복과정에서 농법이 발달하고 생산성이 증대되면서 농민층의 생활수준도 상대적으로 안정되어 갔다. 그 결과 토지와 가옥은 물론 농량과 종자까지도 농장주에 의존하였기 때문에 작인(作人)들의 자율성이 크게 제약되었던 농장제가 점차 해체되고 병작제가 확산되었다. 병작제로의 변화는 작인들의 자율성을 증대시켜 주었다. 또한 이에 따라 농장제 하에서 노비나 비부(婢夫) 로 있던 천민들의 신분 상승 욕구와 그 가능성을 높여주었다. 조선후기 각종 호적에 나타난 양반호의 격증과 노비호의 격감 현상은 그러한 욕구와 가능성이 현실화하고 있었음을 잘 보여준다.

생산성의 진전과 소농경제의 안정과 더불어 향촌사회 내부에도 변화가 일어났다. 상민층은 경제력에 비례하여 신분 상승을 추구해나가고자 했고, 사족지배체제에 반발하며 향회의 운영 등에서 자신들의 이해를 반영하고자 했기 때문이다. 나아가 부를 축적한 상민들은 신향층(新鄕層)을 형성하여 수령권과 결탁했다. 이들은 이른바 수령—이향(吏鄕) 수탈구조의 한 축을 이루며, 사족들의 영향력을 상대적으로 약화시켜 나갔다. 이에 따라 사족 중심의 지배체제는 18세기 무렵부터 크게 동요하기 시작했다.

한편, 향촌지배구조의 변화와 더불어 국역수취체제의 변화현상도 나타났다. 신분제의 이완과 국역부담의 가중에 따라 기존의 수취체제로는 국가 재정을 정상적으로 운영하기 어렵게 되었다. 그리하여 18세기 중엽을 전후해서 공동납(共同納)의 관행과 총액제적 부세운영 방식이 확산되어 갔다. 종전에는 개인이나 가호별로 양역, 환곡 및 잡세(雜稅) 등의 수취가 이루어졌다. 그러나 이제는 조세수취가 개인이나 개별 가호가 아니라 군현—면리를 단위로 하여 부과되었다. 각 촌락에 할당된 국세의 총액은 향회의 추인과정을 거쳐, 각 호별(戶別) 할당액이 결정되었다. 그 기준은 대체로 토지의 소유규모였으며, 19세기에는 모든 국세가 토지에 부과되고 점차 금납화가 진행되는 결렴화(結斂化)와 도결화(都結化)의 방향으로 변화되어 갔다. 이 과정에서 중앙정계로부터 멀어진 재지사족(在地士族)이나 요호부민(饒戶富民)까지도 수탈의 대상으로 전락되었다. 이 때문에 사족을 포함한 전 향촌민이 수령—이향을 중심으로 한 국역수탈에 대해 공동의 이해를 가지고 저항하게 되었다.

조선후기 사회의 대표적인 민중운동은 19세기 중엽 이후부터 빈발하는 민란이었다. 그러나 그 이전부터도 다양한 형태의 민중운동이 일어났다. 당시의 민중운동은 저항주체나 투쟁공간, 운동의 지향점이나 투쟁형태 등에 따라 몇 가지로 나누어 볼 수 있다. 우선 향촌사회 내부에서 농민들이 주체가 된 것으로는 조세 저항적 의미를 가지는 '유망(流亡)'과 지주의 수탈에 반대하는 다양한 형태의 지대(地代) 납부 거부[抗租]를 들 수 있다. 이러한 움직임은 대체로 집단적으로 이루어지기보다는 개별적으로 이루어졌다. 집단적인 저항으로는 고을단위의 민인(民人)들이 자신들의 요구사항을 수령에게 직접 전달하는 정소(呈訴·等訴)가 있었다. 또한 나아가 민인들이 폭력적 방법으로 이서(吏胥)들과 수령을 직접 징계하며, 각종 폐단을 바로잡도록 주장한 민란이 있다.

또 일부의 '저항적 지식인'이 중심이 되어 기도한 각종 변란(變亂)도 민중저항의 한 양상이었다. 당시의 민중저항으로는 명화적의 활동도 있었다. 명화적은 지배층의 억압과 수탈로 인해 유망한 일부의 농민과 '저항적 지식인'으로 구성되었다. 무장집단을 형성한 이들은 양반 토호가나 관부를 공격했고, 중앙으로 보내는 상납물을 약탈했다. 그리고 1833년(순조 33)의 쌀폭동과 같은 도시하층민의 저항도 있었다. 일부 하층민들에 의해 조직되었던 검계(劍契)나 살주계(殺主契) 등도 일정한 의미에서는 민중운동으로 볼 수 있다. 이 밖에도 격쟁(擊錚), 관전호곡(官前號哭), 발괄(白活), 괘서(掛書), 거화(擧火), 산호(山呼) 등 개인 혹은 집단적으로 자신들의 요구와 억울함을 호소하는 다양한 형태의 시위와 저항이 19세기에 들어와서 활발히 전개되었다.

이러한 민중운동 가운데 변란이 우선 주목된다. 일부 변란은 정감록(鄭鑑錄)이나 미륵신앙 등을 이념적 무기로 하여 발생했다. 예를 들면, 1688년(숙종 14)에 미륵신앙을 매개로 한 승려 여환(呂還)의 변란모의 사건, 1782년(정조 6) 정감록을 이념적 기반으로 한 문인방(文仁邦)의 '서울공격' 거사모의 등이 있었다. 그런데 변란은 특히 1870년을 전후한 시기에 집중적으로 일어났다. 예컨대 민회행(閔晦行)이 주도한 광양란(光陽亂, 1869), 진천(1869)·진주(1869)·영해(1871)·문경(1871) 네 곳에 걸쳐 기도된 이필제란(李弼濟亂)은 거사를 일으켜 수령을 살해하기까지 했다.

변란은 왕조의 멸망을 예언하기는 했지만 왕조체제를 뛰어넘는 새로운 사회에 대한 전망이 결여되어 있었다. 또한 변란 주도층은 대체로 유랑지식인층었다. 이들은 향촌사회의 생활 현장에 뿌리를 두지 않은 경우가 많았으므로 농민들의 이해를 대변하거나 그들을 묶어내는 데에는 한계가 있었다. 그럼에도 불구하고 변란을 통해서 지역 간의 연계성이나 반외세의 이념이 마련되어 갔다. 그리하여 변란은 민란과 함께 19세기 후반 동학농민전쟁과 같은 대규모 민중항쟁이 발발하는 데에 중요한 자양분이 되었다.

'민란의 시대'라고도 하는 19세기 전반기의 민중운동 가운데 가장 주목되는 것은 1811년(순조 11)에 일어난 '홍경래란'(洪景來亂)이다. 홍경래란은 중앙정부로부터 지역적 차별을 받고 있던 평안도의 지역적 특성과 밀

▲홍경래란을 진압하기 위해 백경한이 작성한 격문

접히 관련되어 일어났다. 평안도는 전통적으로 사족층이 취약했으므로, 향인층(鄕人層)이 향권을 장악하고 있었다. 이런 상황에서 신향층(新鄕層)이 대청무역이나 광업, 수공업 등의 분야에서 부를 축적하며 성장해 갔다. 이들은 중앙권력의 말단에 위치한 수령의 수탈에 반대하고 향권에 도전하기 시작했다. 홍경래란은 수 년간의 준비기간을 거쳐 1811년 12월에 평안도 가산(嘉山) 다복동(多福洞)을 근거로 하여 발생했다. 여기에는 신흥상공업 세력과 지역의 저항적 지식인 등이 대거 가담했다. 초기의 군사력은 이 지역의 금광으로 몰려든 광부들을 고용하는 방법으로 마련했다. 난이 발발한 지 10여 일 만에 청천강 이북 7개 고을을 석권했다. 그러나, 송림리(松林里) 전투에서 패배한 이후 정주성(定州城)을 점거하고 4개월 정도 저항을 지속하다가 정주성의 함락으로 홍경래란은 실패하고 말았다.

홍경래란은 평안도라는 지역적 특징을 기반으로 일어났고, 신흥상공업 세력이나 부농적 계층의 입장을 대변하는 사람들에 의해 추진되었기 때문에 그들의 투쟁에는 한계가 있었다. 무엇보다 난의 지휘부에서는 일반 농민들이 생활 현장에서 체감하던 삼정의 문란 등 사회적 개혁에 대한 요구를 거의 제시하지 못했다. 그들은 봉건 사회의 모순을 서북지방에 대한 차별이라는 문제로 왜소화시킴으로써 지지기반을 확대하는 데 실패했다. 더구나 조선왕조의 타도는 당시 일반 민인들의 의식수준에 비추어 볼 때 과도한 주장이었다. 그러나 홍경래란은 봉건정부의 도덕성에 중대한 타격을 가하는 동시에 왕조자체를 타도하려 하였다는 점에서 민인들이 봉건왕권과 지배체제를 부정할 수 있는 정치적 각성의 계기가 되었다.

민란은 19세기 후반에 접어들면서 전례 없이 빈발했다. 1862년(철종 13)에는 경상도·전라도·충청도 등 삼남지방을 중심으로 80여 개 이상의 군현에서 민란이 폭발적으로 일어났고 이후에도 전국 각지에서 많게는 연간 10~20회 정도의 민란이 분출했다.

민란의 초기단계는 대체로 당시 요호부민층이 주도했다. 그리고 여기에 중앙 권력에서 소외된 향촌의 양반지주층이나 경제력을 바탕으로 성장해나가던 상인층이 포함되어 있었다. 양반 지주층은 종래 국역 부담에서 상대적으로 유리한 지위를 인정받아 왔다. 그러나 그들은 향촌사회의 지배체제로부터 점차 소외되고 수령권이 강화되어 가면서 일반농민과 마찬가지로 지방관의 수탈대상으로 전락하고 있었다. 한편, 요호부민이나 상인층의 경우는 수령이나 이서들과 결탁하여 자신의 정치적 사회적 지위를 높이는 부류도 있었다. 그러나 할당된 국세를 수취해야 할 책임을 지고 있던 지방관들은 가난한 농민들보다 이들을 손쉬운 수탈대상으로 삼았다. 이 때문에 이들은 민란의 주모자로 변해 갔다.

그리하여 민란은 가중된 부세부담에 불만을 품은 요호부민이나 양반지주층 등이 주도하여 통문(通文)을 돌리고 향회(鄕會)를 열면서 시작되었다. 물론 향회를 주도한 계층은 양반이었다. 그러나 향회에서 점차 소농 빈농들의 영향이 증대되어 갔다. 소농 빈농들은 민란이 일어나는 과정에서 양반지주들이 주도하는 향회와는 별도의 '민회'(民會) 등을 개최하기도 했다. 촌락이 할당되는 총액이 지나치게 많을 경우 향회에서는 그에 대한 불만을 지방관에게 제출하여 시정을 요구하는 정소(呈訴)를 올리기도 했다. 정소는 일반적인 관례로 일종의 합법적인 행동이었다. 그러나 대부분의 지방관은 이러한 요구조건을 들어주지 않았으며, 오히려 주도자를 색출하여 체포했다.

촌락민들에게 부세문제는 곧 자신의 현실생활과 직결되는 중요한 문제였다. 이 때문에 다수의 주민들이 자발적으로 집회에 참여했지만, 집회에 참여하지 않는 촌락이나 주민에게는 벌전(罰錢)을 부과하는 방법으로 주민동원이 강행되었다. 민란은 정소의 과정을 거친 후에 발생되고 있었다.

민란과정에서 폭력투쟁을 주도하는 계층은 빈농·소농이었다. 대부분의 요호부민들은 자신의 기득권을 유지하는 데 목적이 있었기 때문에 폭력투쟁까지 나아가는 것을 반대했다. 그러나 빈농·소농은 달랐다. 분노한 농민들은 농기구나 죽창 등으로 무장하고 부패한 이서들을 죽이거나, 평판이 나쁜 양반지주의 집을 파괴, 방화했다. 적지 않은 지역에서는 난민들이 지방관을 축출하고 이서나 면임 등 지방관아의 하부구성원을 임명하는 등 독자적으로 읍권(邑權)을 행사하거나 공세(公稅)를 거두기도 했다. 이처럼 그들은 지방관과 이서층 등의 수탈 및 부당한 부세수취에 강력히 반발했다.

농민들은 다양한 개혁요구안을 제시했으나, 그 요체는 '삼정(三政)의 문란'으로 표현되는 부세 수취제도를 운영하는 데에 수반되는 모순의 해결이었다. 그들은 탐관오리에 대한 처벌을 요구했다. 그러나 그 의식은 여전히 성리학적 세계관 속에 갇혀서, 국왕을 덕정(德政)의 주체로 인정하고 있었다. 따라서 난민들은 왕조체제 그 자체나 수취제도에 대한 본격적 개혁을 요구하지는 않았다. 그들은 국왕이 정해놓은 법대로 수취제도를 운용하고 법에 정해놓은 액수만큼만 수취해갈 것을 요구했다. 그들의 행동 범위도 고을 단위에 국한되어 있었다. 그들은 왕법(王法)을 지키지 않고 부당한 수탈을 자행하는 지방관을 추방하기도 했다. 그러나 국왕을 대신하여 파견된 목민관(牧民官)이라는 점을 의식하여 구타하는 경우는 거의 없었다. 그리고 신임 지방관이나 선무사(宣撫使) 등이 파견되면 스스로 민란을 종식하고 귀가하는 행동양태를 보였다.

'민란의 시대'라고도 불리는 19세기의 민중운동을 대표하는 '민란'은 1862년에 삼남 일대에서 폭발한 다음 한 동안 소강상태로에 접어들었으나 1880년대 이후 다시 빈발하기 시작했다. 이 시기까지도 민란은 그 이전시기와 마찬가지의 한계를 노정하고 있었다. 그러나 이 민란들은 1894년의 동학농민전쟁과 같은 전국 차원의 민중운동을 예고해 주었다.

## 5. 조선후기의 사상과 문화

### 1) 성리학의 전개

조선후기의 사상계에서도 여러 가지의 새로운 양상들이 나타나고 있었다. 이 새로운 양상은 성리학 분야에서도 감지되고 있다. 성리학은 남송대(南宋代) 주희(朱熹, 1130~1200)에 의해서 집대성된 철학체계로서 우주와 인간 심성의 규명과 그것이 갖는 사회적 의미를 찾는 형이상학이었다. 이러한 성격의 성리학은 국가경영에 있어서 구체적인 제도와 그 실현 문제보다는 그 제도를 운영할 인간에 대한 문제에 좀더 많은 관심을 기울였다. 그러므로 성리학자들은 인간 심성에 대한 형이상학적 논의에 더 큰 관심을 가지고 있었다. 이러한 성리학의 특징이 조선에서 구체적으로 드러난 시기는 사림들이 정계에 본격적으로 진출하게 된 선조대였다.

16세기 후반의 선조대는 성리학의 발전기였다. 기대승(奇大升, 1527~1572)과 이황(李滉, 1501~1570), 이이(李珥, 1536~1584)와 성혼(成渾, 1535~1598) 등은 사단칠정논쟁(四端七情論爭)과 인심도심논쟁(人心道心論爭)을 전개하면서 성리학적 인간형의 모색을 활발하게 시도하고 있었다. 이들 논쟁들은 사단, 칠정, 인심, 도심으로 불리는 인간의 심성이 어떠한 경로를 통해 발현되고 어떻게 사회에 영향을 끼치는가를 규명하는 데에 집중되었다. 모든 행위의 주체인 인간의 심성에 대한 규정은 이후 전개될 사림들의 세계관과 경세론 형성에 중요한 영향을 끼쳤다. 이 논쟁 과정에서 형성된 미묘한 차이들은 이후 당쟁과 결합하면서 서인과 남인을 통해 다양한 논의들로 재생산되었다. 서인들이 이이, 성혼의 의견을 따랐다면 남인들은 이황의 성리설을 따르고자 했다.

이러한 상황에서 발생한 임진왜란은 중앙정계에 의욕적으로 진출하던 사림들에게 커다란 도전이 되었다. 전란을 계기로 성리학 일변도의 학풍에 대한 반성이 일어났고, 이러한 가운데 양명학(陽明學)이 새롭게 주목받았다. 그리하여 17세기 초반 광해군대에 권력을 장악한 북인(北人)들을 비롯하여 일부 연구자들은 양명(陽明) 심학(心學)의 독특한 학풍을 형성했다. 이들 학풍은 서인과 남인의 순정 주자학과는 다소 거리가 있었다. 이들은 서경덕(徐敬德, 1489~1546)과 조식(曺植, 1501~1572)에게 그 학문적 연원을 두고 있었다.

그러나 서인이 주도한 인조반정(仁祖反正)은 학풍의 변화를 가져왔다. 광해군대 북인 정권은 다른 당파를 배제하고 북인 중심으로만 정국을 운용했고, 광해군대 말기에 가면 급기야 북인 안에서도 대북(大北)만이 정국에 참여하는 상황에까지 이르렀다. 이 때문에 정권에서 소외되었던 서인, 남인 및 북인 일부가 강하게 반발했고 결국 광해군은 반정에 의해서 물러나게 되었다. 주로 이이와 이황 계열의 학자들로 구성되어 있었던 인조대의 집권자들은 순정주자학을 강조하면서 광해군대 북인정권을 '비도덕적' 정권으로 매도했다. 순정주자학의 강조는 인조 정권의 사상적 목표였다. 이러한 목적에서 인조 초기 도학자 김장생(金長生, 1548~1631), 장현광(張顯光, 1554~1637) 등이 초치되기도 했다.

서인 정권의 사상적 성격은 병자호란과 명청교체라는 역사적 사건에 대한 해석을 통해서 잘 드러나고 있다. 이 과정에서 인조—효종—현종대 서인 정권은 순정주자학을 강조하면서 강한 의리론을 주장했다. 이 의리론은 중화(中華)와 이적(夷狄)의 분별, 군자와 소인의 분별 등 강한 이원론적 경향을 띠었다. 이를 주도한 이는 송시열(宋時烈, 1607~1689)이었다. 그는 '존주북벌론(尊周北伐論)'을 주장하면서 서인—노론 의리론의 맹주가 되었다.

서인측의 의리론은 임진왜란과 병자호란 이후 드러난 민(民)의 불만을 잠재우고, 정권의 존립기반을 지키기 위한 사상적 시도이기도 했다. 즉, 정권을 담당하고 있었던 그들은 중화인 명나라에 대한 충성을 재확인하여 이적인 청에 대한 복수심을 강조함으로써 정권의 존립 의의를 민에게 설득하고자 했다. 그리고 군자·소인론을 통해 서인 정권에 도전하는 모든 세력들을 소인으로 규정하여 이들을 공격하는 명분을 마련하고자 했다. 이러한 명분을 놓고 현종·숙종대에는 수많은 논의와 정쟁이 야기되었다. 송시열을 중심으로 한 서인의 명분론과 구분되는 정치세력으로는 남인과 서인 내의 한당(漢黨)·소론(少論) 그룹을 들 수 있다. 이들은 송시열의 명분론·세도론과는 대립적인 입장에서 현실론과 존왕적(尊王的) 입장을 견지하고자 했다. 예송(禮訟) 논쟁은 이러한 정치세력들간의 갈등 과정에서 형성되었다.

이러한 논의의 연장선상에서 18세기 초반 서인—노론 학맥을 중심으로 발생한 호락논쟁(湖洛論爭)을 이해할 수 있다. 송시열의 강한 분별론은 전쟁 후 얼마동안은 설득력을 가질 수도 있었다. 그러나 이 이론은 청과의 외교 관계가 정상화되고 탕평론이 대두하는 과정에서 부분적인 수정이 불가피했다. 경기지역 노론들은 이적과 소인들이라도 교화가 가능하며, 이들도 중화와 군자처럼 보편적인 심성을 가지고 있다고 생각했다. 이것은 청나라와 다른 당파의 존재를 어느 정도 인정해야 한다는 이론이었다. 이 이론은 '성인과 범인의 마음은 같다는 논의'[聖凡人心同論]와 '사람과 동물의 성은 같다는 논의'[人物性同論]로 나타났다.

반면에 호서지역 노론들은 이러한 생각을 '수정주의'라고 비판하면서 송시열의 원래 의견을 묵수하고자 했다. 호서지역 노론들은 인성과 물성은 같지 않으며 성인과 범인의 마음은 본질적으로 차이가 난다고 주장했다. 경기지역 노론의 생각 일부는 훗날 박지원(朴趾源, 1737~1805)을 중심으로 하는 북학파(北學派)로도 연결되었다. 호락논쟁은 노론이 정권을 주도하는 상황에서 자신의 권력을 어떠한 방식으로 유지할 것인가를 놓고 벌어진 지역간의 견해차이라고 볼 수 있다. 18세기 동안 정계와 사상계는 경기지역 노론이 주도하게 되며, 호서지역 노론들은 지역사회에 침잠하게 되었다.

성리학 사상계는 19세기에 이르러서는 척사위정론(斥邪衛正論)과 내수론(內修論)의 두 갈래로 전개되었다. 영남남인과 호서지역 노론, 이항로(李恒老, 1792~1868) 계열은 척사위정론으로 결집했다. 이에 대하여 전우(田愚, 1841~1922)와 같은 노론 일부는 내수론을 주장했다. 척사위정론은 서학이나 서양 세력에 대한 적극적 대응론이었다. 이에 반해서 내수론은 단지 내적인 수양을 통해서 난국을 해결해야 한다는 소극적 성격의 주장이었다. 19세기 중엽 이후에 이르러서 성리학은 더 이상의 현실적 의의를 상실하고 급속한 사회적 변화에 제대로 대처하지 못했다. 이는 개화기를 전후하여 또 다른 계열의 인사들이 제기했던 동도서기론(東道西器論)이나 개화사상(開化思想)과는 대조되는 현상이었다.

## 2) 실학의 발흥

연이어 발생한 임진왜란(1592)과 병자호란(1636)은 조선 사회가 가지고 있었던 고질적인 병폐들을 그대로 노출시켰다. 이에 사상계 일부에서는 이러한 현황에 대한 반성이 모색되었다. 앞서 살펴본 바처럼, 송시열 계열을 중심으로 한 성리학 사상계는 오히려 강한 명분론을 통해서 위기를 극복해 나가고자 했다. 반면에 또 다른 부류의 학자들은 현실론의 입장에서 민생현안과 부국강병론에 깊은 관심을 가졌다. 오늘의 학계에서 이러한 일련의 학풍을 '실학(實學)'으로 규정하고 있다.

실학사상은 봉건사회의 해체기인 조선후기 사회의 역사적 소산물로 이해되었고, 중세유학인 성리학과는 달리 선진유학(先秦儒學)에 기초한 현실 개혁사상으로 규정되었다.

그런데 조선후기 당시의 실학사상은 자신의 존재를 의식하고 자신의 독립성을 확연히 천명하는 대자적(對自的 ; für sich) 단계의 사상으로까지 전개되지는 않았다. 실학사상은 조선후기 사회에서 즉자적(卽自的 ; an sich) 형태로 존재하고 있었던 사상이었다. 실학은 조선후기 역사 속에서 즉자적 형태로 나타난 사상이었기에 일률적인 모습을 갖기보다는 다양한 형태로 전개되었다. 그러나 그 가운데에서도 실학 사상 속에서는 일정한 공통성이 존재하고 있었다 그것은 실학이 범유학적(汎儒學的) 형태를 띠면서 탈성리학적(脫性理學的) 경향을 보인다는 점이었다. 즉, 실학은 양란 이후 조선후기에 발생한 사상으로서 원초유학(原初儒學)을 기반으로 하여 주자유일주의(朱子唯一主義)를 거부하던 개혁사상이었다.

즉, 실학자들 상당수는 주희(朱熹)를 존숭하고 있었다. 그러나 그들은 학문적 판단에 있어서 주희의 학설을 유일한 근거로 삼는데 반대했다. 그들은 유학의 경전에 대해 주희의 주석이 가지고 있던 권위를 부정했다. 그리고 그들은 선진(先秦)시대 원초유학 내지는 육경(六經) 중심의 고학(古學)을 존중했다. 이 과정에서 범유학적—탈성리학적 연구경향이 형성되었다.

양란 이후에 제기된 탈성리학적 경향으로는 양명학을 들 수 있다. 양명학은 성리학에 대한 비판의식과 관련하여 장유(張維, 1587~1638)·최명길(崔鳴吉, 1586~1647) 등에 의해 주목받은 바 있었고, 정제두(鄭齊斗, 1649~1736)의 단계에 이르러 본격적으로 연구되었다. 이러한 그들의 학적 태도는 범유학의 입장에서 성리학과 구별되는 새로운 사상적 대안을 제시해보고자 한 노력으로 평가될 수 있다.

조선후기 성리학 중심의 사상계를 범유학적 입장에서 재검토하고, 이에 대한 대안을 제시해보려는 노력은 선진(先秦) 시대의 원초유학에 대한 연구로 나타났다. 조선의 사상계에서 선진유학에 관심이 높아진 것은 17세기이래 근기남인(近畿南人)의 학문연구를 통해서였다. 이러한 새로운 연구경향과 당시 사회의 내재적 요청, 그리고 외래의 문물에 자극 받아 실학사상이 본격적으로 형성되었다. 당시 대표적인 실학자로서 유형원(柳馨遠, 1622~1673)과 이익(李瀷, 1681~1763)을 들 수 있다.

실학자들은 그들 앞에 놓여 있는 역사적 모순을 직시하고, 이를 바로잡기 위한 새로운 개혁안을 범유학의 입장에서 발견해보고자 했다. 이러한 과정에서 그들은 수취체제의 개편을 시도해 유학의 민본이데올로기를 강화시키고, 전통적 왕도정치의 이념이 구현될 수 있기를 기대했다. 또한 그들은 실사구시(實事求是)를 지향하며 자연과학과 기술과학을 연구했고, 자신의 개혁안을 지탱해 줄 철학적 이론의 수립을 위해서도 노력했다.

이들 실학자들이 드러내고 있던 중요한 사상적 경향으로는 탈성리학적 특성을 들 수 있다. 이 탈성리학적 경향은 송명(宋明) 이학(理學)의 전통을 이어받은 조선 성리학의 이념을 극복하고, 선진유학을 기초로 하여 새

▲정약용이 강진 유배시 지내던 다산초당.

로운 사유체계를 형성해보려던 노력의 결과였다. 그리고 탈성리학적 경향을 대변하는 실학자로서는 정약용(丁若鏞, 1762~1836)을 들 수 있으며, 북학파(北學派) 홍대용(洪大容, 1731~1783)·박지원의 경우에서도 이와 같은 사상 경향을 특징으로 삼고 있었다.

그러나 비판적 학풍으로서의 실학사상에는 적지 않은 한계가 드러나기도 했다. 실학자들이 제시했던 개혁안의 상당 부분은 왕조체제의 유지를 지향한 것이었다. 또한 이들이 제시했던 사회개혁안은 중세사회의 해체를 막을 수 있는 방안이거나 근대사회의 출현을 적극적으로 유도하는 것으로 평가되기에는 문제가 있었다.

상당수가 몰락지식인 출신이었던 실학자들은 자신의 현실개혁안을 정부당국에 제시하여 이를 관철시킬 수 있는 통로와 능력을 가지지 못했다. 그리고 그들은 자신의 견해를 사회의 여론으로 만들기 위한 적극적 노력을 전개하지도 않았다. 또한 그들은 자신들이 가지고 있던 이론을 확대재생산하기 위한 구체적 작업도 전개하지 않은 듯하다. 나아가 19세기 중엽에 이르러 실학사상에서는 그 사회개혁의 의지가 약화되어 가는 현상마저 드러나고 있었다. 18세기 말엽과 19세기 초엽에 걸쳐 전개된 실학사상에서는 수취체제를 비롯한 제도개혁의 의지가 강렬하게 표출된 바 있었다. 그러나 19세기 중엽 이후 실학사상에서는 민생과 직결된 이와 같은 요청들이 점차 약화되어갔던 것이다. 이것은 김정희(金正喜, 1786~1856)의 경우에서 부분적으로 확인할 수 있다.

그런데, 실학사상은 유학의 이념을 배경으로 하고 있는 한, 당시의 지배적 사상이었던 성리학으로부터 배격되거나 탄압받지 않을 수 있었다. 실학사상이 범유학적이었다는 사실은 당시 조선왕조의 사회를 지배하고 있던 성리학과 실학이 공존할 수 있는 가능성을 제시해주었다. 그렇다 하더라도 성리학이 지배이데올로기의 기능을 담당하며 현실정치를 주도하는 한, 그 개혁정신의 궁극적 관철은 무망한 것이었다.

그리하여 조선후기의 실학사상은 제도의 개혁이나 역사의 발전에 적극적으로 기여했다기보다는 조선후기 사회의 문제점을 발견하고 이를 드러내는 데에 특징이 있던 사상이었다. 여기에서 우리는 조선후기의 실학사상이 의미 있는 사상으로 평가될 수는 있을지언정, 당시 사회의 변화와 발전을 가능하게 한 유일한 사상으로 이해되기에는 한계가 있음을 확인하게 된다.

### 3) 민중사상의 발전

성리학과 실학이 유교사상으로서 조선후기 사상계를 주도해 가는 과정에서도 유학과는 성격을 달리하는 여러 사상 형태들이 나타나기도 했다. 불교와 도교와 같은 전통사상이 재인식되면서 새로운 발전의 기회를 갖기도 했다. 그리고 사학(邪學)으로 지목되어 가장 혹독한 탄압을 받았던 천주교 신앙이 수용되었으며, 19세기에 이르러서는 동학(東學)이 창도되기도 했다. 이와 같은 다양한 사상형태들의 출현은 조선후기 사상계가 가지고 있는 전환기적 특성을 드러내 준다.

조선후기 사회에서는 전통종교에 대한 새로운 인식이 강화되고 있었다. 그 가운데서 특히 주목되는 것은 불교사상에 대한 재인식이었다. 불교는 임진왜란 이후 서산대사가 주장한 유불회통(儒佛會通) 이념을 강하게 견지하면서 성리학과의 공생을 도모했다. 이러한 노력은 어느 정도 성과를 얻어 18세기 영·정조대를 거치면서 서서히 재생의 길을 모색할 수 있었다. 성리학 집권층도 불교를 어느 정도 인정했고, 불교를 친국가적인 성격으로 '제도불교화' 하려는 노력을 기울였다. 이는 불교가 가지고 있는 '호국적'(護國的), '권선적'(勸善的) 의미에 주목한 결과였다. 이러한 맥락에서 도교에 대한 유화적 작업도 부분적으로 진행되었다. 그리하여 당시 편찬된 불교와 도교류의 책들은 성리학적 도덕질서의 틀에 맞추어 편집되기도 했다. 즉, 불교와 도교 본연의 교리를 제시하기보다는 충효(忠孝)와 같은 성리학적 도덕질서를 강조하는 방향으로 재구성되고 있었다.

이러한 제도불교와는 대조적으로 미륵신앙을 중심으로 한 민중불교사상도 성행되었다. 미륵신앙은 지금의 석가모니 세상이 끝나고 미래 부처인 미륵의 도래를 기원하는 '메시아적' 사상 형태를 띠고 있었다. 미륵신앙은 석가모니 세상을 도둑의 세상으로 묘사했고 미륵 세상은 모든 사람들이 구원받는 천국으로 인식하고자 했다. 이것은 주로 민중층을 중심으로 형성되고 무속과 결합하기도 하고 정감록의 운수사상과 결합하기도 했다. 미륵신앙과 정감록 신앙은 현세의 고통을 빨리 끝내줄 메시아를 간절히 바란다는 점에서 공통점을 가지고 있었다. 특히 정감록(鄭鑑錄) 중심의 민중사상은 조선왕조의 멸망을 필연적 사실로 예언하며 새로운 왕조의 출현을 전망하고 있었다. 정감록을 중심으로 한 감결신행(鑑訣信行)은 각종 민란과 연계되어 유포되기도 했다.

이러한 민중사상계의 움직임은 일부 지식층을 중심으로 좀더 세련된 형태로 나타나기도 했다. 그것은 천주교 신앙과 동학이었다. 천주교는 17세기 이래 서학(西學)의 형태로 전래되기 시작했다. 그리고 1784년(정조 8) 이후 본격적 신앙운동으로 전개되어 나갔다. 18세기를 전후하여 서양학문에 관심 갖던 그들은 중국에서 수입된 한문 서학서(西學書)에 접하게 되었다. 그들은 서양의 과학기술보다도 서양의 철학과 종교에 관한 저서에 관심을 가졌다. 그런데 당시 조선에 전래된 천주교 서적들은 보유론적

(補儒論的) 입장에서 쓰여졌기 때문에 별다른 거부감 없이 이를 수용하고자 하던 사람도 있었다. 그리고 그들 중 일부는 천주교를 좀더 깊이 연구하면서 이를 사회개혁사상으로 인식하는 경향도 보였다.

천주교는 양반 지식층뿐만 아니라 일반 민인들에게도 전파되었다. 천주교의 전파에 매개체가 되었던 것은 한글로 번역된 천주교 서적이었다. 천주교 신앙이 수용된지 불과 16년 후인 1801년(순조 1)에 이르러서 조선 천주교회는 최소한 83종에 이르는 한글 서학서들을 가지고 있었다. 이와 같은 천주교 서적에서 강조하고 있었던 사회사상으로는 '인간평등'의 개념을 들 수 있다. 그들이 주장하던 인간평등론의 근거는 모든 인간이 천주(天主)에 의해 창조된 동일한 존재라는 것이었다. 이러한 천주교의 인간평등론은 신도들의 신앙 실천에도 큰 영향을 끼쳤다.

조선후기의 천주교도들은 충효일맥(忠孝一脈)을 강조하던 성리학계의 유교적 윤리에 대한 변질을 시도하고 있었다. 그들은 부모나 군주도 천주의 피조물이라는 인식을 새롭게 확인하며, 부모와 군주에 대한 충효를 상대화하고 있었다. 그들은 가부장제적 가족윤리를 포기했으며, 신앙을 매개로 한 새로운 공동체의 형성을 기도하고 있었다. 또한 그들은 신분제도에 대해서 의심하고 있었으며, 성리학적 윤리관에 의해 수직적인 것으로 규정되던 남녀 내지는 부부관계를 수평적인 관계로 전화시켜 이해하고자 했다. 이러한 그들의 사고방법은 성리학적 사회질서에 대한 반대를 뜻했다. 그리하여 조선 정부는 천주교를 '사학'으로 규정하고, 이에 대한 탄압을 강화시켜갔다.

한편, 천주교 신앙의 보급과 함께 전통사상에 기반한 새로운 종교운동이 태동되고 있었다. 이 새로운 종교운동은 최제우(崔濟愚, 1824~1864)에 의해서 주도되었다. 그는 19세기 중엽 조선사회가 천리(天理)를 따르지 않는 난세(亂世)라고 규정했다. 이는 이 주장을 통해 천명이 이미 조선사회를 떠났음을 지적하고자 했다. 그는 조선 사회에 대한 이러한 비판의식과 당시 급격히 도래하던 서학에 대한 경계를 주조로 하여 새로운 종교사상으로서의 동학을 창도했다. 동학에는 성리학과 서학에 대한 비판이 내재되어 있었다.

동학의 중심 사상은 시천주사상(侍天主思想)이었다. 이 사상은 첫째 각 개인이 시천주의 인격적 존엄성을 가진 존재라는 뜻과, 둘째로 천주를 모시는 시천주신앙을 통해서 비로소 인격적 존엄성을 얻게 된다는 두 가지의 뜻을 가지고 있었다. 이러한 시천주 개념은 인간의 자아를 확립시켜 근대적 인간관을 형성하는 데에도 일정한 기여를 해 줄 수 있었다. 또한 최제우가 창도한 동학사상에서는 나라의 운명에 대해서도 사명감을 표현하고 있었다. 즉, 동학은 일본이나 서구 열강에 대항하여 국가의 안위를 보장하고자 했다. 따라서 동학은 개인의 구제 뿐만 아니라 국가 내지는 민족의 구제까지 지향하고 있던 개혁사상이었다.

동학사상이 가지고 있었던 개혁사상적 측면은 성리학적 가치관과 대치되는 특성을 분명히 가지고 있었다. 그러므로 19세기 중엽 당시 조선왕조의 지배자들은 동학도 사학(邪學)의 일종으로 파악하게 되었다. 그리고 이러한 인식의 결과, 동학을 창도한 최제우는 사학의 괴수로 지목되었고, 1864년(고종 1) 대구에서 좌도난정률(左道亂正律)로 사형을 받게 되었다. 그러나 그의 주장은 점차 민인들의 호응을 얻어 갔다. 이 때문에 동학은 개항이후의 민중운동의 발전에 일정하게 기여하게 되었다.

### 4) 조선후기의 문화

앞서 살펴본 조선후기 사상계의 동향만큼 조선후기의 문화도 다양한 형태를 띠고 있었다. 이는 조선후기 사회의 다양한 욕구를 반영한 현상이기도 했다. 조선후기 문화는 조선사회의 내적 변화와 중국과의 관계에서 많은 영향을 받았다.

조선후기의 문화적 특성은 문학분야에서 먼저 확인된다. 임진왜란과 병자호란은 조선후기 문학계에 많은 영향을 끼쳤다. 임진왜란 과정에서 명나라와의 빈번한 교류를 통해 진한고문(秦漢古文) 중심의 문체가 조선에 전래되었으며, 이것은 빠른 속도로 조선의 문단을 석권했다. 진한대의 웅혼하고 남성적인 문체는 전쟁 후 무기력해져 있던 조선사회에 활력을 줄 수 있었기 때문이었다. 병자호란 또한 이러한 분위기에 한 몫을 했다.

또한 전쟁과정과 그 수습과정에서 역관중인층의 중요성이 부각되면서 이들이 새로운 문학 담당층으로 성장했다. 이들은 대외무역을 통해서 부를 축적했으며 결과적으로 이러한 현상은 문화향유층의 확대를 가져왔다. 중인들은 17세기 후반 『해동유주』(海東遺珠)를 시작으로 19세기까지 꾸준하게 중인시선집을 내놓았다.

17세기 조선의 문화는 전쟁과 그 복구과정에 중요한 영향을 받고 있었던 것이다. 그러나 중국의 정세가 안정되고, 전쟁의 피해가 어느 정도 복구되는 18세기에 이르면 문화 전반에도 많은 변화가 있게 된다. 그리하여 문화계 전반에 활력이 드러나면서 서민 등이 문화향유층으로 새롭게 등장해 갔다. 이러한 모습은 비단 조선만의 상황은 아니었다. 18세기에는 중국과 일본의 문화도 조선과 비슷한 양상을 띠었다. 18세기는 삼국이 함께 정치적 안정기를 누릴 수 있었고, 빈번한 서책의 교역을 통해 비슷한 문화양식을 공유할 수 있었다고 생각된다.

한편, 18세기 초반에 이르러서 정해진 형식보다는 인간의 심성을 솔직히 발현해야 한다고 주장하는 새로운 시론(詩論)이 등장했다. 이 시론은 현재 학계에서 '천기론(天機論)'으로 불리고 있으며, 여기에서 제기된 작자의 개성 존중론은 18세기 문학에서 가장 중요한 화두 중 하나였다. 또한 이 시론은 중인층 문학을 옹호하는 논리로 사용되기도 했다. 18세기 후반 들어서는 성령론(性靈論)적 문학론이 새롭게 문단을 주도하기도 하였는데, 이는 천기론보다 더욱 개성의 존중을 주장하던 이론이었다.

이러한 개성 존중의 풍조는 18세기 들어 급속한 성장을 보이던 서민문학과도 궤를 같이했다. 각종 서민들의 한글소설과 사설시조 등장의 배경에는 아무리 형식적으로 조잡한 글이라도 개성이 들어가 있다면 그것으로 충분한 문학적 가치를 지닌다는 의식이 전제되어 있었다.

18세기 조선의 미술계에서도 독특한 변화들이 일어났다. '진경산수화(眞景山水畵)' 혹은 '실경산수화(實景山水畵)'로 불리는 화풍의 성행이었다. 이는 관념적으로 이상화된 중국의 풍물을 상상해서 그리기보다는 조선의 산천을 직접 보면서 그리는 경향이었다. 그러나 이 경향이 가지는 의미에 대해서는 상이한 견해들이 제시되고 있다. 이러한 경향에 대한 '민족주의적 해석'에서는 이를 중국문화가 조선화되는 과정으로 파악하고자 했다. 반면에 실학적 학풍과 관련하여 미술계에서도 '사실주의적' 경향이 일어나고 있었다는 의견도 제기되었다.

이와 함께 풍속화, 민화 등 서민들의 애환을 담은 다수의 그림들이 창작되기도 했다. 이러한 경향은 문학에서도 비슷하게 나타난 현상이었다. 서민들이 그림과 문학의 주인공으로 등장한다는 사실은 이들의 사회적 영향력이 증대되어 감을 반영한 일이었다. 앞서 서술했던 문학이론 가운데 개성의 존중을 통한 제한된 평등성을 주장했던 측면들은 서민 문화가 발전하는 데 중요한 이념적 토대가 되었다.

한편, 18세기에는 장서가(藏書家)들이 등장하여 '도서관'으로서의 기능을 담당하기도 하고, 이들의 후원으로 전문적 예술인이 성장하기도 했다. 저명한 장서가들은 주로 서울의 명문대가들이었다. 이들은 서화와 골동취미를 통해서 전문적 예술인을 보호하고 후원하는 역할을 담당했다. 그리하여 화가, 가객, 시인 등과 같은 전문적 예술인들이 다양하게 성장해 가고 있었다.

조선후기 문화의 전개는 조선의 국내외 상황과 긴밀한 관련을 가지고 있다. 그러므로 그 문화의 배경이나 의미를 논하는 데에는 국내적 요소와 국외적 요소 가운데 어느 하나만으로 단정하기는 어렵다. 서민문화의 발달, 풍속화, 실경산수화 등 기존의 조선후기 문화에 대한 연구는 주로 국내적인 요인을 기준으로 하여 해석되어 왔다. 그러나 풍속화나 민화 등 서민문화의 전반적인 약진은 조선뿐 아니라 중국과 일본에서도 비슷하게 포착되는 상황이었다. 더욱이 실경산수화는 조선뿐 아니라 중국과 일본에서도 비슷한 경향이 존재하고 있었다. 따라서 조선후기 문화 연구는 이러한 점을 충분히 검토한 후 좀더 심도 깊게 이루어져야 한다.

【조 광】

# 제 6 장
# 근대조선과 세계자본주의

## 1. 동아시아의 국제정세와 강화도조약

**한국사의 '근대'** 21세기를 여는 오늘의 상황은 단순히 연대기상에 있어서 세기말의 전환기에 그치지 않고, 실제로 인류사회의 모습이 크게 바뀌어지는 전환기라 할 것이다. 정치적인 측면에서는 1980년대 후반 동유럽 사회주의권의 해체로 냉전체제가 종식되었고, 경제적인 측면에서는 WTO 출범 이후 자본주의 세계체제가 유일한 대안으로 제시되는 등 세계사는 새로운 변화의 시기를 맞고 있다. 이른바 '세계화시대'의 도래로 개인과 집단 나아가 국가와 민족의 역사전개 과정이 단순히 개인과 개인, 집단과 민족 내부 성원간의 관계로 한정되지 않고 전지구적으로 확대되었다. 그렇다면 현재 진행되고 있는 이와 같은 사회현상은 역사적으로 언제부터 출현하였을까.

역사학에서 시대구분을 시도할 때 흔히 현재와 밀접한 관련을 가지는 시기를 '근대'라고 규정하고 있다. 근대사회의 일반적 특징으로는 자본주의적 생산양식 및 시장체제의 확립, 발전된 과학기술과 합리적 사고방식 및 원칙, 새로운 사회세력인 시민 혹은 계급의 형성 등을 든다. 즉, 인류는 산업혁명 이후 분업과 협업, 그리고 과학기술의 발달을 바탕으로 자본주의적 생산양식을 보편적으로 수용하였고, 교통과 통신수단의 발달과 보급에 힘입어 지구 전체를 하나의 시장, 하나의 생활권으로 엮어낼 수 있었던 것이다.

전근대사회의 국가와 개인과 공동체간의 교류가 대체적으로 지역적으로는 문명권을 단위로 하였고, 교류의 내용 또한 제한적이었던 것과는 달리 산업혁명 이후 형성된 근대사회의 국제관계는 전지구를 단일시장으로 하는 자본주의 시장체제 위에 서로 유기적인 관련을 맺고 있다. 따라서 근대사회에서는 민족과 국가간의 접촉과 결합을 단위국가 내부의 요인이나 지역으로 제한되었던 문명권 내의 요인만으로는 충분한 설명을 할 수 없게 되었다. 그런데 서구 선진자본주의 국가들이 봉건사회 내부에서 싹튼 반봉건적인 여러 요소들을 토대로 자본주의를 자생적으로 발달시킨 반면 비서구 국가들은 그러한 과정을 겪으면서 자립적인 변혁을 수행하기 이전 단계에서 선진자본주의 열강의 시장권에 강제로 편입되었다는 점은 주목할 만하다. 즉, 비서구 국가들이 근대사회로 이행하는 과정은 외래 선진자본주의 국가들의 제국주의적 침략에 의해 자본주의 세계체제의 형성과정과 밀접하게 맞물리면서 전개되었던 것이다.

한국사에서 근대사회 출현 시점을 어디에 설정할 것인가 하는 문제에 대해서는 관점에 따라 다양한 논의가 있다. 그러나 대체로 강화도조약 전후 시기를 한국사상 근대사회의 기점으로 파악할 수 있을 것이다.

### 1) 19세기 중엽 동아시아정세

조선에 대한 서구의 직접적인 통상개방 요구는 1832년 영국의 동인도회사 소속 상선 로오드 앰허스트(Lord Amherst)호에 의해 처음으로 시도되었다. 18세기 중엽 이후 네덜란드를 비롯한 유럽의 상인들은 중국의 광뚱(廣東)지역과 일본의 나가사키(長崎)에 교역근거지를 확보하고 교역활동을 계속하였으나, 조선왕조는 이들과의 접촉을 금지하였다.

로오드 앰허스트호가 조선에 대하여 통상을 요구하였던 1832년이라는 시점은 영국정부가 동인도회사의 대중국무역독점권을 폐지하고 중국시장의 개방을 본격적으로 추진하였던 시기로, 영국산업자본주의 세력이 동아시아지역에서 전개하였던 시장 개방 압력의 대상에 조선도 예외없이 포함되어 있었던 것이었다. 즉 조선에 대한 자본주의 열강의 개방요구는 중국 및 일본시장에 대한 개방요구와 동일한 시기에 시도되었다.

그러나 청국과 일본이 이들의 무력행사에 굴복하여 각기 1842년과 1854년 불평등조약체제를 수용함으로써 국내 시장을 개방한 것과 달리 조선은 다른 경로를 밟기 시작하였다. 조선에 대한 서양의 결정적인 개방압력은 청일이 개방한 시점으로부터 20여년이 지난 1866년과 1871년을 전후한 시기에 집중적으로 나타났다. 또한 조선에 대한 개방요구가 병인·신미(1866~1871)년 간의 미국과 프랑스의 무력도발로 시작되었으나, 실제로 조선 시장의 개방은 일본의 압력에 의해 체결되었던 조일수호조규(1876) 이후에도 즉각적으로 이루어지지 않았다. 조선시장은 1882년 조미수호통상조약과 1883년 조영조약 체결을 통해 비로소 개방되었다.

이와 같이 조선을 서구 자본주의 시장체제에 편입시켰던 세력은 당시 자본주의 세력의 패권국가로 세계 최강의 해군력을 보유하고 있었던 영국이 아니라, 1830년대 내지 1840년대 국내산업혁명을 경험하였던 후발 자본주의 국가 프랑스와 미국이었으며, 자본주의 시장체제에 강제적으로 편입시키는데 선도적인 역할을 한 것은 동일문명권내의 인접국 일본이었다. 조선에 대한 서구세력의 개방 압력은 주체와 계기, 그리고 시기적으로 동아시아지역의 청국·일본과 비교하여 공통점과 아울러 상이한 점이 있었던 것이다.

### 2) 고종친정과 대일관계의 변화

1868년 12월 쓰시마번으로부터 명치유신을 알리는 외교문서가 도착하였다. 그런데 문서의 내용과 형식이 종전의 것과 다른 것이었다. 조선의 입장에서 특히 문제가 되었던 부분은 쓰시마 영주의 직함이 다른 점, '조신(朝臣)'·'황(皇)'·'칙(勅)' 등 일본왕을 황제의 예로 전제한 용어, 그리고 종래 일본측의 요구에 의하여 무역과 외교에 사용하였던 확인 인장을 자의적으로 변경하여 사용한 점 등이었다.

대원군 집권하의 조선정부는 기존의 외교 즉 교린관계를 일방적으로 변경하는 외교문서의 수리를 거부하였다. 명치유신 이후 강화조약 체결 시까지 양국외교의 가장 중요한 걸림돌이었던 이른바 '서계문제'는 외교문서의 내용과 표현 가운데 국내외 정세변화에 따라 때때로 분쟁의 핵심부분이 달라질 때도 있었지만 대체로 위와 같은 점을 둘러싸고 진행되었다. 조선정부의 서계거부에 1873년 일본정부내에서는 무력을 배경으로 조선문제 해결을 주장하는 이른바 정한론이 비등하였다. 대조선정책 추진과정과 맞물려 명치정부 내에서 형성되었던 정한파와 내치파의 대립은 이른바 '명치6년정변' 이라는 명치유신 이후 최대의 정변으로 비화하면서 결말을 지었다.

정한론을 둘러싼 메이지정부의 분열이 있은지 약 한 달 후, 조선에서도 집권세력이 교체되는 정치적 변동이 있었다. 고종은 1873년 10월 최익현(崔益鉉)을 승정원 동부승지로 임명하였는데, 최익현은 동부승지를 사직하는 상소에서 대원군의 치세 전반에 대해 총체적으로 비판함으로써 대원군의 하야와 고종의 친정을 요구하였다. 최익현의 상소를 둘러싸고 그를 처벌하자는 움직임이 있었으나 결과적으로 상소 이후 한 달여 만에 조정내 대원군 지지세력의 축출로 이어졌다.

고종 친정 이후 조선정부의 대내외정책의 변화 가운데 특히 다음과 같은 점에 주목할 필요가 있다. 1873년 정부는 암행어사를 각지에 파견하여 부패한 관료의 척결에 주력하였다. 이 과정에서 대원군의 심복으로 종래 조일외교를 담당하였던 경상감사와 동래부 대일외교담당관리 등이 전원 교체되고 왜학훈도 정현덕은 사형에 처해졌다. 또한 고종과 우의정 박규수 등은 일본 외교문서에 대하여 일단 접수 후 검토를 주장함으로써 대외적으로 일본과의 관계 개선을 추진하여, 1875년 초에는 일본정부가 파견한 관리와 동래부에서 정식으로 교섭을 시작하기에 이르렀다. 그러나 조선정부의 집권층 내부에는 여전히 개방 반대론이 우세하였고, 8월에 들어 교섭은 서계의 양식이나 용어와 의전의 문제 등으로 끝내 실패로 돌아갔다.

그러나 외교적 교섭이 결렬되기 이전에 이미 일본정부는 무력시위를 통해 조선을 개방시키기로 결정하여 운양호사건을 일으켰다. 일본정부는 조선측의 운양호에 대한 포격을 구실로 조약체결을 기도하였다. 1876년 1월 일본정부는 군함 8척과 해병대를 파견하여 교섭을 요구하였다. 이에 대해 조선정부는 신헌과 윤자승을 전권대신과 부관으로 임명하였는데, 전권대신 신헌은 병인・신미 두차례의 전쟁에서 공을 세웠던 인물이었다. 신헌을 비롯하여 오경석・강위 등 비교적 조선정부 내에서 개항에 적극적이었던 인물들이 박규수 등의 추천을 받아 교섭에 참여하였다. 신헌은 일본측이 제시하였던 조약문안의 일부 내용에 대해 수정안을 제시한 뒤 2월 3일 조약안을 확정하였다. 조선정부는 운양호사건을 빌미로한 일본의 강압적인 요구와 청국의 권고, 일본과의 무력분쟁을 피하기 위해 일본과의 외교관계를 복원하였다고 평가할 수 있을 것이다. 교섭이 진행되는 동안 일본과의 외교관계 회복을 반대하는 척사파의 대표적인 인물이었던 최익현은 상소를 통해 일본과 양이는 일체이므로 일본과의 조약은 곧 양이와의 통교를 의미하는 것으로, 이는 곧 망국으로 이어지는 일이라고 반대하였다. 그러나 고종은 최익현을 유배시킴으로써 조약체결 반대 움직임을 봉쇄하였다.

### 3) 강화도조약

일반적으로 강화도조약 또는 강화도조약체제라고 지칭하는 조약은 다음의 것들을 통칭하는 것이다. 즉 1876년 2월 26일 강화도에서 조인하였던 「조일수호조규」와 같은해 8월 24일 체결하였던 「조일무역규칙(조일통상장정)」과 「조일수호조규부록」 및 「왕복문서」 등이다.

조선은 수호조규와 부속조약 문서 등을 통해 외교사절의 수도 파견, 부산 이외 2개 항구의 개항과 자유무역, 개항장에 있어서 거류지의 설정, 영사에 의한 거류민의 관리, 개항장에 있어서 영사재판권, 조선 연해의

▲강화도 조약 당시 강화 앞바다에 정박한 일본함대

측량과 해도작성의 권리, 개항장으로부터 십리 이내의 내지여행 통상권, 개항장에서 일본화폐 사용권, 쌀 수출의 허용과 수출입시 관세의 면제 등의 제반 권리를 일본에게 허용하였다. 조규안을 검토해 보면 일본측의 자위적인 행위를 가능하게 하는 규정들을 지적할 수 있을 것이다. 예를 들어 2관에서 외교사절의 상대국 파견 시기에 대해 '수시(隨時)'로, 그리고 사절의 수도체재기간을 '시의(時宜)'에 따른다 등으로 규정함으로써 외교사절의 상주를 허용하는 결과가 되었다. 이외에도 전 조문에 걸쳐 '수시'(隨時)와 '편의'(便宜) '수의'(隨意)라는 포괄적인 개념의 용어 등이 사용됨으로써 실제 상황에서 예상치 못한 결과를 가져왔다. 예를 들어 비교적 불평등 조항으로 주목하지 않았던 7관 규정 즉 해안측량권의 경우도 그러한 것이다. 해안측량과 해도작성을 일본측은 안전한 항해를 보장하기 위한 조항으로 요구하였고, 전권대신은 이에 대해 이의를 제기하지 않고 허용하였다. 그러나 결과적으로 당시 상황에서 어떤 집단이 해안을 측량하여 해도를 작성할 능력과 장비를 가지고 있었는가 하는 문제를 감안하였다면 이와 같은 조항은 포함되지 않았어야 마땅하다. 이 조항에 근거하여 일본군부는 장래 한반도와 대륙침략을 위한 사전조사 작업으로 조선연안에 대한 상세한 지도를 작성할 수 있었고, 일본측량선은 조선 연안의 어떤 지점이라도 상륙할 수 있었다. 이와 같이 강화도조약에는 조선관료의 무지를 이용한 기만적인 조항으로 점철되었다. 일본은 그들이 서양 열강의 압력에 의해 허락하였던 불평등 조항 예를 들면 영사재판권을 조선에 강요했을 뿐아니라 덧붙여 무관세 조항과 화폐사용권 등을 포함시킴으로써 보다 강화된 불평등조약을 조선에 요구하여 관철하였던 것이다.

한편 조약 체결 직후 조선정부는 일본측의 사신 파견 요청에 응하여 정부사절단 파견을 결정하였다. 이와 같은 결정은 조선정부가 대외정세(對外情勢)의 변동에 적극적으로 대처하고자 하였음을 보여준다. 수신사 김기수 일행이 동경(東京)에 체재하는 동안 보여준 일련의 행동들은 조선정부의 관심의 촛점이 일본의 근대화정책 가운데 특히 군사분야에 있었음을 보여준다.

고종(高宗)을 비롯한 조선정부 집권층의 이러한 위기감은 현실에 근거한 것이었다. 5년을 주기로 서양 열강과 두차례의 전쟁을 경험하였고, 결국 일본의 무력시위에 굴복하여 개항을 허락할 수밖에 없었던 조선정부가 군사력 강화 문제에 집착하는 것은 당연한 일이었다. 개항이라는 새로운 상황에 대처하기 위한 조선정부의 노력은 대체로 1880년 말을 전후하여 비로소 구체화되기 시작하였다. 조선정부는 1880년 12월 청국의 총리아문을 모방한 통리기무아문을 설치한 이래, 1881년 전반기에 영선사와 조사시찰단을 각각 청국과 일본에 파견하였고, 별기군을 창설하는 등 근대화정책을 적극적으로 추진하였다.

## 2. 개화파의 형성과 개화정책의 추진

### 1) 개화파의 형성과 활동

#### (1) 개화파의 형성

19세기 전반기까지만 해도 동아시아는 중국 중심의 질서체제 아래 놓여 있었다. 이러한 동아시아 질서체제는 중국이 아편전쟁과 애로우호 전쟁 등을 거치면서 서양의 여러 나라들에게 무릎을 꿇게 되면서 흔들리기 시작하였다. 중국의 북경 함락과 일본의 개항은 조선사회에 큰 충격을 던져 주었다. 이러한 소식을 접한 조선사회는 서구 자본주의 세력의 침입에 대한 불안감과 두려움을 갖게 되었다.

서구 자본주의 세력에 대한 위기의식은 대원군 집권기에는 실제적 현실 문제로 다가오게 되었으니, 두 차례에 걸친 병인양요(1866)와 신미양요(1871)가 바로 그것이다. 프랑스 · 미국 함대와 접전하게 된 병인 · 신미양요를 경험하게 되면서 조선사회는 서양 무력의 우수함과 위세를 직접 목격하게 되었다.

밖으로 북경 함락과 일본의 개항 소식을 접하고, 안으로 서구 열강의 직접적 침입을 경험한 조선사회의 지배층과 지식인들은 서양세력의 침투에 대비하기 위한 방안을 강구하지 않을 수 없었으며, 나라의 위기를 극복하기 위한 현실적 책무를 느끼게 되었다. 이러한 조선사회의 새로운 위기를 극복하기 위한 사상적 흐름의 하나로 등장한 것이 바로 개화사상이다.

개화사상은 1870년 전후한 시기에 형성되었다. 이보다 앞서 조선사회에는 중국에서 간행된 『해국도지』 · 『영환지략』과 같은 서양관계 서적이 유입되어 지배계층에 읽히기 시작하였다. 또한 병인 · 신미양요를 통해 서양의 군함과 무기의 우수함을 알게 된 정부에서는 『해국도지』를 참고하여 전함과 대포를 만들기도 하였다. 이와 같은 과정을 통해 서구의 근대문명에 대한 지식을 쌓아가기 시작하였으며, 이러한 흐름은 개화사상으로 발전하였다. 그리고 개항 무렵에는 개화사상을 가진 정치적 집단으로서 개화파가 형성되고 있었던 것이다.

### (2) 개화파의 활동과 분화

개화파는 강화도조약 체결 이후 1880년대초 정부의 적극적인 개화정책의 추진과정에서 정치세력으로서 급부상하게 되었다. 이들은 초기 개화정책 추진을 주도하였는데, 개화정책을 추진해 나갈 통리기무아문의 설치(1881)와 운영, 군사제도 개편과 신식군사제도의 도입, 일본과 청으로의 조사시찰단 · 영선사의 파견 등 여러 가지 개화정책을 추진하였다. 그러한 과정에서 개화파의 정치적 입장은 더욱 커져 갔다.

그러나 임오군란 이후 이들 개화파는 서구 문물의 수용 정도와 개화의 방법론을 둘러싸고 첨예하게 대립하였다. 동도서기론자(온건개화파, 시무개화파)와 변법론자(급진개화파, 문명개화론자) 사이의 대립과 갈등이 그것이다. 동도서기론(東道西器論)은 동양의 도(道)인 성리학적 가치체계를 유지하면서 서양의 기술을 받아들인다는 것이다. 그것은 동도(東道)를 유지하기 위하여 서기(西器)를 받아들이는 것으로, 어디까지나 동도의 유지에 그 중심을 두고 있었다. 동도서기론자들은 임오군란 이후 3천명의 군대를 주둔시키고 조선의 정치·경제·외교문제에 적극 간섭하고 있었던 청나라의 힘을 인정하고, 청에 의지하여 정권을 계속 유지하려 하였다. 동도서기론자로는 김윤식·어윤중·김홍집 등을 들 수 있으며, 민씨척족을 비롯한 당시 정치권력의 핵심세력들 대부분이 이에 속한다고 할 수 있다.

반면에 김옥균·박영효 등의 변법개화파는 서양의 기술 뿐만이 아니라, 기술의 바탕이 되는 서구의 제도와 문화까지도 수용해야 한다는 입장을 지니고 있었다. 변법론자들은 임오군란 이후 정치적으로 급성장하고 있었다. 먼저 박영효는 1882년 9월에 임오군란 수습과 관련한 수신사의 정사로 일본에 파견되었으며, 김옥균은 고문으로 수행하였다. 이들은 일본에서 근대 문물을 시찰하고 정계의 주요 인물들과 접촉하기도 하였다. 박영효는 일본에서 귀국한 후 1882년 12월에 오늘날 서울시장인 한성부 판윤에 임명되었다. 이 때 박영효는 개화파의 개혁의도를 반영하여 근대적 개화사업을 적극적으로 추진하였다. 먼저 치도국(治道局)을 설치하고 도로정비사업을 적극적으로 추진하였으며, 순경부(巡警部)를 설치하여 근대적 경찰제도를 실현하고자 하였다. 또한 박문국을 설치하고 근대적 신문을 발간하고자 하였으며, 이로써 우리 나라 최초의 신문인 『한성순보(漢城旬報)』가 1883년 10월에 간행되었다.

그러나 이들 개화파는 임오군란 이후 심화된 청국의 간섭과 당시 권력의 실세인 민씨척족 등의 견제로 더 이상 성장하기 어려웠으며, 개화사업 또한 주도적으로 실행하기 어려운 입장에 처하게 되었다. 박영효는 민씨척족의 견제로 한성부판윤에서 물러나 광주유수로 옮겨졌다가 물러났으며, 김옥균 또한 민씨척족 등의 집중적인 공격을 받고 있었다.

이들 정치세력은 정부의 정책 추진과 관련하여서도 사사건건 대립하고 있었다. 예컨대 재정 곤란을 타개하기 위한 방안을 둘러싸고 날카롭게 대립하였는데, 민씨척족과 묄렌도르프 등은 당오전(當五錢)을 주조하여 해결하고자 하였고, 김옥균은 차관 도입의 방법을 제시하였다. 또 군제 개혁의 방안을 둘러싸고도 청국식과 일본식으로 상호 대립하였다. 반대파들의 견제와 위협 속에서도 개화파들은 고종의 두터운 신임을 받으면서 정계에서 계속 활동하고 있었다. 이들 정치세력간 대립과 갈등은 청·일의 조선에 대한 정책과 연관되어 분열과 대립이 더욱 심화되어 갔다.

## 2) 갑신정변

### (1) 정변의 발생

개항 이후 조선에 가장 강력한 외압으로 작용한 청·일 두 나라의 내정개입과 세력 확장은 조선 자체의 의지와 역량만으로 근대화를 추진하기 어렵게 만들었다. 더구나 1882년 임오군란 이후 조선의 내정과 외교에 직접 간섭하기 시작한 청의 대조선(對朝鮮) 정책은 제국주의 국가의 식민지 지배방식을 그대로 답습한 것으로서, 조선의 국가적 독립을 위협하고 있었다. 이에 조선의 근대화는 국가적 '독립'이 저당 잡힌 상태에서 추진될 수밖에 없었다. 또한 대내적으로는 근대화 정책 추진을 둘러싸고 정치세력간 첨예한 대립과 갈등이 심화되어 가고 있었다.

1884년에 들어서면서 조선을 둘러싼 국제적 환경에 변화가 나타나기 시작하였다. 청나라가 베트남 문제를 둘러싸고 프랑스와 전쟁에 돌입하게 되면서 조선에 주둔하고 있던 3,000명의 군사 중 1,500명을 철군시켰다. 또한 일본 정부도 청불전쟁을 계기로 조선에 대한 정책을 적극화하는 방향으로 나아가고 있었으며, 이에 일본공사 타께조에(竹添進一郎)는 개화파에게 적극적으로 접근하기 시작하였다. 조선을 둘러싼 대외정세의 변화 속에서 당시 서울에는 청일전쟁의 가능성에 대한 소문들이 퍼져 있었다. 이러한 가운데 김옥균 등의 개화파는 민씨척족과 친청파들의 정치적 공세에 밀려 당시의 상황을 위기로 인식하고 있었다. 이와 같은 대내외적 정세 속에서 이들은 청나라로부터의 '독립'을 달성하여, 본격적으로 조선의 개화정책을 추진하기 위해서는 쿠데타적인 방법으로 정권을 장악하는 것이 필요하다고 생각하게 되었다. 그리고 이들은 정변의 구체적 준비작업에 착수하였으며, 일본공사의 후원을 확인하고 일본 군대를 정변 수행의 무력으로 이용하기로 결정하였다.

개화파는 1884년 10월 17일(양력 12월 4일) 밤에 우정국 개청(開廳) 축하 연회를 이용하여 갑신정변을 일으켰다. 먼저 개화파는 우정국 옆 민가(民家)에 불을 지르고, 연회에 참석했던 민영익·한규직 등의 반대파를 제거하려 하였으나 민영익을 부상 입히는 데 그치고 말았다. 이들은 우정국을 빠져 나와 고종이 있는 창덕궁으로 가서 변란이 일어났음을 알리고, 경우궁으로 거처를 옮기도록 하였다. 경우궁으로 거처를 옮긴 후에 이들은 고종을 보기 위해 들어오는 반대파들, 민태호·민영목·한규직·윤태준 등을 살해하였다. 그리고 4군영의 군사들을 소집하여 경우궁의 바깥 경비를 맡겼으며, 내부 경비는 개화파의 행동대원들이 맡고, 중간 경비는 일본군이 담당하였다.

이튿날인 10월 18일에 이들은 대대적인 개혁을 추진하기 위한 인사를 단행하였다. 영의정에 이재원(李載元), 좌의정에 홍영식(洪英植), 전·후영사(前·後營使) 겸 좌포도대장에 박영효, 좌·우영사(左·右營使) 겸 우포도대장에 서광범, 호조참판에 김옥균 등을 임명하였다. 이로써 이들은 군사권과 재정권을 장악하였으며, 당시 정계에서 소외되어 있던 세력들과의 연합을 의도하였다. 그리고 이들은 민비의 요구에 못이겨 고종의 거처를 경우궁의 남쪽 이재원의 집으로 옮겼다가 다시 창덕궁 관물헌으로 이어(移御)하였다.

이들은 창덕궁에서 자신들의 개혁구상이 담긴 정령(政令)을 작성하기 시작하였으며, 10월 19일 아침에 이를 발표하였다. 이 때 발표된 정령은 원래 80여개의 조항에 이르렀다고 하나, 현재 전해지고 있는 것은 『갑신일록(甲申日錄)』에 실려있는 14개 조항이다. 그 주요 내용은 청나라에 대한 종속관계의 청산, 문벌의 폐지와 인민평등권의 제정, 지조법 개혁, 군제 개혁, 대신(大臣)과 참찬(參贊)으로 구성된 의정소(議政所) 회의의 상설화 등이었다. 정령의 내용은 대체로 근대 국민국가로 발전해가는 과정에서 해결되어야 할 과제들이었다.

### (2) 정변의 실패

갑신정변 세력들은 청군(淸軍)의 개입에 대비하기 위하여 각 군영(軍營)에 지시하여 녹슨 총을 분해하여 청소하기 시작하였다. 그리고 개혁사업을 추진하기 위한 재정문제 등을 논의하고 있을 때 청나라 군사들이 공격해 오기 시작하였다. 청군과의 전투가 시작되자, 동원되었던 4군영의 군사들 가운데 좌·우영 군사들이 청군에 가담하여 개화파를 공격하였다. 전세가 불리해지자 김옥균은 고종에게 인천으로 가서 차후대책을 도모하기를 원했으나 왕은 이를 거절하였고, 일본공사 또한 후퇴하기로 결정함에 따라 김옥균 등도 일본군과 함께 일본공사관으로 후퇴하였다. 이로써 갑신정변은 3일 천하로 막을 내리게 되었다. 이 때 고종을 수행했던 홍영식과 박영교, 사관생도 등이 청군과 조선군인에 의해 살해되었다.

한편, 갑신정변을 '난당'(亂黨; 개화당)과 일본인이 일으킨 사건으로 인식한 민중들은 일본인과 개화파를 타도하고자 하였다. 민중들은 군기고(軍器庫)에 들어가 무기를 가지고 나와 길가에 활보하면서 일본인을 만나면 공격하여 살해하고자 하였으며, 이 과정에서 상당수의 일본인들이 살해되었다. 또한 일본공사가 호위병을 거느리고 공사관으로 돌아갈 때에는 돌을 던지고 총을 쏘아대면서 격렬하게 대응하였다. 반면에 이날 밤 늦게 고종이 청(淸) 진영(陣營)에 도착하자, 백성들이 발을 구르며 춤을 추면서 환호하였다. 그 이튿날에도 민중들의 소요가 계속되었으며, 일본인과 개화파에 대한 살해사건이 이어졌다.

▲ 1894년 상해에서 살해당한 김옥균의 시신이 양화진에 도착한 후 다시 참형에 처해진 모습

갑신정변 후 일본 정부는 일본공사관의 소실과 일본인 희생에 대한 책임을 물었으며, 결국 조선의 일본에 대한 사의 표명, 배상금 10만원 지불 등을 내용으로 하는 한성조약(漢城條約)이 체결되었다. 그리고 청나라와 일본 사이에는 천진조약(天津條約)이 체결되어, 갑신정변에 대한 외교적 처리는 마무리 되었다. 그러나 천진조약을 통해 일본은 조선에 군대를 파견할 수 있는 권한을 얻게 되었으며, 이것은 10년 후 갑오농민전쟁 때 일본군 파병의 단서가 되었다.

3일천하로 막을 내린 갑신정변에 대한 평가는 다양하다. 일반적으로 갑신정변은 봉건사회 체제의 철폐를 주장하고, 근대적 국민국가를 지향한 최초의 정치개혁운동으로 평가되고 있으며, 그 역사적 의의 또한 높이 평가되고 있다. 그러나 갑신정변을 단순한 정권쟁탈전에 불과한 것으로, 이후 조선의 개화운동·근대화운동에 치명적인 결과를 초래한 사건으로 보는 부정적 평가도 있다.

### 3) 갑오개혁

#### (1) 갑오개혁의 실시

갑오개혁은 1894년 7월 23일 일본군의 경복궁 점령 이후 1896년 2월 아관파천까지 개화파관료들이 추진한 일련의 근대적 제도개혁 운동을 일컫는다. 갑오개혁은 동학농민봉기와 이를 계기로 조선에 대한 지배권을 공고히 하기 위해 일본이 도발한 청일전쟁을 배경으로 시행되었다.

동학농민군이 전주성을 점령하자 조선정부는 이의 진압을 위해 청국에 원병을 요청하였다. 이를 계기로 청·일 양국이 각기 조선에 군대를 파견하자 동학농민군은 정부와 화약을 맺고 자진 해산하였다. 그러나 일본은 자국 군대를 철수시키지 않고 오히려 조선정부에 내정개혁을 강요하였다. 이는 청일개전의 빌미를 찾고 조선에서의 이권확장을 도모하기 위한 것이었다. 급기야 7월 23일 일본군이 경복궁을 점령하였고 이를 배경으로 새로운 정권이 수립됨으로써 갑오개혁의 단서가 열리게 되었다.

갑오개혁에 참여하였던 주요 정치세력을 살펴보면 대개 다섯 그룹으로 대변되는데, ① 김홍집·김윤식·어윤중·조희연·유길준 등 갑오파, ② 박영효·서광범 등 갑신파, ③ 박정양·이완용·윤치호 등 정동파, ④ 대원군·이준용·이태용 등 대원군파, ⑤ 고종, 민비를 둘러싼 홍계훈·이도철·이범진·심상훈·현흥택·이학균 등 궁정파 등이다. 이들은 국내외 정세변화에 따라 다양한 형태로 연합·대립하면서 정국을 운영하였고 이로 말미암아 6차에 걸친 내각변동이 있었다. 그러나 대원군파는 초기에 배제 당했고, 궁정파는 개혁에 실질적으로 참여하지 않았기 때문에 갑오개혁의 주도세력은 크게 갑오파·갑신파·정동파 등 3개 정파로 분류될 수 있다. 이들 개혁관료들은 개항이래 조선의 개화운동을 주창 내지 주도했던 인사들로 거의 대부분이 외교사절단원 혹은 외국유학생의 경험이 있어 국제정세와 근대적 문물에 대해 폭넓은 지식과 안목을 가지고 있었다.

이들에 의해서 추진된 갑오개혁은 추진주체와 그 정치적 배경에 따라서 3시기로 나뉠 수 있다. 제1차 개혁기간(1894년 7월 27일~12월 17일)은 갑오파가 대원군파와 제휴 집권하여 군국기무처(軍國機務處)를 중심으로 이른바 좁은 의미의 갑오개혁을 주도한 시기이다. 이 시기 일본은 군국기무처 중심의 개혁에 소극적·방관적 자세를 취하였는데 이는 전쟁수행과정에서 조선정부와 민중의 협조가 필수라는 전략적 고려와 러시아를 비롯한 열강의 외교 내지 무력간섭을 회피하려는 의도에서였다.

제2차 개혁기간(1894년 12월 17일~1895년 7월 6일)은 일본의 지원 하에 정계에 복귀한 박영효·서광범 등 갑신파가 갑오파와 함께 개혁을 추진하던 시기이다. 이 시기 일본은 청일전쟁에서 승기를 잡고 이노우에를 서울에 파견하여 조선의 실질적 보호국화를 도모하였는데 박영효·서광범 등 갑신파의 입각(入閣)지원, 일본인 고문관의 내각배치, 3백만 엔의 일본차관 대부 등이 바로 그 일환이었다. 그런데 박영효는 일본이 바라던 국왕 및 왕비 등 궁정세력의 조종역에 머무르지 않고 정계의 실권을 장악하려고 하여 마찰을 빚었을 뿐만 아니라 삼국간섭을 계기로 왕실과 정동파의 입지가 강화되는 등 형세가 불리해지는 가운데 마침내 반역음모를 꾀하였다는 죄목으로 일본에 망명하게 된다.

제3차 개혁기간(1895년 7월 7일~1896년 2월11일)은 박영효의 일본망명 직후 박정양·이완용·이범진·윤치호 등 친미·친러적인 성향이 강한 정동파가 한때 득세하였지만, 1895년 10월 8일 민비시해사건을 계기로 김홍집 등이 재집권하여 개혁을 추진하던 시기이다. 그런데 이들은 민비시해사건의 선후처리과정에서 친일적인 태도를 취했을 뿐 아니라 단발령을 무리하게 공포·강행함으로써 보수적인 유생층과 국민들의 지지를 상실하였다. 그러한 상황에서 1896년 2월 11일에 아관파천이 일어남으로써 갑오개혁은 중단되었다.

### (2) 갑오개혁의 내용

정치적으로 갑오개혁은 전제군주제를 약화시키는 정책을 취하였다. 내각제도가 수립되어 나라의 실권이 어느 정도 내각으로 넘어갔으며, 홍범 14조(洪範十四條)가 제정되어 왕실사무와 국정사무를 분리시켰다. 또한 국가재정을 탁지아문으로 일원화해 왕실이나 기타 기관이 직접 세를 거두는 폐습을 없앤 조치도 군주권을 크게 위축시키는 것이었다.

경제면에서의 중요한 개혁으로는 은본위제에 입각한 근대적 화폐제도의 수립, 지세의 금납제, 도량형 통일 등을 들 수 있다. 군국기무처는 신식화폐장정을 의결하여 은본위제를 채택하고 백동·적동·황동을 보조화폐로 하였다. 그러나 재정적 곤란으로 본위화폐인 은화 발행률이 극히 낮고 대신 발행이익이 가장 높은 보조화폐 백동전 발행이 급증했다. 또한 신식화폐장정에 신식화폐의 주조에 앞서 잠시 외국화폐의 혼용할 수 있다고 규정하여 일본화폐가 국내에서 유통되는 데 결정적인 역할을 하였다. 즉 신식화폐량이 절대적으로 부족한 상태에서, 청일전쟁 중의 일본군은 물자조달과 조선인 노동자 고용에 일본화폐를 사용하였고 이후 조선에서 일본화폐 유통은 점점 확대되어갔던 것이다. 결국 갑오개혁으로 실시된 신식 화폐제도는 백동화 인플레이션을 유발하는 한편 일본화폐가 국내에 유통되는 길을 본격적으로 열어 놓게 되었다.

지세의 금납화는 대동법 실시 이후 일부 실시되고 있던 대금납(代金納)과 임술민란 때 문제가 되었던 도결제(都結制)에 뒤이어 금납제를 정착시킨 것이라 할 수 있다. 지세가 금납화되면서 세액 즉 결가(結價)는 1결당 쌀 30말 혹은 20말로 일률화 했고 여기에 호전(戶錢) 3냥이 추가되었다. 그러나 갑오개혁에서는 토지소유권의 재분배 내지는 양전에 기초한 지세체제의 근본적 개혁은 이루어지지 않았다. 지세 금납화의 경우도 국고은행의 설립 등 후속조치가 없어 외획의 폐단을 가져왔고 이는 결국 정부재정의 악화와 농민부담의 가중을 초래하였다.

한편 갑오정권은 농상공부를 신설하고 그 산하에 근대적 산업을 육성할 각종 기구들을 설치하여 정부차원의 상공업진흥을 도모하였지만 본격적인 산업화에 필요한 의안을 입안·제시하는 데까지 이르지 못하였다. 또한 개혁추진에 필요한 재정수요를 충당하기 위해 국내의 자본을 발굴·활용하기보다는 일본으로부터 차관을 도입할 계획을 세웠으나 이것마저 제대로 실현하지 못하였다.

갑오개혁에서 가장 두드러진 것은 사회면의 개혁이었다. 문벌과 양반·상놈의 타파, 문무관리의 차별폐지, 공사노비의 혁파, 과부의 재혼허가, 죄인연좌법의 폐지, 조혼금지, 양자제도의 개선 등 중요한 사회적 폐습을 거의 망라하고 있었는데, 이러한 요구들의 대부분은 이미 갑신정변, 갑오농민군에 의해서 강력히 주장되어 오던 것으로 갑오개혁에서 그 실시를 보게 된 것이었다.

교육제도에 있어서는 과거제를 폐지함으로써 과문(科文) 중심의 교육제도를 혁파하고 학부의 주도아래 소학교·중학교·사범학교·외국어학교 등을 개설함으로써 근대식 학교제도를 수립하였다. 이를 위해서 한성사범학교관제·외국어학교관제 등도 공포되었다. 한편 적극적인 유학정책도 시도하여 1895년에는 약 200명의 관비유학생이 일본에 파견되었다. 그러나 정부는 재정빈곤으로 유학생들의 학비를 제대로 지급하지 못했을 뿐 아니라 민비시해사건 이후 유학생들 일부를 소환함으로써 체계적인 유학생파견은 실패로 돌아가고 말았다.

### (3) 개혁의 성격

갑오개혁은 멀리는 실학자와 민란농민, 가깝게는 개화당, 갑오농민군 등이 계속 주장해 온 봉건지배체제에 대한 근본적인 개혁요구가 밑받침되어 이루어진 개혁이었다. 따라서 조선왕조 사회의 내재적 발전과정에서 당연히 실시되어야 할 개혁이 실시된 것이라고 볼 수 있다. 그리고 군국기무처를 설치한 이후 약 2개월 동안 중요한 개혁법안을 대부분 통과시켰는데 이때 일본이 거의 관여하지 않았기 때문에 갑오개혁의 중요한 부분은 갑오정권 독자적으로 추진한 것이라 보는 견해도 있다.

그러나 갑오개혁이 전반적으로 타율적 성격을 띤 개혁운동이었다는 것 또한 부인할 수는 없을 것이다. 갑오정권 자체가 일본의 개입에 의해서 성립되었고 집권 후에도 일본의 군사적 · 경제적 지원에 의존하여 개혁을 추진하였다. 또한 앞서 살펴본 바와 같이 그 개혁내용에 있어서도 한계성이 뚜렷하다. 이는 개혁의 추진주체가 국내 민중간에 튼튼한 지지기반을 갖지 못하였고 스스로를 지탱할 만한 독자적인 경제 · 군사적 실력을 확보하지 못한 정치세력이라는 한계성에 연유하는 바 크다. 결국 이러한 한계성은 그 추진과정에서 침략의 목적을 가진 일본의 영향력이 작용하는 것을 용인케 함으로써 일본의 한반도 침략을 본격화하는데 도움을 주는 제도적 개혁의 성격을 강하게 만들어주었다.

## 3. 세계자본주의체제로의 편입과 조선경제구조의 변화

### 1) 무역과 국내상업

#### (1) 관세자주권의 상실

1876년 「조일수호조규」와 뒤이어 체결된 「조일수호조규부록」(전문11관) 「통상장정」(전문11칙)으로 조선은 관세자주권을 상실하였다. 이 조약은 일본의 영사재판권에 의한 치외법권과 거류지 설정을 규정하는 한편 인천, 부산, 원산 등 세 항구의 개항과 무관세 조항 그리고 협정관세를 내용으로 하였다. 일본은 국제법상의 조약관례를 무시하고 조약 유효기간 및 폐기 조항을 없앰으로써 불평등 조약을 무기한 존속시키려 하였다.

조선정부는 근대적인 관세권에 대한 이해가 부족한 상태에서 무관세 무역을 용인하였으나, 점차 근대 국제법에 대한 인식이 확대되면서 일본과의 불평등조약을 개정하려 하였다. 일본이 조선의 조약개정 요구를 거부하는 동안 조선정부는 『조선책략(朝鮮策略)』의 영향으로 미국과의 조약체결을 결정하였고, 「조미조약」을 통해 관세권(과세율 수입 10%, 수출 5%)을 인정받았다. 그러나 이 조약에서도 치외법권과 타국과의 조약에서 체결된 조약상의 특혜를 균점할 수 있는 최혜국 조관이 첨가되어 임오군란 직후 청 군대의 주둔하에 체결된 「조청상민수륙무역장정(朝淸商民水陸貿易章程)」에서 규정하고 있었던 한성과 양화진 개잔(開棧), 개항장 밖 통상권, 연안무역권 등을 청 이외의 다른 나라가 균점할 수 있는 근거를 마련하게 되었다.

「조미조약」과 「조청상민수륙무역장정」에서 규정된 내용은 1883년 일본과의 조약개정에도 영향을 미쳐서, 관세율은 수출 5%, 수입 8%의 협성관세로 조정되는 대신, 개항장 밖 과세가 일체 부정되었다. 또한 최혜국 조관이 첨가되어 앞서 두 조약에서 인정하고 있었던 연안 해운, 연안 무역권이 승인되었다. 또한 같은 해 영국과 맺은 「조영조약」은 앞선 불평등 조약의 모든 내용을 포함하는 한편 청나라에게만 인정되었던 개항장 밖 통상권이 인정되었고, 그뒤 최혜국 대우에 의해 열강이 모두 균점하게 되면서 한성에서 벽촌에 이르기까지 모든 조선시장이 외국상인에게 개방되는 근거가 되었다.

### (2) 청 · 일과의 무역

일본과의 조약으로 부산, 원산, 인천이 개항되면서 조선의 무역액은 급격히 확대되었다. 청과 일본을 통해 수입되는 영국산 자본제 면제품 수입과 쌀, 콩 그리고 금등의 원자재수출의 무역은 농업에 있어서 재배작물의 협소화와 값싼 소비제상품의 유입으로 조선생산체계의 붕괴 등을 초래하였고 조선후기 이래 발전하고 있었던 자본주의의 자생적 발전을 가로막는 원인이 되었다.

1884년 조선에 해관이 설치되기 이전의 무역은 무관세 무역으로 일본상인들은 자본제상품의 수입무역을 독점하고 있었다. 개항 전후 의주를 중심으로 하는 청의 교역량은 연평균 300~400만엔에 달하고 있었지만, 일본과의 무역으로 인해 1883년에는 120만엔 정도로 크게 떨어졌다. 이에 청은 임오군란과 갑신정변 진압을 구실로 정치, 군사 및 경제적 압력을 더욱 강화해 갔고, 「조청상민수륙무역장정」의 체결 이후로는 대외무역에서 청국이 차지하는 비율이 높아졌다. 청과의 무역은 늘 수입적자였는데 청상인은 영국산 옥양목 등 자본제 면제품을 상해를 통해 구입하여 조선에 판매하는 한편, 조선에서는 금은 등의 지금(地金)과 일본화폐 등을 구매하여 상해, 홍콩, 대만 등지에 판매하여 이득을 보고 있었다.

일본과의 무역은 초기 수입적자였다가 1890년대 일본으로의 곡물수출이 증대하여 흑자를 보일 때도 있었다. 1894년 이전 일본을 통해 수입되는 상품의 1위는 영국산 옥양목이었는데 청상과의 판매경쟁에서 다소 불리한 조건이었다. 상해・일본을 경유하는 중개무역품으로서 가격이 청상보다 비싼 편이었으며, 화환거래에 의존하고 있었기 때문에 은행이자와 창고비용을 부담해야 했다. 그러나 1894년 청일전쟁에서 일본이 승리한 후 일본산 면제품과 면사 수입이 증대되고 쌀과 콩 그리고 금이 일본으로 수출되는 양이 많아지면서 조선과의 무역을 독점하기 시작했다. 또한 외국 상인의 개항장 밖 통상을 위한 여행권인 호조(護照) 발급이 조선정부에서 각국 영사관으로 이관되고, 여행권 없이도 개항장 밖 40㎞까지 통상이 가능해 짐으로써 추가로 열린 개항장—진남포(1897), 목포(1898), 평양(1898), 군산(1899), 마산(1899), 성진(1899)—의 배후지를 포함하여 전국의 주요 지역이 모두 외국상인에게 개방되다시피했다.

곡물 수출과 면제품 수입으로 대표되는 조선의 무역은 청일전쟁 이후 더욱 확고해져 곡물 수출량이 총 수출액의 80% 이상을 차지했다. 일본상인은 입도선매 방식으로 곡물을 대량 매집하여 유통과정을 장악하려 했고, 러일전쟁을 전후해서는 직접 토지를 매입하여 생산과정에까지 침투하였다. 곡물의 대량수출은 조선의 농업경영을 곡물재배로 협소화시키는 한편, 지주제가 강화되고 농민층 분해를 촉진시키는 원인이 되었다.

조선의 광목과 흡사한 값싼 일본산 목면과 면사가 농촌의 소비시장을 잠식함에 따라 농촌시장을 배후로 생산을 확대해가던 조선 면포생산은 원료의 일본종속과 가격경쟁에 밀려 해체의 위기에 직면했다. 더욱이 조선산 금이 일본으로 대량 유출되면서 조선은 금본위제를 위한 지금 확보

그림 1 한국 수출입무역 총액

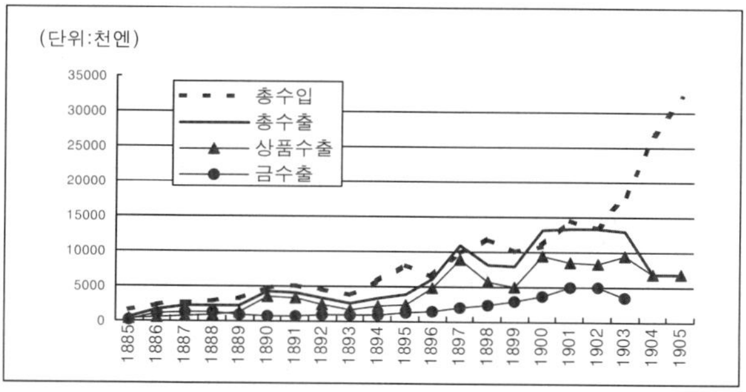


그림 2 일본과의 수출입무역액

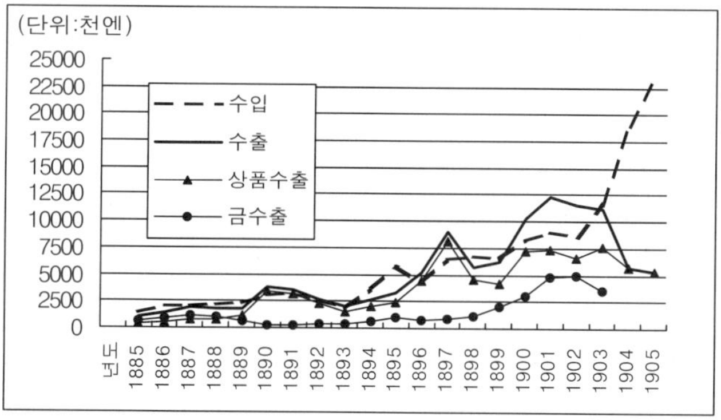


그림 3 청과의 수출입무역액

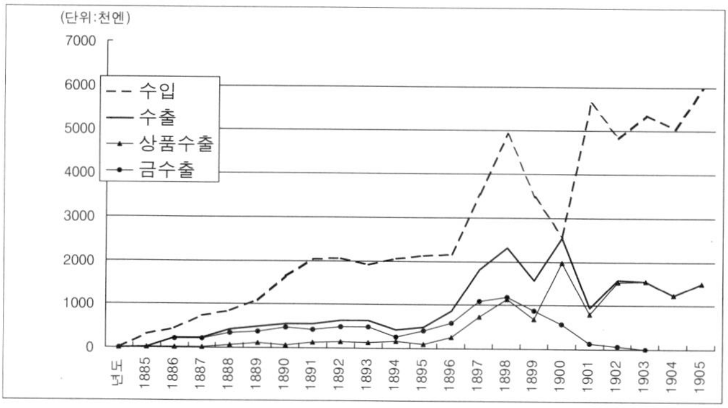

에 어려움을 겪게 되었다.

### (3) 상품유통의 변화

청·일과의 대외무역이 증대하고 각 지역의 상권이 개항장을 중심으로 재편되면서 종래의 상품유통구조가 전반적으로 변화하였다. 전통적인 상품유통권은 크게 경상도의 동해안, 강원도의 영동지방, 함경도를 잇는 동해안 유통권과 경상도의 남해안, 전라도, 한성, 개성, 황해도, 평안도를 잇는 서해안 유통권으로 양분되어 있었다. 그런데 개항으로 부산항이 대일 수출곡물집산지와 수입품의 공급지인 유통 중심지로 부상하게 되면서 서해안 유통권에 포섭되었던 전라도, 충청도, 경상도 일대가 새로운 수출입 상품 유통권에 포섭되어 갔다. 부산에서 일본으로 쌀의 수출되면서 종래 이곳에서 쌀을 공급받던 함경도 지역은 식량부족 현상이 나타났다. 전라도 지역의 쌀 역시 부산항으로 집산되면서 종래 이곳에서 쌀을 공급받던 한성 역시 쌀 부족현상으로 쌀값이 폭등하였고, 이로 인해 생계의 위협을 받고 있던 한성부의 빈민들이 임오군란에 가담하기도 했다. 1890년을 전후하여 전라도 쌀이 부산항에서 수출되는 곡물의 70~80%에 달하게 되면서 한성을 비롯한 전통적인 서해안 유통권의 쌀 수급에 교란현상이 나타났다. 이로 인해 조선 정부는 쌀값 수급의 교란을 막고자 방곡(防穀)을 실시하는 한편 인천을 통한 쌀유출로 한성의 쌀부족 현상이 나타나자 「만석동회선령(萬石洞廻船令)」을 내려 조선선박이 인천항에 정박하여 짐을 부리는 것을 금지시키기도 했다. 그러나 방곡에 대한 일본의 항의와 위협으로 방곡령은 실시 한달 전에 공포되어야 했고, 이로 인해 쌀 유출을 막는 데 실효를 거두지 못했다. 쌀수출로 인해 개항장을 중심으로 비교적 높은 쌀값이 형성되면서 전라도, 충청도, 경상도의 쌀이 개항장으로 집중되는 현상이 두드러져 갔다. 또한 조선의 쌀값이 일본의 쌀값에 근접해 가면서 전반적으로 조선의 물가를 상승시켰고, 지주는 쌀 상품화를 위해 지대수탈을 강화해 갔다.

한편 일본상인들에 의한 기선의 도입과 개항장 밖 내지 행상권이 허용되면서 조선상인의 상권은 점차 위축되기 시작했다. 일본상인은 기선을 이용하여 개항장 간의 교역을 주도하면서 개항되지 않은 연안의 표구에서 밀무역을 자행하기도 했는데, 국내에서 유통되고 있었던 상품이 점차 일본기선에 의해 수송되는 한편 상권 역시 일본상인이 장악하기 시작했다. 또한 개항장을 중심으로 하는 새로운 유통 중심지가 곳곳에 형성되면서 전통적인 유통중심지는 위축되었다. 예를 들어 충청남도의 유통중심지였던 강경은 군산항의 개항으로 중심지의 지위를 상실하였고, 군산은 충청남도과 전라북도 일대를 배후지로 하여 곡물집산과 수입품배급의 중심지로 부상하였다.

## 2) 정부의 경제정책과 토착자본의 동향

### (1) 무비자강책

1881년 『조선책략』의 전래와 조선 내 개화와 척사의 갈등속에서 조선 정부는 서양기기의 도입과 대외통상을 담당하는 통리기무아문을 설치하는 한편 무비자강책(武備自强策)으로 농업생산력의 발전과 상품화, 재정확보를 위한 상업세의 중앙세화, 그리고 광산개발를 시도하였다. 양상공사를 설치하여 뽕나무재배와 생사수출을 시도하는 한편, 열강의 기술자를 고빙하여 광산의 탐사과 개발에 착수하는 한편, 해관을 설치하고, 개항장의 객주들에게 영업세를 징수하려 했고 각국으로부터 차관을 도입하고 화폐를 발행하는 등 재정확보책을 실시하였다. 이러한 조선 정부의 경제정책은 갑신정변 이후에도 크게 변화되지 않은 채 내무부로 계승되었다. 내무부산하에 전환국, 광무국, 기기국 등 개화정책의 실무기구를 설치하여, 생사수출, 남로전선의 가설, 광산개발 등이 진행되었다. 그러나 이러한 정책도 청의 외압, 재정부족, 민씨척족의 부패 등으로 크게 성과를 거두지 못 한 채, 오히려 악화인 당오전의 발행으로 화폐유통의 혼란을 초래하고 자본축적 기반을 취약하게 하는 결과를 초래하였다. 더욱이 조선정부의 '동도서기론적' 개화정책은 봉건적 제 제도에 대한 개혁을 수반하지 않은 채 한정된 세원을 중앙세화하여 지방재정의 궁핍을 초래하는 한편, 일부 무비를 위한 기기를 도입하는 정도에 머물고 있었기 때문에 근본적이고 장기적인 경제정책을 수립한 것은 아니었다. 따라서 내무부에 의해 진행된 개화사업은 거의 중도 포기되었다.

### (2) 식산흥업책

갑오농민전쟁과 갑오개혁으로 크게 흔들린 봉건체제의 수습를 과제로 안고 출발한 대한제국은 '구본신참(舊本新參)'를 표방하면서 갑오개혁의 급진성을 비판하면서 옛 제도를 부활시켰다. 봉건적 부세체제의 시정을 위해 실시된 양전지계사업은 전통적인 결부제와 전분 6등제를 기초로 하되 평방척을 병기하는 한편, 역둔토 조사사업인 광무사검의 실시로 불거져 나온 소유권 분쟁을 시정하기 위해 지계발급을 실시하였다. 양전지계사업과 광무사검을 통해 대한제국은 황실 및 지주의 소유권을 확정하였으며, 이 조사를 발판으로 결가를 50냥에서 80냥으로 인상하여 농민의 부담을 가중시켰다.

경제정책에 있어서 갑오개혁의 재정단일화, 조세금납화, 식신화폐발행, 상업잡세의 폐지 등의 제도개혁은 계승했지만, 운영에 있어서는 황실재정의 분리, 궁방전의 현물납, 보조화폐인 백동화의 주조남발, 특권상업체계를 강화시켜 황실재정의 물적기반을 형성하였다. 그러나 황실재정의 분리 운영과 확대는 정부재정의 궁핍으로 연결되어 관리의 봉급도 제대로 지불되지 못하는 상황이 빚어졌으며, 악화인 백동화 인플레이션은 자본가들의 화폐축장의 기회를 박탈하는 것이었다. 또한 상업수세와 특권상업체계의 강화는 소상인, 소상품생산자의 몰락을 촉진시켰다.

한편 화폐유통의 혼란과 재정궁핍을 타개하기 위해 대한제국은 금본위제로의 화폐제도개혁을 추진하는 한편 중앙은행을 설립하였다(1903). 그러나 지방관과 결탁한 정부관료들의 반대, 차관도입을 둘러싼 황실측근 세력 내부의 주도권 경쟁 그리고 일본의 방해 등으로 인해 이것도 중지 되었다.

### (3) 조선상인의 대응

대외무역의 증대로 국내 상품유통량이 확대되는 가운데 불평등조약을 등에 업고 진출한 청상인과 일본상인의 활동은 조선상인의 상권을 위협했다. 외국상인이 한성에 점포를 설치하여 시전상인의 상권을 침해해 오자 조선상인은 동맹철시를 통해 외국상인의 점포 철시를 요구하기도 하였다. 기선이 도입되어 원격지무역이 일본상인에 의해 침탈되고, 개항장 밖 통상이 허용되면서 일본과 청 상인의 활동이 조선 각지의 상권을 침탈해 가자 조선상인은 이에 대응하여 동업조직의 결성, 자본의 합자, 업종의 전문화를 통해 이들과 경쟁하게 되었다.

개성상인은 종래의 상업조직을 기반으로 하여 삼포의 경영과 수출입 무역업으로 활동영역을 넓혀 한성 이북지방에서 상권을 장악했다. 평양 상인들 또한 1883년 인천항에 대동상회를 설치하고 수출입 상품 유통에 종사함으로써 진남포 개항 이전까지 전국적인 규모로 상권을 확대했다. 인천의 객주회사인 신상회사는 자본을 합자하면 인천 한성간 유통과 인천항의 수출입무역 등을 통해 영업망을 확대해 갔다. 그러나 이들 상인의 영업은 정부에 수세를 조건으로 특권을 부여받고 있었기 때문에 지방의 소상인들의 몰락을 촉진하는 한편수출입 무역 확대에 편승하여 유통이윤을 확보하는 방향으로 나아갔으며, 지대수입을 찾아 토지를 매입하는 경향이 두드러지게 나타났다.

### (4) 토착생산의 발달

1880년대 이후 일본은 정화(正貨)의 축적을 목적으로 조선에 설립된 일본제일은행 지점 출장소 등을 통해 조선산 금을 매입하였다. 조선정부 역시 재정확보책으로 광산개발에 적극적이었다. 1886년 영흥금광의 경우 광부가 5천명에서 만명에 이르렀다. 물주(物主) - 덕대(德大) - 임노동자의 생산조직을 기초로 이루어진 광산개발은 자본주의적 경영형태를 띠고 있었지만, 사금채취에 한정된 채 대규모 석금광 개발에는 한계를 갖는 형태였다. 그러나 금수출의 확대로 광산생산액은 크게 확대되고 있었다.

매뉴팩처적 경영형태로 발전하고 있었던 수공업 분야는 외국자본제 공산품이 유입되면서 이들 상품과 경쟁하는 업종의 생산은 위축되는 경향이었으나, 유기, 도자기, 솥, 종이 등 유수한 품질과 전통소비 상품이라는 특성으로 인해 오히려 생산이 확대되고 있었다.

분업화가 진행되고 있었던 면포생산은 값싼 일본산 면제품과의 가격경쟁과 수입원사의 가격의 상승이라는 악조건하에서 점차 일본자본주의에 종속되는 형태를 보였다. 초기 옥양목은 사치품으로써 소비층이 한정되었던 데 비해 목면 등 일본산 면제품은 전통적인 조선의 면포생산을 크게 위협하였다. 또한 콩을 수출확대로 면화재배지역이 점차 콩재배지역으로 변화되면서 면화생산이 위축되는 한편 일본산 면사가 수입되면서 면포생산은 일본 면사를 원로로 하는 생산체계로 변화되었다. 그러나 일본산 면사의 수입가격이 지속적으로 상승하고 있었기 때문에 면포생산성이 크게 하락하고 있었다. 그럼에도 불구하고 직조기계를 도입하고 자본

▲ 조일통상조약을 체결한 직후 조선과 일본관료들의 축하 연회장면

을 합자하여 공장을 세우는 등 면포생산을 확대하려는 노력이 지속되었다.

한편 전통적인 상품은 우수한 품질과 소비관습에 힘입어 분업의 진전, 자본의 합자 등을 통해 생산이 확대되고 있었다. 유기생산은 1887년 납청 유기 제조공장과 안성유기 제조공장 등이 설립되고 1894년 이후 전국적 규모로 유기공장이 세워지면서 수공업적 동력장치가 도입되는 등 생산력 향상을 위한 노력이 수반되었다. 철생산 역시 1904년 24만 8천명이 동원되어 약 18만 8천관의 원철이 사용되어 약 18,000개의 솥이 생산될 정도로 확대되었다.

이외에도 종이와 도자기 생산은 일본의 값싼 양지와 도기의 수입에도 불구하고 우수한 품질을 바탕으로 여전히 생산을 확대해 나아갈 수 있었다.

그러나 기계제 공업으로 발전해 갈 수 있는 면포생산은 자본제 상품과의 경쟁속에서 위축된 반면 전통적 생활용품으로 기계화가 힘든 상품 생산이 발달함으로써 조선의 자주적 민족산업의 토대는 매우 미약할 수밖에 없었다.

### 3) 농민층 분해와 노동자의 생성

곡물수출이 본격화되면서 지주들은 미곡무역을 통한 수입증대를 위해 소작경영 이외에 임노동을 이용한 직영지 경영을 강화하는 한편 몰락 농민층의 토지를 계속 추가 매입하고 소작농민에 대한 통제를 강화해 갔다. 이로 인해 차지농으로서의 임차경영이 힘들어지는 한편 농민들이 농지를 잃고 소작농이나 임노동자로 전락하게 되었다. 광무양안에 나타난 경기도 광주지역을 예로 들면, 소수의 부농과 중농이 보유한 토지가 전농지의 67%를 차지하는 한편 소작관계에 놓인 자소작과 소작농의 비율이 약 80~90%에 달하는 상황이었다. 한편 조선후기 이래 상품작물과 차지경영을 통해 부농으로 성장할 수 있었던 농민층은 1890년대 쌀수출의 증가로 지주제가 강화되면서 그 성장의 길이 가로막혀 있었다.

쌀값의 상승률이 농지가격의 상승률 보다 높게 형성되면서 자본의 토지투자가 성행하고 농민들은 지대와 세금의 인상으로 궁박판매과 토지방매를 강요당했다. 여기에 조선정부는 지주중심의 토지개혁 방향을 견지하고 있었기 때문에 지주제가 한층 강화하였으며, 다른 한편 농민층의 분해가 심화되어 갔다. 이러한 현상은 이후 식민지 지주제가 광범위하게 형성되어 제국주의와 결탁하는 결과를 가져왔으며, 새로운 자본주의적 생산관계에 편입될 임노동자층을 폭넓게 형성하는 것이었다.

농촌에서 유리된 농민들은 광부, 부두노동자, 철도 노동자로 변화해 갔으며, 한성을 비롯한 주요 도시지역에 공장의 출현으로 공장노동자도 생겨났다. 한성 주민 중 임금 노동자의 비율은 1904년 10.4%에서 1910년 17.5%로 증가하였는데 공장노동자, 철도노동자, 도로건설 등 각종 건설에 고용된 자 이외에도 방직공장 등 제조업에 종사하는 자들도 있었다.

그러나 당시 임노동자층의 분포를 보면 공장에서 일하는 임노동자 보다는 농업노동자과 광산, 부두, 철도 건설에 고용된 반농민 반노동자적 존재들이 많았다.

## 4. 근대민족운동의 전개

### 1) 갑오농민전쟁

#### (1) 발생배경

문호개방 이전의 조선사회에서도 중세적 통치체제에 저항하는 민란이 꾸준히 일어나고 있었다. 1862년 진주민란에서 비롯된 임술농민항쟁은 전국적 범위에 걸쳐 일어나고 있었지만 그것은 국지성과 분산성을 벗어나지 못하고 있었다. 그 원인으로는 우선 농민층의 정치·사회적 의식수준 자체가 이 시기의 정치·경제·사회적 모순을 구조적이고 체계적 모순으로 파악하는 단계에 이르지 못했다는 점을 들 수 있다. 또한 당시 민란을 농민전쟁으로 확대하거나 혁명성을 불어넣을 만큼 정치의식이나 지도력을 갖춘 정치적 지도세력이 아직 형성되지 못했던 점 역시 그 한계로 지적할 수 있다.

문호개방 이후에는 자본주의 세력의 침략으로 조선왕조 통치체제의 모순이 심화되었고, 자본주의 상품의 무제한적 수입과 곡물수출 등으로 농촌의 재생산기반이 파괴되는 것을 체험했다. 다시 말하면 종래의 봉건적 모순이 심화되고 게다가 자본주의적 상품관계에 의해 농촌에까지 그 파급효과가 미치기 시작했던 것이다. 이는 농촌지식인의 몰락과 그 정치의식의 성장, 외세침략으로 인한 농민세계의 위식의식의 팽배와 정치·사회의식의 성장, 그리고 자본제 상품의 침투와 봉건지배계급의 수탈로 몰락을 강요당하던 소상품생산자 및 소상인층의 농민층과의 연대 등이 갑오농민전쟁의 주된 배경이었다. 여기에 동학의 교세와 조직 또한 크게 뒷받침되었다.

문호개방 이후의 사회변화와 모순의 심화에 따라 이미 1880년대 후반 무렵부터 민란이 격증하고 있었고, 1893년 한 해 동안에만도 전국적으로 60여차의 민란이 발생했다는 점은 전국적 농민전쟁의 가능성을 이미 예고하고 있었다고 할만하다. 이러한 농민층의 동향에 농민의식의 성장과 전국적 전망을 가능케 해 주었던 것이 바로 동학의 사상과 조직이었다. 동학사상에 내재해 있던 평등사상과 보국안민(輔國安民)·광제창생(廣濟蒼生) 등의 이념은 일종의 대항이데올로기의 역할을 수행하면서 농민층의 의식성장에 기여했다. 특히 동학교단의 확장을 위해 실시했던 포접제(包接制)는 농민군 지도자들이 전국적으로 농민을 동원할 수 있는 조직기반으로 기여했고, 이러한 가능성을 염두에 둔 전봉준 등 남접의 지도부에 의해 이용됨으로써 봉기에 성공할 수 있었다.

### (2) 전개과정

농민전쟁의 전개는 교조신원운동과 농민전쟁의 단계로 구분되어지며,

농민전쟁은 대체로 4단계로 구분할 수 있다. 동학교단이 주도한 대규모 대중집회가 열린 것은 삼례집회(參禮集會, 1892. 음력 11.1)였다. 이 집회는 그 성격이 교주 최제우(1824~1864)의 신원(伸冤)과 관리들의 동학교도에 대한 수탈금지를 요구하는 데 한정된 것이었다. 이후 제2차 대중집회인 보은집회(報恩集會, 1893. 음력 3.11)가 열렸는데, 2만명 이상의 농민이 모인 이 집회에서는 '소파왜양(掃破倭洋)' 등 반외세 구호와 반봉건적 구호가 내걸림으로써 민란의 전통을 이어받고 있었으며 문호개방으로 파생된 사회문제에 대한 본격적인 문제제기가 이루어지기 시작했다. 한편 동학교단 주도로 보은집회가 열리고 있을 무렵 전라도 금구에서는 교단과는 직접 연결되지 않은 약 1만 명의 농민이 모인 집회가 열리고 있었다. 이 금구취회(金溝聚會)의 지도부는 전봉준·서장옥이 이끌었으며, 이들 세력이 중심이 되어 고부민란이 폭발했다.

금구취회가 끝난 후 전봉준은 농민 1000여명을 이끌고 군수 조병갑의 악정을 규탄하며 군아를 습격하여 고부민란(古阜民亂, 1894.1.9)을 일으켜 농민전쟁의 서막을 열었다. 그런데 주목되는 점은 고부민란이 발생하기 몇 달 전에 농민군 지도부가 작성했다는 '농민전쟁 봉기계획'에 따르면, 이들은 그 계획의 하나로 '전주영을 함락하고 경사(京師)로 직향할 사'를 두고 있다는 사실이다. 비록 고부민란 이후 농민층이 지녔던 전통적 금기("민요가 월경하면 반란의 칭을 받는다")의 벽을 넘지 못하고 일시 해산하기는 하나 농민군 지도부의 경우는 전국적 봉기계획에 따라 움직였음을 보여주는 사례다.

농민전쟁의 제2단계는 제1차 농민전쟁기로서 고부민란 후 무장에서 다시 일어난 농민군이 전주에 입성하기까지이다. 고부민란의 확대에 실패한 전봉준은 손화중·김개남 등과 제휴하여 재차 봉기에 성공했으며, 전봉준이 총대장이 되어 1만 3천명의 농민군을 이끌고 황토현전투에서 크게 이기고 이후 정읍·고창·무장·영광·함평을 차례로 함락하고 전주에 입성했다(1894.3).

제3단계는 전주화약(全州和約, 1894.5.8)의 성립이후로 흔히 집강소시기라고도 불린다. 전주화약의 결과 전라도 53주(州)에 농민적 자치기관이라 할 수 있는 집강소(執綱所)가 설치되어, 농민군 중에서 선출된 집강이 수령의 업무를 대행하며 농민군이 제시한 폐정개혁안(弊政改革案)을 실천했다. 이는 일종의 농민적 자치기관이라는 점에서 특기할 만하며 이 시기 결집된 농민의 역량에 의해 일본군과의 2차농민전쟁이 전개되었던 것이다. 농민군이 제시한 폐정개혁안은 동학교도와 정부와의 서정 협력, 탐관오리와 횡포한 부호·불량한 양반에 대한 엄징, 노비문서의 소각, 천인에 대한 대우개선, 무명잡세의 폐지, 문벌타파와 인재등용, 일본과 내통한 자 엄징, 토지의 평균분작 등이었다.

농민전쟁의 마지막 제4단계는 제2차 농민전쟁기이다. 평양성전투에서 승리한 일본군이 농민군에게 공격방향을 정하자 이에 대항하여 약 1만명의 농민군이 다시 일어났다(1894.10.12). 2차 농민전쟁에는 1차전쟁기에 미온적이었던 북접의 농민군과 합세하여 대략 10만의 병력으로 공주 우금치전투(1894.11.10)를 벌였으나 패하고 전봉준이 체포되어 사실상 농민전쟁이 막을 내리고 말았다.

### (3) 역사적 성격

갑오농민전쟁은 전쟁기간에 농민군 쪽이 내놓은 폐정개혁안 등을 통해 볼 때 전쟁의 성격은 두가지로 요약할 수 있다. 첫째, 그것은 조선왕조 봉건체제 자체에 대한 청산이 아닌 봉건체제 안에서의 개혁을 이루려는 데 한정되었던 근왕주의적 성격을 지닌 체제내의 개혁운동이라 할 만하다. 둘째, 그것은 일본을 비롯한 외세의 침략을 저지하고 국권을 수호하려는 민중운동으로 성격 규정할 수 있을 것이다.

한편 갑오농민전쟁과 문호개방 이후 체제내 개혁운동과 비교해 보았을 때, 갑오농민전쟁은 '토지의 평균분작'을 요구했고, 노비문서의 소각으로 나아간 점에서 보다 철저한 반봉건운동이자 민중운동적 전통을 확인할 수 있다. 그러나 한편 갑오농민전쟁이 지니는 역사적 한계성 또한 분명하

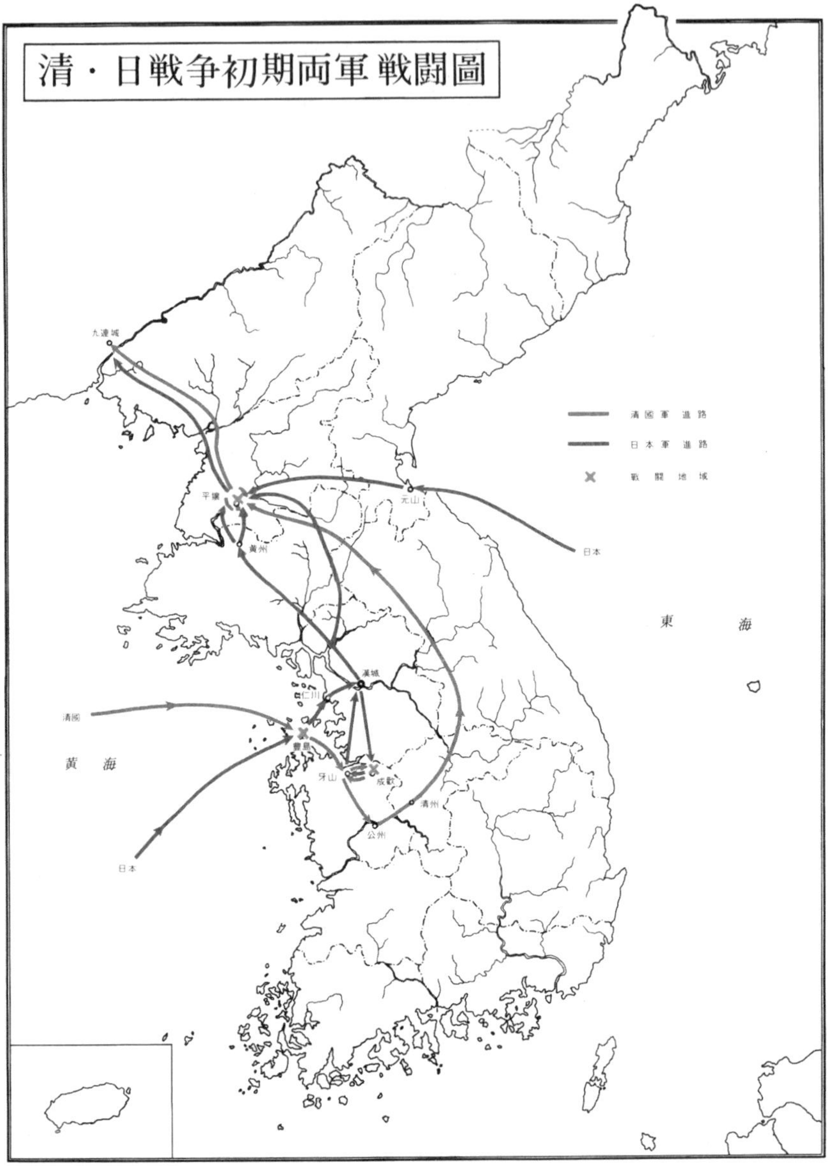


▲ 청일전쟁전투도와 갑오농민군의 봉기지역 지도

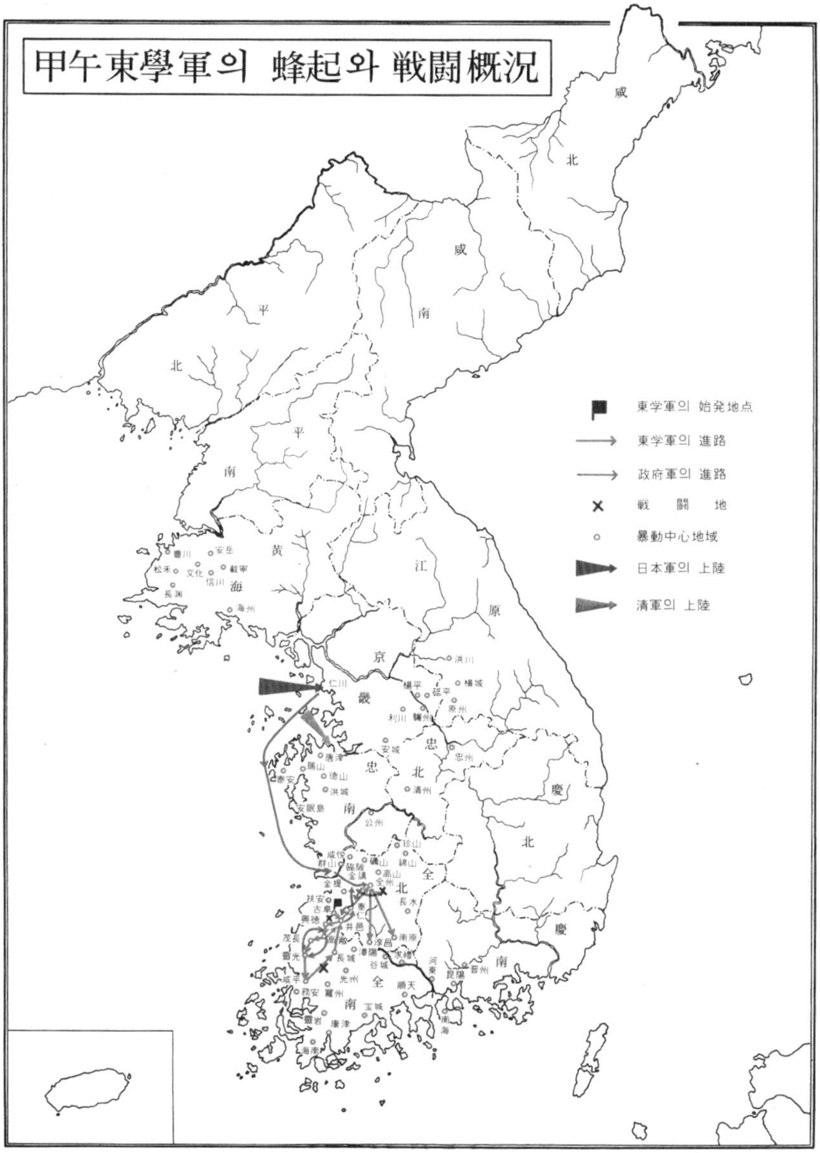
甲午東學軍의 蜂起와 戰鬪概況
東学軍의 始発地点
東学軍의 進路
政府軍의 進路
戦 闘 地
暴動中心地域
日本軍의 上陸
清軍의 上陸
咸
北
咸
南
平
北
平
南
黃
海
江
原
京
畿
忠
北
忠
南
全
北
全
南
慶
北
慶
南
仁川
公州
全州
古阜

다. 사회·경제면의 높은 혁명성에도 불구하고 권력구조상 개혁대상은 정부대신과 지방관에 한정되었다. 더구나 갑오농민전쟁은 자체의 이념을 형성하지 못하고 종교적 이념에 의탁하는 등 자체의 대항이데올로기를 가질 수 없었던 농민전쟁 본래의 역사적 한계를 지니고 있기도 하다.

## 2) 독립협회운동(1896~1898)

### (1) 전개과정

갑오농민전쟁이 외세개입으로 실패하고 청일전쟁이 일본의 승리로 끝난 후 국내외 정세가 급변했다. 3국간섭으로 러시아의 한반도진출이 활발해졌고, 이에 대항하기 위한 일본의 책동으로 명성황후 시해사건이 발생했다. 그후 고종은 러시아공사관으로 옮겨가면서 김홍집의 친일정권이 무너지는 한편 한반도에서 열강의 이권침탈이 본격화되었다. 독립협회운동은 바로 국왕의 아관파천이라는 초유의 사태를 맞이하면서 국권의 실추를 만회하고자 하는 노력의 산물이자 갑신정변 이래의 위로부터의 개혁을 추진해 왔던 갑오개혁기의 일부관료와 해외 망명에서 돌아온 서재필·윤치호 등의 인사, 그리고 1890년대 이래 새롭게 형성되어 왔던 개신유학적 성향의 신진인사들이 참여해서 이루어진 근대적 개혁운동의 일환으로 등장한 것이다. 독립협회운동은 위로부터의 개혁운동이었던 갑신정변의 실패 경험을 바탕으로 한 것이고, 서재필의 표현대로 "(갑신정변의) 제일 큰 패인은 그 계획도 모르고 반대하는 일반민중의 무지몰각"이라는 평가에서 출발하여 무엇보다도 민중의 계몽을 중심으로 하는 운동이기도 했다. 이를 위해 독립협회는 출발단계에서부터 신문발간이나 강연회·토론회 등을 통해 계몽적 활동을 벌였다.

한편 독립협회운동은 그 전개과정에서 성격의 변화가 이루어졌다. 즉 초기에는 고급관료들이 주도하는 구락부적 성격을 지녔으며, 1897년 8월 토론회 개최 이후에는 성격이 변화되어 정치적 단체로 변모하였고, 1898

년 8월 이후에는 관민공동회·만민공동회를 거치면서 대중적 정치운동단체로서의 성격이 가미되기도 했다. 이는 독립협회운동이 개혁운동을 지향하는 단체에서 의회설립 등 정치적 주장을 전개하기도 하는 등 대중단체적 성격으로 변모되어 나갔음을 의미한다.

### (2) 만민공동회운동과 강제해산

독립협회 회원 중 진보정치세력이 국정개혁을 실현하기 위해 일으킨 대중운동의 하나인 만민공동회는 이 시기 근대적 대중운동의 새로운 양식을 창출한 운동이라 할 만하다. 만민공동회는 먼저 관민공동회에서 시작되었다. 참형제도와 연좌법 부활을 기도하던 보수파 각료 7명이 독립협회의 압력으로 물러나고, 정권이 상대적으로 개혁적 성향을 지닌 대신에게 돌아가게 되자, 독립협회를 중심으로 한 개혁주의자들은 정부로부터 국정개혁의 약속을 받기 위해 대신들을 참석시킨 민중대회를 종로에서 열었다.

▲ 만민공동회에 모여드는 군중들

지식인·학생·부인·상인·승려·심지어 백정에 이르기까지 사회 각층 1만여 명이 모인 군중대회에서 '외국에 의존하지 말고 관민이 협력하여 전제황권을 공고히 할 것, 광선·철도·석탄·산림의 개발 및 차관·차병과 외국과의 조약은 각부 대신과 중추원 의장이 합동으로 서명하지 않으면 시행되지 못하게 할 것' 등의 내용을 담고 있는 '헌의6조(獻議6條)'를 의결하여 참석한 정부 각료들의 동의를 받았고 황제의 실시 약속을 받아내기도 했다. 그러나 만민공동회의 정치운동화에 위기의식을 느낀 정부의 해산조치로 인해 독립협회는 해산되고 말았다. 이는 보수적 개혁을 추구했던 대한제국 정부와 의회설립 등 급진적 개혁을 추구했던 독립협회 세력의 정치노선의 차이를 극복하지 못한 데 그 원인이 있었던 것이다.

### (3) 독립협회운동의 의의

독립협회운동은 근대주의계열의 인사와 개신유학계열의 인사들이 결합하여 활동한 근대적 개혁운동으로서, 이들은 최초의 근대적 대중운동 양식을 실천한 점에서 그 의의를 찾을 수 있다. 또한 이들은 새롭게 성장하던 시민층으로의 근대의식과 국권의식의 확산에 기여했다. 우선 근대의식을 살펴보면 이들은 천부인권사상, 국민주권주의 등을 전파하고 있다. 이들이 추구한 국가상은 입헌군주제를 지향하는 것이었으며, 비록 하의원설치에 이르지는 못했으나 독립협회 회원과 국왕이 추천한 인사로 구성되는 중추원 설립을 구상하여 일종의 헌정제도의 구상에까지 나아갔다. 한편 독립협회운동세력의 국권의식은 대한제국 정부의 이권양여에 대한 반대등으로 표출되었다. 그러나 이러한 독립협회세력의 국권의식은 문명화론에 갇힘으로써 제국주의인식에 불철저함으로 드러내는 한계를 지니고 있었다.

### 3) 계몽운동(1905~1910)

#### (1) 등장배경

계몽운동은 러일전쟁 이후의 '국망'의식과 을사조약 이후 실추된 국권의 회복을 목표로 해서 등장한 운동으로서, 그 방법론으로는 교육과 식산에 주력하면서 일부의 경우 독립군기지건설론으로까지 발전한 국권회복운동이다. 계몽운동은 갑신정변과 이후 독립협회운동을 거치면서 더욱 확산된 근대의식에 기초하여 전개된 운동으로서, 참여세력 역시 직업별로 살펴보면 전현직 관료층, 신지식인층, 개화유생층 등이 중심이 되었으며 사상적 경향으로는 근대주의계열의 인사와 개신유학계열의 인사, 그리고 갑진개혁운동을 계기로 문명개화론으로 전환했던 천도교세력 및 일부 의병운동적 전통을 지닌 인사등 다양한 층위의 인사들이 참여했던 운동이다.

이러한 계몽운동은 그 사상적 배경으로는 사회진화론의 영향 속에서 실력양성론에 입각하여 전개되고 있었다. 즉 당시 사회진화론은 약육강식·우승열패의 생존경쟁이 사회 속에서도 관철된다고 바라보았고, 그러한 사회진화론적 인식 속에서는 무엇보다도 실력여하에 따라 국권의 보존여부도 결정되는 것으로 보았다. 따라서 이들은 그 방법론으로서 실력양성론적 입장에 서 있었으며, 그 수단을 바로 교육과 식산으로 상정하고 있었다. 그 결과 계몽운동의 중심영역은 각 학회의 설립과 학회지 발행, 학교설립, 근대적 산업의 육성을 그 중심내용으로 하는 계몽적 운동을 중심으로 삼았던 것이다.

#### (2) 계몽운동단체 및 학회활동

계몽운동단체의 활동은 러일전쟁기 황무지개간사건을 계기로 등장했던 보안회(1904)의 활동에서부터 비롯되었다. 보안회가 해산된 이후 다시 공진회, 헌정연구회로 이어졌다. 헌정연구회(1905)는 서구의 발전이 입헌

제도에서 비롯되었다고 인식함으로써 헌정에 대한 연구를 주요과제로 설정하고 활동하다 보호국체제로 들어가면서 해산되었다.

보호국체제하에서 헌정연구회의 활동을 계승한 단체가 바로 대한자강회(1906~1907)였다. 대한자강회는 전국에 25개의 지회를 두었으며, 월보를 발행하여 그 영향력을 넓혀나갔다. 그러나 고종강제양위와 정미7조약 반대운동을 계기로 대한자강회도 강제 해산되었다.

대한자강회 해산 이후 대한자강회의 구성원들은 천도교인사들과 연합하여 대한협회(1907)를 만들었다. 대한협회는 교육과 식산흥업을 통한 국권회복을 주장한 단체로서 전국에 70여개의 지회를 두고 수만명의 회원을 확보했다. 또한 이를 기반으로 정당화를 모색하여 정당정치를 주장함으로써 국망을 앞둔 시점에서도 합법적인 영역에 머무르는 한계를 지니기도 했다.

한편 계몽운동 내에서도 통감정치라는 일제의 탄압 속에서 합법적 활동의 한계를 극복하고 민족운동의 방향을 비합법적 방법으로 추진하고자 했던 세력도 존재했는데, 계몽운동기 비합법단체의 대표적인 경우가 바로 신민회였다. 신민회는 미주에서 활동해왔던 공립협회 세력이 국내로 들어와서 활동하고자 한 노력의 일환이기도 하며, 그 결과 1908년 미주공립협회계열(안창호), 대한매일신보계열(양기탁), 상동교회계열(전덕기, 이동휘) 등이 중심이 되어 조직된 단체였다. 신민회는 1909년 무렵부터 운동방법론을 실력양성론에서 나아가 무장활동을 준비하고자 했으며 안중근의 이토오암살사건을 계기로 간부들이 검거되자 이를 실천하기 위해 해외독립군기지건설론에 입각하여 국망 이전부터 국내 지도자들이 만주와 연해주 등지로 이주하였다. 1910년대 국외독립군기지건설운동은 바로 이들의 이러한 노력의 결실이기도 했다. 신민회는 그 외에도 합법적인 청년단체로 청년학우회를 조직하였고 비합법 청년단체로 대동청년단을 두기도 했다. 신민회는 1911년 합방 이후 이를 주시하고 있던 일제에 의해 105인사건으로 탄압당함으로써 국내활동은 마무리되었다.

한편 계몽운동세력이 국권회복의 방법으로 실력양성을 염두에 두고 있었으며, 그러한 실력양성을 위해 주력했던 것이 바로 학회와 교육·출판 등 교육계몽운동이었다. 즉 이들은 교육운동과 관련하여 각 지역을 연고로 하여 학회를 설립하였는데, 1904년 국민교육회를 필두로 하여, 1906년에 서우학회, 한북흥학회 등이 조직되면서 본격화되었다. 1907년에는 호남학회, 호서학회가 설립되었고 1908년에는 서북학회, 교남학회, 대동학회 등이 차례로 설립되었다. 이들 학회는 서울에 본부를 두고 해당지역에 지회를 두었으며, 회원과 대중계몽을 위해 『서우』·『호남학보』·『서북학회월보·『기호흥학회월보』 등의 학회지를 발간하기도 했다. 또한 계몽운동기에는 교육계몽활동과 언론·출판활동 역시 전개되었는데, 교육계몽운동의 일환으로 설립된 대표적인 학교로는 오산학교와 대성학교, 협동학교 등을 들 수 있다.

### (3) 계몽운동의 성격

러일전쟁과 을사조약 이후의 국망의식에 바탕을 두고 전개되었던 계몽운동은 무엇보다도 국권회복에 궁극적 목표를 둔 운동이었으며 근대의식의 보편적 확산이라는 점에서 뚜렷한 성과를 냈다. 즉 학회와 정치적 단체를 결성하고 지방지회등을 통해 그 운동의 대중적 기반이 확산되었고 사상적으로 일부는 입헌공화제로까지 발전하였다. 또한 계몽운동은 그 관심영역 역시 국사, 국어, 국문, 민족종교 등에 걸쳐 이루어짐으로써 민족문화의 발전에 기여한 바가 크다. 근대민족주의 이념의 형성 역시 이러한 성과 중의 하나라 할 만하다.

한편 계몽운동은 그 이념적 바탕이 사회진화론에 바탕을 두고 있었으며 근대주의에 함몰함으로써 반제의식에 투철하지 못했고, 일부의 경우는 보호국체제를 선진문명의 수용기회로 인식하는 등 합법주의에 제한되는 한계를 드러내기도 했다. 이러한 계몽운동 내의 다양한 흐름은 이후 친일적 봉건적 성향의 인물은 합방후 민족해방운동노선에서 탈락했고, 선실력양성 후독립운동노선을 견지한 세력은 3·1운동 이후 1920년대 문화운동 자치운동으로 연결되었으며, 계몽운동의 한계를 인식한 일부는 비타협주의노선을 견지하면서 1910년대 국내외에서 무장항쟁을 준비 전개해나감으로써 민족해방운동의 다양한 흐름으로 분화했다.

### 4) 의병전쟁

#### (1) 전개과정

청일전쟁 이후 일본의 정치적 간섭심화와 특히 명성황후시해를 계기로 이에 반발한 봉건유생층과 갑오농민군 중 일부 잔여세력이 일으킨 반외세 무장운동으로서의 의병운동이 전개되었다. 의병전쟁의 발전과정은 3시기로 구분하기도 하고 을사조약 이전과 이후의 두단계로 구분하기도 한다.

제1단계 의병전쟁은 명성황후시해사건과 단발령에 자극되어 일어났다가 아관파천 이후 해산한 을미의병이었다. 제1단계 의병이 해산한 후에도 갑오농민전쟁의 이념을 계승한 농민층의 민란이 활빈당·영학당 등의 항쟁으로 계속되기도 했다. 이 단계 의병전쟁에서 가장 두드러진 활동을 한 것은 제천의 유인석 의병과 춘천의 이소응 의병, 강릉의 민용호 부대, 홍주의 김복한 부대, 선산의 허위 부대 등이었다. 이들 초기 의병은 특성은 존왕양이라는 유교적 세계관에 근거한 것이다. 이들은 변복령, 과거제도의 폐지등 개화파의 개혁사업에 대해 비판적이었으며, 특히 단발령과 명성황후시해사건을 심각한 사건으로 받아들였다. 강릉의 민용호의병이나 홍주의 김복한의병의 경우 명성황후시해에 대한 반발로 나타났으며, 초기의병의 기병에 고종의 밀지가 큰 작용을 하고 있었던 점 등에서 초기의병은 근왕주의적 관점에 입각한 의병이었다. 을미의병의 해산과정도 아관파천으로 친일적인 갑오정권이 붕괴하고 국왕이 회유조칙을 내리자 해산한 것도 1단계 의병의 근왕주의적 성격을 잘 드러낸다.

한편 1단계 의병전쟁에 참여했던 농민층의 경우 의병해산에도 불구하고 항쟁을 계속하였다. 1898년부터 계속 일어난 전라도지방의 민란을 배경으로 1899년에는 고부·홍덕·무장·고창에서 동학 남접계통의 인물이 이끈 영학당 중심의 조직적 농민봉기가 있었다. 또한 1900년 무렵에서 1905년 무렵까지 활빈당의 반봉건·반외세투쟁이 지속되기도 했다.

제2단계 의병전쟁은 '을사보호조약'(1905년)을 계기로 일어난 을사의병의 기의로 후기 의병전쟁이 시작되었다. '보호조약' 반대운동은 일부 관료 유생층의 자결과 상소, 계몽운동 계열의 언론활동을 통해 광범위하게 일어났으며, 한편으로 유생층을 지휘부로 한 농민층의 의병항쟁이 다시 전국적으로 전개되었다. 강원도 원주에서 원용팔 부대가 제일 먼저 일어난 이후 충청도 홍주의 전 참판 민종식 부대, 전라도 태인의 최익현 부대, 경상도 영해의 신돌석 부대 등이 대표적인 을사의병이었다. 을사의병의 경우에는 신돌석과 같은 평민의병장이 등장하기도 하나 여전히 유생의병장이 중심이 된 의병전쟁으로, 국권의 침탈등에 대한 의식이라든가 만국공법에 의거하여 이를 비판하는 등 이전과는 다른 모습을 보이기 시작했다.

'을사조약'에 반대해 일어난 2단계 의병전쟁이 전국적으로 번져 나갈 즈음 일본의 강압에 의해 고종의 강제퇴위와 대한제국 군대 해산이 이루어졌다(1907년). 특히 해산된 군인의 일부가 가담함으로써 의병전쟁은 그 규모와 성격면에서 전환을 가져와 제3단계로 접어들었다. 군대해산에 반대하면서 제일 먼저 항일전선에 나선 것은 원주진위대와 강화도분견대의 장병들이었다. 이들에 뒤이어 수원 진위대, 홍주 분견대, 진주 진위대 등이 의병부대에 투신함으로써 의병전쟁에 큰 활기를 불어 넣었다. 제1단계와 제2단계의 의병전쟁이 일 개 의병장을 중심으로 분산적이고 고립적인 단위부대 중심의 전쟁이었던 데 비해 제3단계에는 같은 지역 의병부대들의 연합작전이 이루어지기 시작했고, 투쟁에서도 완강성을 띠고 있었다.

이런 분위기 속에서 1908년 1월 13도연합의진을 형성하여 총대장 이인영, 군사장 허위로 하여 관동·교남·호남·호서·관서·관북 등 전국의 의병대장이 인솔하는 약 1만명의 병력이 서울 근교 양주에 집결하여 서울진격작전을 벌이기도 했다. 이 전투에는 해산군인 약 3천명이 양총(洋

銃)으로 무장하고, 나머지 농민군은 화승총으로 무장했다. 이 서울진공전투가 실패한 이후에는 각지에서 연합부대를 형성하여 항쟁을 지속했다. 1909년 전라도 지역의 전해산·심남일 등이 연합작전을 벌였으며, 이외에도 함경도 지방의 홍범도 부대와 평안도 지방의 채응언 부대 등이 3단계 의병의 대표적인 부대들이다. 1908년 초반부터 활동하기 시작한 홍범도 부대는 삼수·갑산·단천·함흥등지를 무대로 1909년 무렵까지 활동하다 만주·연해주지역으로 이동하여 의병전쟁을 지속했으며, 채응언 부대는 1907년 무렵부터 출발하여 1911년 무렵에도 200여명의 병력으로 활동했으며 1913년에 마지막 전투를 벌이는 지속성을 보여주고 있다.

의병전쟁은 한일합병을 앞둔 1908년에서 1909년 사이에는 의병 참가 인원수가 급증하였고 전투횟수도 많아졌다. 1908년 후반기에만도 의병과 일본군의 접전 횟수가 1900여 회나 되었고, 참가의병수도 약 8만 3천여명에 이르렀다. 한편 1906년에서 1911년까지 6년사이에 일본군과의 접전 횟수가 2800여회에 이르렀고 의병에 참가한 사람의 수는 연인원 14만명이었으며, 1907년부터 1909년 사에에 그 가운데 약 5만명의 사상자를 내었다.

### (2) 의병전쟁의 성격변화

한일합병을 앞두고는 유생층, 농민층, 해산군인, 포군, 무직자등 전체 민족구성원이 참여한 의병전쟁은 긴 전개과정만큼이나 그 성격에서도 변화가 이루어졌다. 명성황후시해나 단발령에 자극되어 일어난 초기 유생층 주도의 의병전쟁은 그 사상적 기반을 척사위정론에 두었으며 그 성격 역시도 근왕주의적 성격에서 비롯되었다. 척사위정론은 화이론에 입각하여 서양세력의 침략 앞에 굴복한 청나라와 일본을 대신하여 동양의 전통문화를 보호해야 한다는 사명의식을 지니고 있었으며, 정치적으로는 유교적 근왕주의를 채택했다. 이러한 척사위정론에 기초를 둔 반외세운동은 서양 및 일본세력의 침략으로부터 나라를 지키려는 운동이었으나 그것은 본질적으로는 조선왕조적·봉건적 지배체제 즉 정치적으로는 전제군주제, 사회적으로는 양반중심체제, 경제적으로는 지주전호제를 유지하려는 운동이었다. 따라서 밖으로는 외적의 침략을 물리치고 안으로 봉건적 지배질서를 무너뜨리려는 농민군의 지향과는 큰 차이가 있었다. 이 점에서 1단계 의병전쟁에서 아관파천으로 친일정권이 무너지자 유생층의 의병운동은 중지되었지만 농민군은 활빈당운동등으로 반외세 반봉건투쟁을 지속했던 것이다. 또한 제2단계·제3단계 의병전쟁 때는 새로 등장한 평민출신 의병장과 양반 출신 의병장 사이에 계급적 갈등이나 충돌도 있었다.

을미사변 후의 제1단계 의병전쟁 때는 대체로 양반유생층만이 의병장이 되었으나 '을사조약' 후의 제2단계 의병전쟁 때는 여전히 유생층이 주도적 역할을 하는 가운데 신돌석과 같은 평민의병장이 등장해 의병전쟁은 새로운 양상을 맞게 되었다. 이러한 변화는 군대해산 이후의 제3단계 의병전쟁 때 더욱 두드러졌다. 1907년 이후 활동한 의병장 중 신분이 확인되는 255명의 의병장 가운데 양반유생 출신은 63명(24.7%), 농업 49명, 사병 35명, 무직·화적 30명, 포군 13명, 광부 12명 등으로 나타나고 있다. 이는 제3단계 의병전쟁이 그 참여자층이 전민족적 범위로 확산되면서 점차 민족해방전쟁의 성격을 가지기 시작한 것이라 하겠다.

따라서 의병전쟁의 성격은 전체적으로 보아 양반유생 출신 의병장이 지휘하던 단계의 의병전쟁의 주된 목적이 항일과 개화반대 및 군주권 옹호에 있었다면 평민 출신 의병장이 많이 등장한 이후의 의병전쟁은 농민전쟁 본래의 목적인 항일과 반봉건투쟁의 성격이 한층 뚜렷해졌으며 국권회복을 목표로 하고 있었던 점에서 민족운동적 성격을 분명히 해 나갔다고 할 만하다. 또한 의병전쟁은 '합병' 후의 독립전쟁으로 연결되고 있기도 하다. 따라서 갑오농민전쟁에서 의병전쟁으로, 다시 식민지시대 초기 만주지방 민족해방투쟁으로 이어지는 농민군 중심의 반외세·반봉건투쟁과 무장투쟁은 민족운동사의 큰 줄기를 이루었다. 그러나 한편 의병전쟁은 그 마지막 단계까지 조선왕조적 지배질서의 유지를 목적으로 하는 양반유생층의 지도노선을 완전히 청산하지 못했고, 농민적 내지 민중적 기반 위에 선 새로운 지도노선을 확립하지 못했다는 점에서 역사적 한계성을 지니고 있었다.

## 5. 제국주의 열강과 조선식민지화

### 1) 1898년 조선과 동아시아

1898년은 조선을 포함한 동아시아 전역이 제국주의 열강의 의한 이권 침탈과 영토분할이 극점에 달한 시기였다. 19세기 말 자본주의 국가들은 계속되는 기술혁신과 산업구조의 변화에 힘입어 전 지구를 상대로 자본 수출과 원료확보를 위한 세력권 확장을 시도하게 되었다. 그리하여 19세기가 끝나기 전에 아프리카는 완전히 유럽열강의 식민지로 변모하였으며, 1890년대에는 남아시아 동아시아 중앙아시아의 대부분 지역이 영국 프랑스 러시아에 의해 분할되어 90년대 후반에는 동아시아가 유럽 강국에 의한 분할과 점령의 최후 각축장이 되었던 것이다. 1898년 3월 러시아가 요동반도의 전략적 근거지 여순·대련을 조차하였고, 7월 영국은 홍콩의 구룡반도를 100년간 조차 점령하였고, 7월에는 여순·대련을 마주보고 있는 산동반도의 위해위를 다시 조차지로 획득하였다. 한편 미국은 태평양을 횡단하여 섬나라 하와이를 합병하고 이어 필리핀을 식민지로 편입시켰다.

이와같이 1890년대는 동아시아에 있어서 제국주의 시대가 본격적으로 전개되는 시기였고, 동아시아 민중의 저항이 본격화되는 시대이기도 하였다. 조선에서의 동학농민전쟁과 독립협회운동이 그것이었으며, 중국에서는 의화단의 봉기가 1898년 산동지역에서 일어난 뒤 점차 지역을 확산하며 북경을 향하여 열기를 더해갔다. 의화단운동은 1900년 여름 북경의 열국 공사관지역을 봉쇄하였고, 청조의 지지를 받음으로써 절정을 이루었다. 그러나 열강 연합군의 무력공세로 의화단 운동은 실패로 돌아갔다. 일본은 의화단 진압에 나섰던 열강 연합군 가운데 가장 많은 병력을 파병함으로써 동아시아지역에서 종전과 다른 위치에 서게 되었다. 비서구국가 가운데 유일하게 아시아 침략국으로, 제국주의 국가의 일원으로서 일본은 동아시아에 출현하였던 것이다. 1898년을 전후하여 동아시아지역에서 일본을 제외한 제민족이 제국주의 열강의 지배 종속에 대한 저항운동을 전개하였고, 이 지역의 반제국주의 저항운동은 곧 세계사의 전개과정에 중요한 규정력으로 작용하였다.

1898년 8월 조선에서는 독립협회가 종로의 백목전 거리에서 만민공동회를 개최하였다. 만민공동회에는 학생·지식인·부인·상인·승려·백정 등 1만 여명이 운집하였고, 정부의 대신들도 자리를 함께 하였다. 만민공동회는 이 자리에서 '외국에 의존하지 말고 관민이 협력하여 전제황권을 공고히 할 것, 광산 철도 석탄 산림의 개발 및 차관 차병과 외국과의 조약은 각부 대신과 중추원 의장이 합동으로 서명하지 않으면 시행하지 못하게 할 것' 등 '헌의6조'를 의결하여 정부 대신의 동의를 받아내는 극적인 장면을 보여주고 있다. 다른 한편 만민공동회에서 의결되었던 '헌의6조'는 전제왕권국가 조선의 왕조권력의 실상을 반영하는 것이었고, 국부의 원천인 자원과 국가의 재정과 군대의 실체를 드러내고 있었다고 할 것이다. 만민공동회가 개최되었던 1898년 여름 조선 민중은 제국주의 열강의 침탈 앞에 종속과 자주의 길목에서 농민전쟁을 겪으면서 고양되었던 그들의 저항의식을 온몸으로 보여주고 있었던 것이었다.

의화단이 진압된 이후 러시아는 만주점령을 계속함으로써 조선에 대한 영향력을 강화함으로써 한반도 둘러싸고 일본과의 대치를 계속하였다. 그러나 1902년 1월의 영일동맹은 한반도에서 러시아와 일본의 균형을 깨뜨렸고, 나아가 이 지역에서 일시 안정을 유지하였던 제국주의 열강간의 현상을 파괴하는 결정적인 계기가 되었다.

### 2) 러일전쟁과 조선

1904년 2월 8일 일본은 사전 통고 없이 인천에 군대를 상륙 시킴과 동시에 해군 함대는 여순항을 봉쇄하였고, 다음날 인천항에 정박중이던 러시아 군함 2척이 일본함대의 공격으로 침몰하였다. 인천항에서의 선제공격을 성공리에 마친 일본은 다음날 러시아에 대해 선전포고를 선언하였다. 러일의 대치가 전쟁으로 비화될 가능성이 높아진 1월 23일 조선정부는 대외적으로 전시중립을 선언하였지만, 일본의 일방적인 군사 행동 앞에 효력을 상실하였다. 더 나아가 조선은 전시중립선언으로부터 1 개월째 되던 2월 23일 일본의 요구에 굴복하여 전시군사동맹을 규정한 '한일의정서'를 체결하였다.

'한일의정서'는 다음과 같은 내용으로 이루어진 것이었다. 즉 제1조는 '한일 양 제국은 영원히 변함없는 친교를 유지하고 동양평화를 확립하기 위하여 대한제국정부는 대일본제국정부를 확신하고 시전개선에 관한 충고를 들을 것, 제 2조 대일본 제국정부는 대한제국 황실을 확실한 친의로써 안전강령케 할 것, 제3조 대일본제국정부는 대한제국의 독립과 영토보전을 확실히 확증할 것, 제4조 제3국의 침해, 혹은 내란으로 대한제국 황실의 안녕과 영토 보전이 위험에 처했을 경우 대일본제국정부는 곧 그때에 임하여 필요한 조치를 취할 것이며 대한제국정부는 대일본제국정부의 행동이 용이하도록 충분한 편의를 부여할 것, 대일본제국정부는 전항의 목적을 달성하기 위하여 군략상 필요한 지점을 수시 사용할 수 있을 것' 등이 주요 내용이었다.

일본으로서는 한일의정서 체결로 조선을 예속적인 전시군사동맹국가로 편입시켰으며, 실질적으로는 의정서의 체결로 이미 조선을 보호국화하기 위한 기반을 마련한 것이었다. 의정서의 제1조에 명시된 '시정개선에 관한 충고'건은 일본이 청일전쟁 초기 조선내정개혁을 요구하면서 제시하였던 '잠정합동조관'의 연장선에 위치한 것이었고, 군사동맹관계를 명시한 4조는 청일전쟁 초기에 전쟁은 일본이 전쟁지원에 관한 사항은 조선이 담당하기로 규정하였던 '조일맹약'의 확대판이었다. 조선정부는 행정권과 군사권을 포기하는 대가로 '황실의 안전과 강령'을 보장받았던 것이다. 일본은 이후 의정서에 근거하여 한반도 전역에서 방대한 양의 토지를 군용지와 철도용지로 침탈하였고, 효율적인 전쟁 수행을 위해 4월에는 조선주차군을 편성하여 강제적으로 징발과 징용을 자행하였다. 한편 '군률'을 공포하여 한국내에서 일본군의 작전활동을 방해하는 의병운동과 의병 지원세력에 대해 철저한 탄압을 강행하였다.

일본군은 5월 이후 압록강을 넘어 전장의 만주지역으로 확대되었고, 8월 중순 황해(8.10)와 울산 앞바다에서 러시아의 극동함대를 깨트리면서 전세는 일시 일본에게 유리하게 전개되었다. 이를 틈타 일본정부는 향후의 대조선정책의 큰 틀을 확정하여, '대한시설강령'으로 각의에서 통과시켰다. '대한시설강령'은 조선에 대한 '보호의 실질적인 권리를 확립하고, 경제상의 이권을 확대'하기 위하여 전쟁 종결 이후에도 군대를 주둔 시키고, 나아가 외교와 재정을 감독하고 교통과 체신 기관 등을 장악할 것을 내용으로 하는 것이었다. 이를 위해 일본정부는 8월 '1차한일협약'을 체결을 강요하였다. '1차한일협약'에 의해 한국정부는 일본이 추천하는 재정고문과 외교고문의 지도하에 내정과 외교를 꾸려나가게 되었다. 이른바 일본의 고문정치가 시작된 것이었다.

### 3) '합방조약'과 열강

#### (1) 보호조약의 체결

'1차한일협약' 체결 후 러일전쟁의 주전선은 여순과 만주지역으로 확대되어 1905년 3월 전후까지 확전을 거듭하였다. 1905년 3월의 심양지역 전투에 러일 양군은 각기 32만 25만 여명의 병력을 동원하여 전투를 벌인 결과 각기 9만과 7만여명의 사상자를 내고 있었다. 심양지역을 점령한 이후 일본정부는 1905년 4월 '조선보호권확립의 건'을 결정하였다. 즉 조선과 보호조약을 체결하여 외교권을 이양받고 이를 열강들로부터 확인받음으로써 조선을 그들의 '보호국'으로 만들기 위한 정책을 구체화하기 시작하였다.

1905년 5월 말 일본은 러시아의 발틱함대를 동해에서 격멸함으로써 승세를 굳힌 뒤 열강에 대하여 전쟁 종결을 위한 강화회의를 의뢰하였다. 러시아는 국내의 노동자·농민 반란 등 혁명운동의 확산으로 전쟁을 지속하기 어려운 상황이었다. 러시아 혁명운동의 국내 파급과 만주를 비롯하여 동아시아지역에서 러시아와 일본 양국의 세력확대를 우려하던 열강들 가운데 특히 미국이 적극적으로 강화회의를 주선하였다. 러일전쟁을 종결짓기 위한 회의는 8월 10일 미국 뉴햄프셔주의 포오츠머스에서 처음 개최되었으나, 강화회의 타결에 앞서 이미 일본은 미국과 영국으로부터 조선의 보호권을 인정받고 있었다. 즉 일본 수상 가츠라타로우는 7월 일본을 방문한 아메리카 육군장관 태프트와 만나 미국의 필리핀 지배를 인정하는 대신 일본의 한국보호국화를 인정하는 비밀협정(桂·태프트협정)을 체결하였고, 영국과도 영국의 인도점령을 인정하는 대신 일본의 조선보호국화를 인정하는 제2차영일동맹을 러일강화회의가 개최되었던 이틀 뒤 마무리지었다.

9월 5일 러일간에 전쟁을 종결짓는 회의가 타결되었다(포오츠머스조약). 강화회의는 조선에 있어서 일본의 우월권을 전면적으로 인정하고, 일본의 여순·대련 조차권 양여, 장춘·여순간 철도 및 북위 50도 이남의 사할린과 그 부속 도서의 양여 등을 내용으로 하는 것이었다. 러시아도 조선에 대한 일본의 보호권을 인정한 것이었다. 이리하여 일본은 '조선의 독립'과 '동양평화'를 명분으로 청국과 러시아를 상대로 한반도를 전쟁터로 하여 벌인 두차례의 전쟁에 승리함으로써 열강으로부터 조선에 대한 보호권을 인정받아 보호국체제 구축의 길로 나아갔다. 미국 대통령 시어도어 루즈벨트는 러일전쟁의 평화적 종결을 주재한 공로로 그 해 노벨평화상을 수상하였다.

11월 일본정부 특파대신 이또오히로부미가 서울에 와서 고종 황제에게 보호조약 체결을 요구하였다. 11월 17일 일본군이 서울시내에 출동하여 감시하는 가운데 궁중회의가 개최되었다. 이또오가 한국 황제에게 조약을 거부하면 중대한 결과가 올 것이라 협박하자 한국 황제는 "나는 그것을 알고 있지만 정부 관료들에게 자문하고 또 인민의 의향을 물어야 한다"하고 미루려 했다. 이에 대해 이또오는 "정부 관료들에게 자문하는 것은 있을 수 있는 일이지만 인민의 의향을 묻는다는 말은 기괴천만한 일이다. 왜냐하면 귀국은 헌법정치가 아니고 군주전제국이기 때문이다"라고 반박했다. 의회제도가 없는 군주주권체제의 대한제국을 보호국으로, 나아가서 식민지로 만드는 절차는 황제의 재가와 내각의 동의만으로 충분했다.

5개 조문으로 된 '보호조약' 즉 한일협상조약(韓日協商條約)에 따라 한국의 외교권은 일본 외무성이 관할하게 되었으며, 한국정부는 일본정부의 동의를 거치지 않고 외국과 조약을 체결할 수 없게 되었다. 조약체결 소식이 전해지자 조약에 반대하는 움직임이 전국적으로 일어났다. 정부 내에서는 조병세·민영환 등이 박제순 등의 처형을 요구하는 상소를 거듭하였으며, 상소가 받아들여지지 않자 자결로 자신들의 의지를 확인하였다.

1906년 2월 통감부가 설치되고 초대통감으로 이또오히로부미가 임명되어 서울에 들어왔다. 통감은 천황이 직접 임명하며 일본인 고문을 감독하는 권한과 주차군사령관에게 병력 사용 명령권 등을 가짐으로써 내정 전체를 통괄하였다. '보호조약'이 체결된 후 한국 황실은 그것이 강제로 체결되었음을 외국에 알리려 노력했고, 경우에 따라서는 비밀리에 사절을 보내기도 했다. 1907년 6월 말 네델란드의 헤이그에서 열린 제2회만국평화회의에 황제의 전권위임장을 소지한 이준(李儁, 1858~1907) 등 세 사람의 밀사도 그 가운데 하나였다. 그러나 일본정부는 오히려 이 사건을 구실로 내정의 전권을 장악할 것을 결정하고 고종을 강제로 퇴위시키고 병약한 순종(純宗, 1907~1910 재위)이 왕위를 잇도록 하였다.

고종의 강제 퇴위를 반대하는 운동이 확대되는 가운데 서울에서는 수

▲ 대한제국 황실가족. 사진 가운데를 중심으로 고종, 순종과 순종비, 그리고 영친왕과 덕혜옹주

만명이 참가하는 항의집회가 열렸다. 민중들은 이완용의 집과 일진회의 기관지 국민일보 사옥을 공격하였으며, 시위에는 일부의 군인들이 참여하기도 하였다. 통감부는 한국정부에 대하여 신문지법·보안법 등을 제정하게 하여 집회와 시위 활동에 대해 탄압체제를 강화하는 한편 일본군 일개 여단을 증파하였다. 이와같은 상황하에 이또오통감과 한국정부의 이완용수상 사이에 '제3차한일협약(韓日新協約)' 즉 정미7조약(丁未七條約)이 체결되었다(1907. 7. 24).

조약의 결과 일본은 '제1차 한일협약' 아래의 '고문정치(顧問政治)'를 '차관정치(次官政治)'로 바꾸고 부수각서(附隨覺書)에서 한국군대의 해산을 결정했다. 이 조약에 의하여 궁내부·내부·농상공부·학부·탁지부·법무 등 내각의 차관이 모두 일본인으로 바뀌었고 경무국장·총세무사 등에도 일본인이 임명되었다. 친위대(親衛隊)·시위대(侍衛隊)를 통틀어 겨우 8800명 정도에 불과했던 한국군대가 해산되었고(1907. 8. 1) '한국 사법 및 감옥사무 위탁에 관한 각서'에 따라 사법권이 통감부에 의해 강탈되었다(1909. 7. 12).

### (2) 식민지로의 전락

통감통치를 통해 대한제국의 식민지화 작업을 단계적으로 추진한 일본은 마침내 한반도의 완전 식민지화를 획책했다. 우선 일본 내각은 '한국병합에 관한 건'을 결정하여(1908. 7. 6) "적당한 시기에 한국의 병합을 단행할 것, 한국을 병합하여 이를 일본제국 판도의 일부로 하는 것은 한반도에서 일본의 실력을 확립하기 위한 확실한 방법"임을 확인했다

그러나 한국을 병합하기 위한 열강들 사이의 완전한 합의는 얻지 못하고 있었다. 특히 포오츠머스 조약 이후 만주지역에 있어서 미국과 러시아의 이해가 충돌함으로써 조선에까지 영향을 미칠 우려가 있었다. 1909년 10월 러시아와의 협상을 위해 하얼빈을 방문했던 이또오히로부미가 안중근에 의하여 살해되었다. 안중근은 체포되어 옥중에서 '동양평화론'을 저술하였다. 그는 자신의 행위를 이또오가 동양평화를 위한다고 하고 이에 대한 약속을 이행하지 않아 대한독립군의 자격으로 이를 응징한 것이라고 말하였다.

이또오가 살해된 직후 이용구(李容九, 1868~1912)·송병준(宋秉畯, 1858~1925) 등이 주동이 되었던 친일단체 일진회(一進會)는 '합방 촉진 성명서'를 발표하였다. 통감부는 조선을 완전한 식민지 체제내에 흡수하기 위한 방책을 다각도로 추진하였다. 일본의 대조선정책은 이미 완전한 식민지체제로 흡수하는 것이었으나 여전히 주변 열강으로부터 완전히 동의를 얻지는 못하고 있었다. 일본이 러시아로부터 한국병합을 인정받은 것은 1910년 4월이었다. 5월 일본정부는 육군대신 테라우찌마사타게를 3대 통감으로 임명하고 식민지화 정책을 구체화하기 시작하였다. 1910년 8월 22일 대한제국 정부 내각총리대신 이완용(李完用)과 조선통감 데라우찌(寺內正毅, 1852~1919) 사이에 8개조의 '한국병합에 관한 조약'이 체결되고, 29일 공포됨으로써 대한제국은 일본의 완전 식민지로 전락하였다. 이 해 5월경부터 증파된 일본군이 서울의 각 성문과 왕궁 그리고 친일파 대신들의 집을 엄중히 경계하고, 일본 헌병이 시가지를 순찰하면서 검문

검색을 강화하는 가운데 조약이 체결되었던 것이다. 조약은 "한국 전부에 관한 일체의 통치권을 완전히 그리고 영구히 일본 천황에게 양여'하는 대신 한국의 황제와 그 가족들의 존칭 및 명예 유지와 충분한 세비(歲費) 지급, '합방'에 공이 있는 조선인에 대한 작위(爵位)수여와 '은사금(恩賜金)' 지급, 식민지배를 존중하는 조선인의 식민지 관리로의 등용, 식민지 지배법규를 준수하는 조선인에 대한 신체 및 재산의 보호 등을 규정하고 있었다. 대한제국의 주권과 영토와 전체 국민을 완전히 그리고 영구히 일본제국에게 넘겨주는 대가는 황실 및 친일파의 영예와 생활 보장 뿐이었다. 식민지배를 인정하고 그 지배 법규를 지키는 조선인만이 법의 보호를 받고 나머지 조선인은 모두 법의 보호 밖으로 쫓아낸 것이었다. 그런 '합방'에 대한 열강들의 반응은 대체로 냉담하였다.

【최 덕 수】

# 제 7 장

# 식민지 지배와 민족해방운동

## 1. 식민지시대를 어떻게 볼 것인가

19세기 중엽부터 20세기 전반기까지 동아시아는 서구세력의 침략과 그에 대한 민족해방운동으로 점철된 시기였다. 한반도는 17~18세기를 지나는 동안 몇 차례 쇄신과 개혁의 기회를 놓친 후 세도정치라는 반동의 시대를 낳은 결과, 준비되지 못한 강제적인 문호개항과 식민지시대를 겪게 되었다.

세계사적 차원에서 근대는 시장을 찾아 국가의 경계를 넘어 끝없는 팽창과 대외침략을 추구하는 자본주의를 매개로 전 세계를 하나의 틀로 묶어 갔다. 그리고 뒤늦게 제국주의 대열에 편승한 일본은 영국과 미국의 후원에 힘입어 한반도를 식민지로 만들었다.

한 민족이나 한 국가가 다른 민족, 다른 국가, 다른 지역을 정복, 수탈의 대상으로 간주한 역사는 오래되었지만 세계사적으로 근대, 즉 유럽인이나 일본인들이 주도했던 제국주의 시대만큼 극심한 때는 없었다. 높아진 생산력에 따라 크고 작은 전쟁은 인류역사가 시작된 이래 유례없는 대량 살상을 수반했다. 이 때문에 세계사의 지나간 몇 세기를 문명의 시대였다고 단언하기는 어렵다.

자기 나라의 역사를 보는 눈은 자기 나라의 이해관계에서 벗어나기 힘든 것이 사실이다. 그러나 앞으로 인류가 만들어야 할 평화로운 문명시대에 다가서기 위해서는 남의 역사관, 특히 피해를 당한 입장을 이해하는 인식이 동반되어야 한다. 역사학을 포함한 인문사회과학은 인종, 국적, 민족, 종교, 성(性)의 차별을 넘어 보편적인 인간성의 자유로운 발현을 추구해야 보다 나은 인간사회를 만들어 가는 데 이바지할 수 있다. 그런 점에서 제국주의적, 패권주의적, 대국주의적, 배타적 민족감정이나 종교관에 바탕을 둔 인간관이나 역사관은 벗어버려야 할 낡은 틀이다.

흔히 한반도를 포함한 아시아의 발전이 늦었다고들 한다. 우리보다 '빨리' 근대의 길을 걸은 나라에 의해 침략을 당했으니 늦었다고 할 수도 있고 역사 전개 과정이 달랐다고 할 수도 있다. 그러나 모든 발전 단계에는 선후가 있게 마련이다. 중요한 점은 인류의 밝은 미래를 위해서는 '앞섰다'는 이유로 '뒤진' 자를 죽이거나 빼앗았던 역사를 정당화시키는 비인간적 논리에서 벗어나야 한다는 사실이다.

세계사적 차원에서 볼 때 한반도는 문명의 얼굴을 가진 야만의 성격을 띤 근대와 만났다. 제국주의 단계에서의 식민지 수탈은 효율성을 높이기 위해 자본주의를 이식하고 식민지 '개발'을 수반했다. 일제에 의한 식민지화도 마찬가지였다. 식민지 자본주의에 의한 '성장—개발'은 제국주의가 식민지를 최대한 효율적으로 수탈하기 위해 필수적이었다. 이처럼 국민국가를 상실한 식민지사회에 나타난 제 현상을 '식민지적 근대'로 총칭할 수 있다. 그러나 식민지적 근대와 근대의 질적 차이를 혼동한 채 산업화를 근대의 모든 것으로 간주함으로써 경제성장만 하면 식민지배의 문제가 해소되는 것으로 이해하는 경우도 있다.

식민지적 근대의 특징은 다음과 같이 나누어 볼 수 있다. 첫째, 폭력적 약탈 수준을 넘어 식민지에서 제국주의 자본이 활동할 수 있는 환경을 조성하기 위한 식민지 자본주의의 체제적 성립을 들 수 있다. 둘째, 조선인과 한반도의 역사는 '특수하게 열등하다'는 식민사학처럼 식민지의 인간군을 예속시키고 식민정책에 효율적으로 동원하기 위해 자기 문화와 역사에 대한 열등의식, 민족의식과 정체성(正體性)을 배제한 기능적 교육이 주입된다. 셋째, 근대국민국가 수립이 압살되어 부르주아는 예속되고 국가와 사회 운용의 헤게모니를 제국주의가 장악한다. 넷째, 근대성 실현의 가장 중요한 가치인 민주주의적 훈련을 가질 기회가 봉쇄되고 이 점은 해방 후에도 사회발전의 큰 장애요인으로 남게 된다.

따라서 국민국가의 회복, 부와 자원을 사용할 수 있는 정책결정의 주권 회복, 민주화 영역의 확보, 자기문화와 역사에 대한 정체성의 회복 등이 시대적 과제로 요청되었다. 한편 민족해방운동의 투쟁 대상이 무자비한 폭력을 동원한 제국주의였기 때문에 역사적 비용 또한 과다했다. 더구나 각 부문별로 극한 상황에서 운동이 전개되었기 때문에 배타적인 국가주의 모습이 부각되어 개인에 대한 존중 의식이 키워질 여지가 제한되는 측면도 있었다. 이러한 문제는 식민지에서 벗어났더라도 건국 과정에서 새롭게 풀어야 할 과제였다. 이는 결국 20세기 후반기에는 냉전체제와 미국 중심의 '세계화'가 강요되는 국제환경 속에서 사회구성원이 주체가 된 민주화 경험을 통해 극복해야 하는 모순으로 남았다. 인류 사회는 국가 간, 민족 간의 지배와 폭력을 약화시키는 과정을 만들어 감으로써 열린 민족주의의 가슴으로 만나는 영역을 넓혀 갈 수 있을 것이다.

## 2. 식민정책의 전개 과정

### 1) 총체적 민족억압정책—무단통치

'합방'을 계기로 한반도는 일본제국의 한 지방으로 전락했다. 식민지 통치기구인 조선총독부는 일본 내각의 통제를 거의 받지 않고 일본 국왕에 직속된 기구였다. 테라우치 마사다케(寺內正毅) 이래 9명의 육해군 대장 출신이 임명된 총독은 입법, 행정, 군대동원권을 가진 조선에서 사실상 전제군주와 같은 지위였다.

일본의 한반도 점령은 영국과 미국의 후원에 힘입은 결과였다. 1910년대 중반까지도 일본 경제의 생산력이나 자금동원 능력은 제국주의 단계에 걸맞게 식민지를 '개발'할 수 있는 조건이 아니었다. 따라서 일제가 원활한 식민통치 수행을 할 수 있게 동맹 계급을 만들어내는 능력도 극히 제한되었다. 일본인을 대거 조선에 이주시킬 조건도 못되었다. 동양척식주식회사를 매개로 일본인 200만호를 이주시켜, 결과적으로 1천만명의 조선인을 한반도 밖으로 내몰아야 하는 식민(殖民) 계획이 없지는 않았다. 그러나 조선의 생산력이나 문화 수준은 이를 가능하게 하지 않았다.

또 개항 이후 개화파의 개혁운동과 의병투쟁, 계몽운동과 국권회복운동으로 이어지는 일련의 민족운동은 주체들의 정세인식이나 사상적 배경을 달리 하면서도 '합방' 때까지 계속되었다. 특히 1906~11년간에 정규 일본군과 2,800여회나 접전한 의병들의 무장노선은 신민회의 국민주권에 바탕을 둔 운동론과 결합하여 만주와 연해주에서 신채호, 이동휘 등이 이끄는 독립전쟁론으로 발전되었다. 이런 상황에서 식민정책은 조선민족에 대한 총체적 억압체제인 무단통치로 시작되었다. '남한대토벌작전' (1909)이라는 대학살과 함께 착수되어 조선인을 무권리 상태로 묶고 폭력으로 제압하면서 조선 사회를 장악하는데 주안점을 두었다.

일제는 무단통치를 수행하고 중국 침략의 전초기지로서 용산과 나남에 2개 사단, 주요 도시에 대대 또는 연대 병력을 주둔시키고, 진해만과 영흥만에 해군기지를 세웠다. '합방' 직후 「조선총독부 경찰관서관제」를 통해 확립된 헌병경찰제도에 의존한 폭력적 무단통치 하에서 경무총감이 조선주둔 헌병사령관을 겸하고 있었다. 헌병의 임무는 의병 토벌에서부터 일반 행정업무에 대한 보조에 이르기까지 광범위했다. 당시는 일반 행정업무도 총칼을 휴대한 헌병이 있어야 수행될 수 있었다.

또 「보안법」(1907)과 「집회취체에 관한 건」(1910.8)을 제정하고 계몽운동 단체를 해체(1910.10)하면서 각종 신문과 잡지를 폐간하고 조선총독부 기관지 『매일신보』와 일본인을 위한 『경성일보』를 발행했다. 근대적 민족교육을 담당했던 많은 사립학교가 폐쇄되어 학교수는 1912년 1,362개에서 1919년에 742개로 줄었다. 식민지 교육을 위한 시설도 확충되지 않아 조선인들이 교육기관과 접할 수 있는 기회는 상당 부분 차단되었다.

보통학교의 경우, 1919년 현재 1,700여만 조선인을 위한 학교는 484개, 학생 수 8만 4천여 명에 반해, 33여만 재조선 일본인을 위한 소학교는 393개, 4만 2천여 명이나 되었다. 고등보통학교는 조선인 학교 28개, 학생 3800여 명에 반해 일본인 중학교와 실업학교는 19개교, 4700여 명이나 되어 더욱 차이가 심했다.

무단통치는 이완용, 송병준 등 '합방 공로자'들에게조차 최소한의 정치적 지분도 주지 못할 정도로 '여유'가 없었다. 총독 자문기관으로 정무총감이 의장인 중추원을 두어 고문, 찬의(贊議), 부찬의(副贊議)에 70명의 친일파를 임명했지만 3·1 운동이 일어날 때까지 한 번도 소집되지 않았다. 이들조차 일제 통치에 대해 아무런 발언권을 가질 수 없을 정도로 무단통치는 조선인 모두를 억압의 대상으로 간주하는 원시적이고 효율성도 떨어지는 식민통치 방식이었다.

### 2) 민족분열정책—'문화정치'

폭력과 대학살을 동반한 10여 년간의 무단통치는 곧 한계에 부딪혔고 일제는 '문화정치'라는 새로운 통치방식을 꾀하게 되었다. 여기에는 국내외적 배경이 어우러져 있었다.

첫째, 1919년 전 계층에 걸쳐 거족적으로 일어난 3·1 운동은 무단통치에 대한 조선인의 답이었다. 만주, 연해주 등의 교포사회에서는 독립전쟁론과 이를 위한 기지건설운동이 큰 힘을 얻게 되었다. 운동 노선과 위치를 둘러싸고 우여곡절은 있었지만 민족적 여망을 안고 상해에서 대한민국 임시정부가 세워졌다. 국내에서는 노동쟁의와 소작쟁의 등 조직적 대중운동이 열기를 얻는 가운데 1917년 러시아 혁명의 영향으로 청년 지식층을 중심으로 사회주의 사조가 수용되는 등 전에 없던 변화가 일어났다. 이처럼 국내외에서 대세를 잡아가는 절대독립론과 독립전쟁론에 대응하여 일제는 조선인을 계급별, 계층별로 분리·통치하는 분열정책을 구상했다.

둘째, 만성적 무역적자와 자금 부족에서 허덕이던 일본이 제1차 세계대전을 계기로 경제 도약의 발판을 마무리하면서 식민지 '개발'을 위한 자금동원 능력도 상대적으로 높아졌다. 농공은행이나 금융조합, 조선은행 등 식민지 금융기구를 통해 승전국이었던 일본의 자본이 본격적으로 유입되기 시작한 것도 1916년경부터였다.

이러한 배경에서 시행된 '문화정치'는 3·1 운동 후 폭탄 테러 속에 부임했던 사토오(齋藤實) 총독이 발표한 '조선민족운동에 관한 대책'에서 드러나듯이 식민통치의 협조자와 동맹계층을 적극적으로 양성하여 조선민족을 분열시키려는 의도가 깔려 있었다. 식민통치의 본질은 유지한 채 헌병경찰제도의 겉모습을 폐지하고 보통경찰제로 바꾸었다. 물론 경찰병력과 예산은 3배 이상 늘었으며 1군 1경찰서, 1면 1주재소 제도 등 억압장치는 더욱 강화되었다. 게다가 1925년에는 「치안유지법」을 공포하여 항일운동을 전면 탄압하는 조치까지 마련했다.

이런 가운데 동아일보, 조선일보 등 한글 신문과 잡지들이 창간되었다. 자신의 의사를 자기 글로 표현할 수 있는 장을 연 것은 3·1 운동이 획득한 의미있는 성과였다. 다른 한편 조선인의 언로를 봉쇄하는 것이 한계에 이른 상황에서 제한된 표현 공간을 통해 지식층의 여론을 식민통치에 유용한 방향으로 유도한다는 일제의 의도가 동반되었다. 이에 반하는 기사가 발견되면 휴간조치 등으로 배포를 금지하면 되었다.

효과적인 식민 교육을 위해 1922년 「조선교육령」이 개정되어 보통학교 수업연한을 일본인 학교처럼 6년으로, 고등보통학교는 5년으로, 여자고등학교는 4년으로 연장했다. 인문교육은 계속 억제된 가운데 직업교육과 기술교육을 위한 학교는 크게 늘어났다. 이런 분위기에서 1920년대 초에 민립대학 설립운동이 일어났지만 별 성과는 없었다. 그 대신 일제가 1924년에 설립한 경성제국대학은 200여명으로 시작되어 1943년 800여명으로 늘어났는데 조선인 학생은 1/3 또는 절반에 불과했다. 또 집안 배경을 감안해 뽑았기 때문에 아무나 입학할 수도 없었다. 본과는 의학부, 그리고 식민사학을 생산하고 조선인 '수재'들에게 총독부 관료로 진출할 수 있는 통로를 주기 위한 법문학부와 의학부로 구성되어 대학의 본령인 기초학문과 자연과학 분야는 사실상 없는 상태였다.

열려진 언론 공간은 실력양성론자나 자치론자 등에게도 활용되어 민족해방운동 전선을 흩뜨렸다. 실력을 키우면서 독립을 준비하자는 논리는 중요한 운동 방식이었다. 그러나 누가 주체가 되어 어떻게, 어떤 실력을 키우는가 하는 철학을 배제한 '하여간 배우자'는 당시의 논리는 운동방법론이었다기보다 식민지배를 수용하는 논리였다. '민족개조론'(1922년, 『開闢』), '민족적 경륜'(1924년, 『동아일보』)을 발표한 이광수의 경우 조선인은 게으르고 신의가 없고 허위공론을 즐기기 때문에 교육진흥과 산업발전을 통한 민족개조가 급선무라고 주장했다. 이를 위해 식민 통치를 수용하고 일본 정부로부터 참정권·자치권 획득운동을 해야 한다는 것이었다. 물론 일제는 조선의회 안이나 일본제국의회로의 조선인 대표 파견안을 고려한 적이 없었다. 동아일보 불매운동까지 불러 온 이 사례는 한글 언론이 일제의 민족분열정책, 나아가서 식민통치 유지에 기여한 측면을 잘 보여준다.

그리고 활발하게 타오르는 대중운동을 탄압하는 가운데 유산층을 정치적, 경제적으로 끌어 안는 식민정책이 이루어졌다.

첫째, 유산층들에게 지방의회를 통해 정치적 욕구를 분출할 수 있는 제한된 통로를 열어 주었다. 이 점은 무단통치와 크게 다른 점이었다. 도평의회, 부협의회, 면협의회 등 지방의회는 언제든지 총독이 해산할 수 있는 자문기구에 불과했지만 의원(회원)들은 지역 유지임을 과시하는 통로였다. 면협의회 가운데 일본인이 밀집해 사는 24개 지정면과 부협의회만 선거제여서 일본인이 주로 당선되는 일본인 구락부에 불과했다. 그나마 선거권자를 5엔 이상의 지방세 납부자로 규정했다. 이는 소득수준이 훨씬 높은 일본에서 1926년 제한적 보통선거제(성인 남자 25세 이상)가 도입되기 이전의 3엔 이상 규정보다 선거권자 범위를 크게 제한한 것이었다. 일본인이 적은 250개 보통면 협의회 회원은 모두 군수가 임명했다. 그리고 도평의회 회원은 도지사가 직접(1/3), 또는 부·면협의회원이 뽑은 자 가운데 임명(2/3)했다. 결국 식민통치에 협조하는 유산층만 지방의회 회원이 될 수 있었다.

둘째, 유산층을 동맹계급으로 만드는 경제정책을 시행했다. 특히 개항 이후 미곡 반출로 판매시장이 넓어진 지주층은 1910년대 '토지조사사업', 1920년대 '산미증식계획' 등 식민정책에 의해 일제의 동맹층이 되었다. 1920년에는 「조선회사령」을 철폐하여 농외 투자도 자유로워졌다. 대지주층과 상공인들에게 소득과 부에 걸맞는 소득세나 재산세도 부과하지 않았다. 1930년대 초까지 조세의 중심 세원은 지세와 대중과세인 소비세였다. 지세는 면세점 규정도 없었고 영세지주층과 세율이 같은 단순비례세여서 소득역진적이었고 게다가 소작농에게 전가시킬 수도 있었다. 즉 대지주층과 상공계층은 1920년대까지 세제·금융상의 보호를 통해 친일화로 유인하는 대상이었다.

이처럼 '문화정치', 즉 민족분열정책의 본질은 친일 관리, 친일단체, '수재교육'의 명분으로 친일 지식인을 적극 양성하고 지주나 자본가 등 유산층에게 노동자, 농민과 이해관계가 대립된다는 점을 주입시켜 민족해방운동 전선을 흩뜨리려는 것이었다.

### 3) 전시동원을 위한 민족말살정책—'동화정치'

일본은 1927년 만주를 '생명선'으로 간주하면서 산동출병과 1931년 '만주사변'을 도발하여 대공황과 정치 사회 문제를 타개하려고 했다. 1933년 1월 산해관 점령으로 중국의 화북지방까지 일본이 침략 영역을 확대하자 서구 제국주의 국가와의 '안정적' 관계도 무너졌다. 1933년 3월에는 국제연맹을 탈퇴하면서 인종 논리에 바탕을 둔 동아시아 지도자론이 부각되었다. 즉 조선도 일본이 도발한 전쟁의 부담을 같이 안아야 하는 범주에 들어간 것이다. 이후 1937년 '중일전쟁', 1941년 '태평양전쟁' 등 일본의 경제 수준을 넘어 끝없이 확대된 전쟁은 식민지에서도 군국주의적 파쇼체제가 횡행하게 만들었다. 1942년 11월에는 일본 내각에 대동아성이 신설되었고, 일부 동아시아 지역에서는 일본군을 민족해방의 신병(神兵)으로 생각하게 할 만큼 '대동아공영권'이라는 침략적 인종 논리가 확산되었다.

조선의 각종 자원을 전쟁에 동원하려면 유산층 범주를 넘어 대중의 의식까지 식민정책에 '동화'시킬 필요가 있었다. 1930년대 이후 식민정책의 초점도 유산층, 지식층을 포섭하는 단계를 넘어 일반 농민을 대상으로 확대되었다. 농촌진흥운동은 정신운동이었을 뿐 아니라 자작농 창정계획, 고리부채 정리사업 등 일시적인 농민유인책을 수반했다. 즉 고양되어 가는 혁명적 농민운동 진영으로부터 일반 농민을 떼어 내기 위한 것이었다. 국외 지역과 달리 이 시기 국내의 민족해방운동이 침체 국면으로 빠진 것은 강도 높은 탄압을 동반한 일제의 '동화정책'이 일정하게 효과를 거두었음을 반영한다.

또 1930년대가 되면 식민지 지배가 20년 이상 지난 뒤여서 독립국 시절을 망각하는 층이 넓어진 데다가 각급 학교에서 식민지 교육을 받으면서 성장한 세대들이 청년층을 이루게 되었다. 독립국 체제에서 국가의 정책적 보호를 받으면서 자본축적을 모색한 경험이 일천한 지주와 자본가 계층은 식민지 울타리에서 성장을 꾀하는 데 익숙해졌다. 특히 만주 침략 후 일제의 지배 영역이 넓어지자 자신들도 이익을 누릴 수 있다는 착각이 신념으로 변하면서 독립에 대한 희망보다 식민정책에 적극적으로 동화되어 갔다.

무산층보다, 가능하다면 유산층을 대상으로 하는 것이 수탈의 효율성은 훨씬 높게 마련이다. 한 예로 일제는 유산층을 집중적 수탈대상으로 삼아도 무방하다는 판단에 따라 1934년에 개인소득세제를 신설하여 유산층을 과세대상으로 한 소득세 중심의 조세체제를 운용하기 시작했다. 또 공출제를 통한 물자동원은 절대 빈곤에 허덕이던 일반 대중은 말할 것도 없었지만 지주층에게도 가혹하게 이루어졌다.

이와 함께 일제는 지방의회를 자문기구가 아닌 의결기구로 전환해 달라는 유산층의 청원에 부응하는 회유 조치로서 1931년에 도·부·읍·면제로 개편하고 선거제를 도입했다. 개인소득세 중심으로 조세 수탈이 이루어지자, 그에 부속된 각종 지방세를 5엔 이상 납부하는 선거권자가 급증하여 조선인 당선자도 많아졌다. 선거권의 제한에 이의를 달지 않았던 유산층들은 지방의회 참여를 통해 허구적 정치 욕구와 위세를 뽐냈다. 그러나 조세수탈이 강화될수록 지방의회 유권자가 늘어나자 지방의회라는 회유장치조차 전시통제에 방해가 된다면서 1943년에는 일제가 추천한 후보자만 대상으로 뽑는 추천선거제로 바뀌었다. 자치론이 기댈 수 있는 마지막 보루마저 무너진 셈이었다.

조선인의 생활 전반을 통제하고 모든 자원을 전쟁 수행을 위해 동원하기 위한 파쇼적 동원체제는 일본에서 '중일전쟁' 도발 뒤 제정된 「국가총동원법」을 1938년부터 조선에 적용하고 '국민정신총동원조선연맹'을 결성하면서 본격화되었다. 이 연맹 조직은 각 직장연맹과, 각 행정기구의 장이 책임자가 된 지방연맹 아래 10호 단위로 '애국반'을 만들어 모든 조선인을 통제 대상으로 삼았다. '반상회(班常會)'에서는 일장기 게양, 신사(神社)참배, 일본 천황의 궁성을 향한 배례, 일본어 상용, 방공방첩, 애국저금 등을 강요했다.

이를 위한 무력 기반으로서 군사력과 경찰력이 증강되었다. 조선주둔군은 '만주사변' 후 1개 사단이 증가된 3개 사단으로, 태평양전쟁 말기에는 23만여 명이 한반도에 배치되었다. 경찰력도 '만주사변' 후 2,948개 관서에 2만여 명, 태평양전쟁 도발 때에는 3,212개 관서에 3만 5천여 명으로 늘어났다.

동원의 효율성을 높이기 위해 조선인으로서의 민족성과 정체성을 박탈하고 일본정신을 강제 주입시키는 사상통제와 민족말살정책이 수반되었다.

사상통제 조치로서 공산주의 박멸을 위한 방공정책을 강화하고 일본정신을 고양시키기 위해 '협의자'에 대한 임의 구속을 규정한 「조선사상범보호관찰령」이 1936년에 제정되었고, 1938년에는 '조선방공협회'가 조직되었다. 사상전향을 강요하고 1938년에 조직된 전향자 단체인 '시국대응전선사상보국연맹'은 태평양전쟁 도발 직전인 1941년 1월에 '야마또쥬꾸

(大和塾)'로 개칭되어 사상국방전선의 희생양이 될 것을 강요했다.

▲공출제를 통해 강제로 거두어들인 금속제품들

민족말살정책은 '황국신민화(皇國臣民化)' 정책에 따라 일본과 조선은 뿌리가 같은 '신민'이므로 몸과 마음을 다해 '성전(聖戰)'에 임해야 한다는 '일선동조론(日鮮同祖論)', '내선일체론(內鮮一體論)'의 선전과 함께 전개되었다. 학교, 직장, 마을마다 '황국신민서사(誓詞)'의 암송과 신사 참배가 강요되었다. 일반 가정은 일본의 조상신이라는 '아마떼라스 오오미까미(天照大御神)' 신주를 걸어 놓고 예배하도록 강요받았다. '중일전쟁' 도발 이후에는 각급 학교에서 조선어의 교육과 상용을 금지시켰다. 또 '창씨개명'을 해야만 각급 학교의 입학과 행정기관에서의 사무 취급이 허용되었고 식량과 물자의 배급 대상에 포함시키는 야만성도 드러냈다.

폭력적 동원체제는 조선인 개개인의 생활과 정신을 파멸로 몰아넣었다. 정치, 경제, 사회, 문화 등 모든 분야에서 조선 민족이 민족국가 건설에 대비할 수 있는 한 치의 여유도 주지 않았다. 게다가 일제가 도발한 침략전쟁은 해방 후 한반도의 분단 가능성까지 높여 놓았다.

## 3. 식민지 경제의 실상과 민중의 삶

### 1) 식민지자본주의 이식을 위한 기반 조성

제국주의의 식민지 경영방식은 근대 이전과 달리 안정적이고 항구적인 수탈에 초점을 둔다. 따라서 자신의 생산력 발전에 필요한 원료공급지, 상품시장, 자본투자처로 식민지가 기능할 수 있도록 기반 조성을 서두르게 된다. '합방' 직후인 1910년대의 식민정책도 재정·금융·화폐제도의 '정비', 식민농정의 착수, 토지조사사업의 실시, 「조선회사령」 제정 등 식민지자본주의 전개를 위한 기반 조성에 집중되었다.

러일전쟁에서 승리한 일본이 조선에서 가장 먼저 손을 댄 것은 '화폐정리사업'이었다. 조선인 상공업자들이 사용하던 백동화, 엽전 등을 일본 제일은행권으로 강제 교환하는 과정에서 어렵게 축적한 화폐자산을 일거에 잃는 경우가 비일비재했다. 1909년 제일은행의 영업을 계승한 한국은행(1911년 조선은행으로 개칭)이 설립된 후 법화가 된 조선은행권은 일본에서 유통될 수 없었지만, 일본은행권은 조선에서 자유롭게 유통되었다. 즉 조선의 화폐제도는 일본 경제를 보호하기 위한 인플레이션 방파제 역할을 하면서 일본통화권 안에 종속적으로 포섭되었다.

식민지 금융기구도 '정비' 또는 신설되었다. 식민정책 수행을 위한 특수기관으로서 1906년부터 각지에 농공은행이 설립되어 일본인 곡물상과 일부 조선인에게 단기대출을 시작했다. 1907년에는 농공은행의 직예기관으로서 지방금융조합이 설립되었다. 1918년에는 각지의 농공은행을 통합한 조선식산은행과 금융조합의 연합체인 각도금융조합연합회가 설립되어 식민지 금융기구의 수직적 계통이 완비되었다. 식민지 금융기구를 이용할 수 있는 계층은 담보 능력이 있는 대지주나 상인, 특히 일본인이었고 소작농, 소상인, 영세업자는 철저하게 소외되었다.

일제는 대한천일은행(1911년에 조선상업은행으로 개칭)과 한성은행에 대한 자금 대여, 주식 장악을 통해 일반은행의 경영권도 지배했다. 이들은행은 1910년대 후반이 되면 주식보유자의 성격 면에서 사실상 일본인 은행이 되었고, 경영내분을 겪던 한일은행도 조선은행의 자금 지원으로 회생했다.

식민통치 자금 조달을 위해 재정기구도 '정비'되었다. 통감부는 징수기구를 장악하고 지출을 통제한 뒤 1909년에 연초세와 주세를 신설하여 소비세를 중심으로 한 조세제도의 기반을 만들었다. 그리고 외국인의 토지소유를 금지한 대한제국의 양전·지계(量田·地契) 사업을 강제 중단시키고 일본인들이 불법적으로 점유한 토지의 소유권 보장을 위해 「토지가옥증명규칙」(1906)과 「토지가옥소유권증명규칙」(1908)을 제정했다. '합방' 전후부터 시작되어 1918년에 끝난 토지조사사업의 목적은 지세 확보, 일본인의 토지투기를 조성하기 위한 일본식 등기제도의 도입 등에 있었다.

조선 사회의 사적 소유 전통과 토지거래를 인정할 수밖에 없어 신고제 형식을 취한 토지조사사업은 기존의 지주적 토지소유를 법인화한 것으로서 광무양전의 성과를 일제의 편의에 맞게 계승하면서도 외국인, 사실은 일본인의 토지소유를 자유화했다. 또 토지에 대한 농민의 관습권 부정, 12만여 정보에 이르는 황실 소유지의 '국유지'화, 뒤이어 임야조사사업을 통해 임야의 60%를 '국유림'으로 만든 후 이를 일본인에게 불하함으로써 손쉬운 성장을 뒷받침했다. 해방 후 남한에서 신한공사(일본인 농지 관리회사)의 보유 경지가 27만여 정보로서 기름진 옥답에 집중되었고 전체 경지의 12.3%나 된 것은 일제의 토지침략 양상을 잘 보여준다. 또 과세대상에서 빠져 있던 토지에 대한 과세로 지세 수입이 2배 정도 늘어났다. 메이지(明治)시대 일본에서는 지세 수입이 식산흥업 재원으로 사용되었지만, 조선에서는 강점 초기에 집중된 식민통치비로 유용된 것이다.

회사 설립의 허가주의를 규정한 「조선회사령」(회사령)은 일본자본이 조선 경제를 지배할 수 있을 때까지 기업활동을 제약하면서 일본 자본을 위협할 우려가 없는 부문에 대해서만 허용하여 식민정책에 협력하는 매판자본을 육성하기 위한 것이었다. 민간자본의 투자 방향까지 장악한 총독부의 공업제한 정책으로 기존의 조선인 회사는 대부분 해산되었다. 조

▲ 토지조사사업을 위한 토지 측정

선인 자본을 위해 외국인과의 합작을 금지시켰던 대한제국의 특혜조치도 폐지되었다. 이후 일본 경제가 제1차 세계대전의 호황을 타고 상대적 과잉자본의 투자 여력이 생길 무렵인 1918년 6월에는 회사령이 개정되어 일본의 상법에 따라 일본인 회사의 영업을 허가하기 시작했다. 이로써 회사 설립 허가주의는 유명무실해져 조선인 회사도 이 무렵부터 급증했다. 결국 회사령은 식민통치 방식이 '문화정치'로 전환되는 1920년 12월 폐지되었다.

## 2) 식민지 지주제의 성장과 한계

일본은 1890년대의 대규모 쌀폭동 이후 만성적 쌀수입국이 되면서 저임금—저곡가 정책과 대륙침략에 따른 해외주둔군을 위한 쌀 수요를 충당하는 문제가 시급한 현안이었다. 이 때문에 조선은 '합방' 이전부터 일본자본주의를 위한 값싼 쌀 공급지로 규정되었다.

쌀의 수집과 반출에 효율적인 상품화의 주체는 지주층이었다. 특히 대지주에게 유리한 경영 환경을 조성하기 위해 식민농정은 무엇보다 지세율을 일본보다 훨씬 낮게 책정하고 지주의 소작료율 결정권, 소작농에 대한 전권적 지배를 보장했다. 식민지지주제는 대지주계급과 식민지 금융기구, 식민정책 사이에 형성된 동맹관계를 바탕으로 성장했다. 일제는 통감부 설치 이후 쌀, 면화, 잠업, 축우 등 4대 부문에 대해 일본으로의 이출을 위한 종자개량, 생산품의 규격·포장검사 등을 시행했고 지주층도 이에 부응하여 이윤을 극대화하기 위해 종자 선택에서부터 포장에 이르는 전 생산과정을 지배하기 시작했다. 여기에 미가 상승이 1910년대에만 5배 가까이 되었고 1925년까지 계속되어 지주경영 확대에 좋은 조건을 제공했다.

식민지지주제는 '산미증식계획'을 계기로 급성장했다. 1920년과 1926년 두 차례에 걸쳐 시행된 이 계획은 일본에서 쌀 과잉생산으로 농촌 위기가 발생하자 1934년에 일시 중지될 때까지 계속되었다. 그 결과 쌀 생산은 급증했고 증산량보다 훨씬 많은 쌀이 일본으로 반출되었다. 총독부의 적극적인 자금알선이 수반된 2기 계획 기간에 생산량은 1.4배, 반출량은 5배 늘어났다. 생산량에 대한 반출량은 1910년 10% 미만에서 1935년에 54%로 급증했다.

▲ 일본으로 반출하기 위해 군산항에 쌓여있는 쌀가마니

식민지지주제 하에서 급격하게 진행된 쌀 상품화 추이는 토지 거래를 촉진하여 일제가 "사회조직의 중견 결여 현상"을 우려할 정도로 중소지주층의 몰락을 불러왔고 농촌사회는 대지주층과 소작농층으로 양극화되어 갔다. 실제로 1914~32년 사이에 순소작농은 106만여호에서 155만여

호로 급증했고, 자작농은 57만여호에서 47만 6천여호로, 자소작농은 91만 1천여호에서 74만 3천여호로 격감했다. 지주 경영의 확대를 위해 금융기관에서 빌린 지주층의 원리금 부담은 소작료율을 높여 80%에 이르는 경우도 적지 않았다.

조선농가의 파탄에 따른 춘궁민(春窮民), 화전민, 토막민(土幕民) 등 3대 빈민층의 누적, 만주 등지로 유랑하는 농민이 급증한 가운데 민중운동은 혁명적으로 고양되어 갔다. 1931년 우가끼(宇垣一成) 총독으로 바뀌면서 식민통치의 '안정적' 기반 조성을 서두른 것은 이 때문이었다. 또 강고한 지주세력의 존재가 식민지 농촌의 안정을 해쳐 통치에 부담을 주고 임금상승 요인으로 작용하여 공업화의 장애로 작용하게 된 것이다. 즉 소작쟁의 진압, 높은 금융의존 때문에 지주층은 일제에 더욱 종속되어 간 반면에, 1930년대의 국내외 상황은 일제의 입장에서 지주층을 통제해야 하는 단계에 이른 것이다.

이러한 배경에서 착수된 '농촌진흥운동'은 조선인을 식민통치에 동화시키기 위한 '정신운동'이면서도 제한적 수준의 지주통제책을 수반했다. 「조선소작조정령」(1932.12)과 「조선농지령」(1934.4)은 농업생산력 제고에 장애가 되었던 중간착취자인 마름과 부재지주를 통제하고 지주의 소작권 박탈 제한, 소작료 분납 명시, 3년 이상 소작기간을 명시했다. 경찰과 면장을 동원하여 고리대를 정리하기도 했다. 또 농민의 보수적인 소소유자 의식을 정치적으로 활용하고 생산력을 높이기 위해 1~2단보 정도의 소토지를 소유하도록 자금을 융자하는 '자작농지설정사업'을 시행했다. 소작료율 설정권은 여전히 지주가 가졌지만 지주경영의 환경은 이전보다 분명히 나빠졌다. 반면에 고양되어 가던 소작쟁의는 점차 관권의 조정으로 해소되는 등 체제내화 경향을 보였다.

'중일전쟁' 이후 조선은 전쟁 수행을 위한 식량공급처로 그 중요성이 다시 부각되었고, 특히 1939년에는 대가뭄으로 수확고가 평년작의 절반으로 격감하자 '조선증미계획'이 추진되었다. 그러나 노동력과 자재의 부족으로 성과를 거두지 못했고 결국 미곡의 유통과 소비 통제, 강제할당에 기초한 공출제를 시행하게 되었다. 밭작물까지 포함된 공출제는 일반 농가를 파탄에 빠뜨렸을 뿐 아니라 지주층의 정상 경영도 불가능하게 만들었다. 무엇보다 징병, 징용 등으로 농촌 노동력이 줄고 생산력이 격감하여 이전처럼 고율 소작료를 징수할 수 있는 조건이 아니었다. 그리고 물가 상승에 훨씬 떨어진 매수액의 14~27%가 강제저축으로 공제된 데다가 현금 지급도 받을 수 없었다.

### 3) 식민지공업화 정책의 특징

'식민지공업화'는 '만주사변' 이후 1930년대 전반기의 '조선공업화', '중일전쟁'을 계기로 한 1930년대 후반기 이래의 '병참기지화' 정책 단계로 구분된다.

조선공업화 정책은 대공황기에 농가가 파탄되고 민중운동이 급성장하던 조선 사회를 배경으로 농정의 전환을 꾀하는 과정에서 제기되었다. 그 배경과 특징은 다음과 같다.

첫째, 제국주의 국가들은 공황 타개와 시장 확보를 위해 폐쇄적인 블록 경제권 수립에 나서고 일본도 만주 점령을 통해 자급자족적 '엔블럭권' 전략을 세워 조선공업화 정책을 제기했다. 이는 조선을 일본—정(精)공업지대, 만주—농업지대를 잇는 교량지대로서 값싸고 풍부한 석탄, 전력, 노동력 등을 이용한 조(粗)공업지대로 설정했다.

둘째, 일본 경제의 중화학공업화가 진척되면서 공황 극복책으로서 생산·판매 독점체를 규정한 「중요산업통제법」(1931.4)이 일본에서 시행되자 이에 적응하지 못한 주변부 자본이 조선으로 적극 진출하기 시작했다.

셋째, 조선총독부도 일본자본을 유인하기 위해 「중요산업통제법」의 적용 시기를 늦추고 노동조건을 규정한 일본의 「공장법」을 조선에서는 시행하지 않았다. 또 값싼 전력 공급, 공업용지의 저렴한 확보를 위한 지가 등귀 억제조치를 취했다. 이러한 투자 환경은 조선 내 유산층들에게도 농업외 투자를 유도하는 조건으로 작용했다.

이에 비해 1936년 10월 미나미(南次郎)가 총독으로 부임하면서 착수된 병참기지화 정책은 조선 경제를 전쟁 수행의 "물자공급 거점"으로 개편하여 "해상수송로가 차단되어도 조선의 능력만으로 이를 보충할 수 있도록 군수공업 육성에 역점"을 둔 것이었다. 즉 불과 몇 년 뒤 현실화된 옥쇄작전과 같은 동원책이었다. 그리고 1937년 3월부터 「중요산업통제법」을 적용하여 통제경제가 시작되었다.

병참기지화 정책은 무역결제나 무기 생산에 필요한 광산 개발에 집중되었다. 철, 텅스텐 등 "국방상" 중요 광물을 조선에 의존한 상황에서 1938년 5월에 제정된 「조선중요광물증산령」은 총독이 광업자에게 설비의 신설·확장은 물론 광업권 양도까지 명령할 수 있는 강제력을 규정했다. 1937년 이후의 광산액은 식민지 전기간의 84%가 집중될 정도로 급증했다. 이는 조선이 보유한 지하자원의 비생산적 소진을 의미했다. 예를 들어, 1937년 7월 중국 침략 때 제정된 「조선산금령」은 1942년까지 '일본권' 산금량의 55%를 조선에서 생산한다는 것이었다. 이 기간의 금 생산액은 광산액의 1/3을 차지했다. 조선에서 채굴된 금은 일본이 "기름을 사고 전쟁을 수행"하는 데 필요한 군수자재 수입에 유용되었으며 일본은행권 발행의 정화준비로도 활용되었다.

조선의 산업은 군수 부문의 급성장으로 1939년 이후 중화학공업 우위로 반전되었다. 물론 1939년에도 가내공업 생산액이 공산액의 1/5을 차지했고 물가를 감안한 실질증가율은 크게 떨어졌다. 또 연합국의 봉쇄정책으로 원자재 공급로가 막히고 조업 연기, 사업착수 중지가 되풀이되는 가운데 가용 자원을 군수생산에 집중했지만, 강제동원과 공출 등 경제외적 강제에 의존한 생산독려는 곧 한계를 드러냈다.

공장 수, 납입자본, 노동자 수는 급증했지만 공산액은 1942~43년간에 1/5이나 격감했다. 수출액도 1940년대에는 격감했다. 자본생산성(공산액/납입자본금 비율)은 1939년부터, 공장생산성(공장의 평균생산액 증가율)은 1941년부터, 노동생산성(노동자의 평균생산액 증가율)은 1942년부터 감소했다. 1940년대에도 공장 수는 계속 늘어났다. 그러나 여기에는 휴폐업 공장까지 포함된 것으로 그만큼 가동률이 크게 떨어진 상황을 반영한다. 일제가 설비 확장보다 기존설비의 활용도를 높여 단기적 생산극대화 방침으로 대처하려 한 것도 이 때문이었다.

이 무렵 조선인 자본가의 존재 양태는, 조선비행기공업(주)의 박흥식처럼 일제의 보호 속에 성장한 예속자본가군, 공업화 붐 속에서 성장하다가 전쟁기에 투자처 전환을 꾀했지만 결국 퇴보한 경우, 대다수 조선인 자본가들처럼 물자난과 자금난으로 도태된 경우 등 세 부류로 나눌 수 있다. 이외에 물자난을 타고 암거래로 자산을 축적한 경우도 있었다. 그러나 정선된 군수 부문으로 설비와 자금을 집중하기 위한 1942년 「기업정비령」 제정 이후 대부분의 중소공장은 가동률이 급격히 떨어지거나 문을 닫았다. 이들은 취약한 사회적 리더쉽, 천민성, 부패성, 대외의존성 때문에 자산을 잃는 상황에서도 대부분 별다른 대응을 보이지 못했다.

식민지공업화를 추동한 일본자본의 조선 산업에 대한 지배력은 90%에 이를 만큼 절대적이었다. 조선인 자본은 영세한 기술력과 자본으로 경쟁이 가능한 틈새에서 일시 성장하기도 했지만 기술력과 대자본을 요하는

▲ 제사공장에서 일하는 여성노동자

부문에 거의 진입하지 못했다. 노동자도 미숙련 단순노동, 반농반공의 계절노동에 집중되어 취업구조는 질적으로 바뀌지 않았다.

노동자수에 대한 기술자의 비율은 1937~40년간(2.7~3.5%)에 완만하게 늘어났지만 여전히 낮았고 대부분 일본인이어서 조선인 공장은 기술자를 공급받기도, 기술자가 필요한 업종으로 진출하기도 어려웠다. 특히 일본인 기술자들의 징병으로 기술자가 1940~44년간(10,406~6,129명)에 격감하여 총독부가 응급적인 기술교육을 강화했지만 1942년까지 조선인 기술자는 18%에 불과했다. 결국 조선의 각종 자원과 생산력을 소진한 병참기지화 정책은 일본인의 관리직·기술직 독점, 조선인의 단순노무직 집중 등 이원적 고용구조의 골간을 그대로 유지한 채 전개되었다.

또 기술보다 원자재 채취와 노동력 동원에 의존한 공업화는 대일 무역적자의 급증을 불러와 1937년 이후의 무역적자액이 식민지 전 기간의 90%나 되었다. 식민지공업화의 기술이나 생산력 이전 수준은 그만큼 제한적이었다. 최소한의 인권조차 부정한 노동조건 위에서 강제동원이나 노동시간에 의존한 착취체제 하에서 생산성은 급격하게 떨어질 수밖에 없었다.

### 4) 민중의 삶과 자금·물자의 동원

식민지지주제의 번성에 따라 중간층이 몰락하고 소작농이 급증하는 추이는 소작조건을 악화시켰고 경작면적이 1정보도 안 될 정도로 경영의 영세화를 심화시켰다. 이는 농가수지의 악화, 농가부채의 급증, 도시빈민의 급증 등 악순환을 불러왔다. 미곡은 증산되었지만 농민들의 1인당 쌀 소비량은 합방 초기 0.7석에서 1920년대 말에 0.4~0.5석으로 격감했다. 소작료율은 지주가 납부해야 하는 지세 등 공과부담까지 포함해서 70~80%에 이르는 경우가 허다했고 소작권도 지주나 마름의 자의적인 교체로 극히 불안해졌다.

1930년대 초의 조선농회 조사에 따르면 소작농을 포함한 모든 계층의 농가가 1년에 수십원씩 적자경영을 보였다. 자작농가의 18%, 자소작농가의 37%, 소작농가의 67%가 보릿고개를 넘길 수 없는 춘궁민이었다. 결국 이들은 도시에서 저임금노동자가 되거나 토막민으로 불리운 빈민층으로 전락하든지, 만주 등지로 떠나거나 원시적인 화전민 생활로 돌아갔다. 식민지 자본주의의 노동 수용능력은 그만큼 제한적이었다.

도시의 공터에 땅을 파서 거적때기로 지붕을 만든 집에 사는 토막민들은 식민지기에 처음 나타난 빈민층으로서 날품팔이, 지게꾼, 공사장 인부 등으로 연명했다. 만주 이민은 1930년대 이후 급증하여 1940년대에는 150만여 명이 훨씬 넘었다. 화전 면적과 화전민은 1928년에 40만여 정보, 인구의 6%인 120만여 명이나 되었다. 「삼림법」 위반으로 구속되더라도 오히려 감옥 생활이 낫다고 여길 만큼 조선농민의 실존적 모습은 처참했다.

조선인 미숙련 노동자는 90전 정도의 일급(日給)으로 노동력 재생산은 커녕 가족의 생계조차 꾸려갈 수 없었다. 1939년에 제정된 「공장취업시간제한령」이 12시간 이상 노동을 금했다는 것은 당시 그 이상의 장시간 노동이 흔한 현상이었음을 반영한다. 그나마 1943년에 폐지되어 장시간노동이 오히려 합법화되었다.

'합방' 전후 도로 및 철도 부설을 위한 부역동원으로 고통 받던 조선인은 1920~30년대에 3대 빈민층으로 대거 몰락한 후, 1938년 「국가총동원법」 제정 이후에는 전쟁터의 노동력과 총알받이로 동원되었다. 농촌에 남아 있던 노동력도 광산과 군수공장에 동원되었다. 1939년 「국민징용령」, 비군사 부문의 고용 제한을 규정한 1941년 「노무조정령」, 1944년 「여자정신대근무령」을 통해 구조화된 강제동원 체제는 국내외에서 처참한 강제노동과 '성노예' 등 200만여 명을 전쟁터로 내몰아 혹사시켰다. 게다가 기밀 보호 명분으로, 미군에게 투항할 것이라는 이유로 천도열도(千島列島)에서 5천여 명, 평양 미림(美林)비행장에서 800여명이 집단학살 당했고 류우뀨우(琉球)섬에서는 1,700여명이 배 안에 갇힌 채 미군 폭격으로 폭사했다. 그리고 1938년 「육군특별지원병령」 제정으로 1만 8천여명, 1943년 '학도지원병'으로 4,500여명의 대학생, 1944년 「징병령」에 의해 20만

여명이 총알받이로 징집되었다.

인력뿐 아니라 자금과 물자 등 모든 자원이 일본인 관리조차 "오류"였다고 인정할 정도로 가혹하게 동원되었다. 자금 집중은 「임시자금조정법」(1937.9) 제정으로 시작되었다. 생산력 확충, 국제수지, 생산능력 등의 기준에 따라 자금공급 순위를 정하고 군수공업 이외의 부문에 대한 자금 조달을 규제했다. 금융기관의 자금 대부도 허가를 받아야 했다. 「은행등자금운용령」(1940.12)은 운전자금까지 통제하여 군수 관련 산업으로 자금 집중을 꾀했다.

자금 조달을 위해 재정·금융기구를 이용한 민간자금 흡수책이 동원되었다. 전비(戰費)에서 전쟁관련 사업비까지 다양한 명목의 세출 가운데, 1936~45년간에 일본의 「임시군사비특별회계」로 전출된 16억여 엔(예산액 포함)은 조세의 60%가 넘었는데 말기에는 조세의 대부분이 전출되었다. 강제저축은 1936년부터 시행되어 조세의 3배 이상 되는 거액의 자금을 수집했다. 특히 강제저축으로 수집한 자금 등으로 구입한 일본국공채 100억여 엔은 해방 후 경제재건을 위해 일본으로부터 상환받아야 할 중요한 자산이었지만 휴지조각으로 전락했다.

한편 조선 경제가 견딜 수 있는 수준을 넘어 매입된 일본국채를 보증준비로 발행된 조선은행권은 1936년 말 이후 해방 때까지 23배나 증발되었다. 일본국채는 일본은행권으로 매입했기 때문에 일본의 인플레이션은 억제시켜 주었지만, 조선의 인플레이션을 가중시켰다. 이는 결국 해방 후 수십배씩 물가가 폭등하여 경제재건을 가로막는 한 요인이 되었다.

내핍을 강요하는 물자난 속에서 생산·유통·소비를 통제한 배급체제는 물자 동원의 중요한 수단이었다. 먼저 「수출입품등임시조치법」(1937.9)으로 군수생산과 무관한 물자의 수입을 제한했다. 물자 부족에서 비롯된 물가 상승을 억제하기 위해 지정가격에 따른 거래를 강요한 「조선물품 판매가격 취체규칙」(1938.10), 주요물자의 거래를 '9·18 정지가격'에 맞춘 「가격통제령」(1939.9)은 시장가격 자체를 부정하는 것이었다. 통제가 강화될수록 암거래 값 상승을 부채질하여 서민생활은 더욱 고통

스러워졌다.

전쟁물자에서부터 생필품에 이르는 모든 물자에 걸쳐 적용된 「물자통제령」(1941.12)은 물자의 생산과 가공 · 수리 등의 제한 · 금지, 판매 및 양도를 총독이 명령할 수 있는 배급제도를 체제화한 것이었다. 그리고 쌀을 비롯한 농축산물, 섬유품, 금속 등 거의 모든 물자가 암시장에서 고가로 구입해서라도 할당량을 충당해야 하는 공출 대상에 포함되었다.

## 4. 민족해방운동의 전개 과정과 건국이념의 수렴

### 1) 국내에서의 민족해방운동

#### (1) 3 · 1 운동

민족해방운동은 제국주의의 차별적, 인종적 인간관과 수탈에 대응하여 자유롭고 평등한 인간상을 추구하는 것이다. '합방' 이전에는 운동 주체에 따라 지향하는 바가 달랐지만, 1910년대를 지나는 동안 공화주의 이념과 국민주권에 바탕을 둔 운동론으로 지향점이 수렴되어 갔다.

무단통치가 시행되던 1910년대 국내 민족해방운동은 대부분 비밀결사 형태로 진행되었다. 이에 대해 일제는 '합방' 직후 신민회를 주 대상으로 이른 바 총독암살 미수사건 또는 105인 사건을 조작하여 반일운동을 근절시키려 했다. 이 무렵의 비밀결사 활동은 독립의군부처럼 의병계열 단체들이 친일부호를 응징하거나 헌병분견소나 순사주재소를 습격하는 형태와 대한광복회처럼 종교 · 교육활동을 표방하면서 군자금을 모아 독립운동의 거점 마련을 추진한 형태가 있었다. 전자는 이념과 방략을 복벽주의에 두어 오래 지속되지 못했지만, 후자의 경우는 비교적 오래 지속되어 그들이 지향한 사상이 3 · 1운동 때까지 이어졌다.

한편, 무단통치의 혹독한 탄압 속에서도 문화교육운동이 전개되어 민족교육운동으로서 서당교육과 사립학교운동이 성행했고 일부 지역에서는 노동·농민야학운동이 전개되었다. 각층의 반일의식이 급격하게 확대되어 민족해방운동전선에는 종교계와 학생층은 물론 노동자, 농민층을 포함한 전민족, 전계층의 연대가 이루어지면서 3·1 운동이 계획되었다.

먼저 1918년 상해에서 여운형, 김규식 등의 신한청년단이 구미열강에 선전활동을 벌였고 미주지역에서도 이승만, 안창호 등이 대한인국민회를 결성하여 외교적 노력을 전개했다. 동경에서도 유학생 600여 명이 '2·8 독립선언서'를 발표했다. 국외의 이러한 움직임이 국내에 알려지고 일제가 독살했다고 알려진 고종의 인산일이 가까워오면서 시위의 분위기가 무르익어 갔다.

3·1 운동은 크게 세 단계를 거치면서 전국적 항일운동으로 발전했다. 먼저 3월 1일에 천도교의 손병희, 기독교의 이승훈, 불교의 한용운 등 종교계 인사를 중심으로 한 '민족대표 33인'이 태화관에서 독립선언문을 낭독했다. 이들은 자진 체포되어 이후에 전개된 전국적 시위운동과 직접 관련은 없었지만 운동의 도화선 역할을 했다. 학생 등 수천여 명이 파고다공원에 모여 만세시위가 시작된 이후 전국 주요 도시로 확산되면서 여기에 노동자, 상인 등이 참가하는 시위로 발전되었다. 3월 중순 이후에는 농촌으로 확산되어 적어도 두 달 이상 집중적으로 시위가 이어졌다.

3·1 운동은 인구의 10%에 해당되는 200만여 명이 시위에 참가할 만큼 전계층이 거족적으로, 전국적으로 전개한 민족해방투쟁이었다. 평화시위로 시작되었지만 수원 제암리 학살과 같은 만행을 자행한 일제의 폭력과 발포로 사상자가 속출하는 와중에서 점차 폭력시위로 변해갔다. 일제의 집계만으로도 4만 6천여 명이 검거되었고 1만 6천여 명이 부상당한 가운데 7,500여 명이 피살되었다.

3·1 운동의 목표였던 독립은 이루지 못했지만 일제가 '문화정치'라는 통치방식을 내세워야 할 만큼 조선인들의 의식을 고양시켜 대중운동이 확산되는 계기가 되었다. 이를 배경으로 근왕주의를 넘어 공화제 정부인 임시정부가 수립되었다. 그리고 일부 의병세력과 신민회 계열이 간도 지

▲ 제암리 학살 현장

역에 독립운동 근거지 설립을 추진했던 경험이 확산되어 독립전쟁론이 독립운동의 방략으로 정착되었다.

### (2) 조선공산당 운동과 대중운동

제1차 세계대전을 전후하여 세계적으로 자본주의 체제의 문제점에 대한 인식과 전면적인 '개조'의 논의가 확산되었고 이는 조선의 청년 학생층들에게 독립에 대한 기대감을 주기도 했다. 그러나 3·1 운동 후에 서구 열강에 실망한 청년 학생층은 러시아 혁명과 사회주의 사상에 대한 관심이 높아졌다. 상해파와 이르쿠츠크파의 국내 조직, 서울청년회(1921), 무산자동지회(1922), 신사상연구회(1923), 화요회(1924), 북풍회(1924) 등 사회주의 그룹이 자생적으로 조직되었다. 1920년대 전반기에 이들은 각기 출판물의 제작·보급을 통해 대중단체의 지도, 대중의 의식화와 조직화를 꾀하면서 급성장했다. 또 계급해방을 목표로 한 '사회혁명' 방법론을 새롭게 제기하면서 민족주의 세력과의 전선 통일을 주장하게 되었다.

마침내 1925년에 조선공산당(조공)이 결성되었다. 조공의 창건 노력은 1922년 10월 코민테른의 지원과 상해파, 이르쿠츠크파 고려공산당의 통합 시도 속에서 먼저 착수되었지만 성과를 거두지 못했다. 국내에서도 1923년과 1924년 서울청년회 그룹과 북풍회 그룹에 의해 통합이 시도되었다. 결국 꼬르뷰로 국내부 계열인 화요회계를 중심으로 북풍회계와 조선노동당 세력 일부가 연합하여 김재봉을 책임비서로 하는 1차 조공이 비밀리에 결성(1925.4.17)되었다. 다음날에는 박헌영을 책임비서로 하는 고려공산청년회가 조직되었다.

그러나 1차 조공은 1925년 11월 220여 명이 검거되어 무너졌다. 이후 강달영과 권오설을 중심으로 재건된 2차 조공(1925.12)은 1926년 7월 일본제국주의 박멸, 반일 민족유일전선 조직, 조선독립, 인민공화국 건설을 주장한 강령과 '조선공산당선언'을 발표하면서 민족통일전선운동을 추진했다. 1926년 6 · 10 만세운동은 그 일환이었는데 이 계획이 드러나 100여 명의 당원이 검거되었다. 김철수와 안광천 중심으로 재건된 3차 조공(1926.9)은 '정우회선언'을 발표하여 민족통일전선을 다시 강조한 가운데 신간회가 결성되었다. 노동자 출신인 차금봉 중심으로 재건된 4차 조공(1928.3)은 '조선민족해방운동에 관한 테제'를 채택한 후 신간회의 지회 조직을 더욱 활성화시켰다. 4차 조공도 차금봉이 고문으로 살해되는 등 170여 명이 검거되어 무너졌고 코민테른은 1928년 '조선의 농민 및 노동자의 임무에 관한 테제'(12월 테제)를 발표하여 당의 해체와 재건을 지시하기에 이르렀다. 이후 노동자 · 농민을 기반으로 재건 시도가 계속되었지만 결국 해방 때까지 성사되지 못했다.

조공은 3년 동안 4차에 걸쳐 700여 명이 검거되는 대탄압을 받으면서도 대중운동 단체를 지도하고 민족운동의 중심 역할을 맡았다. 특히 비타협 민족주의 세력과 통일전선을 형성하면서 6 · 10 만세운동과 신간회를 주도했다. 그러나 인텔리 중심의 정당 구성은 일제의 탄압에 대처할 수 있는 대중적 기반을 효과적으로 마련하지 못했고, 코민테른 등 국제공산기관의 지시를 주체적으로 소화하지 못했다. 여기에 내부의 갈등까지 어우러져 운동을 조직적으로 지도하기가 힘들었다.

3 · 1 운동의 여파 속에서 노동자와 농민의 의식은 사회주의 사상과 조직에 영향을 받아 크게 높아졌고 소작쟁의와 노동쟁의는 민족운동 성격을 띠었다. 1920년에 노동 · 농민운동의 전국조직인 '조선노동공제회'가

결성된 이후 1922년 '조선노동연맹회', 1924년에는 "노동자·농민계급을 해방하여 완전한 신사회의 건설을 기한다"는 강령을 내걸고 260개 노동·농민운동 단체와 5만 3천여 명의 회원을 가진 '조선노농총동맹'이 결성되었다. 1920년대 전반기에는 농민운동과 노동운동이 미분화된 조직 형태였다. 그러나 운동이 발전된 1927년 9월에 조선노동총동맹과 조선농민총동맹으로 분화되었고 산하 조직도 노동조합과 농민조합으로 재편되었다.

노조 결성 방식은 직종 구분 없이 합동노동조합 형태에서 직업별 노조 형태로 발전해 갔고 노동자들은 사상단체나 조공 결성에 적극 참여했다. 파업도 몇몇 도시에 국한되었던 1910년대와 달리 1920년대에는 여성노동자들도 파업을 주도하는 등 저임금과 장시간노동에 맞서 전국적으로 발생했다. 1920년대 후반기에는 1929년 원산총파업처럼 파업투쟁이 전국적으로 확대되었다. 1925~27년간에는 시·군 단위의 지역별 노동연맹체와 직업별 노조가 지배적 형태가 되었다.

이 와중에서 조선노동총동맹 내에 개량주의 노선이 형성되면서 1930년대에는 혁명적 노조운동이 노동운동을 주도하게 되었다. 일제의 대륙침략으로 군수품과 관련된 공장 지대가 넓어지면서 혁명적 노조운동은 전국단위의 산업별 노조를 결성하기에 이르렀다. 그러나 조선좌익노동조합전국평의회, 범태평양노동조합계열이나 경성 지역의 이재유 그룹처럼 조직적인 노동운동 조직도 1930년대 후반 이후에는 침체에 빠졌다.

토지조사사업과 식민농정으로 농촌의 계급분화가 촉진되는 가운데 소작인조합 등이 결성되면서 지주의 일방적인 소작권 취소와 고율소작료에 대항하고 각종 공과금의 지주 부담을 주장하는 시위, 소작료 불납, 경작거부 등의 형태를 띤 소작쟁의가 전국적으로 확대되었다. 이후 소작인조합은 농민 일반을 대상으로 한 농민조합(농조)으로 개편되면서 조직이 확대되었다. 1927년 134개 산하 단체를 망라한 중앙조직인 '조선농민총동맹'이 분립되었지만 일제의 탄압과 지도부의 개량화, 사회주의 그룹간의 분열 등으로 제 역할을 하지 못했다.

농민운동도 1930년대 이후 혁명적 농조가 주도하게 되었다. 1930년대에 혁명적 농조는 전국 220개 군・도(郡・島) 가운데 80여 곳에서, 함경남도에서는 대부분의 군에서 결성될 정도로 확대되었다. 특히 명천, 정평, 영흥 등 국경 근처의 북부 공업지대에서는 노동운동과 국외 항일무장투쟁의 영향으로 해방구까지 만들 정도로 격렬하게 전개되었다. 그러나 빈농을 주체로 한 토지혁명과 노농소비에트 건설을 표방했던 혁명적 농조운동도 1930년대 후반 이후 침체되었다.

### (3) 신간회운동과 학술・문화운동

민족주의 세력은 '문화정치'라는 유화정책 속에서 수양, 신교육 보급, 풍속개량, 농촌개량 등 구관습을 타파하는 계몽활동과 실력양성운동을 통해 민족운동의 토대를 마련하고자 했다. 특히 민립대학설립운동(1923)은 실업교육만 강조하는 일제의 우민화정책에 반대하여 민간 차원에서 대학을 세우자는 운동이었는데 일제의 방해와 모금 부족으로 실패했다. 또 조선물산장려운동(1923)은 일본제품에 의해 시장이 위축되자 토산물 애호, 조선인 산업 보호를 내건 운동이었다. 그러나 민족주의 외피를 쓴 조선인 자본가의 이익을 위한 운동이라는 일부 사회주의들의 비판 속에서 민족운동 차원으로 발전되지 못한 채 침체되었다. 그만큼 조선의 부르주아들은 자본가적 실리를 추구함과 동시에 민족적 명분을 장악하여 역사의 전면에서 민족운동과 사회를 이끌어갈 능력이 취약했다.

이러한 상황에서 1920년대 중반이 되면 「치안유지법」 실시, 타협노선을 주장하는 자치론자들의 부상, 공산당의 결성 등 사회운동에 많은 변화가 나타났다. 이에 따라 비타협 민족주의 세력은 조공의 통일전선론에 부응하여 사회주의 세력과의 연합을 주장했고 1927년 2월 마침내 이상재를 회장, 홍명희를 부회장으로 한 신간회를 결성하게 되었다. 신간회는 창립 1년 만에 회원이 약 2만여 명, 지회가 104개로 급속하게 확대될 만큼 민족적 여망과 지지를 받았으며 해소될 무렵인 1931년 초에는 4만여 명,

149지회로 늘어났다.

중앙조직에서는 비타협 민족주의세력이, 지회에서는 사회주의 세력이 우세했다. 그러나 조직 운용은 중앙집중적이어서 노동자·농민·청년층이 중심이 된 지회의 활동과 조응하지 못하는 측면도 있었다. 특히 1929년 광주학생운동을 대중운동으로 확대하려다가 허헌 등 90여 명의 검거로 중단된 민중대회 사건 이후 김병로를 집행위원장으로 선출한 중앙본부는 온건·합법노선에 따른 개량화 경향이 강하게 드러났다.

이는 사회주의자들이 부르조아 민족주의자들의 혁명성을 부인하는 계기가 되어 부산지회를 시작으로 각 지회에서 해소론이 제기되었다. 해소론은 신간회를 개량주의 운동단체로 규정한 1930년 프로핀테른 '9월 테제'와 같은 국제 공산주의의 노선 변화에 의해서도 큰 영향을 받은 것이었다. 결국 창립대회 이후 두 번째 열린 1931년 5월의 전체대회에서 해소안이 가결됨으로써 우리 역사에서 드문 사례였던 두 세력의 공동보조는 4년 만에 깨지고 서로 다른 실천의 길로 갈리게 되었다.

신간회 해소 이후 민족주의자들의 기반과 활동 공간은 극도로 제약되었다. 1930년대 중반 이후에는 일제의 탄압과 '동화정책' 속에서 부문별 운동도 가라앉는 양상을 보였다. 이는 신간회 해소가 효과적이지 못했음을 뜻한다. 학생운동도 마찬가지였다. 3·1 운동과 6·10 만세운동을 주도했고 특히 1929년 광주에서 시작되어 200여 학교, 5만 4천여 명의 학생이 참가해서 1,600여 명이 검거되고, 600여 명이 제적될 만큼 전국적으로 확산되었던 학생운동은 이후 크게 침체되었다.

이런 가운데 학술·문화운동 영역에서는 새로운 실천이 모색되었다. 조선일보의 귀향학생 문자보급운동과 생활개선운동, 동아일보의 브나로드운동, 만주동포구제사업, 조선학운동, 고적보존운동, 한글연구 등을 들 수 있다. 학생층이 참여한 가운데 동아일보가 후원했던 조선어 강습회는 일제의 방해로 중단되었지만 문맹 퇴치에 적지 않은 성과가 있었다. 그러나 이러한 농촌계몽운동은 식민정책에서 비롯된 농촌경제의 파탄을 의식개조와 생활습관 개선을 통해 극복한다는 개량적 수준에 머물러 일제가 추진한 그것과 차별성을 찾기 어려운 점도 있었다.

조선학운동은 일제의 동화정책에 맞서 민족문화와 조선인의 정체성을 강조했다. 그러나 식민지적 조건 때문에 복고주의·국수주의적 성격도 강했다. 이런 가운데 일제의 조선어 말살정책에 대항하여 민족문화를 유지, 발전시켰던 국어학자들과 식민사관에 대항한 역사학자들의 싸움은 값진 것이었다.

상스러운 글[諺文]로 취급받았던 한글 연구는 개항 이후 지석영과 주시경 등에 의해 활발하게 이루어졌고 민권의식이 높아지면서 국문으로 불리는 수준으로 발전했다. 이러한 분위기는 '합방' 이후 위축되었지만 주시경의 제자들인 장지영, 김윤경 등이 1921년에 조직한 조선어연구회가 1931년 조선어학회로 개칭되었고 1927년부터 잡지 『한글』이 1942년까지 발간되었다. 권덕규, 이극로, 이희승, 최현배 등은 1933년에 한글 맞춤법 통일안을 완성했고, 1929년에 조직된 조선어사전편찬회는 1939년 『조선어사전』을 출판했다. 그러나 1942년 조선어학회의 회원 대부분이 검거되고 그 가운데 이윤재가 옥사하는 참변을 겪기도 했다.

일제는 각급 교육기관과 언론매체를 통해 조선 역사를 정체성(停滯性), 종속성 등으로 왜곡한 식민사관을 유포시켜 민족해방운동의 확산에 대응했다. 이에 대해 박은식은 국혼(國魂)을 강조하여 민족해방운동의 정신적 주체를 강조했고 신채호는 「조선혁명선언」을 통해 민족해방운동을 혁명으로 이해하고 민중을 주체로 설정하는 투쟁사관을 제시했다. 실제 운동전선에 참여하면서 집필활동을 병행했던 두 사람의 민족주의 사학은 국내로 계승되었다. 특히 민족정기를 강조한 안재홍과, 역사발전의 원동력으로 민중의 역할을 인정하고 역사학의 대중화에 관심을 가졌던 문일평은 민족 내부의 계급 모순을 민주주의적으로 해소하고 민족 자주성을 견지해야 한다는 신민족주의 사관을 제기했다. 사회경제사학으로도 불리운 맑스주의 역사학파의 백남운은 식민사학의 정체성·후진성론, 그리고 한국사의 이른 바 중세부재론(中世不在論)의 허구성을 이론적 실증적으로 비판하고 우리 역사도 세계사가 걸어 온 보편적인 발전 과정을 거쳤음을 밝혔다.

## 2) 국외에서의 민족해방운동

### (1) 만주, 노령지역의 독립운동기지 건설과 무장투쟁

'합방'을 전후한 시기 국외의 민족해방운동은 국내보다 활발하게 전개되었다. 특히 국경 가까운 만주 지역에는 수십만 동포 사회를 기반으로 민정조직과 군정조직을 갖춘 단체들이 만들어졌다. 서간도의 한족회의와 서로군정서, 북간도의 대한국민회·북로군정서 등 공화주의를 지향하는 자치조직은 독립군을 양성하고 있었다. 연해주의 권업회, 북간도의 명동학교, 서간도의 신흥무관학교, 연해주의 한민학교는 군사교육 기관이었다. 미주에서도 1903년경 교포사회가 조직되었으며 중국 관내지역에서도 여러 단체가 활동하고 있었다. 연해주에서는 1917년 전로한족중앙총회가 결성되었고 이동휘 등이 주도한 최초의 공산주의 단체인 한인사회당이 결성(1918)되어 무장독립전쟁론을 주장하면서 상해의 임시정부에 참가하기도 했다.

이처럼 '합방' 이후 국외에서 조성된 독립운동기지를 기반으로 한 독립전쟁론은 3·1 운동의 비폭력투쟁 노선의 한계가 드러나면서 확고하게 자리잡았다. 1919~20년에 군사조직을 갖춘 국외 독립운동 단체는 서·북간도에 75개 정도, 노령 지역에 40여 개가 있었다. 특히 홍범도, 안부, 최진동 등이 이끄는 연합부대가 1920년 6월 일본군 157명을 사살한 봉오동전투, 홍범도와 김좌진 부대가 연합하여 10월에 일본군 1,200여 명을 사살한 청산리전투, 연해주에서 적군과 빨찌산이 연합한 반일전투 등에서 큰 전과를 올렸다. 홍범도가 이끄는 대한독립군이 함경남도 갑산군, 평안북도 만포진에 국내진입작전을 이끄는 등, 1920년 전반기에 각 부대는 크고 작은 국내진입작전을 50여회 정도나 수행했다.

만주와 연해주의 부대들은 '연해주참변'과 '경신참변' 등 일본군의 대규모 '토벌'을 위해 1921년에는 노령인 자유시에서 부대통합운동이 시도되기도 했다. 이 시도는 뜻대로 이뤄지지 못했지만 만주 지역에서는 1920년대에 정의부, 신민부, 참의부 등 자치조직이 발전하여 3·1 운동의 이념이 국외에서 실현되어 가고 있었다.

한편 개인 폭력투쟁에 의한 독립 쟁취를 목적으로 길림에서 김원봉, 윤세주, 이종암 등이 창설한 조선의열단(1919.11)은 부산경찰서, 밀양경찰서, 조선총독부, 일본황궁에 폭탄을 던졌고 상해에서의 육군대장 다나카 저격 등 투탄 행위를 연이어 감행했다. 1923년 1월에는 신채호가 기초한 「조선혁명선언」을 발표하여 민족주의 계열의 절대독립론, 무정부주의 계열의 민중사회 건설론과 민중에 의한 폭력혁명론에 의한 조선사회 건설을 지향하는 혁명단체로 자리잡았다. 그러나 개인 폭력투쟁의 한계를 느낀 의열단은 1925년 중국의 광주로 본거지를 옮기면서 무장투쟁노선으로 변화했는데 특히 중국 혁명과 연대투쟁의 일환으로 김원봉 등이 중국의 북벌전쟁에 참여하였고 황포군관학교를 졸업한 단원이 많았다. 이들은 중국 혁명운동에 참가하면서 청년간부의 양성과 조직화에 전력을 기울였다. 의열단은 사회주의적 색채를 지닌 전위당 성격으로 발전하여 1927년부터 중국 관내에서 연합전선운동을 주도했다.

### (2) 대한민국 임시정부의 수립

의병전쟁과 계몽운동에 참가했던 해외운동가들은 현실적인 실천 경험을 통해 1917년 7월 신규식, 조소앙, 박은식, 신채호 등 지도자들이 발표한 「대동단결선언」과 같이 운동을 중앙집중적으로 통제·지도할 임시정부의 필요성을 제기했다. 그 필요성은 3·1 운동이라는 거족적인 운동을 경험하면서 더욱 절실해졌다. 이러한 정부수립론은 연해주의 대한국민의회, 상해의 임시정부, 서울의 한성정부 등 크게 세 지역에서 추진되었다. 결국 한성정부를 계승하되, 상해에 위치를 둔 대한민국임시정부(임정)가 수립되어 1919년 9월 이승만이 임시 대통령으로, 11월에는 이동휘가 국무

총리로 취임했다.

▲ 초기상해임시정부 요인들

임정은 3·1 운동 이후 온 민족의 바램을 배경으로 세워진 우리 역사상 최초의 공화주의 정부였다는 의의가 있다. 나라가 망할 때에는 대한제국이었고 복벽주의자들도 적지 않았지만 임정의 국호가 대한민국으로 수렴된 것은 민족운동의 과정에서 동포사회의 의식이 그만큼 발전했음을 의미한다. 또 이동휘 등 초기 사회주의자들이 적극적으로 참여한 좌우합작체로 출범했다는 또 다른 의미를 담고 있다.

그러나 임정의 운동이 외교노선 일변도로 기울자 무장독립론을 주장했던 동포들이나 사회주의 세력이 탈퇴함으로써 임정은 애초의 여망과 달리 민족해방운동의 중추 역할을 못하고 하나의 단체로 전락하게 되었다. 이 때문에 임정의 존폐 문제와 조직 방식을 둘러싼 국민대표회의가 1923년 2월에 열렸다. 이 회의에서는 무장노선을 천명하고 세계약소민족의 해방운동과 연대할 것을 결의하면서 민족해방운동의 통일된 방략을 결정했지만 진전된 구체적 성과는 거두지 못했다. 이 회의 결렬 후 만주 교포사회에서는 참의부(서·북간도 지역), 정의부(서간도·남만), 신민부(북간도와 북만 일부)의 3부가 성립되었다. 공화주의자들의 정착 기지 역할을 한

3부는 주권, 인민, 군사력까지 갖추어 내용 면에서 임정보다 충실한 자치정부의 성격을 띠었다.

결국 임정의 주요 활동은 손문(광동정부), 장개석(국민당)과 교섭하는 외교운동과 독립자금 모집에 집중되었다. 초기에는 자금 모집도 일정하게 이루어지고 국내와 간도지방 사이의 연락을 위한 연통제까지 마련했지만 결국 일제의 감시와 탄압 때문에 큰 성과를 거두지 못했다.

임정은 파리강화회의와 워싱턴회의에서, 그리고 국제연맹에 가입하여 독립국가로 인정받으려 했지만 이것이 어려워지자 미국, 영국, 소련, 중국 등 각 국으로부터 개별 승인을 받고자 했다. 그러나 이 때에는 특히 미국과 영국이 일본과 우호적 관계였기 때문에 성과를 거둘 수 없었다. 다만 이동휘의 노력으로 1920년 임정이 소련과 공수동맹을 맺는 제한적 성과가 있었다. 1940년대 이후에도 미국과 영국의 대일 전쟁에서 임정이 실질적으로 기여할 수 있는 군사력을 갖추지 못했기 때문에 임시정부로 인정받지 못했다. 중국과 미국의 지원으로 광복군이 조직되었지만 독자적인 작전을 펼 형편은 아니었다. 결국 자금도, 인력도 부실한 어려운 상황에서 임정의 외교중심 독립운동 방책은 빛을 발하기 어려웠다.

### (3) 조 · 중 연대 무장투쟁

1920년대 중반 들어 일제의 만주 침략이 본격화되고 친일단체를 통한 분열책이 강화됨에 따라 중국 관내와 만주 지역의 민족주의자들은 '이당치국(以黨治國)'론에 입각한 민족유일당운동을 전개했다. 1929년 남만 지역에서 국민부와 무장부대로서 조선혁명군이, 북만 지역에서 혁신의회가 결성되었다. 남만 지역의 조선혁명당과 조선혁명군은 1932년 무장투쟁을 결의하고 독자적 투쟁과 동시에 중국인 부대와 연대투쟁을 벌였고, 1938년 이후에는 동북항일연군에 독립사 형태로 편제되어 무장투쟁을 계속했다.

조선인 공산주의자들은 1930년 3월경부터 공산당원은 거주하고 있는 지역에서 혁명에 최선을 다한다는 코민테른의 일국일당주의 원칙에 따라 8월경까지 개별적으로 중국공산당에 입당하여 '조・중민중연대'를 모색하기 시작했다. 조선인과 중국인 부대가 연대한 무장투쟁이 본격화될 무렵 연길, 화룡, 왕청, 훈춘 등지의 주민은 조선인이 대부분이었다.

유격대 활동이 가장 활발했던 지역은 조선인이 밀집해 있던 동만 지역이었다. 이 지역에는 1932년 가을부터 1933년 봄까지 5개 소비에트가 건설되고 6개 지역에 혁명위원회가 조직되었다. 동만유격대는 1934년에 동북인민혁명군 제2군 독립사로 재편되었다. 남만 지역에서도 유격대가 조직되어 1934년 동북인민혁명군 제1군으로 조직되었다. 조선인 거주자가 많지 않았던 북만에서는 조선인들이 중국인 부대와 연대하여 항일무장투쟁을 전개했다.

이 과정에서 일부 중국인들이 민족배타주의와 좌경모험주의, 일제의 민족간 분열정책에 휘말려 수백명의 조선인을 친일조직인 민생단원으로 몰아 처형함으로써('反民生團투쟁') 항일 역량이 큰 손실을 입기도 했다. 그러나 통일전선을 강조한 1935년 코민테른 7차 대회 이후 만주에서는 동북항일연군이 건설되었다. 1936년 3월 동북인민혁명군 제2군이 동북항일연군 제2군으로 개편될 때 2천여 명의 부대원 가운데 절반이 조선인이었다. 특히 김일성이 이끌던 제3사의 부대원은 대부분 조선인이었다. 1936년에는 동북항일연군과 재만 조선인의 통일전선체인 조국광복회가 국내조직을 결성했다. 접경지대의 화전민 마을은 이들의 근거지로도 기능했다. 김일성 부대는 국내 신문에도 보도가 된 1937년 6월의 보천보 전투 등 국내진공작전을 주도했고, 1940년 3월 일본군 180여 명을 전멸시킨 후 '토벌'에 밀려 1940년 10월 소련으로 이동하여 88여단으로 재편되었다.

1938년에 김원봉이 이끄는 군사조직인 조선의용대는 중국 국민당군과 연대하여 항일투쟁을 벌였다. 1941년에는 조선의용대원의 대부분인 300여 명이 중국공산당 지역인 화북지방으로 이동하여 조선의용군으로서 제8로군과 합동하여 태항산 전투에도 참여했다. 조선인 대원들은 일제가 패망한 후 중국의 국공내전에도 참여했는데 이후 북한으로 들어와 조선인민군으로 편입되었다. 중국 공산당의 대장정에도 참여했던 무정이나 최창익, 한빈 등은 화북지역으로 온 조선의용대원을 중심으로 1941년에 화북조선청년연합회를, 1942년에 조선독립동맹을 결성했다. 조선독립동맹은 1944년에 국내의 여운형, 이영 등과 접촉하여 건국동맹 결성을 합의하기도 했다.

### 3) 국내외의 연합전선운동과 건국 준비

#### (1) 민족연합전선의 추진 과정과 건국이념의 수렴

1920년대 중반부터 중국 관내와 만주 지역에서는 민족해방운동의 총지도부 역할을 수행할 수 있는 민족유일당 운동이 전개되었다. 여기에는 1924년 코민테른 제5차 대회 이후 확고해진 반제민족통일전선론과 중국의 1차 국공합작이 큰 영향을 미쳤다. 이에 따라 관내에서는 1926년 안창호와 원세훈 등이 대독립당 북경촉성회를 결성한 이후 1927년 상해에서 한국독립당 관내촉성회연합회가 결성되었다. 만주에서도 1927년 정의부와 조선공산당 만주총국이 각기 민족유일당 조직에 나섰다.

민족유일당 운동은 국공합작이 와해되는 상황에서 내부의 입장 차이로 성과를 거두지 못했고 국내에서 신간회가 결성되는데 머물렀지만 그 의의는 적지 않다. 민족주의와 사회주의 계열이 정당을 기반으로 연합전선을 시도한 이 때의 경험은 이후 정세 변화에 따라 다시 활용되는 기반이 되었다.

1931년 '만주사변' 이후, 관내 민족해방운동전선에서는 전선의 통일과 중국과의 연대를 적극 모색하게 되었다. 한국독립당의 이유필·김두봉, 조선의열단의 한일래, 조선혁명당의 윤기섭·신익희, 한국광복동지회의 김규식 등이 상해에서 각단체연합주비위원회를 결성(1932.10)한 후 한국대일전선통일동맹(통일동맹. 1932.11)을 발족시켰다. 통일동맹은 대한인국민회 등 미주 단체도 가맹할 정도로 확대되었지만 사회주의 세력이 제외되었고 고립·분산적 활동 수준을 넘지 못했다.

이러자 1934년부터 의열단과 신한독립당을 중심으로 적극적인 단일당 운동이 다시 일어났다. 그 결과 시기상조론을 내세워 반대하던 한국독립당을 포함해서 각 혁명단체 대표대회가 1935년 남경에서 열려 단일당인 조선민족혁명당에 동참하기로 결의했다. 김구 계열이 불참했지만 김원봉이 이끄는 조선민족혁명당은 다양한 이념으로 구성된 통일동맹 산하의 모든 정당·단체가 참여한 연합정당이었다. 이후 조소앙계와 이청천계가 탈당하기도 했지만 조선민족혁명당은 1930년대 후반에 김구가 이끄는 한국국민당과 함께 관내의 운동을 주도하면서 연합전선을 모색했다.

'중일전쟁' 직후인 1937년 말 관내의 좌·우익전선은 각각 다시 연합체를 이루었다. 먼저 한국국민당, 한국독립당, 조선혁명당으로 나뉘어 있던 우익전선은 김구 주도로 한국광복운동단체연합회를 결성했다. 그리고 의열단 계열 중심으로 남아 있던 조선민족혁명당은 김규광 중심의 조선민족해방운동자동맹, 최창익 중심의 조선청년전위동맹, 무정부주의단체인 조선혁명자연맹과 연합하여 좌익전선 연합체인 조선민족전선연맹이 김원봉 주도로 결성되었다.

결국 두 연합체는 1939년 5월 전국연합진선협회라는 좌우연합체를 발족하기에 이르렀다. 김구와 김원봉은 파쟁과 대립을 해결하고 역량을 집중하기 위해 단일당 조직을 모색했지만 당원 자격, 임시정부 인정 여부 등의 문제로 우여곡절을 겪었다.

1940년대 들어 관내 연합전선운동은 임정을 중심으로 다시 추진되었다. 이념적 차이를 떠나 민족해방운동 세력은 연합국의 일원이 되어야 하며 임정을 모체로 하는 것이 현실적이라고 생각한 때문이었다. 먼저 조선민족전선연맹과 임정 각각의 군사력인 조선의용대와 한국광복군이 통일되었다. 군사력 통일은 임시의정원과 임정에서의 연합전선을 유도하여 1942년 10월 한국독립당이 독점하던 임시의정원 의원에 민족전선 쪽의 김원봉·왕통·유자명·김상덕·손두환 등이 선출되었고, 1944년 4월에는 연합정부가 세워졌다.

관내에서 연합전선이 확대되자 임정은 중국 공산당 지역인 연안의 조선독립동맹과도 연결을 시도했다. 1944년 8월 국내에서 여운형 중심으로 건국을 준비하던 건국동맹도 조선독립동맹, 임정과 연합전선 결성을 위해 연락원을 파견한 결과 조선독립동맹과 연결되었다. 건국동맹은 사회주의 운동, 노·농운동, 신간회운동 참가자들의 좌우연합체로서 1945년 3월에는 무장봉기를 위한 노농군 편성 계획도 세웠다. 그러나 만주에서 활동하던 동북항일연군 내 조선인 부대의 주력은 이 무렵 소련령으로 옮겨간 뒤였다.

따라서 일제가 패망할 때까지 관내 지역과 만주, 국내를 연결하는 연합전선은 부분적으로 이루어질 수밖에 없었다. 그러나 이러한 어려움 속에서도 상당한 성과를 거두었으며, 그 결과 민족국가 건설 방향에 대한 좌·우익전선의 정강·정책도 일정하게 수렴되는 모습을 보였다.

1930년 관내에서 형성된 최초의 우익전선 정당인 한국독립당의 경우 보통선거제 실시, 토지와 대생산기관의 국유화, 국비의무교육의 실시 등 정치·경제·교육의 삼균주의를 표방했다. 한국국민당도 이와 비슷했고 1940년에 새로 발족한 한국독립당 중심의 임정 건국강령도 삼균주의에 기초한 국가건설론을 구체화시켰다.

관내에서 처음으로 좌우연합전선을 이룬 조선민족혁명당의 정강·정책도 "봉건세력과 일체의 반혁명세력을 숙청하여 민주집권의 정권" 건설을 목적으로 보통선거제, 언론·집회·출판·결사의 자유, 남녀동등권과 "소수인이 다수인을 박삭(剝削)하는 경제제도를 소멸하여 국민생활상 평등제도를 확립"하기 위해 토지국유화, 대기업 국영화, 계획경제 등을 표방했다. 전국연합진선협회의 정강·정책이나 연안의 조선독립동맹 강령도 이와 비슷했다. 건국동맹도 거국일치로 조선민족의 자유와 독립 회복, 반추축제국과 협력하여 대일연합전선을 형성하고 조선의 완전 독립을 저해하는 모든 반동세력 박멸, 국가 시정을 민주주의 원칙에 의거하고 특히 노동대중의 해방에 치중해야 한다는 강령을 내걸었다.

이렇게 각 세력과 연합전선의 정강·정책은 경제정책 면에서 대기업과 토지의 국유화라는 대원칙과, 부르주아 독재도 프롤레타리아 독재도 아닌 민주공화국 체제로 민족국가가 건설되어야 한다는 점으로 합의되어 갔다. 이러한 내용은 해방 후 국가건설 방향과 직결된다. 다만 어느 쪽이 주도권을 잡는가 하는 점까지 합의될 형편이 아니었기 때문에 연립형 통일정부가 수립되었을 경우, 구체적인 정책의 내용은 가변성을 띨 수밖에 없었다.

### (2) 연합전선론으로 본 민족해방운동의 의의

20세기 전반기 조선이나 중국에서는 일본 제국주의를 자국에서 몰아내기 위해 모든 반일세력을 아우른 통일전선 또는 연합전선이 제기될 수밖에 없었다. 1920년대 이후 세계 사회주의 운동에 절대적인 영향력을 미쳤던 코민테른 2차 대회에서 거론한 식민지 민족문제 테제를 거론할 것도 없이 항일세력의 범계급 연합전선 형성은 당연한 과제였다. 일부 매판적 부르주아나 대지주층을 제외하면 일반 생산 대중은 말할 것도 없고 부르주아도 자신들이 직접 영향력을 발휘하는 국가기구의 도움 없이 사적 축적이 어렵다는 점에서 혁명성은 존재하기 마련이었다.

중국은 서구열강의 침략에 이어 일본에 의해 만주를 점령당하는 수모를 겪었지만 국민당과 공산당은 각자의 근거지를 가질 수 있었다. 항일전쟁과 내전에서 승리한 공산당의 경우, 자신들이 주도하는 통일전선을 꾸려갈 수 있었다. 그러나 전 국토를 점령당한 조선의 상황은 전혀 달랐다. 민족주의적 부르주아 세력도, 일시적으로 당을 만들기도 했던 사회주의 세력도 독자적으로 운동을 수행하거나 각자가 주도하는 통일전선운동을 꾸려 갈 수 없는 조건이었다. 따라서 조선에서는 신간회 운동의 경우처럼, 모든 항일세력의 계급연합전선이 더 현실에 맞는 개념이라고 할 수 있다.

해방 후 통일국가 건설의 방향을 모색할 때에도 각자의 관념적 이념에 따라 상황을 재단할 수 없는 조건이었다. 실제로 민족해방운동전선의 현장에서 활동했던 운동가들은 좌·우를 넘어 토지와 중요산업을 국유화하여 민족의 자산으로 만든다는 경제개혁에 대한 대략의 합의를 이끌어냈다. 이러한 합의가 가능했던 것은 이념이 같았기 때문이 아니라, 일본인과 조선총독부가 대지주이고 중요산업을 독점했던 현실 때문이었다.

그러므로 이러한 합의를 고정틀로 이해해서는 안 된다. 좌우연립정권을 통해 구체적으로 생산성과 분배효과를 높이는 정책을 모색하는 과정에서 융통성을 갖고 변해야 하기 때문이다. 냉전체제와 분단시대를 지나는 동안 좌와 우를 융합할 수 없는 물과 기름처럼 가르는데 익숙해졌지만, 서구의 근대 경험에서 보듯이 이념의 논리적 차이와 달리 현실에서는 얼마든지 타협 가능한 범주가 존재했다.

해방 후 폭넓게 존재했던 타협과 수렴의 여지는 미국과 소련의 극동전략에 휘말리면서 봉쇄되었다. 그러나 민족해방운동을 보는 시각은 이른바 좌와 우를 일도양단으로 구분하기보다 국내외에서 연합전선을 지향했던, 또 그럴 수밖에 없었던 당시의 구체적 현실 속에서 바라볼 필요가 있다. 그리고 이는 여전히 분단을 지양해야 하는 과제를 안고 있는 오늘의 역사인식에서 중요한 자산이기도 하다.

【정 태 헌】

# 제 8 장
# 한반도의 분단과 통일·민주화 운동

## 1. 해방, 그리고 분단과 전쟁

### 1) 건국준비위원회의 결성과 미·소 양군의 분할 점령

제2차 세계대전에서 이탈리아와 독일의 항복 뒤 고립된 일본은 1945년 8월 6일과 9일의 히로시마와 나가사끼 원폭투하, 8월 8일 소련의 참전을 계기로 8월 15일 무조건 항복했다. 우리 민족에게 해방은, 끊임없는 항일 투쟁에도 불구하고 연합국의 승리라는 국제환경 속에서 다가온 불완전한 것이었다.

소련군은 만주의 관동군을 파죽지세로 몰아내면서 웅기(1945.8.11), 청진(1945.8.13)을 거쳐 빠른 속도로 한반도에 들어왔다. 이에 오키나와 전투에서 고전하던 미국은 38도선을 경계로 한 분할 점령안을 제안(1945.8.13)했다. 미국과의 충돌을 원치 않던 소련은 주요 전략지역이 아닌 한반도에 자신에게 우호적인 정부만 세워지면 된다는 입장에서 이 제안을 수락함으로써 38선이 획정되었다.

일제 말기 조선건국동맹을 조직했던 여운형은 조선총독부로부터 정치범과 경제범의 석방, 3개월분 식량 확보, 조선인의 정치활동 및 조직활동 불간섭 등의 약속을 받고 건국준비위원회(건준 1945.8.15)를 결성했다. 건준은 치안 단체 수준을 넘어 여운형을 위원장, 안재홍을 부위원장으로 한

▲미 군함 미주리호에서 항복문서에 서명하는 일본 대표

중앙위원 32명과 총무부, 재무부, 조직부 등 12부 1국의 중앙조직을 갖춘 국가건설 준비기관이었다. 지방에도 치안과 행정을 담당하는 지부 조직을 확대해가던 건준은 연합군에게 정부로 인정받기 위해 9월 6일 이승만을 주석, 여운형을 부주석으로 하는 조선인민공화국(인공)을 선포하고 해체되었다. 건준 지부는 지방 인민위원회로 개편되어 10월 말까지 남한의 13개 도시와 132개 군에 인민위원회가 만들어졌다.

그러나 미군정은 인천으로 상륙(1945.9.8)하기 하루 전에 태평양 방면 미 육군총사령관 맥아더의 이름으로 발포한 포고문 제1호(1945.9.7)를 통해 점령군에게 반항하는 자는 엄벌에 처한다는 경고와 함께 시작되었다. 그리고 미군정청(1945.9.20)의 군정장관 아놀드는 10월 10일 인공을 인정하지 않는다는 성명을 발표했다. 또 미군정청은 행정기능 보완을 위해 친일 관료나 보수성향의 인물을 관리나 고문으로 임용하고 독립운동가를 탄압하던 친일경찰을 군정경찰로 충원하였다. 결국 구식민지 지역이 소련의 영향권 안에 들어가는 것을 막는데 주력한 미국의 정책은 친일파들이 정치적 경제적 기반을 다시 구축하는 후견자가 되었다.

미군정은 법령 2호를 발포(1945.9.25)하여 조선에 있는 일본의 국공유재산을 동결한 뒤 법령 33호(1945.12.12)로 일본인 사유재산도 군정청 소유로 귀속시켜 재정 기반을 다졌다. 동양척식주식회사의 소속 토지를 접수한 신한공사는 남한 경지면적의 13.4%를 차지했고 소속 소작농가 55만 여호는 총농가의 약 26%나 되었다. 여기서 나오는 소작료는 군정청 경비로 사용되었고 미군정 관할 아래 있는 귀속기업체는 전체 기업체의 22%, 종업원의 48%를 차지했다. 해방 후 노동자·농민들이 벌여왔던 일본인 재산에 대한 접수·관리운동도 불법화되었다.

농촌사회의 안정이 필요했던 미군정은 법령 9호(1945.10.5)를 통해 소작료가 총수확물의 1/3을 넘을 수 없도록 규정했다. 그리고 1948년 3월에는 신한공사 토지를 유상 분배하였다. 이는 개혁적 농민들의 무상분배 요구와 달리 이승만 정권 하에서 조선인(한국인) 지주의 농지를 유상구입하여 유상분배하는 전례를 보여준 것이었다. 또 1947년 3월부터는 일제시기의 연고자들을 중심으로 일부 귀속재산의 불하를 시작했다.

남한의 좌익세력은 조선공산당(조공)을 재건(1945.9.11)하여 정치적 주도권을 장악했다. 조공은 완전 독립과 토지문제 해결을 주장하면서 미국과 소련의 협조를 받아 임시정부를 세운다는 생각으로 미군정과 협조정책을 펴 나갔다. 중도좌파로 불렸던 여운형과 백남운도 각각 조선인민당과 남조선신민당을 결성하고 조공과 보조를 같이하였다.

우익 세력은 미군 진주 이후 결성한 한국민주당(한민당)을 결성(1945.9.16)하여 활기를 찾았다. 1945년 10월에 귀국한 이승만은 독립촉성중앙협의회를 결성하고 '선 좌우익통합, 후 친일파 제거'론을 내세워 좌익과 이견을 드러냈다. 11월에는 김구와 임시정부 요인들이 미군정의 반대로 개인 자격으로 귀국한 뒤 임시정부가 유일한 합법정부라고 주장하면서 한국독립당(한독당)을 이끌었다.

한편 8월 말에 북한 전역을 점령한 소련군은 각지에 조직된 인민위원회를 사령부 안의 민정부(1945.10.3) 지원을 받는 행정기구인 인민정치위원회로 바꾸면서 좌익세력을 지원했다. 하바로브스크에서 88여단을 이끌다 원산으로 귀국(1945.9.19)한 김일성은 소련의 후원과 항일투쟁 경력을 바탕으로 조선공산당 북조선분국(분국) 설치(1945.10.10)를 계기로 정치

주도권을 잡았다.

건준에 참여한 국내 공산주의자들은 지방당 건설에 힘을 쏟아 특히 평안남도와 함경남도에서 큰 영향력을 발휘했다. 우익세력은 1945년 11월 신의주 학생시위 등 반공운동에 이어 조만식 등이 모스크바 삼상회의 결의를 반대하면서 소군정과 대립했다.

소군정은 치안 담당, 공공기관과 산업기관의 접수・관리기구였던 인민정치위원회 활동을 통합 조정하기 위해 북조선 행정10국(1945.11.19)을 조직했다. 그리고 1946년 2월 임시주권기관으로 결성된 북조선임시인민위원회(위원장 김일성)는 '민주개혁'의 일환으로 3월에 무상몰수・무상분배 원칙의 토지개혁을 신속하게 단행했다. 6월에는 8시간 노동제 등을 규정한 노동법령, 7월에 남녀 평등권에 대한 법률, 8월에는 주요산업 국유화 법령이 공포되어 일제와 일본인, 그리고 친일파가 소유하던 주요 시설과 공장, 회사를 접수했다.

'민주개혁'은 북한지도부, 특히 김일성이 대중적 지지를 확보하는 결정적 계기가 되면서 북한에 혁명기지를 건설한다는 '민주기지론'으로 정립되어 갔다. 이 과정에서 서울의 중앙과 형식적 관계마저 단절하여 분국의 명칭을 1946년 4월에 북조선공산당으로, 다시 8월에는 조선신민당과 합당하여 북조선로동당으로 개칭(1950년 8월 조선로동당으로 개칭)했다. 그리고 1947년 2월에는 정식 행정주권기관으로 북조선인민위원회가 수립되었다. '민주개혁'이 유례없이 신속하게 진행된 것은 소군정이라는 물리력 외에 비교적 폭넓은 통일전선이 형성되어 북한지도부의 지지기반이 넓었던 데다가 지주층이나 반공인사 등 반대세력들이 대거 월남하여 계급투쟁의 공간이 사라졌기 때문이기도 했다.

### 2) 좌우 대립과 분단국가의 수립

미국의 한반도 신탁통치안은 1942년경부터 제2차 세계대전 후 한반도를 일정기간 연합국의 공동관리 아래 둔 뒤 독립시킨다는 구상으로 제기되었다. 이후 연합국은 카이로 선언(1943.11)에서 "일정한 절차를 밟아" 조선을 독립국으로 만든다고 했고, 얄타회담(1945.2)과 포츠담회담(1945.7)에서 5년 내지 10년의 신탁통치를 합의한 바 있었다. 이에 따라 미·영·소 삼국의 외상은 1945년 12월 16일부터 모스크바에서 한반도 문제를 논의하게 되었다.

삼상회의 결정안(삼상안)의 내용은 조선의 독립을 위해 임시정부를 세우되 미·영·중·소 4개국이 최장 5년의 신탁통치를 실시하며 실무기구로 미소공동위원회(미소공위)를 운영한다는 것이었다. 핵심내용은 신탁통치가 아니라 임시정부 수립이었다. 그런데 국내에서는 12월 28일 미국이 조선의 즉시 독립을 주장했지만, 소련이 전 한반도에 대한 일국 신탁통치를 주장했다는 잘못된 보도로 '반탁운동'이 일어나게 되었다. 빨리 독립국가를 세우려는 대중적 여망은 신탁통치를 감정적으로 받아들이기 어려웠다. 그렇다고 해서 이를 식민지배의 연장으로 이해하고, 한반도에 절대적인 영향력을 가진 미국과 소련이 냉전 이전에 합의한 임시정부 수립안을 거부한다면 분단 이외에 다른 대안이 나오기도 어려운 상황이었다.

김구 세력은 대한민국임시정부의 명분을 들고 삼상안에 가장 격렬하게 반대했다. 12월 28일 신탁통치반대 국민총동원위원회를 열고 전국 파업을 결의하면서 미군정에게 대한민국임시정부를 한반도의 정부로 승인하라고 요구했다. 좌익세력에 밀리던 우익세력은 '반탁운동'과 1946년 2월 김구와 이승만을 중심으로 결성한 비상국민회의를 계기로 결집했다. 비상국민회의 최고정무위원회는 미군정의 자문기구인 남조선대표민주의원(1946.2.14)으로 바뀌었다.

처음에는 '반탁' 입장이었던 조공 등 좌익세력도 1946년 들어 삼상안을 지지하면서 '반탁운동'에 맞서는 집회를 열었다. 또 비상국민회의에 대응하기 위해 조공, 조선인민당, 남조선신민당을 중심으로 민주주의 민족전선(민전)을 만들어(2.15) 삼상안에 따라 공위를 통한 임시정부 수립을 주장했다. 결국 삼상안을 계기로 우익과 좌익은 비상국민회의와 민전으로 대립된 것이다.

1946년 3월 20일 제1차 미소공위가 열렸고, 삼상안을 지지하면 과거의 반탁행위에 관계없이 협의대상으로 삼는다는 미소공위 공동성명 5호가 발표(4.18)되어 일부 우익세력이 동의했지만 김구, 조소앙 등은 끝까지 반대했다. 결국 삼상안에 반대하는 정당이나 단체와 협의할 수 없다는 소련과, 표현의 자유를 내세운 미국의 주장이 대립되어 미소공위는 5월 6일부터 휴회 상태에 들어갔다.

이러한 상황에서 이승만은 1946년 6월 3일 정읍에서 단독정부(단정)론을 처음 제기했다. 좌익세력은 물론 한독당의 반대에도 불구하고 그의 단정론은 미국에서도 계속되었다. 우익의 '반탁', 좌익의 삼상안 지지로 분열된 가운데 1947년 5월에 열린 제2차 미소공위도 결렬되었다.

이러한 상황에서 1947년 3월 대소봉쇄를 선언한 트루만 독트린으로 냉전이 가시화되었다. 미국은 제2차 미소공위 결렬 후 단정 수립 정책에 따라 한반도 문제를 유엔으로 넘겼다. 유엔은 인구 비례에 따른 남북한 총선거를 결정(1947.11.14)하고 유엔한국임시위원단을 파견(1948.1.8)했다. 그러나 외군 철수 뒤 남북 총선거를 통한 최고입법기관 구성을 주장한 북한에는 들어가지 못했다.

결국 유엔소총회는 남한만의 단독선거(단선)를 의미하는 가능한 지역에서의 선거 실시를 결정(1948.2.26)했다. 이승만, 한민당 등은 지지했지만 김구, 김규식 등 민족주의 세력과 좌익이 격렬하게 반대하는 가운데 각지에서 단선·단정 반대투쟁이 일어났다. '4·3 항쟁'으로 수만명의 희생자를 낸 제주도에서는 1년 후 재선거를 실시해야 할 정도였다. 정부 수립 후인 10월에도 제주도 출동 명령을 받은 14연대가 '여순사건'을 일으켰다.

우여곡절 끝에 5·10 선거로 출범한 제헌국회에서 헌법을 통과시키고 이승만, 이시영을 초대 대통령과 부통령으로 선출하여 대한민국 정부가 수립되었다. 이승만 정권이 안정된 것은 「반민족행위처벌법」 등 개혁입법을 내놓던 소장파 의원들을 제거한 '국회프락치 사건'(1949.5)과 김구 암살(1949.6) 이후였다. 또 「국가보안법」(1949.11)을 제정하여 좌익세력은 물론 정치적 경쟁세력을 탄압하는 도구로 활용했다. 여기에 연생산량의

1.5배를 5년간 상환하도록 한 「농지개혁법」 개정안이 확정(1950.3.10)되어 농민들을 "방공(防共)의 방파제"로 삼으면서 체제 안으로 흡수했다. 이를 기반으로 1950년에는 빨치산 소탕에 주력하여 남로당 세력도 거의 소멸되었다.

해방 후 남한의 생산 위축은 심각한 수준이어서 공업생산 감소율은 평균 75%에 이르렀다. 자금과 원료가 공급되지 않았고 남북간의 상호보완성이 단절된 데 반해 미군정은 응급조치로만 일관했다. 미국의 원조는 식료품, 피복 등 최종소비재가 40% 이상인 반면, 시설용 자재는 10%에 불과해 오히려 장기적으로 공업 성장을 저해하는 요인으로 작용했다. 이러한 추이는 정부 수립 후에도 마찬가지였다. 재건의 축이 되어야 하는 대기업, 특히 귀속기업의 생산 축소가 계속된 가운데 국지적 시장을 배경으로 가내공업 또는 중소기업이 생산 회복을 이끌어갔다.

북한에서는 1948년 8월 25일 최고인민회의 대의원 선거를 거쳐 9월 9일 조선민주주의인민공화국이 수립되었다. 북조선인민위원회의 주도로 1947년과 1948년의 1개년 계획, 정부 수립 이후의 1949~50년간 2개년 인민경제계획 등 한국전쟁 이전에 세 차례의 계획경제가 시행되었다. 이에 따라 공업 부문에서 사회주의 경제의 비중이 90% 이상 차지한 가운데 기계공업과 경공업 부문은 1944년의 2.47배, 1.53배에 이르러 경제회복의 과제는 일정하게 달성되었다고 한다. '민주개혁'으로 자신감을 가진 북한은 남북한 총선거 실시를 통해 최고입법기관과 통일정부를 세우자고 주장했다.

### 3) 전쟁과 적대적 대립의 고착

분단국가 수립 이후 북한은 무력통일 방안으로 기울어졌다. 이에 따라 38도선 이남의 오대산, 지리산, 태백산지구에 유격부대를 편성하고 게릴라를 남파했다. 1949년에 소련과 경제·문화협정을 체결하고 1950년 4월까지 중국군에 속해 있던 4만여명의 조선인 의용군을 인민군에 편입시켰다.

▲6·25 전쟁 때의 피난 행렬

군사적 긴장이 높아진 1949년에는 38선 부근에서 국지적 전투가 874회나 발생했고 결국 1950년 6월 25일 인민군의 남침으로 전면 전쟁이 발발했다. 인민군은 6월 28일 서울을 점령한 뒤 7월말에 낙동강까지 파죽지세로 내려왔다. 남한 1,526개 면 가운데 1,198개 면에서 토지개혁 등 '민주개혁'이 시행되었고 당과 인민위원회 등이 조직되면서 '반혁명분자'가 처형되었다.

미국은 6월 27일 큐우슈우 주둔 공군을 곧바로 투입한 뒤 유엔 안전보장이사회의 결의(6.28)를 통해 군사원조와 유엔군 파견을 주도했다. 이로써 미군은 16개국 군대로 구성된 유엔군과 대전협정 체결(7.14)로 국군의 작전권까지 넘겨받아 한국전쟁을 사실상 지휘하게 되었다. 유엔군은 9월 15일 인천상륙작전으로 전세를 뒤집은 뒤 국군과 함께 서울(9.28), 평양(10.7)에 이어 한·중 국경선까지 진격했다.

그러나 중국의 참전(1950.10.8)으로 한국전쟁은 자본주의와 사회주의 진영의 본격적인 대결로 확대되었다. 후퇴하던 유엔군이 오산까지 밀렸다가 서울을 되찾은 후(1951.3.14) 양쪽 군대는 휴전협정 체결 때까지 38

도선을 경계로 지리한 공방전을 계속했다. 이런 상황에서 유엔군 총사령관 맥아더가 만주 폭격, 장개석군 참전 등 확전론을 주장하자 미국 정부는 소련의 개입을 우려하여 1951년 4월 그를 해임하고 전쟁 종결방침을 결정했다.

그리고 1951년 7월 작전권이 없는 한국이 참여하지 못하고 이승만 대통령의 휴전 반대 주장도 무시된 가운데 휴전회담이 열렸다. 그러나 포로교환의 방식 문제로 2년이나 끌다가 미국의 정권 교체, 소련의 스탈린 사망 후인 1953년 4월에 재개되었다. 6월 18일 북진통일을 주장하면서 휴전을 반대한 이승만 대통령이 일방적으로 반공포로 2만 5천여명을 석방해 위기를 맞았지만 1953년 7월 27일 마침내 휴전협정이 체결되었다. 미국의 제안대로 접전선으로 결정된 휴전선에는 스웨덴 · 스위스 · 폴란드 · 체코슬로바키아 등 4개국 중립국 감시위원회가 설치되었다.

이승만 정권은 국회의 간접선거로 재선이 어려워지자, 전쟁이 한창 중인 1951년 12월 자유당을 만들어 1952년 5월 직선제 개헌안을 국회에 제출하고 백골단 등을 동원하여 야당의원을 위협하는 부산정치파동을 일으켰다. 부산 지역에 계엄령을 선포하고 국제공산당 자금을 받았다는 혐의로 국회의원 50여명을 연행한 후 7월 4일 군경이 국회를 포위한 가운데 직선제 개헌안을 통과시켰다. 이로써 1952년 8월 제2대 대통령에 당선된 후 1954년 9월에는 초대 대통령에 한해 3선제한을 철폐하는 개헌안을 다시 국회에 제출했다. 재적의원 203명 중 찬성표가 개헌선인 2/3(135.33)에 한 표 모자라 부결되었지만 결국 사사오입으로 우겨 뒤집는 개헌까지 자행했다.

전쟁 기간에는 전황에 따라 주도권이 바뀐 이념에 편승해서 각지에서 발생한 양민학살, 부패와 어우러져 1백만 여명의 제2국민병을 굶주림과 질병으로 몰아 넣은 국민방위군 사건 등 비인간적 행태가 속출했다. 남한은 500여만 명의 인명피해와 생산기반의 절반 이상이 파괴되었다. 정부가 집계한 총피해액 30억 3,200여만 달러는 전쟁 전 국민소득의 2배가 넘는 규모였다. 북한은 미군의 폭격으로, 특히 주요 도시는 폐허가 되다시피

했다. 피해 추정액 4,200억여 원은 1953~57년의 5년간 예산과 맞먹는 수준이었다. 무엇보다 200여만에 이르는 월남자와 300여만의 사상자 등 인적 손실로 1953년의 공업생산력은 전쟁 전보다 절반, 농업생산액은 1/4 정도로 줄었다.

이처럼 한국전쟁은 남북을 가릴 것 없이 엄청난 인명 피해와 재산 손실을, 그리고 적대적 대립체제의 고착화를 불러왔다. 남한에서는 미국의 영향력이 더욱 커졌고, 북한에서는 '미제'에 대한 인민들의 적개심이 어우러지면서 오늘날 북한 사회의 원형이 만들어졌다. 반면에 일본은 한국전쟁 특수를 계기로 미국의 원조와 시장 제공 등에 힘입어 경제성장의 발판을 마련했다.

## 2. 민주화운동과 통일운동의 전개

### 1) 통일운동과 평화통일론의 정착과정

#### (1) 좌우합작운동과 남북협상—분단 극복의 가능성과 실패

해방은 경제 재건과 개혁, 그리고 자주적인 통일민족국가 수립의 기회를 열어 주었다. 그러나 점령군으로 진주한 미국과 소련에 의한 냉전체제에 종속된 채 분단과 전쟁을 초래할 가능성도 수반했다. 따라서 각 정치세력에게는 실현 가능한 개혁의 타협점을 찾아 수렴하는 노력이 절실하게 요구되었다.

1920년대 중반 이래 국가 건설의 기본 방향에 대해 합의를 이루어갔던 좌우 연합전선운동은 해방 직전 국내에서 여운형이 이끄는 조선건국동맹으로 이어졌다. 해방 후 좌우연합체로 조직된 건준은 인공 선포 후 우익세력이 대부분 탈퇴하는 우여곡절을 겪었지만 인공과 이승만, 김구의 임시정부 사이에 연립정부 수립방안이 논의되기도 했다.

그리고 미소공위를 둘러싸고 좌우대립이 격화되던 1946년 1월에도 공산당, 한민당, 인민당, 국민당 등 4당 대표의 정당통일운동이 시도되었다. 1차 미소공위 결렬 후에는 여운형, 김규식 등이 미군정의 지지를 받으면서 좌우합작운동을 추진했다.

좌우합작위원회는 덕수궁에서 미소공위 재개, 친일파·민족반역자 배제 등에 합의(1946.7.25)했다. 이에 대해 민전은 북한의 '민주개혁'에 영향을 받아 무상몰수·무상분배의 토지개혁 실시, 친일파 처단, 인민위원회로의 정권 이양 등을 요구하는 좌우합작 5원칙을 발표했다. 이에 대응한 우익도 임시정부 수립 뒤 특별법 제정에 의한 친일파 처단, 신탁문제에 유보적인 입장 등을 담은 좌우합작 8원칙을 제시했다. 좌우합작이 난관에 부딪힌 것이다. 결국 토지개혁 시행과 입법의원 수립에 어렵게 합의한 좌우합작 7원칙(1946.10.7)은 성과를 거두지 못했다. 좌우합작위원회는 1946년말 여운형이 떠난 뒤 김규식 등 중도우파가 주도하게 되었지만 크게 약화되었고 얼마 후 여운형마저 암살(1947.7)되었다.

민족주의 세력은 1948년 들어 단정 반대, 미·소 양군 철수와 남북협상에 의한 총선거를 주장하면서 북한 지도자들에게 남북협상을 제안했다. 그 결과 김구와 김규식 등이 참가한 '전조선 정당 사회단체 대표자 연석회의'(1948.4.19～26)가 1주일간 평양에서 열렸다. 남북 56개 정당과 사회단체 대표 659명은 미·소 양군 철수, 외군 철수 뒤 내전 발생 부인, 남북총선거 실시와 정부 수립, 남한 단독선거 반대를 주장하는 공동성명서를 발표했다.

결국 5·10 선거는 남로당 외에, 서울로 돌아온 김구와 김규식 등 주요 우익세력까지 불참함으로써 이승만·한민당 세력 중심으로 치뤄졌다. 남북협상은 결실을 보지 못했고 내전을 일으키지 않기로 한 합의도 무산되었지만 이후 전개되는 평화통일운동의 기반을 만들어 주었다.

### (2) 한국전쟁 후 평화통일론의 제기와 탄압

이승만 정권은 정부 수립 직후부터 김일성 정권의 해체, 유엔감시 아래 북한지역만의 자유선거 등 타협이 어려운 통일론을 주장했다. 1954년에 제네바회담에서 제시된 유엔감시 하의 남북한 총선거안에 대해서는 대한민국 헌법 절차에 따른 총선거를, 회담 결렬 뒤에는 다시 북한만의 유엔감시 하 총선거를 주장했다.

북한은 제3차 조선노동당대회(1956.4.23)에서 정전협정을 평화협정으로 전환하는 등 다소 진전된 안을 제기했지만, '미제'에 반대하는 남북한 공동투쟁 등 현실성이 떨어지는 안을 조건부로 달았다. 성공적 전후복구를 거치고 남한에서 4·19 민주항쟁이 일어난 직후인 1960년 8월 15일에는 남한이 남북한의 자주적 총선거안을 받아들일 수 없으면 과도적으로 남북연방제를 실시하자고 주장하기도 했다.

남한에서는 1956년 제3대 정·부통령 선거에서 높은 지지를 받은 조봉암이 이승만의 북진통일론을 반대하고 남북한 총선거에 의한 평화통일론을 주장했다. 그러나 이승만 정권은 1959년에 조봉암을 간첩혐의로 처형함으로써 한국전쟁 후 처음으로 거론된 평화통일론을 잠재웠다.

적대적 남북관계를 철폐하는 평화통일론은 4·19 민주항쟁 이후 다시 부각되었다. 1960년 9월 혁신정당·사회단체들이 민족자주통일중앙협의회(민자통)를 발족했고 각 대학에서도 민족통일연맹을 만들어 평화통일론이 대중의 지지를 받게 되었다. 1961년에는 대학생들이 남북학생회담을 제의(5.5)하고 민자통이 주최한 대규모 남북학생회담환영 및 통일촉진궐기대회(5.13)가 열렸다. 1만여명이 참여한 이 대회에서 '가자, 북으로! 오라, 남으로!'라는 구호가 외쳐졌지만 평화통일 운동 분위기는 5·16 군사쿠데타에 의해 다시 가라앉고 말았다.

### (3) 1960~70년대—적대적 공존정책 속에서 합의된 평화통일론

5·16 쿠테타 이후 남한에서의 평화통일운동은 완전히 억압되었다. 북

한에서도 1960년대 들어 중·소 분쟁을 계기로 추진된 국방과 경제 건설의 병진노선으로 경제발전 속도가 크게 후퇴했고 한일국교 정상화를 계기로 1964년에는 연방제라는 공식적 통일론보다 비공식적 혁명노선이 부각되었다. 그 결과 남한에서 '미제침략자'와 '군사파쇼 독재정권'을 몰아내야 한다고 주장하면서 1960년대 중반 이후에는 남한에 대한 국지적 무력도발도 빈번해졌다.

그러나 1960년대 후반 들어 국제환경이 데탕트 분위기로 바뀌었다. 미국은 닉슨독트린(1969.7) 발표를 계기로 중국과의 관계를 정상화하면서 소련을 견제하고 베트남전 부담을 덜기 위해 종전 의사를 밝혔다. 1970년과 1971년에는 주한미군 2만여명을 철수시켰다. 이러한 국제환경은 남북한에게 상호 접근을 유도했다. 그 결과 1972년에 남북적십자회담이 추진되었고, 분단 이래 처음으로 정권 당사자가 자주·평화·민족대단결의 통일 3대원칙에 합의한 '7·4 남북공동성명'이 발표되었다.

그러나 남북의 적대적 대치 상황을 정권 유지에 이용해왔던 박정희 정권은 1972년에 평화통일을 위한 강력한 영도체제가 필요하다고 주장하면서 장기집권을 위해 유신헌법을 선포(10.17)했다. 1973년에는 '6·23 선언'(평화통일 외교정책 선언)을 발표하여 남북한의 불간섭, 불가침, 남북한 동시 유엔가입 등 이른 바 두개의 한국 정책을 제시했다. 이러한 1민족 2국가 체제안은 적대적 남북관계를 해소할 수 있는 방안일 수 있지만 실천 대안이 따르지 못했다.

유신헌법 공포와 때를 같이하여 북한도 사회주의 헌법을 제정(1972.10.27)하여 주체사상의 전일적 지배를 법제화하면서 1민족 1국가 체제안으로서 고려연방제 통일안을 다시 강조했다. 또 '6·23 선언'에 대응하여 같은 날 군사문제 우선 해결, 정치·군사·외교·경제 등 다방면의 합작, 통일문제 협의를 위한 대민족회의 소집, 남북연방제, 단일회원국으로서 유엔 가입 등 '조국통일 5대강령'을 발표했다. 이 무렵 북한의 통일론은 기존의 남북한 자주적 총선거안을 폐기하고 두 체제를 존속시키되 단일국호로서의 고려연방국을 제기하는 변화를 보였다.

이처럼 1970년대에는 남북한이 적대적 공존체제를 내부 정치에 활용한 가운데 평화통일론에 합의했다. 그리고 각자의 정치적 필요에 따라 남한은 2국가 체제안을, 북한은 1국가 체제안을 내걸었다. 즉 합의안을 이해하는 방식은 서로 달랐지만 만남조차 부정하던 이전 시기에 비하면 한 걸음 나아간 것이었다.

### (4) 1980년대말 이후—평화적 공존체제 정착을 향하여

1970년대를 거치면서 경제가 어려워진 가운데 공존정책이 필요했던 북한은 1980년에 고려민주연방제안을 발표했다. 사상과 이념을 넘어 지역자치를 인정하는 내용을 담아 사실상 1민족 2국가 체제에 가까운 통일방안으로서 큰 변화를 내포한 것이었다. 그러나 군사정권 퇴진을 주장하면서 남한 정부와 공식 대화를 거부했고 1984년과 1985년에 이루어진 적십자회담, 경제회담, 체육회담, 국회회담도 모두 중단했다. 북한은 남북대화를 통해 정치, 군사 문제를 우선 해결하려 했지만, 계속된 한미합동군사훈련 때문에 회담을 거부했다.

남북간의 공식접촉이 재개된 것은 1985년 9월 이산가족의 고향방문 및 예술공연단의 서울・평양 동시방문을 통해서였다. 1989년에는 북한을 선의의 동반자로 간주한다는 노태우 대통령의 '7・7 특별선언'이 발표되었다. 1990년에는 9월 남북한 유엔동시가입에 이어, 12월에 분단 후 처음 이루어진 남북 총리 간 고위급회담에서는 '남북사이의 화해와 불가침 및 교류 협력에 관한 합의서'(남북기본합의서)와 10개 세부사안에 대한 합의서를 채택하여 화해와 협력의 문을 열었다. 1990년과 1991년에는 북경 아시아경기대회 기간의 남북공동응원, 평양과 서울에서 열린 남북통일축구, 제41회 세계탁구선수권대회와 제6회 세계청소년축구선수권대회에 처음으로 단일팀이 참가하는 등 화해 무드가 넘쳐났다.

그러나 냉전체제의 해체와 공산권의 개혁・개방은 북한을 크게 위축시켰고 북한의 핵무기개발 의혹, 한미합동군사훈련 등의 이유가 겹쳐 남북

▲남북정상회담(2000.6.15)에서의 흥겨운 모습

대화는 1993년 들어 교착상태에 빠졌다. 반면에 노태우 정권은 공산권으로 진출하려는 기업을 위해 적극적인 북방정책을 펼쳤다. 1988년 9월 헝가리를 비롯해서 폴란드, 유고슬라비아, 소련, 그리고 1992년 8월에는 중국과 수교함으로써 공산권과의 관계 정상화가 마무리되었다.

교착 상태에 빠졌던 남북대화는 1994년 7월 남북정상회담 개최 합의로 풀렸지만 김일성 주석의 사망으로 다시 무산되었다. 이후 북한의 식량위기에 대한 남한 정부의 지원 속에서 남북관계는 인적·물적 교류가 급증한 가운데 금강산 관광사업, 개성공단 조성 합의 등 경제협력이 활성화되었다. 이러한 분위기 속에서 2000년 6월 13~15일 간에 분단 이후 최초로 김대중 대통령과 김정일 국방위원장의 역사적인 남북정상회담이 평양에서 개최되었다. '6·15 남북공동선언'은 서로의 체제를 인정하고 북한의 고려연방제론과 남한의 남북연합론을 절충하여 '낮은 단계의 연방제'에 합의함으로써 2체제 2정부의 평화적 협력관계를 설정할 수 있는 기반을 마련했다.

## 2) 민주화운동의 장정

### (1) 4·19 민주항쟁

원조 격감과 실업의 급증 등 경제 불황 속에서 이승만 정권은 1958년 「국가보안법」 개정안의 국회 제출, 지방자치단체장의 임명제 전환, 「경향신문」 폐간 등 독재권력 강화에 주력했다. 특히 1960년 3월 15일로 예정된 제4대 정·부통령 선거 과정에서 전출자·기권자들의 투표용지 도용, 4할 사전투표, 완장부대 동원 등 노골적인 부정선거를 자행했다.

대통령 후보였던 조병옥의 사망으로 기대감이 꺼진 민주당과 국민들의 불만은 극에 이르렀다. 마산 학생·시민들의 시위 후 최루탄이 얼굴에 박힌 처참한 모습으로 떠 오른 김주열 학생의 시신은 온 국민의 분노를 자아내면서 시위의 서막을 열었다. 이승만 정권은 마산 시위를 두고 공산당의 조종 혐의가 있다고 몰아부쳤지만 시위는 전국적으로 확대되었다.

결국 4월 18일 평화시위를 마치고 귀가하는 고대 학생들을 깡패들이 습격한 보도를 접한 다음 날, 대학생과 시민, 중고등학생은 물론 초등학생까지 참여하는 전국민적 시위가 일어났다. '피의 화요일' 4월 19일 이후 '학생의 피에 보답하라'는 대학교수단 시위(4.25)를 계기로 결국 이승만은 하야성명을 발표(4.27)하기에 이르렀다.

▲4·19 민주항쟁시 환호하는 군중들

4·19 민주항쟁에 적극적으로 참가한 집단은 도시빈민이었다. 학생들이 시위를 조직하고 항쟁을 주도했지만, 희생자 186명의 절반이 넘는 94명이 하층노동자 또는 무직자였다.

이승만 하야 뒤 허정이 이끄는 과도정부는 질서 유지를 강조하면서 평화적 정권교체, 3·15 부정선거 책임자 처벌, 경찰력의 수습과 정치적 중립화 등을 약속했지만 이를 신속하게 추진하지 못했다. 대구와 부산 등에서 국회해산과 즉각 총선 실시, 발포책임자 처벌을 요구하는 학생시위가 5월 초까지 계속된 것도 이 때문이었다. 학생들은 학원민주화 운동을 전개하면서 학도호국단을 해체하여 학생회를 구성하고 국민신생활운동, 국민계몽운동 등을 벌였다. 4·19는 1960년대 이후 줄기차게 전개된 민주화 운동의 대장정의 서막이었다.

### (2) 한일국교 반대운동

4·19 후 7·29 총선으로 출범한 장면 정권을 8개월 만에 무너뜨린 5·16 쿠테타 세력이 미국의 종용 속에 서두른 외교정책의 하나가 한일국교 정상화였다. 1962년 11월에 이미 '제2의 이완용'을 자처하던 중앙정보부장 김종필은 오히라 일본 외무장관과 일본이 무상 3억달러, 차관 2억달러, 상업차관 1억달러(정식체결 때 2억 추가)를 제공한다는 비밀합의를 체결했다.

그러나 식민통치에 대한 사과나 배상은 요구하지 않고 차관 도입에만 관심을 둔 군사정권에 반대하는 수만 명의 학생시위가 전개(1964.6.3)되었고 야당에 의한 '대일굴욕외교반대 범국민투쟁위원회'가 결성되었다. '매국외교 중지', '매판자본 타파'를 주장한 시위는 1965년 들어 크게 확대되어 교수, 지식인, 시민들이 합세했고, 파출소까지 공격하기에 이르렀다. 박정권은 계엄령과 위수령을 발동하여 휴교령을 내리고, 군경을 동원하여 시위를 진압하였다. 또 동베를린간첩단사건을 만들어 학생운동을 용공으로 몰아 시위 열기를 가라앉히려 하였다.

실제로 6·3 시위의 와중에서 미국의 요구를 수용하여 국회에서 통과된 국군의 월남전 파병안(1964.7.30)은 큰 이슈로 등장하지 않았다. 그러나 한일협정이 조인(1965.6.22)된 후에도 굴욕외교 반대 시위는 계속되어 민주화운동에 대한 국민적 지지와 인식이 넓어지는 계기가 되었다.

### (3) 반독재 민주화운동과 유신체제의 붕괴

유신시대는 1974년 '전국민주청년학생운동연합' 관련 학생 1,024명을 검거하여 서울대학생 등 8명에게 사형을 선고한 4호, 1975년 고려대학교를 대상으로 한 7호, 유신헌법을 비방하는 모든 행위를 금한 9호에 이르기까지 대통령 긴급조치가 남발되었고 계엄령과 위수령으로 점철된 폭압의 시대였다. 그러나 민주화운동 세력은 1970년대 들어 대학생은 물론 지식인, 종교인, 언론인 등으로 확대되었다. 박정희 집권기에 마지막 대통령 선거가 있던 1971년에는 14개 언론사 기자들이 언론자유 수호운동을 전개했고, 군사정부의 사법부 간섭에 항의하여 서울 형사·민사지방법원 판사들이 사표를 내는 사건이 일어났다.

유신헌법 발포 이듬해인 1973년 3월에는 '천주교 정의구현 전국사제단'이 조직되었고 12월에는 '개헌청원 100만인 서명운동'이 이루어졌다. 1974년에는 '자유실천문인협의회'가 조직되었고, 윤보선, 김영삼, 김대중 등 정치인과 함석헌, 김재준, 법정 등 종교인, 그리고 학자, 언론인, 법조인 등이 '민주회복 국민회의'를 결성해 개헌을 요구했다. 1975년에는 동아일보와 조선일보에서 해직된 언론인들이 '자유언론수호투쟁위원회'를 조직했다. 1976년에는 윤보선, 김대중, 함석헌 등이 박정권 퇴진을 요구하면서 명동성당에서 긴급조치 철폐, 구속인사 석방 등을 주장하는 '3·1 민주구국선언문'을 발표했다. 1977년에는 해직교수들이 민주교육선언을 발표했다.

반유신 민주화운동이 최고조에 이른 1979년의 전야는, 제10대 국회의원 선거(1978.12)에서 야당인 신민당이 공화당보다 높은 득표율을 얻는 가운데 다가왔다. 1979년 8월 신민당사에서 농성한 YH무역 노동자 170여 명을 해산하는 과정에서 김경숙이 사망하는 사건이 일어나자 박정권은 그에 대한 보복으로 김영삼의 당총재 자격과 의원직을 박탈했다. 이에 맞선 김영삼의 정권타도 투쟁선언과 1979년 10월의 부산·마산 시위는 유신의 조종을 알리는 신호였다. 부산대 학생 수천여명이 '유신철폐,' '빈부격차 해소'를 내걸고 가두시위를 벌였고 노동자, 시민들은 억압기구인 경찰서와 어용언론으로 비난받던 신문사를 부수었다. 박정권은 18일 부산 지역에 계엄령을 선포했지만 고등학생과 수출자유지역의 노동자들까지 참여하는 마산 시위로 확대되었다. 결국 20일에는 다시 마산과 창원 지역에 위수령이 내리고 군부대가 투입되었다.

유신정권에 반대하는 민주화 운동세력과 지지층이 확대된 가운데 발생한 부·마항쟁은 대처방식을 놓고 박정권 내부가 강온파로 분열될 만큼 결정타를 가했다. 결국 1979년 10월 26일 중앙정보부장 김재규가 박대통령을 살해함으로써 유신시대는 막을 내렸다.

### (4) 광주민중항쟁과 6월 항쟁

유신체제가 무너진 뒤 1980년 '서울의 봄'을 맞아 학생들은 계엄철폐와 유신잔당 퇴진을, 재야의 중심체인 국민연합은 거국내각을 요구했다. 김영삼, 김대중 등은 민간정부 등장을 기대하면서 지지층 확대에 주력하고 있었다. 그러나 최규하 대통령의 과도정부는 1979년 12·12 쿠테타를 주도한 보안사령관 전두환에게 통제된 상태였다. 이 때문에 학생들과 재야 정치권의 전두환 퇴진 요구 시위가 계속된 가운데 지식인 134명의 민주화선언이 발표되었고, 10만여 대학생들이 서울역에 모여 계엄해제를 요구했다(5.16).

신군부가 5월 17일 비상계엄을 전국으로 확대하면서 학생운동 지도부, 김대중 등 민주인사들을 체포하자 18일 전남대 학생들은 계엄철폐, 신군부 쿠데타에 대한 규탄 시위를 벌였다. 이 과정에서 공수부대의 잔혹한 진압은 시민들을 분노의 공동체로 묶어놨다. 수백대의 차량시위까지 일어난 20일에 시위대는 10만여 명으로 늘어났고, 21일에는 아세아 자동차의 장갑차를 앞세우고 계엄군과 대치할 정도로 확대되었다. 광주민중항쟁을 불순분자와 간첩들의 파괴 행위로 선전하던 신군부에 맞서 고립 상태에 놓여있던 시민들은 계엄군의 만행 때문에 총을 들 수밖에 없었다는 대국민 호소문을 발표했다. 항쟁 4일만에 계엄군이 물러간 후, 22일에는 관료, 변호사, 종교인 등이 '5·18 수습대책위원회'를 결성하여 계엄당국과 협상에 나섰다. 그러나 한 때 시민들이 기대하기도 했던 미국은 22일 신군부가 요구한 4개 대대의 진압부대 동원을 받아들인 상태였다. 결국 5월 27일 계엄군의 도청 진격작전으로 처참한 희생 끝에 광주민중항쟁은 막을 내렸다.

광주민중항쟁은 박정권의 경제개발 과정에서 소외된 광주·전남 지역민들의 피해의식과 김대중 구속이 어우러져 민주화 열망으로 폭발한 것이었다. 또 군부독재를 지원한 미국을 객관적으로 인식하게 만든 민족적 민중운동이었다.

광주민중항쟁 이후 학생운동은 신군부의 폭압정치에도 불구하고 급격하게 확대되었다. '전국학생총연합회'가 조직(1985)되어 전국 대학생을 아우른 조직적 차원에서 민주화투쟁이 전개되었다. 특히 학생들의 미문화원 점거농성(1985.5.21)은, 부산 미문화원 방화(1982)에 이어 전두환 정권의 퇴진과 광주항쟁 진압을 지원한 미국의 책임 문제를 전면 제기했다.

▲광주민중항쟁 중 시위대를 진압하러 가는 공수부대

한편 1985년 2·12 총선에서 김영삼, 김대중이 이끄는 신한민주당은 제1야당으로 부상한 후 민선정부를 열망하는 국민의 바램을 안고 1986년 2월 1천만명 개헌서명운동을 전개했다.

전정권은 반공 이데올로기를 동원하여 개헌정국에 대응했다. 건국대에서 열린 대학생 시위를 공산혁명분자들의 난동으로 몰아 1,525명을 연행(10.28)하고, 1,290명을 구속했다. 또 전쟁 분위기 조성을 위해 '평화의 댐' 준공을 발표(10.30)했다. 그리고 1987년 1월 박종철 고문치사 사건 이후 직선제 개헌, 정권 타도를 외치는 분노한 수만명의 학생·시민의 요구를 묵살하고 4·13 호헌조치를 발표했다.

그러자 변호사, 종교계 등 각계의 반대 성명이 들불처럼 번져나갔다. 마침내 5월 18일 고문치사 사건이 조작되었다는 천주교 정의구현 사제단의 성명을 계기로 통일민주당과 재야가 연대하여 호헌반대 민주헌법쟁취국민운동본부를 결성하고 민주정의당 전당대회일에 맞추어 범국민대회를 개최(1987.6.10)했다. 절정에 이른 6·10 항쟁은 26일 국민평화대행진까지 계속 이어졌다.

결국 전정권은 대통령 직선제 개헌을 골자로 한 '6·29 선언'을 발표하여 국민들의 퇴진 요구를 진정시켜야 했다. 그러나 '6·29 선언' 뒤 김영삼과 김대중이 독자출마를 선언하자 민주화 세력도 양김씨 각각에 대한 지지로, 그리고 민중독자후보파로 3분되었다. 그 결과 16년 만에 치러진 1987년 12월 대통령 선거에서 불과 36.6%를 얻은 노태우 후보가 당선되었다. 한국 현대사에서 선거를 통해 정권 교체가 처음 이루어진 것은 10년 뒤인 1997년에 이르러서였다.

### 3) 노동운동과 농민운동의 정착 과정

#### (1) 전평·전농의 결성과 어용적 노총·농총의 설립

1945년 11월 1,194개 노동조합과 50만 조합원, 그리고 13개 산업별 노동조합을 결집한 조선노동조합전국평의회(전평)는 최저임금제, 8시간 노동제 등을 주장했다. 1945년 12월 239개 농민조합, 3백만 조합원으로 결성된 전국농민조합총연맹(전농)은 일제와 민족반역자의 토지 몰수 후 빈농 분배, 조선인 지주의 소작료 3·7제를 주장하면서 양곡수집 반대투쟁 등을 전개했다.

전평이 주도한 노동운동은 9월 총파업(1946)에서 정점에 이르렀다. 9월 24일 임금인상, 노동조건 개선, 식량배급 등을 요구한 부산철도 파업에 이어 서울철도 노동자들이 파업에 들어갔다. 이어 출판, 교통, 체신, 식품, 전기 등 산하 산업별 조합원 20만여 명이 파업에 참여했다. 전평의 요구는 점차 좌익지도자 석방, 테러행위 배격 등 정치성을 띠었고 미군정은 9월 30일 군정경찰, 서북청년회, 대동청년회 등을 동원하여 서울철도 파업 본부를 무력 진압하였다.

9월 총파업은 '10월 항쟁'으로 확대되었다. 미군정기에 재개된 공출제가 일제 때보다 강화되어 하곡[보리]까지 포함되었고 모리배들의 매점매석으로 식량사정이 악화된 때문이었다. 10월 1일 대구에서 쌀배급 증대, 경찰 발포 금지, 애국자 석방 등을 요구하면서 시작된 시위는 삼남지방을 중심으로 전국으로 퍼져나갔다. 미군정에 대한 시위대의 누적된 불만은 관공서 및 경찰서를 습격할 정도로 격화되었다. 이 시위는 60여일 동안 계속되다가 11월 중순경 미군과 경찰에 의해 진압되었다.

이를 계기로 해방 후 대중운동을 주도했던 전평과 전농의 세력은 크게 약화되었고 1948년 '2·7 구국투쟁', '5·10 단선반대투쟁'에 참여했지만 정부 수립 뒤 거의 무너졌다. 이 자리를 대신 한 것은 전평과 전농의 타도를 목적으로 반공청년단체와 우익세력이 결성한 대한독립촉성노동총연맹(대한노총. 1946.3)과 대한독립농민총연맹(농총. 1948.8)이었다. 대한노총과 농총은 노동자, 농민의 대표기관이었다기보다 집권당인 자유당의 동원단체인 어용기구였다.

### (2) 민주적 노동조직의 태동과 노동·농민운동의 발전

전쟁 기간의 이념 갈등과 학살의 경험은 농촌의 공동체적 결집력을 무너뜨려 1960년대까지 농민운동은 가라앉은 상태였다. 노동운동도 마찬가지였다. 회사측의 해고에 항의하여 1951년에 부산의 조선방직, 1952년에 대한석탄공사와 부산부두 노동자들이 파업을 벌였지만 좌절되었다. 그러나 노동관계법이 전무했던 당시에 경종을 울려 1953년 4월에 「노동조합법」, 「노동쟁의조정법」, 「노동위원회법」, 1954년 4월에 「근로기준법」이 제정되었다.

민주적 노동운동을 향한 새로운 움직임도 형성되었다. 1956년 집단 해고에 항의하는 대구 대한방직 노동자들 투쟁을 계기로 대한노총을 부정하고 대한노동총연맹 대구지구연맹이 결성되었다. 1959년 8월에는 전국 27개 노동조합 연합체 대표가 모여 전국노동조합협의회(전국노협)를 구성했다. 전국노협은 4월 항쟁의 열기 속에서 1960년 5월 한달 동안 170개 노조를 흡수하여 16만 조합원을 결집했다.

전국노협의 결성은 언론노조, 금융노조, 교원노조 등 새로운 부문에서 노동운동이 활성화하는 계기가 되었다. 특히 1960년 4월에는 어용적 대한교육연합회를 비판하면서 대구지역의 교원 60여명이 결성한 대구시 교원조합 결성준비위원회를 모태로 대구, 부산, 서울의 초중교 교사 및 대학교수 300여명이 한국교원노조연합회를 결성(1960.5)했다.

그러나 5·16 쿠데타 세력이 정당·사회단체를 해산하고 노동조합 간부를 구속하면서 노동운동은 다시 침체되었다. 어용적 대한노총이 부활되었고 노동절도 '근로자의 날'로 명칭이 바뀌었다. 이후 주한미군 소속의 외기노조와 철도·전력 등 정부기업이나, 외국인 투자업체에서 임금인상을 주 내용으로 한 산발적 노동쟁의가 발생하는 정도였다.

그러나 1970년에 노동운동사에 일대 전환을 가져온 사건이 발생했다. 평화시장 재단사 전태일이 「근로기준법」을 손에 쥔 채 "근로기준법을 준수하라" "우리는 기계가 아니다"라고 외치며 분신 자살(11.13)한 것이다.

이에 충격을 받은 대학생 등 지식인층은 노동현실을 돌아보면서 노동운동에 참여하는 계기가 되었다. 1969년 130건, 1970년 165건에 불과했던 파업도 1971년에 1,656건으로 늘어날 만큼 노동운동도 크게 활성화되었다.

9월에는 한진상사의 베트남 파견 노동자와 가족 400여명이 체불임금 지급을 절박하게 요구하면서 KAL 빌딩에 불을 지르며 시위를 벌였다. 1974년 9월 울산 현대조선소 노동자 2,500명은 임금인상, 부당해고 금지, 노조결성 보장을 요구하며 쟁의를 벌였다. 노조가 없던 섬유, 금속, 화학 분야의 여러 공장에서 노조 조직운동이 일어났고 어용노조가 있는 곳에서는 민주노조 결성 운동이 전개되었다.

이처럼 1970년대에는 노총의 어용적 자세와 달리 임금인상, 부당해고 반대, 근로조건 개선, 그리고 노조의 결성과 활동 보장 등을 요구하는 자율적인 민주 노조운동이 싹트기 시작했다. 열악한 상황에서 노동운동이 활성화된 배경에는 도시산업선교회, 크리스챤아카데미 등 종교단체의 역할이 컸다. 고려대 노동문제연구소도 조합 간부에게 노동 교육을 했고 대학생들도 노동야학이나 노동현장에 참여하면서 노동운동을 지원하였다.

한편, 저곡가 정책으로 생계가 어려워진 농민들이 대도시 주변으로 몰려 판자촌으로 불리운 집단적인 빈민주거지가 형성되었다. 1971년 8월에는 서울의 판자촌 철거로 광주대단지(성남)로 집단이주된 3만여 주민들이 분양지 불하가격 인하와 세금 면제를 요구하면서 파출소와 경찰차를 습격하는 사건이 일어났다.

농민운동도 1970년대 들어 카톨릭농민회, 크리스찬아카데미 등 종교단체의 지원과 교육을 통해 활동가들이 양성되면서 활성화되었다. 이 시기 농민운동은 고구마 수매 공약을 지키지 않은 함평농협을 상대로 함평군 카톨릭농민회가 1976~78년 3년 동안 손해보상 요구투쟁 끝에 보상을 받아낸 사례에서 잘 드러난다. 소수 활동가 중심의 피해보상 투쟁이 주류를 이룬 가운데 주요 목표도 농협민주화, 저농산물가격 정책 반대, 수세과다부과 거부, 농지세 투쟁 등에 모아졌다.

### (3) 노동자 대투쟁과 노동운동의 정착

경제성장에 따라 노동자는 1963년 756만에서 1989년에 1,715만으로 늘어났고 민주화운동의 발전으로 노동운동도 크게 활성화되었다. 1980년 들어 노동운동은 4월 어용노조 간부를 공격하고 경찰과 무력 충돌을 빚은 강원도 사북탄광 사태 이후 각지로 확대되었다. 5・17 쿠데타 이후 주춤했지만 1983년경부터 다시 활성화되어 1984년에는 해고 노동자들이 '한국노동자복지협의회'를 결성하여 노동법 개정운동을 주도했다.

1985년 상반기에는 노동쟁의도 164건이나 되어 전년보다 2배 이상 늘어났고 6월에는 구로공단을 중심으로 10여 개 사업장 노동자 2,500여 명이 대우어패럴 노조 탄압에 맞선 구로동맹파업이 일어났다. 30여 명이 구속되고 1천 여명이 해고되었지만 기업 단위를 넘어 조직적 연대투쟁 형태를 띠었다. 이후 사회변혁을 위한 정치투쟁을 중요 임무로 규정한 서울노동운동연합(서노련)에 이어 인천, 안양 등지에서 비합법・비공개 노동단체들이 속출했다.

민주노조 결성을 통해 노동운동이 급속하게 확대된 것은 1987년 6월 항쟁 이후였다. 현대엔진 민주노조 결성(7.5)을 시작으로 울산지역 노동자의 연대 투쟁은 전국으로 확산되어 석 달 동안 노동자 대투쟁이 일어난 것이다. 회사측은 어용노조 결성, 또는 조합 설립신고서를 빼앗거나 농성 노동자들을 강제 해산시키는 등의 방법으로 민주노조 설립을 방해했고 정부도 파업장에 경찰을 투입하여 강경하게 탄압했다. 무려 3,337건의 쟁의가 일어난 이 기간에는 종업원 1천 명 이상인 대규모 사업장의 3/4에서 쟁의가 일어날 정도였다.

노동자 대투쟁의 열기로 민주노조가 급증했다. 노조는 1987년 6월 말 2,742개에서 1989년 말 7,861개로 늘어났고, 조합원수도 1백만여 명에서 190만여 명으로 증가했다. 대부분의 대규모 사업장에서 민주노조가 결성되었다. 금융기관, 언론기관, 병원, 정부투자기관 등에서도 노조가 결성되어 사무직 노동자들의 노동운동이 활성화하는 변화를 보였다. 특히 1989

년 5월에는 전국교직원노동조합이 결성되었다. 이에 따라 대한노총을 부정하고 1990년 1월 민주노조의 전국조직으로 전국노동조합협의회가 조직되어 이후 민주노총으로 발전하였다.

한편 농촌인구는 더욱 줄어 1987년에 총인구의 18%로 격감한 가운데 농촌노동력의 고령화, 여성화 현상이 두드러졌다. 이러한 상황에서 농가경제는 1980년대 들어 농축산물 수입개방 이후 급격하게 어려워져 부채가 누적되었다. 1987년의 수세 폐지와 농지개량조합 해체 요구 투쟁, 1988년의 외국 농축산물 수입 반대운동 이후 농민운동은 상대적으로 위상과 영역이 축소되어 가는 실정이라고 할 수 있다.

## 3. 남·북한의 경쟁적 경제 건설

### 1) 남한—전후복구의 지체, 1960년대 이후의 경제성장과 배경

이승만 정권은 정부 수립 후 농지개혁, 귀속재산 불하 착수 등을 통해 자본주의 체제의 기반을 재정립했다. 미국은 전후 세계경제의 피폐로 유효수효 부족에 따른 불황을 겪자 반소·반공 정책을 강화하고 자본·상품 시장을 창출하기 위해 유럽과 일본에 전후복구 원조를 제공했다.

1961년까지 남한에 도입된 31억여 달러의 원조도 식량난·물자난을 덜고 재정·무역적자 보전에 도움이 되었다. 그러나 자본재나 기술재가 미미했고 과다한 양곡 도입으로 농업과 토착산업의 붕괴, 그리고 정치적 경제적 종속을 수반했다. 1947년부터 1950년대 전반기까지 미국의 원조정책은 남한경제의 재건과 복구의 제도적 기반을 마련하기보다 한·일간 수직적 지역통합 전략 아래 인플레와 재정적자 완화, 즉 현상적인 경제안정에 두어졌다.

전쟁기에 신설된 고율의 임시토지수득세(1951.9)와 양곡원조에 따른 저곡가정책은 농촌을 피폐화시켰다. 저가·특혜를 통한 귀속재산 불하는 권력과 결탁한 독점대기업군을 낳았다. 밀가루·설탕·원면에 의존한 '삼백(三白)산업'은 원조물자와 자금 배정을 독점하여 인플레이션을 이용한 시세차익을 얻으면서 시설을 확대했다. 반면에 기업체수와 생산량에서 절대 부분을 점한 중소기업은 재정·금융 지원에서 소외되어 높은 사채 의존률과 물자난 속에서 경영난에 빠졌다.

결국 종속적 원조경제는 1957년 이후 원조의 격감으로 공장 가동률이 떨어지고 실업률 급증으로 귀결되었다. 1953~61년간에 공업 구성에서 소비재(74~77%)와 생산재(18~19%) 비율, 1955~60년간에 농어민(68~64%)과 노동자 비율(7.8~10.3%)도 큰 변화가 없었다.

전후복구 지체, 부패 속에서 이승만 정권의 경제정책은 원조물자의 국내 판매대금인 대충(對充)자금을 모두 경제재건에 사용하고 별도의 군사원조를 요구하는 수준이었다. 이에 반해 미국은 대충자금의 상당 부분을 군사비로 돌려 재정적자를 줄이는 정책을 고수했다.

미국의 원조정책은 1950년대 후반에 경제성장정책으로 전환되었다. 소련, 중국과 저개발국인 제3세계권의 성장, 북한의 성공적 전후복구, 1956년 선거에서 진보당의 약진을 계기로 확고한 반공정책을 위해 경제성장의 실례를 보일 필요가 있었기 때문이다.

이러한 배경에서 이승만 정권은 중소기업 육성책을 포함한 '산업개발 3개년계획'을 세웠다. 이 계획안은 4·19 후 민주적 자립경제 수립과 반독점을 지향한 장면 정권의 '경제개발 5개년계획 수립요강'으로, 그리고 5·16 군사정부의 계획안으로 발전되었다. 4·19 이후의 평화통일운동을 '우려'한 미국의 묵인 아래 5·16 쿠데타 세력은 민주주의를 압살하면서 고리채 정리 등 농촌 안정, 실업, 중소기업, 부정축재 해결 등을 통해 국민을 포섭하려고 했다. 이후 1960~70년대 남한 경제는 높은 성장률(연평균 8.9%), 폭발적인 수출증가율(연평균 41%) 속에 1인당 GNP도 급증(21배. 80~1,640달러)했다. 산업구조도 큰 변화를 보여 농어업 비중이 1/5로 축소되었고 농업인구 비율(56.1~28%)도 격감했다.

이러한 급격한 변화는 내·외자의 조달과 배분을 국가가 통제하면서 재벌에 대한 특혜를 통해 이루어졌다. 군사정부가 발표(1962.1.5)한 '제1차 경제개발 5개년계획'(1962~66)은 내자를 동원하여 중화학공업과 기간산업 중심의 수입대체공업화, 외자를 통한 1차산업과 경공업 중심의 수출지향적 공업화가 결합된 자립경제를 지향했다. 그러나 통화개혁, 국채발행에 의한 내자 조달 실패 뒤, 3개년계획(1964~66)으로 수정되어 외자에 의존한 수출정책으로 전환되었다. 이 과정에서 수출공업과 내수공업의 이중구조, 독점 강화, 외채 누적, 무역적자 급증이 수반되었다.

외채 잔고는 1964~79년간에 폭증(239배. 9,900만 달러~237억 달러)했다. 1965년의 한일국교 수립과 월남 파병은 초기 외자 유입의 주요 원천이었다. 제1차 계획기간에 3억 5,100만 달러, 제2차 계획기간(1967~71)에 17억 1,400만 달러가 도입된 외자는 이미 1970년대말에 차관 도입선으로 일본이 70% 정도를 차지했다.

섬유 등 경공업 중심으로 선진국의 사양산업을 이전받은 수출산업 육성책은 저임금, 차관, 세제특혜, 금융지원 등을 수반했다. 그러나 수출 증대를 통한 고성장은 자본재와 원자재의 수입 증가를 요구했고 국제수지 적자를 급증시켜 외자 도입이 늘어나는 원인이 되었다. 원리금 상환 부담을 줄이기 위해 1970~71년간에는 직접투자 유치를 위한 '수출자유지역' 설치, 외국인기업에서 노동운동을 사실상 금지시키는 법령을 제정했다. 1972년에는 기업의 사채를 동결시킨 '8·3 조치'와 노동운동 등 민주화운동을 억압하기 위한 유신헌법이 박정희의 영구집권 구상 속에 선포되었다.

1960년대 후반 이후 미국은 첨단·군수 산업의 발전으로 중화학공업의 노동집약적 부문을 신흥공업국으로 이전하여 국제하청생산 체제를 구상했다. 1970년대 중반 일본도 중화학공업의 부품과 중간재 생산을 해외로 이전하는 정책을 택했다. 저개발국의 부상, 선진국의 보호무역 강화로 경공업 수출시장이 축소될 무렵, 박정권의 중화학공업화 정책 선언(1973)은 이러한 배경에서 나온 것이었다.

이후 재벌은 일본 자본 등 국제금융, 국민투자기금과 저축, 재정자금 등을 특혜적으로 배분받으면서 과잉·중복 투자 현상까지 보일 정도로 중화학공업을 축적의 중심으로 삼았다. 중화학공업은 1970~79년간에 21%의 성장률(전체 경제성장률 9.5%)을 보이면서 그 비중(38~53%)도 급증했다. 1978~87년간에 중소기업의 하청계열화(16~49%) 현상도 두드러졌다. 국내 공업을 위한 생산수단 생산부문이라기보다 일본의 대미수출을 위한 가공공정 역할을 맡은 중화학공업화 와중에서 1970~80년간에 노동생산성 2.6배, 생산규모는 6배가 증가했다. 그러나 노동소득 분배율(47~30%)이 격감하여 성장의 축은 여전히 저임금에 있었다.

중화학공업화는 외자와 자본재·원자재의 수요가 특히 커서 국제수지 적자와 외채를 더욱 늘어나게 했다. 결국 제2차 오일쇼크(1979)를 계기로 생산 감소, 가동률 격감(50~60%)을 보이면서 이들 기업체의 절반이 적자 상태에 빠졌다. 1980년대 전반기 수차에 걸친 투자조정 및 부실기업 정리 과정에서 상환 연기, 구제금융 제공 등 총 19조원이 소요되었다. 이는 1987년 은행여신 총증가액(4조원)의 4.8배, 5인 이상 제조업 노동자 1년간 임금총액(11조 5천억원)의 1.6배나 되는 규모였다. 그만큼 자금 배분이 비

▲ 1970년대 경제성장의 상징인 경부고속도로

생산적으로 낭비된 것이다.

다만 1980년대 중반 이후 나타난 3저현상(저유가, 저금리, 저달러) 시기에 중화학공업 중심으로 3년간 10% 이상의 GNP 성장률을 보였다. 그러나 1980년대말에는 상품·금융·서비스 시장, 외국기업의 투자 보장 등 개방 압력 속에서 1987년 현재 상품 수입자유화율 93.6%, 외국인 직접투자 자유화율도 91.5%에 이르러 기업의 설립부터 주식소유, 이윤송금 등 전 과정에 외국자본 활동을 보장하는 체제로 바뀌었다. 생산규모는 1970~89년에 15배 성장했지만, 정경유착의 부패 속에서 대규모 부실채권이 누적되고 금융국제화에 적응하지 못한 채 국제금융자본에게 한국경제의 취약성이 노출되어 1997년에는 외환 부도까지 겪게 되었다.

1960년대 이후의 남한 경제성장은 한 때 세계의 주목을 받기도 했고 박정희의 지도력이 극찬 대상이 되기도 했다. 그러나 지도력과 비능률적인 독재는 구분해야 한다. 라틴아메리카의 경우, 개발독재는 결국 자본축적과 경제성장, 그리고 생산성의 질곡으로 작용했다. 하향식 동원과 국민희생을 전제로, 정경유착의 부패 속에서 재벌에 특혜를 부여하는 방식은 장기적으로 효율성을 떨어뜨리기 때문이다.

생산결과물과 자원의 동원·분배 과정에서 사회적 동의를 이루어내는 민주화란 이해관계를 포용할 수 있는 사회적 탄력성과 생산성을 총체적으로 일컫는 개념이다. 민주화·통일운동은 남북한 구성원 모두의 삶과 미래를 위한 현실적인 문제이기 때문에 추구해야 하는 과제이다. 또 전쟁으로 파괴된 경제를 복구하고 경제성장을 뒷받침할 수 있는 힘의 원천은 결국 사회구성원이기 때문이다.

경제성장의 결과 민주화가 자연히 이뤄지는 것은 아니고 둘 사이가 대립적 관계도 아니다. 역사적으로 볼 때, 자본축적과 경제성장은 민주화 과정에서 촉진된 인간 능력과 생산력 발달 속에서 이루어졌다. 1960년대 이후의 군사정권이 경제를 명분으로 민주화운동을 탄압한 논리는 생산력 발전을 그만큼 제한했고 그러한 수준에서의 집권논리였다.

남북한의 경제력 격차는 1970년대 초반을 경계로 역전되었다. 그 요인의 하나로 남한에서는 유신체제 하에서도 민주화운동이 발전했고, 그것이 더욱 확대되는 1980년대에도 경제성장이 지속되었다는 점을 들 수 있다. 자원 동원의 민주화와 자율성이 넓어질수록 인적·물적 생산성도 커지기 때문이다. 1960년대 이후의 경제성장 요인으로, 국제환경 외에 1950년대를 지나면서 농지개혁, 교육열에 의해 대거 배출된 양질의 한글세대 노동력, 미리 준비된 경제개발계획안이 어우러졌다는 점도 함께 봐야 한다.

### 2) 북한—성공적 전후복구와 1970년대 이후의 경제 침체

북한은 한국전쟁으로 큰 타격을 받은 반면에, 박헌영, 무정, 허가이 등이 제거되었고 지주, 자본가 등 반체제 세력이 대부분 월남하여 정치·사회 구조가 단일해졌다. 또 '미제'에 대한 인민들의 적개심은 급속한 전후복구를 가능케 한 사회통합 이데올로기로 기능했다.

전후 복구의 기본노선인 '중공업 우선 발전, 경공업·농업 동시 발전론'(1953.8)은 준비단계, 인민경제 복구발전 3개년 계획(1954~56년), 공업화 기반 마련을 위한 5개년 계획(1957~61년) 등 3단계로 구성된 '자립적 민족경제노선'이었다. 또 농촌경제 복구를 위해 혁명역량이 준비되면 사회주의적 개조를 늦출 필요가 없다는 김일성의 주장에 따라 1954년부터 급속하게 추진된 농업협동화가 1958년에 완료되었다. 개인상공업 부문도 1946년 중요산업 국유화 이후, 전쟁에 의한 경영 기반 파괴, 협동화한 농촌시장의 변화로 계속 축소된 가운데 1954년부터 사회주의적 개조에 착수되어 1958년에 마무리되었다. 이로써 1950년대말에는 국영기업과 협동농장, 협동조합을 주요 생산단위로 하는 사회주의 경제구조의 골격이 형성되었다.

북한의 발표에 따르면, 사회주의 혁명과 결합된 전후복구는 연평균 20%(1954년~60년)의 고성장률을 보여 대남 경제지원책까지 제시할 정도로 성공적이었다. 3개년 계획의 경우 소련, 중국, 동유럽 각국에게서 받은

5억 6천여만 달러의 원조 속에 공업생산 2.9배, 수확물 2.7배, 소비재가 2.1배 증가하여 각 부문이 전쟁 전 수준으로 회복되었다. 1953~56년간에 예산의 22%를 점했던 원조는 1/4이 무상이었고 시설재와 기술, 그리고 식량과 의류 등에 집중되어 자립경제 기반 확립과 인민의 기본생활 증진에 도움이 되었다.

5개년 계획은 정치 · 경제 · 군사적 주체노선이 선언(1955.12)된 이후 전개되어 계획을 1년 단축할 만큼 성과가 높아 공업생산 3.5배(연평균 37%), 국민소득이 2.2배 증가했고, 양곡 수확(380만 톤)도 호조를 보였다. 특히 1958년부터 전개된 천리마운동은 자주적 사회주의 공업화를 이루는 당의 총노선으로 격상(1959)되었다. 이는 작업반, 직장 또는 공장의 집단적 경쟁운동으로서 생산 부문에서 교육, 예능, 언론 등 전 분야에 걸쳐 사상교육을 중심으로 한 사회주의 국가총동원체제였다.

1960~70년대 북한의 기본전략은 소련 중심의 사회주의 분업체계에서 경제건설의 독자성 확보, 자립적 민족경제 수립, 정치적 자주성 확보에 두어졌다.

1961년 제4차 당대회에서는 사회주의 공업 · 농업국을 넘어 3대(사상 · 기술 · 문화)혁명에 의해 사회주의 공업화로 나아가기 위한 제1차 7개년 계획(1961~67년)을 발표했다. 이 계획은 청산리 협동농장과 대안 전기공장에서의 김일성 '현지지도'(1960.2, 1961.12)에 따라 관료주의 등을 퇴치하고 당과 대중의 긴밀한 연결을 위한 청산리 방식, 공장 당위원회의 지배인 단독책임제 대신 집단적 관리체계로 바꾸는 대안의 사업체계를 채택했다. 그러나 경제와 국방 건설의 '병진' 방침(1962)으로 예정보다 3년 늦은 1970년에 완료되었다. 국민소득과 수확량이 빠진 발표에서도 1961~70년간 공업성장률(연평균 12.8%, 3.3배)은 계획된 7년간의 목표치(18%, 3.2배)에 못미쳤다.

1970년 제5차 당대회에서는 중공업 발전, 그리고 중노동과 경노동, 농업노동과 공업노동의 차이를 해소하고 여성을 가사노동에서 해방시키기 위한 3대 기술혁명을 강조한 인민경제발전 6개년계획(1971~76년)을 세웠다. 발표에 따르면 공업의 실적(연평균 16.3%, 2.5배)은 목표치(14%, 2.2배)를 앞섰다. 1976년 수확량(800만톤)도 목표치보다 50~100만톤을 초과했다.

1977년 12월 최고인민회의에서는 국내 자원을 바탕으로 한 주체적 건설정책에 따라 중화학공업보다 수출 증가와 인민생활을 위한 경공업 및 주택 건설 등 종합적 경제발전에 역점을 둔 제2차 7개년계획(1978-84년)을 세웠다. 국민소득이 빠진 발표에 따르면 공업생산은 2.2배(연평균 12.2%) 증가했고 수확량(1000만톤)은 1976년보다 크게 늘어났다.

북한의 경제운영 방식은 1984년을 경계로 중요한 변화가 나타났다.

첫째, 독립채산제가 장려되었다. 이는 초과달성 부분에 대한 노동자 분배, 초과달성 노동자에게 주택입주 우선권과 여행 특전 부여, 농민 시장의 확대, 도시 자유시장의 일부 허용 등 물질적 동기 부여를 통해 생산성을 높이자는 방안이었다.

둘째, 서방국가와의 교역 확대와 외국자본 유치를 강조했다. 그 결과 무역규모는 1984~88년간에 연평균 20%씩 성장했지만, 1989년 이후 사회주의권 붕괴로 격감했고 소련이 물물교환에서 현금결제 방식으로 바꾼데다 석유 공급까지 줄여 경제난에 봉착했다. 「합영법」(1984.4) 제정 후 제3차 7개년계획(1987~93년) 전반기였던 1989년 3월까지 5년간 외국인 투자는 소규모 서비스업 중심으로 29건에 불과했다. 1990년대에는 외국자본과의 합영·합작 근거 마련을 위한 헌법 개정(1992), 자유무역지대의 외국기업에 대한 관세면제와 조세감면 등을 규정한 「자유경제무역지대법」 제정(1993) 등 남한을 포함한 서방의 자본과 기술 유치에 적극적으로 나섰다.

북한의 성공적 전후복구와 이후의 경제 침체라는 상반된 추이는 다음과 같이 설명할 수 있다. 전후복구라는 시대적 과제에 집중되었던 1950년대에는 정치·사상 교육을 통해 발전의 동력인 인민의 혁명적 열기를 동원하여 생산관계를 개조하고 생산력을 높인다는 발전관이 성공적으로 작용했다. 이는 물론 경제와 국방 건설의 '병진' 방침을 결정(1962)할 당시,

속도를 늦추자는 견해가 나올 만큼 노동력 부족 속에 높은 노동강도가 수반되었기 때문에 가능했다.

그러나 1950년대의 발전관은 성공적인 전후복구 경험과 어우러져 당과 수령의 역할이 강조된 가운데, 급속하게 추진된 사회주의적 개조와 사상교육에 의존한 생산력 증진방식이라는 도그마를 낳았다. 장기적으로 생산력을 높이는 효율적인 개인 영농이나 상공업의 자율성은 사회주의에 적대적이라고 부정되었다. 대신, 사회주의가 승리할 때까지 없거나 부족한 것을 스스로 만들고 찾아서 극복한다는 자력갱생의 '혁명정신'에 의존한 동원 방식이 1950년대말 천리마운동부터 1970년대 3대혁명 붉은기 쟁취운동 등 1980년대까지 강화되어 갔다. 수령의 명령에 충실했던 '주체형 공산주의 인간형'을 도출하여 증산의욕을 고취시키는 기제로서 1959년부터 『항일빨치산 참가자들의 회상기』나 1970년대의 「피바다」, 「꽃파는 처녀」 등이 널리 읽히고 보여졌다. 이 과정에서 사회주의 헌법이 제정(1972)되고 주체사상이 체계화되었다.

이미 1960년대초에 생산력을 떨어뜨리는 관료주의 퇴치 방안이 강구되었지만 큰 영향을 미치지 못했다. 생산성 저하의 문제는 1960년대 뿐 아니라, 1984년에 경제 운용방식의 전환이 모색된 것에서 드러나듯이 높은 성과를 보였다고 발표된 1970년대에도 심각했다. 정치 · 사상 교육과 동원에 의존한 증산책은 이러한 악순환을 해결하지 못했고 오히려 개인 소득수준이 남한에 뒤지기 시작하는 1970년대 초에 주체사상에 의한 전일적 지배체제 하에서 더욱 강화되었다.

1960년대 들어 주변 환경의 변화도 경제건설의 집중도를 흩뜨렸다. 1950년대 중반의 중 · 소 분쟁 이후, 1960년대 들어 미국 제국주의, 소련 수정주의, 중국 교조주의, 일본 군국주의에 포위되었다는 인식 아래 남한의 쿠테타와 한일국교 수립 등은 '자립경제노선'을 더욱 강조하게 만들었다. 사상 · 정치 · 경제 · 국방의 자주노선 제기, 경제 · 국방의 '병진' 방침은 국방비 부담의 급증을 불러와 7개년 계획을 3년이나 연장하면서도 계획대로 성과를 거두지 못할 만큼 경제 발전의 장애요인으로 작용했다.

1960년대 중반 이후에는 대남 강경노선도 두드러져 국방비가 급증했고 자원 배분은 더욱 어려워졌다. 재정에서 군사비 비중은 휴전 직후인 1953~61년(15.2~2.5%)간에 감소했지만 1966년 이후 급증하여 30%대를 차지했다. 특히 북한 영해를 넘어간 미국의 푸에블로호 사건(1968.1)은 전쟁 의식을 고조시켰고 남한의 유신체제에 대응한 국방력 강화정책도 경제발전에 걸림돌로 작용했다. 여기에다 1980년대 후반 사회주의권의 붕괴는 북한의 대외적 경제고리를 더욱 좁히는 요인이 되었다.

【정 태 헌】

# 한국사의 재조명

초판 1쇄 2002년 3월 10일
초판 7쇄 2016년 3월 11일

지은이 고려대학교 한국사연구실

펴낸곳 고려대학교출판문화원
www.kupress.com
kupress@korea.ac.kr
02841 서울특별시 성북구 안암로 145
02-3290-4230, 4232
Fax 923-6311

찍은곳 한국컴퓨터인쇄정보

ISBN 89-7641-449-7 93910

값 14,000원

* 잘못 만들어진 책은 바꿔드립니다.